"十四五"国家重点出版物出版规划项目

"中国当代哲学史(1949—2009)"丛书

　陈卫平　主编

中国当代哲学史史料

文献选编　上　②

第四卷

陈卫平　主编

广西师范大学出版社
·桂林·

本册目录

八、历史发展动力问题和历史创造者问题的论争 / 667

九、"文化热"与"国学热"的论争 / 827

第 3 辑

1979 年全国开展社会主义生产目的大讨论始末

吴光祥 *

党的十一届三中全会以后，全党的工作重点从以阶级斗争为纲转到以经济建设为中心上来。如何解放思想，进一步解决好经济建设中的思想和理论问题，结合真理标准问题讨论补课的时机，在全国开展了一场关于社会主义生产目的的大讨论。讨论从 1979 年 10 月开始，整整持续了一年半。这次讨论抓住了经济建设指导思想上的要害问题，并使大家对全党工作重点转移有了更深更切实的理解。这也是继真理标准问题讨论后，在全国开展的又一次大讨论，其影响之大、之深可以称得上是"真理标准问题讨论"的姊妹篇。

起因源于党校学员对生产目的的不同解读

开展社会主义生产目的的讨论，是实现全党工作重点转移的客观要求。但这次讨论的发起，缘于党校经济学课程中学员们对于一个问题的争论，即在我们的经济工作中是否存在着"为生产而生产"的问题？对于这一问题，当时存在着两种不同的认识。

一部分人认为，"为生产而生产"是资本主义的特征，社会主义生产不存在这个问题。因为资本主义生产的目的，始终是用最小限度的预付资本获得最大限度的剩余价值或剩余产品或利润。资本主义生产什么或

* 吴光祥，1965— ，男，中共南京市委党史工作办公室征集研究二处处长，副研究员。

不生产什么，都以可能获得的剩余价值或利润为转移，而工人即生产者"只是生产资料，而不是目的本身，也不是生产的目的"（马克思语）。与此同时，尽管资本主义生产为了获得最大限度的剩余价值或利润，但它的生产也必须面向市场，根据市场需要而生产，否则产品就没有出路和利润。因此从长远看，资本主义"为生产而生产"在客观上也促进了社会生产力的发展，为改善人们的生活创造了一定的条件，但我们不能从这点进步性上就否认资本主义"为生产而生产"的特征。

另有一些人认为，虽然从本质上说，社会主义生产的目的是为了人及其需要，即为最大限度地满足人及社会的物质文化需要服务，与资本主义生产追求最大利润相区别，不存在"为生产而生产"的动机，但在我们的实际工作中，"为生产而生产"的现象依然以某种形式存在，如：只重视重工业，忽视轻工业和农业，基本建设战线拉得过长，等等。从1958年到1978年，全国全民所有制职工的工资水平几乎没有什么变动，若扣除物价上涨因素，有的实际工资还比50年代有所下降。这同片面执行"生产资料优先增长"的方针有关。当时，国家的绝大部分生产都是自上而下按国家指令性计划进行的，只看产值指标，很少顾及变动着的市场因素，因此生产出来的东西常常滞销，形成积压。那个年代的经济社会状况是：企业靠老设备运转，人民靠低工资生活。国内的生产纵然有所发展，但人民生活水平没有明显改善。这就是"为生产而生产"所致的结果。

1979年9月8日，《人民日报》的《情况汇编》第1498期刊登了理论部编辑蒋映光、中国人民大学教师李悦两位同志合写的《斯大林对雅罗申柯为生产而生产观点的批评》文章。文章认为，斯大林在《苏联社会主义经济问题》一书中批评了为生产而生产的思想，对我国社会主义建设具有现实意义。9月10日，胡耀邦看到这篇文章之后，即批转给了中央党校理论动态组。胡耀邦的批语写道：这两位同志提出了一个很重要的问题。但可惜没有根据经济战线上同志的思想实际和工作实际进行充分的解剖，因此，文章缺乏针对性和战斗性。请你们根据这篇东西提出的思想精心讨论几次，写出一篇文章来，希望在四中全会前能完成。这是一篇极其重要的文章。

根据胡耀邦的要求，中央党校理论动态组的经济学家吴振坤承担了这一写作任务。不久，文章初稿写完后，他将书稿呈送胡耀邦审阅。9月26日和27日，理论动态组利用两个下午讨论了这篇文稿。9月30日，这篇文稿以《要真正弄清社会主义生产的目的》为题，发表在中央党校的内部刊物《理论动态》第160期上。文章开宗明义地阐明，任何一个社会，生产总有一定的目的，都不是为生产而生产。在社会主义制度下，生产是为了满足广大劳动者的需要，从而也是为了满足整个社会经常增长的物质和文化的需要。并强调，从我国多年经济建设的实践来看，为生产而生产的倾向是相当严重的。文章指出，偏离社会主义生产的目的，为生产而生产，为重工业而重工业，是我们经济工作中许多问题长期得不到解决的症结所在。文章还列举了为生产而生产的各种具体表现，并总结了经验教训，如：农业基础薄弱，轻纺工业上不去，基本建设减不下来，消费品供不应求，有支付能力的购买力大大超过商品可供量等。这些都与为生产而生产的思想有很大关系。

10月20日，《人民日报》将此文作为本报特约评论员文章在头版头条位置发表后，在全国的经济理论界和经济战线迅速掀起了一场轰轰烈烈的"社会主义生产目的大讨论"。随后，首都和全国各地的经济学者、经济工作者，都积极参与了这个讨论，他们或开座谈会，或写文章，阐述生产目的的问题。

讨论引起百家争鸣和领导的高度关注

1979年10月22日，《人民日报》发表了著名经济学家于光远《谈谈"社会主义经济目标理论"问题》一文。文章指出，研究这个题目，是为了进一步明确我国社会主义生产目的，说明我们全部经济活动的最终目的究竟是什么，并阐明了从什么出发来计划和安排整个社会生产，应该以什么做标准来衡量整个国民经济的成绩。10月23日，《光明日报》从第1版开始，全文转载了《人民日报》的特约评论员文章。

10月25日，中国社会科学院经济研究所和《经济研究》编辑部联合召开座谈会，首都20多位有影响的经济学家和经济工作者参加会议，讨论社会主义生产的目的问题。与会者从各个角度阐述了社会主义生产目的问题，并建议对此深入展开讨论，肃清"左"倾思想的影响，端正发展经济的指导思想。在讨论中，有的学者指出，经济工作如果离开了为全体人民谋福利，就会丧失其社会主义性质。社会主义生产不仅要充分保证全体社会成员的福利，而且还要保证他们自由而全面的发展。这就是什么是社会主义和怎样建设社会主义的问题。11月2日，新华社就此发了电讯稿。11月3日，《人民日报》在头版头条位置刊登了有关讨论情况的新闻。

11月5日，胡耀邦在中央党校理论动态组会议上说，要认真弄清社会主义生产的目的，在我们社会主义社会，"劳动者是国家的主人、生产资料的主人，更好地满足他们的生活需要，不仅是社会主义再生产所要求的，而且是我们国家的社会主义性质所决定的"。他说，经过讨论，在经济界和一些领导干部中，开窍了。当然，要进一步弄清社会主义生产目的，理论动态组的成员要再写文章，以便将这个讨论引向深入。不久，吴振坤又撰写了一篇《再论社会主义生产的目的》。

与此同时，首都800多名技术经济工作者举行大型座谈会。于光远在会上讲话指出，目前正在开展的社会主义生产目的的讨论，是一个意义深远、关系到调整国民经济方针顺利贯彻的重要讨论。国家计委经济研究所、国务院财经委员会、轻工业部等机关也都组织了有关干部进行讨论。11月6日至7日，上海市社会科学院和上海市经济学会召开了座谈会。河南省经济学会也召开了讨论会。当时，北京、上海、辽宁、四川、天津、广东、新疆等二十多个省、自治区、直辖市的报纸，都报道了当地理论工作者、经济部门座谈讨论的情况，并刊登评论员文章。有的还开设专栏，讨论发展很快。随后，这个讨论就超出了理论界的范围，波及全党、全国。在此后的两个月的时间里，胡耀邦又指导吴振坤连续在《财贸战线》、《红旗》、《人民日报》、《工人日报》等报刊发表了一系列有关生产目的的文章，进一步推动了这场讨论向纵深发展，使大家弄清了社会主义生产目的的科学含义，更加坚定了人们把满足人民的物质文化需要，作为社会主义建设的根本指导思想的信念。

当然，这个讨论也引起了一些省级领导干部的高度重视。浙江省委常委会讨论指出，搞好经济工作，在指导思想上必须解决好两个问题：一是要贯彻实事求是的原则，二是要进一步明确社会主义生产的目的。甘肃省委书记宋平、河南省委主要领导同志都对本省如何展开讨论提出了具体指导意见。在各方面的推动下，关于社会主义生产目的的讨论迅速形成了全国性讨论的态势。

12月6日，辽宁省委第一书记任仲夷在当地刊物上发表了一篇《关于社会主义建设必须遵循社会主义基本经济规律》的文章。他在文章中强调"通过这场讨论，要更好地理解和运用计划调节和市场调节相结合的原则"，并指出：社会主义生产既然是为了满足人民和社会的需要、人民消费的需要，那么，计划就必须考虑市场情况，认真进行市场调查。不仅要调查省内和国内的市场，还要调查国际市场，要充分地正确地发挥国营企业的计划外生产、集体所有制的生产、个体生产、集市贸易等经济形式的作用。要充分地正确地运用价格、税收、信贷等方面的政策去影响和调节市场。所谓市场调节就是由市场供求变化调节我们的生产。供求变化会导致价格的上下波动，因此，市场供求调节实际上是价格调节，所以我们的生产必须十分注意价格问题，等等。后来，中央党校的吴江教授回忆说，任仲夷是提出"计划调节和市场调节相结合"的第一人。这也是讨论生产目的问题的一个重大成果。

当然，在这场讨论中也出现了超出预想的矛盾。由于讲社会主义生产的目的，必然要讲发展生产与人民生活的关系。特别是在如何对待和处理生产与生活关系上，出现了较大分歧。在《要真正弄清社会主义生产的目的》一文中写道："长期以来，在我们的经济工作中有一个口号，叫作'先生产，后生活'。如果把它理解为生产决定消费，在发展生产的基础上，才能逐步改善人民的生活，无疑是对的。在特定的情况下，为了克服困难，这个口号也是必要的。可是，这个口号把发展生产和改善生活机械地割裂开了，容易产生种种误解。"文章强调："多年来经济工作中存在只重视积累，不重视消费；只重视'骨头'，不重视'肉'的做法，与套用这个口号是有关系的。"文章指出："必须生产生活一齐抓。"可以看出，这段话无论从理论上讲还是从实际情况看，都是比较合乎逻辑的，但即使这样，此文还是引起了轩然大波。

为经济体制改革作了思想与理论准备

正当讨论如火如荼地展开时，吴江接到胡耀邦的通知，说有人对这个讨论有意见，特别对批评"先生产后生活"的方针有意见，并对社会主义基本经济规律的表述也有看法，因此中央领导同志决定把这个讨论暂时停下来。虽然中央一级报刊停发了文章，但当时地方报刊并未接到任何通知，仍然继续开展有关社会主义生产目的的讨论，并发表文章阐明观点和见解。

1980年年初，来中央党校学习的各地党政领导干部也要求澄清社会主义生产目的这个问题，尤其要求从理论上搞清楚这个问题。吴江作为分管中央党校教学的负责人，不得不作一次讲话，从理论与实践的结合上说明了这个问题。他在3月间发表讲话，4月份就整理出了一个文字稿。在吴江将文稿分发给学员的同时，也呈送了党校领导，但只是作为他个人意见提出的。吴江欲向大家表达这样一个意思：我们在经济工作中曾付出过高昂的代价，但问题依然存在，应当发扬经济民主，允许大家总结经验教训。当时，《红旗》杂志社副总编辑苏星看到这篇文章后，建议吴江在《红旗》上公开发表，并说这件事由他们向中央宣传部请示。1980年6月6日，《关于社会主义基本经济规律的再研究》一文，就发表在了第12期《红旗》上。

《关于社会主义基本经济规律的再研究》阐述的重点之一，是分析了我国过去经济工作中发生"为生产而生产"现象的各种表现及原因，以及因此而引起的严重后果。文章在分析原因时指出，除了我们的经济工作违背客观经济规律特别是价值规律外，还指出了我国在国民收入的分配上积累与消费比例严重失调的问题。认为积累长期保持在30%以上，有些年份甚至超过40%，并且积累资金的分配又片面侧重生产性积累，轻视非生产性积累，特别以牺牲与人民消费直接有关的生活资料生产为代价来发展生产资料的生产。文章指出，"我们的计划体制、计划方法是自上而下垂直的，不注意企业的横向联系和市场需要。这就产生了许多不正常的现象，如：不少企业盲目生产那些不对路产品，生产得多，积压也多。有产品没有销路的'闲置工业'，也有生产能力超过当前需要的'重复工业'。有的简直是为搞形式、图虚名而生产，为宣传而生产，甚至为某些根本违背经济规律的政治需要进行劳民伤财的生产。这些都是以'计划经济'的名义进行的，所以人们有时把这类'为生产而生产'的现象叫作'为计划而生产'。"这篇文章的公开发表，把关于社会主义生产目的的讨论推向了高潮。1980年12月4日至10日，在北京召开了关于社会主义生产目的全国性的研讨座谈会。

后来，吴江在《我亲历经济理论上的一段拨乱反正》中写道：大概在社会主义生产问题的讨论告一段落之后，胡耀邦转给《理论动态》一篇文章，此文系蒋一苇同志所写。他提出了国营企业应当成为相对独立的自主经营、自负盈亏的商品生产者，按照现在的说法，即法人实体和市场竞争主体。这在当时可以说是一个十分大胆的提法。这个问题的提出也揭示了我们以往社会主义经济的一些弊病所在。由于中国开始建立的社会主义经济虽然采取了商品生产和商品交换的形式，甚至国有企业的大部分产品的计划调拨也采取企业之间商品买卖的形式，企业内部也利用成本、利润、价格等范畴进行经济核算，但它完全是一种以市场价值规律为自然主导力量并借以宏观计划调控为必要辅助手段的真正的商品经济。

文章认为，中国以往的社会主义经济就生产资料领域来说，实际上是一种以商品为外壳的一定意义上的"产品经济"；就是消费品（这里主要指农产品）这个商品领域也不是主要按市场价值规律运行的。正因为这样，中共十二届四中全会提出了建立社会主义的有计划的商品经济体制。这一论断的提出，标志着我们的经济将开始根本性的变革，具有划时代的意义。而蒋一苇的文章正是在这个方面作了一些有益的探索。但当时由于理论动态组的同志对此没有足够的把握，按吴江自己的话说，是思想还没有解放到这个程度，所以考虑很久后，还是把这篇文章压了下来，没有在《理论动态》上刊登，致使这个正确的重要的意见至少推迟了半年才得以与人们见面。如果当时文章能够及时发表，本可以使生产目的的讨论朝着更深层次发展。

历史和实践证明，发生在1979年10月的那场"生产目的大讨论"，实际上是一场发展观的讨论，是社会主义经济发展的必然要求，也是走向改革开放的客观需要。而且这场讨论在理论上已经超出了经济的范畴，触及了社会主义的基本理论，并从社会基本经济规律的高度认识到了中央工作会议制定的"调整、改革、整顿、提高"方针的紧迫性和重要性，为自觉贯彻十一届三中全会以来的方针政策作了理论和思想上的准备。

原载《世纪桥》2008 年第 13 期

社会主义生产目的讨论中的几个争论问题

吴振坤 *

《人民日报》1979 年 10 月 20 日发表的《要真正弄清社会主义生产的目的》的特约评论员文章，针对我国经济建设的实际情况，集中剖析了"为生产而生产"的倾向，引起了经济学界和经济战线许多同志的注意。此后，便在全国各地进一步开展了建国以来关于社会主义生产目的的第三次大讨论。

这场讨论，不是偶然发生的。首先，真理标准问题的讨论起了推动作用。它极大地解放了人们的思想，提高了人们的认识。于是，人们很自然地要求用实践是检验真理的唯一标准这个原理来研究和总结我们的经济建设工作，看看哪些事情做对了，哪些做得不怎么对，违背了客观经济规律。可以说，开展生产目的的讨论是真理标准问题讨论的合乎逻辑的发展。

这场讨论所以围绕着生产目的这个问题，也不是人们随意确定的，而是现实经济生活客观地提出来的。

党的十一届三中全会在总结建国以来经济建设的经验教训时指出："实践证明，保持必要的社会政治安定，按照客观经济规律办事，我国的国民经济就高速度地、稳定地向前发展，反之，国民经济就发展缓慢甚至停滞倒退。"这是对三十年来我国经济建设经验教训的基本总结。但是，我们过去经济工作中几次失误，从全局上看，最主要的是违背了哪一条经济规律？根本的教训在哪里？人们的认识不一。有些同志认为，

---

* 　吴振坤，1928—2012，男，中共中央党校经济学教研部教授。

主要是没有按照按劳分配规律办事；另一些同志则认为，主要是没有按照国民经济有计划按比例发展规律办事；还有的同志强调，主要是没有按照价值规律办事。由于这样一些认识，在粉碎"四人帮"以后的一个较长时期内，对社会主义基本经济规律一直没有引起应有的重视。

1979 年 4 月中央提出了"调整、改革、整顿、提高"的八字方针后，很多人着重研究了国民经济比例严重失调的状况及其发生的原因，并力图从理论上给予说明。人们在回顾和研究 1958 年以来经济工作的经验教训时，提出了一系列问题，诸如：为什么安排经济计划总是不考虑人民的消费需要，而是片面地从钢铁等若干种重工业主要产品的增长指标出发？为什么总是搞高积累，造成积累和消费的比例关系长期失调？为什么基本建设战线总是那么长，而与人民生活直接有关的住宅、文化教育、医疗卫生、公用事业等建设和设施却又排不上队？为什么讲了二十多年农、轻、重，而如今仍然是重、轻、农，总是把大量投资用于冶金、机械等重工业部门？为什么重工业内部自我服务的比重那么大，而为农业和轻工业服务的比重却那么小？人们还特别注意到，为什么我国经济增长速度总的来说不算慢，而人民生活却长期得不到相应的改善，有的还有所下降？比方说，工农业总产值 1978 年比 1949 年增加了 12.8 倍，其中工业总产值增加了 38.2 倍，工业总产值中，重工业增加 90 多倍，而农民和职工年平均消费水平从 1952 年的 76 元仅仅增加到 1978 年的 175 元，27 年只提高 1.3 倍。全民所有制职工平均工资却从 1957 年的 583 元下降到 1978 年的 557 元，降低了 4.46%。全国农村社员每人平均从集体分得的收入由 1957 年的 40.5 元只增加到 1978 年的 73.9 元，21 年仅增加 81.5%，这里还没有剔除物价上涨的因素。1978 年全国农村人民公社基本核算单位每人从集体分得的粮食，300 斤以下的占总队数的 10%，400 斤以下的占总队数的 22.9%，约有 40% 的队吃粮水平很低。总之，从 1958 年以来的 20 多年中，人民群众的生活水平基本上没有得到改善，甚至比起 50 年代来，生活的许多方面都感到紧张了。

上述这种情况，就给人们提出一个很尖锐、很值得深思的问题：我们发展生产的目的究竟是什么？建设社会主义的目的究竟是什么？为什么社会主义制度的优越性发挥不出来？为什么广大群众辛辛苦苦干了二十多年，生活水平没有多大提高，有的反而下降了？造成这种情况的原因究竟是什么？有人认为，人民生活水平没有多大提高，主要是我国底子薄、人口增长过快造成的；也有的认为主要是林彪、"四人帮"的干扰破坏造成的。但是，除了这些原因以外，还有很重要的一条，那就是多年来我们组织宏观经济的指导思想和经济计划往往偏离了社会主义生产的目的，没有把满足人民生活的需要当作发展生产的根本目的和出发点。

正是从上述这些情况出发，在1979年9月中下旬党的十一届四中全会召开的前夕，为了总结经济工作的经验教训，提出了社会主义生产的目的问题。当时，有的领导同志强调指出，由于过去我们执行了一条不对头的方针而没有完全按照社会主义基本经济规律办事，发生了"为生产而生产"的倾向，这是我们经济工作中的一条重要的经验教训。过去哲学上提出一个实践是检验真理的唯一标准的题目来讨论，使思想解放深化了；现在经济上提出社会主义生产目的是什么这个题目来讨论，就会端正经济工作的方向。因此，讨论经济上的社会主义生产目的问题，同讨论哲学上的真理标准问题一样重要。通过这场讨论，可以使全党同志特别是经济工作的领导干部真正弄清楚社会主义生产的目的，从而把我们的生产搞得更好。

因此，这次生产目的的大讨论，从一开始就具有以下三个鲜明特点：第一，这一次讨论与60年代初那次讨论不同，如果说那次讨论主要是围绕着抽象的理论问题进行的，那么，这一次讨论一开始就紧密地结合着多年来经济建设上的重大实际问题进行的。第二，这一次讨论与以往不同，它是针对多年来经济工作中存在的"为生产而生产"的倾向开展的。所以，社会主义生产的目的问题一开始就成为这次讨论的重点和中心。第三，这次讨论的规模比以往任何一次都大，不仅有理论工作者参加，而且有许多经济工作者参加，特别是得到一些省、市领导同志和中央领导同志的支持。这对实际工作将发生直接的影响。

这次讨论至少有以下四个方面的意义：第一，可以使我们对三十年来经济工作的经验教训认识更加深化，明确"左"倾思想和"左"倾路线是多年来经济工作中问题的症结所在。第二，可以使我们对社会主义基本经济规律的作用以及它与其他经济规律的相互关系认识更加全面，明确是否按照社会主义基本经济规律办事，是社会主义建设成败的关键。

第三，可以使我们对社会主义生产目的和社会主义经济制度的关系认识更加深刻，认识到满足人民的生活需要是社会主义生产的根本属性，社会主义经济就是为人民谋福利的经济。第四，可以使我们认识到无论是贯彻"八字方针"还是实现"四化"，都必须以社会主义生产目的为根本指导思想，都必须切实按照社会主义基本经济规律办事。

马克思说过："理论在一个国家的实现程度，决定于理论满足这个国家的需要的程度。"[1]社会主义生产目的问题的提出，适应了我国现实经济生活的迫切需要。社会主义生产目的是经济工作中带方向性的根本问题，抓住这个根本问题，就能把一切经济工作带动起来。所以，这次关于社会主义生产目的的大讨论，至关重要。

对于这场讨论的必要性和意义，并不是所有的同志都能充分理解。讨论遇到了很大的阻力。在前一段的讨论中，除了某些理论问题的争论外，有些同志对如何总结二十多年来实现社会主义生产目的的经验教训，以及对这次讨论本身，提出了不同的看法。其中有几个问题，值得大家进一步探讨。

一、能否把"先生产，后生活"当作普遍的长期的经济建设的方针？

"先生产，后生活"这个口号，是 60 年代初在一次会战中提出来的。在当时那样艰苦的条件下，为着激励群众发扬革命精神，战胜困难，这个口号确实起过积极作用。后来，这个口号成了处理生产和生活关系的一个普遍指导方针。有的同志根据马克思所说的"生产是实际的起点，因而也是居于支配地位的要素"，来论证"先生产，后生活"这个口号的正确性。其实，这里说的生产是起点，是就再生产中生产、分配、交换、消费四个环节的顺序来讲的（即使这种顺序，也仅仅是生产过程的先后顺序，不能成为人们先抓什么后抓什么的顺序），从不断反复的再生产过程来看，其中任何一个环节都不是绝对的起点和绝对的终点，它们是互为先后的。没有劳动者的消费就没有劳动力的再生产，生产就根本无法

---

[1] 《马克思恩格斯选集》第 1 卷，人民出版社，1972 年，第 10 页。

进行。因此生产从来也不是孤立在先。

也不能把"先生产，后生活"混同于在发展生产的基础上逐步改善人民生活的方针。"在发展生产的基础上，逐步改善人民生活"的含义是：发展生产是改善人民生活的物质基础；人民生活只能随生产的发展逐步改善，改善的幅度不能超过生产发展所提供的条件；发展生产是手段，改善人民生活是目的，发展生产必须为这个目的服务。这里不存在先后的问题。周总理说过一句很重要的话："可以写一副对联，上联是先抓吃穿用，下联是实现农轻重，横批是综合平衡。"陈云同志1956年在一次会议上指出："经济建设和人民生活必须兼顾，必须平衡。"叶剑英同志在庆祝建国三十周年的报告中再次重申："一定要把加快经济发展同逐步提高几亿人民的生活水平很好地结合起来。"这些论述，都是强调生产和生活是辩证统一关系，强调"兼顾""很好地结合"，而不是先后关系。

不能否认套用"先生产，后生活"的口号带来的严重后果。多年积累下来的人民生活方面的欠账，不仅仅是林彪、"四人帮"的干扰破坏造成的，与我们自己工作中的失误，包括套用"先生产，后生活"的口号，也有很大关系。长期以来，我们以钢铁为中心，从重工业出发，按照重、轻、农的次序，来安排国民经济计划，使生活资料生产处于"填平补齐"的地位。结果是重工业生产安排得满满的，人民生活几乎挤得光光的，造成人民生活长期得不到应有的改善。难道这不是"先生产，后生活"的指导思想的反映吗？

陈云同志早在1957年就明确指出："只注意建工厂，不管职工吃的，那怎么行？过去只注意工厂和机器这些东西，没有很好地注意职工的生活需要，对蔬菜和其他副食品的供应抓得不紧。我看，蔬菜和其他副食品的供应问题，其意义决不在建设工厂之下，应当放在与建工厂同等重要的地位。"1962年调整工作开始时，陈云同志又说："我们花了几十年的时间把革命搞成功了，千万不要使革命成果在我们手里失掉。现在我们面临着如何把革命成果巩固和发展下去的问题，关键就在于要安排好六亿多人民的生活，真正为人民谋福利。"1979年他又说：我国人口有九亿多，百分之八十以上在农村，必须使他们有吃有穿，而且一年比一年生活得好。在这个基础上，来安排我们国家建设和经济生活。农民是个大头，把这个大头安排好了，中国的大局就定了。陈云同志这些话的主要精神，就是要人们真正按照社会主义生产目的的要求办事。这是我们处理经济建设和人民生活相互关系的根本指导思想。根据这个指导思想，要先安排好人民生活，再安排经济建设，而不是"先生产，后生活"。

二、在过去的经济工作中存在不存在"为生产而生产"的倾向?

有的同志认为，斯大林的"为生产而生产"的提法是否正确值得研究，不能拿这个提法作为分析我们经济工作的理论根据。

斯大林批评雅罗申柯的错误时指出："人们不是为生产而生产，而是为满足自己的需要而生产。"这里所谓"为生产而生产"，就是指跟满足人民需要严重脱节的生产。我认为，斯大林的这个提法是正确的。社会主义生产的根本属性，就是满足人民的消费需要。如果我们盲目地发展生产，不把满足人民的消费需要当作出发点和归宿，就会出现"为生产而生产"的问题。

有的同志说，我们搞了几十年的经济工作，难道连社会主义生产目的还不懂吗? 口头上懂得社会主义生产目的固然重要，但是否真正懂得生产的目的性还要由实践来检验。"为生产而生产"的倾向在过去的经济生活中已经成为一种客观存在的经济事实。《人民日报》特约评论员关于《要真正弄清社会主义生产的目的》的文章中列举了六种表现。这六种表现都是以大量的事实和统计资料为根据的。作为一个社会主义国家，在和平发展时期，生产的发展这样严重地脱离人民的消费需要，造成人民生活方面欠账如此之多，把这种现象称之为"为生产而生产"的倾向，认为这种现象在一定程度上偏离了社会主义生产的目的，这丝毫没有什么过分，恰恰是实事求是的分析和估计。

提出"为生产而生产"的倾向，是不是就否定了我们这么多年生产发展上的巨大成绩呢? 根本不是。生产发展上的巨大成绩必须充分肯定，但也必须承认，这种成绩是以过高的代价换来的。如果不发生"为生产而生产"一类弊病，我们获得的成绩本来会大得多。

提出"为生产而生产"的倾向，是不是否定了广大干部和群众的劳动贡献，要他们负责？根本不是。从根本上说，造成这种倾向的原因，就是组织宏观经济的指导思想违背了社会主义生产的目的，斯大林批评的那种"为生产而生产"的思想起了支配作用。在某些时期，这种"为生产而生产"的思想，实际上是受某种政治需要、某种政治口号所左右的。例如，1958年全民大炼钢铁，就是为完成1070万吨钢这种政治性任务而进行的。把锅砸了去炼那种根本不能用的铁，明明知道这不符合社会的需要，由于"政治任务"，也得这样搞。

对于"为生产而生产"的错误，应当放手让大家讨论，总结经验教训，而不应当禁止这种讨论。"大跃进"时期的错误，由于没有从宏观经济的指导思想上认真接受教训，又不准大家进行总结，结果后来又发生了更为严重的错误。甚至在粉碎"四人帮"以后，由于对当时的经济情况认识不够，发动大家总结经验教训不够，致使1978年又犯了急于求成、大干快上的"左"倾错误。因此，我们不仅需要从成功和胜利中总结经验，而且更需要从挫折和失败中吸取教训。

三、为人民的消费需要而生产对不对？

有人提出："为生产而生产"固然不对，为消费需要而生产就对吗？

人类一开始就是为了自己的消费，为了维持自己的生存和发展而从事生产活动的。离开人的自身的消费需要，生产就毫无意义。因此，一切社会生产，最终都是为了满足人的消费需要。这是社会生产的一般目的，是生产的一切时代的"共同规定"。

但是，各个社会的生产目的又因社会生产关系不同而有所不同。自从人类进入以私有制为基础的社会以来，由于剥削阶级占有生产资料，引起生产的一般目的和直接目的的分离和对立，就是说，生产的直接目的不再是满足人的消费，而是为剥削阶级的利益服务。到了社会主义社会，由于建立了社会主义公有制，劳动者成为生产资料的共同所有者，社会生产的一般目的和直接目的统一起来了，这就是为了满足人民的消费需要。否定社会主义生产这个唯一目的，实际上就是否定生产资料的公有性质，否定社会主义生产的根本属性。

四、为计划而生产、为路线而生产的提法究竟科学不科学？

我们的社会主义经济是有计划发展的，因此，企业要努力完成国家计划，也可以号召企业和职工为完成国家计划而奋斗。但是，完成生产计划是直接指生产任务而言的，而我们讨论的问题是社会主义生产目的，则需要有严格的科学性。我们的计划，有可能比较符合社会主义生产的目的，也有可能偏离或违背社会主义生产的目的。在后一种情况下，所谓为计划而生产，当然是不符合生产目的的。即使在前一种情况下，所谓为计划而生产的提法也是不科学的，因为计划是主观的东西，生产目的是客观的东西。"为计划而生产"，实际上模糊了社会主义生产目的。不提"为计划而生产"，丝毫不是贬低计划的重要性，只是说不要把它和生产目的混同起来。

为路线而生产的提法，同样是不科学的。我们要坚定不移地贯彻执行党的正确的政治路线，但不能由此引申出为路线而生产。为路线而生产，同为革命而生产一样，实际上都是一种似是而非的概念。因为这种提法把路线、革命当成了生产目的本身。其实，路线也好，革命也好，只是手段，而不是目的本身（只是在一定意义上说，革命才是目的）。为路线而生产的提法，同样会模糊社会主义生产的真正目的。

五、讨论生产的目的，是否不要手段了？

有的同志认为，提出并强调社会主义生产目的，就是只要目的，不要生产，是"以目的压生产"。这种指责是毫无道理的。

20多年来，我们在生产目的和生产手段的关系上，是忽视了生产目的本身。正是从这种实际情况出发，提出生产目的问题来讨论，以端正生产的方向，这怎么能扯得上是"以目的压生产"呢？

重点讨论生产目的，是否不要生产，冲击生产呢？根本不是。讨论生产目的，就是要端正生产指挥者的指导思想，使他们能够坚定不移地按照社会主义生产目的组织生产，把生产纳入满足人民需要的正确轨道。强调生产目的本身，就意味着要重视生产，搞好生产。我们必须坚持目的和手段的统一。

与这个问题相联系，还有人提出，为什么这次强调讨论社会主义生产目的，不强调讨论社会主义基本经济规律？首先应当明确，基本经济规律虽然包括目的和手段两个方面，但它的主要内容是生产目的。其次，上面讲过，这次所以着重讨论生产目的，是因为这个问题是针对"为生产而生产"的倾向提出来的，是现实经济生活决定的。总之，讨论生产目的和讨论基本经济规律是一致的，而不是矛盾的。

六、讨论生产的目的，会不会损害现代化建设？

有些同志认为，为什么在工作着重点转移的过程中，工作还不那么顺当，干扰还时有发生，思想和精力有时还不那么容易集中……这些情况除了由于林彪、"四人帮"的流毒还没有肃清以外，就是有人还不清楚：究竟应该把四化和生产建设摆在什么位置上。这实质上是说，讨论生产目的不仅无益，反而有害。

讨论生产目的，是有利于工作重点的转移，有利于四化建设，还是相反？毫无疑问，只能是前者而绝不是后者。我们过去搞经济建设，其目的性在很多时候是不大清楚甚至很不清楚。所以，我们吃了很多苦头，受到客观经济规律的惩罚。人们从过去这种痛苦的教训中认识到，搞现代化建设，不首先弄清楚目的性，肯定是搞不好的。那么，现代化建设的根本目的是什么？五届人大三次会议再一次指出："我们从事现代化建设，根本目的就是要在发展生产的基础上逐步提高人民的物质和文化生活水平。"既然如此，通过讨论弄清楚生产的目的、现代化建设的目的，怎么会干扰工作重点的转移，妨碍四化建设呢？

七、讨论生产的目的，会不会把人们的注意力引到单纯追求个人生活上去？

有些同志说，那种不强调生产，空谈改善人民生活的言论，调子再高也是没有用的。把人们的注意力从发展生产引到追求个人生活上去，并不是真正关心人民的物质利益，而是在损害人民的根本利益。

我们搞社会主义，可以不注重社会主义生产的目的，忽视人民生活的改善吗？作为社会主义国家的执政党，不把最大限度地满足人民的生活需要作为"党的一切工作的根本目的"，不为人民谋福利，努力改善他们的生活，要我们共产党干什么？我们搞社会主义干什么？所以，讨论生产目的，绝不是空谈什么高调，而是关系九亿多人民切身利益的大事，正如陈云同志讲的，解决民生问题，"应该成为重要的国策"。

讨论生产目的，根本不存在忽视生产问题。现代化建设的根本目的，既然是提高人民的物质文化生活水平，我们发展生产、安排计划的指导思想，就应当是努力使人民生活逐年有所改善，并把这个问题放在优先地位。同时，现代化建设的成果也应当反映在人民生活的改善上，并以人民生活改善的程度作为检验现代化建设成效的根本标准。

通过这场讨论，还要使领导者和群众两方面都能正确认识和执行党在发展生产的基础上逐步改善人民生活的方针。一方面，我们要根据财力、物力的可能，努力使人民生活继续有所改善。另一方面，也要向群众说明，改善生活要量力而行。这几年党和政府已经采取了许多措施，作了极大的努力来提高人民生活水平。人民生活水平方面的欠账只能在生产发展和劳动生产率提高的基础上逐步解决，不能要求过高过急。只要把实际情况和道理讲清楚，就不会发生不顾生产的发展而去单纯追求提高个人生活的倾向。

八、讨论生产目的，讲人民的当前利益，会不会妨碍同心同德搞四化，丢掉艰苦奋斗的精神？

有这样担心的同志是没有看到问题的实质。这里问题实质不是要不要同心同德，而是怎样才能达到同心同德。只讲当前利益要服从长远利益，而不兼顾当前利益，不去解决人民最基本的生活需要，能够做到同心同德吗？过去我们党靠打土豪、分田地的办法，满足了千百万农民的切身利益，动员了他们参加和支持革命战争，同心同德打败了蒋介石。现在我们要实现现代化，靠什么动员群众？除了思想教育外，主要的办法仍然是照顾好人民的当前利益，安排好人民的生活。不然，同心同德就难以达到。因此，要同心同德，就既要讲"服从"，又要讲"兼顾"，而不能把二者对立起来。多年来，我们的问题恰恰是只要"服务"，不要"兼顾"，把长远利益强调到不适当的程度，没有兼顾好人民的当前利益。我们国家人口多，底子薄，现在还很穷，在生产建设中，一定要继续发扬艰苦奋斗、勤俭建国的精神。但广大群众的生活水平是很低的，已经艰苦奋斗几十年了，不能再苛求于他们。要求他们勒紧裤带搞四化，是行不通的。如果那样，我们还会继续脱离群众。

在生产目的的讨论过程中，出现这样那样的不同意见是正常的，是不足为怪的。但是，有一些意见值得注意。这些意见，不是一般的理论观点的分歧，而是"左"倾思想的一种表现。因此，在生产目的的讨论中，一个重要任务，就是要继续肃清经济工作中"左"倾思想的影响。

在我们经济工作中长期存在一种"左"的思想，在有这种思想的人看来，与其让我们的国家在四平八稳中前进，经济增长速度缓慢，长期落后于经济发达的国家，就不如暂时让人民紧张一点，暂时限制一下人民的消费需要，以加快经济发展速度，尽快缩短距离，这样更符合国家和人民的长远利益，可以在将来使人民的生活水平提高得更快。但是，这样做要有一定的限度。这就是必须保证整个国民经济能够协调发展，并使消费基金逐步有所增长，使当前人民生活需要有相当程度的满足。我们过去的做法已经超过了这个限度，出现了一系列严重问题，与满足人民需要的生产目的发生了尖锐的矛盾。

这种"左"倾思想的突出表现是，不量力而行，不顾财力、物力的可能，不顾人民生活的安定，急于求成，大干快上，盲目地追求高速度，追求基本建设的大规模。20多年来，在这种错误思想的指导下，曾搞过三次大的冒进，这是今天所发生的一切经济问题的总根子。

1958年到1960年的"大跃进"，提出"以钢为纲"的建设方针，错误地搞钢铁产量翻番，幻想一马当先，万马奔腾。于是全民大炼钢铁，全面大跃进，大家搞基建，有条件的上，没有条件的也上。结果是基本建设失去了控制，积累率高达40%左右，国民经济不仅没有跃上去，反而发生了严重失调，给以后的经济带来了严重的后果。

1965年开始，又搞了个以军工、重工为主的大小三线建设高潮，虽有必要，但连续十几年把投资过多地集中到大小三线，结果是劳民伤财，造成了巨大浪费，不但人民生活得不到改善，欠下了账，而且使财政连续几年发生了赤字。

1978 年又搞了一个大的冒进。粉碎"四人帮"后，我们本来应当进行经济调整，休养生息，实事求是地稳步前进，但是，由于"左"倾路线的影响未肃清，1977 年恢复经济取得一定成效，头脑又一次发热，忘了"三年大跃进"的教训，把希望寄托在尚未勘探清楚的石油储量上，提出"十来个大庆"，又急于迈开了"大跃进"的步伐，大干快上起来了。基本建设搞冒了，引进搞冒了，1979 年的计划搞冒了。这个以石油化工、重工为中心的"七八"方案，搞的是"无米之炊"，这更加加剧了国民经济的比例失调，成了阻碍四化建设的沉重包袱。

1958 年以来经济工作中的"左"倾思想除 60 年代第一次调整时期外，实际上长期占据主导地位，影响着各个方面的工作。今天我们经济工作前进的方向和速度，在很大的程度上取决于我们摆脱"左"倾思想和"左"倾路线的影响如何。如果不认真总结几次"大冒进"的深刻教训，不肃清经济工作中的"左"倾思想和"左"倾路线的影响，我们当前面临的财政经济问题就不能彻底解决，调整工作就不能顺利进行，社会主义生产目的就不能很好实现。

这次讨论虽然曾经受到某些人的干扰，但是，探索真理的道理是堵塞不了的。讨论冲破了阻力，又继续广泛深入地开展起来了。这场讨论对于肃清经济工作中"左"倾路线的流毒，贯彻十一届三中全会以来的路线、方针、政策，进一步搞好国民经济的调整和改革，调动广大群众的积极性，加快四化建设，必将产生积极的作用。

原载《经济理论与经济管理》1981 年第 1 期

重视社会主义生产目的：新中国 70 年的理论探索

王立胜 *

社会主义生产目的是新中国成立 70 年以来中国社会主义政治经济学关注的重要议题，围绕这一议题的历次理论研讨，都从不同层面推进了社会主义经济理论和实践的发展。当前，在构建中国特色社会主义政治经济学的时代背景下，社会主义生产目的理论在理论体系构建方面的重要性愈加突出。尤其是习近平总书记多次强调社会主义生产目的，使这一议题更加受到理论界的高度关注。梳理相关概念、学术研究脉络和习近平新时代中国特色社会主义经济思想的逻辑框架可以发现，社会主义生产目的发挥着重要的理论核心功能，在新时代具有突出的理论地位和实践指导意义。

一、新中国成立之初我国对社会主义生产目的理论的探索

斯大林于 1952 年在《苏联社会主义经济问题》一书中提出的"社会主义生产目的"议题，就开始受到国内学者的关注，并由此引发了关于"如何看待企业利润"等问题的争论。这使得社会主义生产目的成为中国社会主义政治经济学界自新中国成立之初就重点关注的重要议题。这一时期的讨论也是后续理论延续及其当代价值的理论缘起。

（一）斯大林指出了苏联社会主义理论和实践中的偏误

社会主义生产目的是马克思主义政治经济学的基本原理，马克思主

---

*　王立胜，1963—　，男，中国社会科学院哲学研究所党委书记、副所长。

义理论经典作家对此多有论述。例如，在《反杜林论》的"第三编　社会主义"部分中，恩格斯曾明确谈到这一问题，他在生产资料公有制的基础上这样表述了社会主义生产的目的："通过社会生产，不仅可能保证一切社会成员有富足的和一天比一天充裕的物质生活，而且还可能保证他们的体力和智力获得充分的自由的发展和运用。"①列宁也在《关于俄国社会民主工党纲领的文献》中提出应将生产目的修改为"不仅满足社会成员的需要，而且保证社会全体成员的充分福利和自由的全面发展，这会更明确些"②。斯大林关于社会主义生产目的的概括，与他们的表述基本一致，"社会主义生产的目的不是利润，而是人及其需要，即满足人的物质和文化的需要"，并强调"社会主义生产服从于它的主要目的——保证最大限度地满足整个社会经常增长的物质和文化的需要"。③由此不难看出，在马克思主义理论中，社会主义生产目的具有一脉相承的一致性与连贯性。

　　那么，为什么斯大林关注社会主义生产目的的观点会引起广泛讨论进而成为我国政治经济学界的重要议题呢？其原因就在于，这一观点切中了当时苏联计划经济的"痛点"：片面重视生产引发的经济结构失调问题。具体而言，斯大林批评了以雅罗申科为代表的苏联理论家"为生产而生产的观点"，他们认为应保持生产对消费"占首要地位"，从而将社会主义基本经济规律概括为"社会物质和文化条件的生产不断增长和日益完善"。对此，斯大林的著作批评道："在雅罗申科同志那里，生产从手段变成了目的，而保证最大限度地满足社会经常增长的物质和文化的需要，却被取消了。结果弄成生产增长是为了生产增长，生产是目的本身。"④雅罗申科等人的观点，实际上是苏联计划经济"重积累轻消费"现象的理论反映。由于过度强调经济增长和积累的重要性，苏联计划经济将提高积累率和增长速度视为关键目标，导致居民消费增长明显滞后，并在"农轻重"比例结构上形成了过度重视重工业，农业和轻工业发展

---

① 《马克思恩格斯选集》第3卷，人民出版社，1995年，第633页。
② 《列宁全集》第6卷，人民出版社，1986年，第218页。
③ 《斯大林文集》，人民出版社，1985年，第659页。
④ 同上。

滞后的国民经济结构失衡问题。

（二）新中国成立之初关于社会主义生产目的的理论探讨和争论

对于斯大林的社会主义生产目的的论断，我国学者相关的理论探索大致可以分为两个层面：一是关于我国过渡时期基本经济规律的讨论，二是关于价值规律与企业生产目的的讨论。

在 1956 年社会主义改造完成前，我国尚处于从新民主主义经济向社会主义经济的过渡时期，这一时期的国民经济是否遵循"社会主义基本经济规律"成为学界关注的议题。很多学者正是在此背景下论证过渡时期的社会主义经济成分符合社会主义生产目的，并决定了这一时期经济规律的主导方向是服从社会主义基本经济规律。例如，王亚南认为，社会主义的生产目的"只能是提高人民的物质文化生活水平"[1]。他与许涤新认为，在过渡时期发展生产实现社会主义生产目的这个社会主义基本经济规律，不仅支配着社会主义生产方式，而且"对整个国民经济的发展，亦不断地在增强其决定性作用"[2]。狄超白在强调资本主义经济和个体经济等经济成分有其自身经济规律的同时，也认可社会主义基本经济规律对过渡时期整体国民经济的支配作用[3]，很多学者参与了这次讨论，形成新中国成立之初政治经济学研讨的一次热潮，这里不再一一赘述。

孙冶方关于价值规律的研究及其引发的讨论，是新中国成立之初我国社会主义政治经济学领域的又一场理论研讨。这场讨论的一个重要起点就是"社会主义生产目的"问题，并由此引发了国内学者围绕社会主义经济核算问题的探讨。在 1956 年发表的《把计划和统计放在价值规律的基础上》一文中，孙冶方将自己的论点建立在准确理解社会主义生产目的和基本经济规律的基础上。他批评了社会主义生产的目的"是在于物质财富而不在乎价值"的观点，指出生产使用价值也要以消耗劳动为代价，"在计划和统计方法上多抓价值的一面，多注意劳动量消耗的计

---

[1]　王亚南：《我国发展国民经济的第一个五年计划与过渡时期的经济规律》，《经济研究》1956年第 1 期。

[2]　许涤新：《论社会主义基本经济规律在我国过渡时期的作用》，《新建设》1955 年第 8 期。

[3]　参见狄超白《对于我国过渡时期经济规律问题的意见（提纲）》，《经济研究》1955 年第 5 期。

算，为的是促进生产率的发展"。同时，孙冶方还专门论述了价值规律与社会主义生产目的的联系：满足社会主义生产目的需要发展劳动生产率，而"要高度发展劳动生产率就要掌握价值规律"①。在由此引发的讨论中，中国政治经济学界对于运用价值规律调节作用的认识达到了全新的理论高度，例如严北溟明确区分了价值规律的调节作用与生产目的体现经济社会本质属性的作用："价值规律能从属于资本主义追求利润的目的而对生产起调节作用，同样也能从属于社会主义国家满足人民需要的目的而对生产起着配合调节的作用。"②

关于价值规律的研究也引出了经济核算、企业盈利和企业利润等议题。价值规律支配下最大限度节约投入资源的原则，被概括为时间节约规律。在社会主义经济条件下，这一规律意味着核算投入产出比例，提高生产效率。因此经济核算议题被提出，企业的经济核算被视为核算体系的基础，并提出以降低成本提高盈利作为企业经济核算的具体要求。③有学者开始探讨企业盈利的合理性和具体途径等问题。④同时，在承认价值规律的基础上，社会主义的生产价格理论也正式提出⑤；利润率平均化则作为生产价格形成的前提而内含其中，"社会主义利润"和"社会主义资金利润率"⑥等概念也相应提出。还有人提出以利润指标作为社会主义企业核算的中心指标⑦，而王亚南等学者对此提出了反对意见。⑧

（三）新中国成立之初社会主义生产目的研讨的理论和实践价值

新中国成立之初国内关于社会主义生产目的理论的研讨紧扣当时的

---

①　孙冶方：《把计划和统计放在价值规律的基础上》，《经济研究》1956年第6期。

②　严北溟：《从经济规律的相互关系来看价值规律在社会主义生产中的作用》，《复旦学报》（人文科学版）1957年第1期。

③　参见作沉《关于社会主义经济核算的几个问题的探讨》，《经济研究》1961年第11期。

④　参见葛致达、贺政《社会主义企业盈利的意义和途径》，《经济研究》1962年第10期。

⑤　参见杨坚白《国民经济平衡和生产价格问题》，《经济研究》1963年第12期。

⑥　参见何建章、桂世镛、赵效民《关于社会主义企业经济核算的内容问题》，《经济研究》1962年第4期。

⑦　参见《北京部分经济工作者和经济理论工作者座谈如何进一步开展社会主义制度下经济核算问题的研究》，《经济研究》1962年第6期。

⑧　参见王亚南《决不能从〈资本论〉里面去找利润是社会主义生产的目的的理论根据》，《中国经济问题》1965年第5期。

经济建设实践，具有突出的问题意识，相关研讨成为马克思主义中国化的经典范例。关于过渡时期基本经济规律的讨论，为过渡时期总路线的制定、社会主义改造，以及第一个五年计划的制订和实施提供了重要理论参考。苏联的过渡时期未形成成熟的社会主义基本经济规律和生产目的理论指导其社会主义改造。新中国成立之初的社会主义改造过程和过渡时期的经济政策，在很大程度上受到了社会主义生产目的和基本经济规律理论的影响。尤其是中国学者从中国的基本国情出发，在承认多种规律交叉作用的同时，充分论证了社会主义基本经济规律的主导地位，为我国顺利完成社会主义改造，取得第一个五年计划的成功，提供了重要的理论支持。关于价值规律、经济核算和企业利润指标的讨论，则体现了中国社会主义经济理论和实践领域对于苏联计划经济中盲目追求僵化的物质财富指标、对于偏离社会主义生产目的的过度投入和生产浪费现象的警惕性，也是我国独立推进政治经济学理论创新、探索社会主义建设道路的重要起点之一。相关讨论体现了当时中国社会主义经济建设的"多快好省"原则，虽然突出社会主义生产目的规定性的"好省"原则未在实践中获得充分落实，但是也为我国独立探索社会主义经济建设的中国理论和中国道路提供了重要借鉴。这一时期研讨过程中提出的很多观点，成为改革开放后中国社会主义政治经济学理论创新的重要先导。

二、20 世纪 80 年代社会主义生产目的大讨论推进理论的延续与发展

20 世纪 80 年代，被中断的政治经济学理论大讨论再次掀起新的高潮。在此背景下，关于社会主义生产目的问题的研讨不仅延续和发展了五六十年代的议题，还获得了"总爆发"，在我国掀起了一场关于社会主义生产目的的大讨论。此次讨论结合我国实际，强调了生产不能盲目扩张，而应以满足人民需要为根本目的。也有人认为，这场讨论是一次可以与"真理标准"大讨论相并列的思想解放。正是在这次大讨论中，社会主义生产目的全面进入中国社会主义经济理论研究视野，并逐步确立其重要地位。

　　这次讨论对"社会主义生产目的"的关注点集中在"消费—积累"问题，强调了增加消费提高人民生活水平的重要性。从理论上讲，积累和消费的此消彼长，是一个短期与长期的关系问题。但是，经历了20世纪60—70年代的经济曲折发展后，在农、轻、重比例相对失调的背景下，我国居民的消费增长过于缓慢，经济发展过程中未能充分满足人民日益迫切的生活水平提高要求。在此背景下，批判"为生产而生产"，要求治理农、轻、重比例失调，提高消费率的理论主张，在很大程度上切中了我国经济建设中的现实问题和社会各界关注的"痛点"，从而使这场理论大讨论在当时引起了广泛的关注。将其视为一次思想解放运动，也并不为过。客观而言，这场以"社会主义生产目的"为主题的争论，对于我国全面反思"苏联体制"的局限性，推动经济结构调整，推进改革开放，都具有重要意义。具体而言，这场讨论至少实现了以下两个重要的理论突破。

（一）明确了社会主义生产目的内涵

　　这一时期的理论研讨深入考察了社会主义生产目的的内涵，拓展了理论解释视野和实践指导范围。生产目的的内涵，即哪些目标可以纳入社会主义的生产目的之中，成为讨论的关键议题。在讨论中，多数学者将"人民日益增长的物质文化需要"范围限定在"居民个人消费"和"教科文卫等公共消费"两个方面。也有学者认为将国防、满足扩大再生产的消费需要和对外援助纳入社会主义生产目的的内涵，但没有成为"占大多数"的观点。[1] 很多学者指出，扩大再生产是实现社会主义生产目的的目的，国防和对外援助属于国家职能虽然重要，但是并不属于人民"充实物质生活"和"自由全面发展"的需要，某些职能不能被视为日益增长的需要[2]，国防并非社会主义生产的目的。[3]

　　在生产目的内涵讨论的基础上，另一个影响深远的议题就是企业追求利润与社会主义生产目的之间的辩证统一性，受到了高度关注。20世

① 参见张朝尊《关于社会主义生产目的的内涵的商榷》，《经济研究》1980年第8期。

② 参见卫兴华《关于社会主义生产目的的两点看法》，《教学与研究》1981年第1期。

③ 参见张守义《也谈社会主义生产目的的内涵》，《经济研究》1982年第1期。

纪 80 年代，利润作为调整企业生产积极性的关键要素，剩余产品的价值表现被引入社会主义生产目的。相关研究大致具有以下三个方面的理论进路：承认社会主义生产目的中的局部利益问题，区分最终生产目的和直接生产目的，区分宏观生产目的和微观生产目的。蒋学模区分了"社会主义生产目的"与"共产主义生产目的"，认为满足"人民日益增长的物质文化需要"是共产主义生产目的，"保证满足社会主义全体成员的物质文化生活需要，是社会主义生产目的和共产主义生产目的相同的一面；保证满足劳动群众的局部需要和局部利益，则是社会主义生产目的与共产主义生产目的相区别的一面"。[①] 戴星东、曹序和韩明希区分了社会主义生产的"最终目的"和"直接目的"："社会主义生产的目的是满足人们的物质文化生活需要的最终目的和追求新价值（v+m）的直接目的的统一。"[②] 洪银兴和魏杰提出了微观层面"企业生产目的"与宏观层面"社会主义生产目的"的辩证统一，认为社会主义条件下，企业有其独立的生产目的，应以利润概括企业的生产目的，"根据利润显示的社会主义内容，它是企业双重生产目的的直接体现。它既能体现商品生产一般目的的要求，又能成为社会主义生产目的的实现形式"[③]。讨论中学者们也强调两个层面的生产目的既有其统一性也有其矛盾性。[④]

当然，很多学者对上述观点持反对意见，这些反对意见一般认为追求利润是资本主义企业的本质特征，价值和利润只是实现社会主义生产目的的手段："社会主义生产的目的是为了满足社会和人民的需要，而不是为了利润。我们也要利润，但它也只是手段，不是我们生产的目的。"[⑤] 同时，"从社会主义利润的构成和用途来看，利润也不是企业的生产目的。利润是剩余产品的价值表现，是积累和扩大再生产的源泉……把利润作为企业的生产目的，又回到多种需要论上去了"[⑥]。

---

① 蒋学模：《社会主义和共产主义生产目的的异同论》，《复旦学报》（社会科学版）1980 年第 1 期。
② 戴星东等：《社会主义生产的最终目的和直接目的》，《经济研究》1981 年第 9 期。
③ 洪银兴、魏杰：《试析企业生产目的与社会主义生产目的的辩证统一》，《福建论坛》（经济社会版）1986 年第 1 期。
④ 参见宋养琰、唐丰义《略论企业生产目的和社会生产目的的关系》，《经济研究》1981 年第 12 期。
⑤ 于光远：《关于运用社会主义基本经济规律问题》，《学术月刊》1981 年第 1 期。
⑥ 吴振坤：《关于社会主义生产目的的内涵问题》，《理论战线》1981 年第 6 期。

（二）确立了社会主义生产目的和基本经济规律的理论主线地位

这一时期的社会主义生产目的大讨论，牢牢抓住了社会主义经济的本质特征，确立了社会主义基本经济规律的重要地位。社会主义生产目的是社会主义基本经济规律的构成部分，通过对生产目的的研究，社会主义基本经济规律的重要地位再次被强调。同时，在社会主义生产目的和基本经济规律的视角下，社会主义经济的本质特征也受到了高度关注。吴宣恭突出强调生产目的规定了一个社会的本质特征，应从各类经济现象的共性中把握生产目的："社会生产目的是社会生产本质最集中的体现，是一定生产关系的基本特征的最集中的反映……只描述具体活动的差别而没有分析整体的本质和共同点，不能揭示出共同制约一切社会经济活动的客观必然性。"① 因此，从现象层面概括社会主义生产目的的"多目的论"偏离了这个基本的方法论原则，难以抓住社会主义经济的本质特征。社会主义基本经济规律作为规定社会主义本质特征的理论范畴被确立下来，其理论地位也就被更加突出地提了出来。

20世纪80年代政治经济学社会主义部分的"南方本"和"北方本"教材都考虑将社会主义基本经济规律作为一个"逻辑主线"和"理论主线"确立下来。例如，南方本的编写者蒋家俊就提出："作为贯穿始终的主线，能够体现社会主义生产关系的本质和特点，决定社会主义生产关系的一切主要方面和主要过程。从这个要求出发，我们认为，还是以社会主义基本经济规律作为主线更为恰当。既然作为社会主义政治经济学研究对象的生产关系，是建立在生产资料公有制基础上的生产、交换、分配和消费关系的总和，而在这一切方面社会主义基本经济规律都起着决定和支配作用。所以只有以社会主义基本经济规律为主线，才能揭示出社会主义生产关系发展的规律。"② 在"北方本"的编写过程中，社会主义基本经济规律也被视为可以作为逻辑主线的选项之一，编写过程中有意见认为："应当提出以社会主义基本经济规律或社会主义生产目的为主

---

① 吴宣恭：《试析社会主义不发达阶段社会生产目的的特点》，《经济理论与经济管理》1981年第4期。
② 蒋家俊：《关于政治经济学社会主义部分理论体系的几个问题》，《求索》1987年第2期。

线。理由是：社会主义基本经济规律包括社会主义生产目的和达到目的的手段，它在社会主义经济规律体系中起着主导的决定作用，它决定着社会主义生产的一切主要方面和一切主要过程，决定着社会主义生产、交换、分配和消费的本质及其联系，决定着社会主义经济发展的方向。政治经济学（社会主义部分）的研究对象既然是社会主义生产关系，即在生产资料社会主义公有制基础上形成的社会主义生产、流通、分配和消费的关系，那就应该以社会主义基本经济规律作为主线，贯穿于全书的始终。"[①] 这一时期另一本使用广泛的上海人民出版社出版的《政治经济学教材》的编写者蒋学模也明确提出，应以社会主义生产目的和基本经济规律作为政治经济学社会主义部分的"理论主线"："剩余价值规律作为资本主义的基本经济规律，是支配着资本主义运动的全过程的。照此类推，社会主义的基本经济规律，社会主义的生产目的，也应该成为分析社会主义经济运动的红线。"[②]

20 世纪 80 年代关于社会主义生产目的和基本经济规律的讨论，从两个方面强调了生产服务于人民生活水平提高的社会主义根本立场：社会主义生产必须最终转化为更高的人民的生活水平；只有将社会主义生产目的贯彻于社会再生产的方方面面，以社会主义基本经济规律决定社会生产关系的一切主要方面和主要过程，才能体现出社会主义经济的本质特征。

需要补充强调的是，80 年代社会主义生产目的的大讨论，与邓小平"社会主义本质"论断的提出息息相关。1978 年 9 月，邓小平在河北天津考察期间发表了"北方谈话"，指出："我们是社会主义国家，社会主义制度优越性的根本表现，就是能够允许社会生产力以旧社会所没有的速度迅速发展，使人民不断增长的物质文化生活需要能够逐步得到满足……我们一定要根据现在的有利条件加速发展生产力，使人民的物质生活好一些，使人民的文化生活、精神面貌好一些。"[③] 这一表态，也被

---

① 常修泽：《〈政治经济学（社会主义部分）〉（北方本）统编教材编写、修改中的几个理论问题》，《经济科学》1982 年第 3 期。

② 蒋学模：《〈政治经济学教材〉（社会主义部分）辅导讲座》，上海人民出版社，1986 年，第 24 页。

③ 《邓小平文选》第 2 卷，人民出版社，1994 年，第 128 页。

概括为著名的"贫穷不是社会主义"。1978 年十一届三中全会重新确定"以经济建设为中心"的路线方针后，邓小平关于社会主义要发展生产提高人民生活水平的思想进一步获得社会各界的高度认同。1979 年 7 月，国家计委经济研究所发起关于社会主义生产目的的讨论，北京的部分学者进行了多次座谈，《人民日报》在 1979 年 10 月 20 日发表评论员文章《要弄清社会主义生产目的》，在全国引发关于社会主义生产目的的大讨论。可见，这场讨论，是邓小平"北方谈话"和十一届三中全会后，全国范围思想解放大潮的一部分。同时，在这场讨论的过程中，理论界旗帜鲜明地提出社会主义经济必须区别于剩余价值规律所支配的资本主义经济，强调在社会再生产各领域贯彻"提高人民物质文化生活水平"的社会主义生产目的，是社会主义经济的根本特征，相关认识与邓小平后来最终概括的以"共同富裕"为目标的"社会主义本质"论断具有理论和逻辑的一致性。

三、新时代社会主义生产目的理论的完善

随着社会主义市场经济的发展，尤其是现代金融业崛起和西方发达国家"过度金融化"等现象的出现，国内外理论界越来越深刻地认识到，企业追求利润并不必然带来生产的发展，市场经济难以自动达到"发展生产提高人民物质文化生活"的社会主义经济规律的要求。在此背景下，重申社会主义经济发展应遵循的社会主义生产目的和基本经济规律，成为学界关注的重点议题，也受到了习近平总书记的高度重视。

（一）新时代社会主义生产目的理论受到高度重视

2016 年年底，习近平在中央经济工作会议的讲话中，集中阐述了虚拟经济和房地产脱离实体经济、背离社会主义生产目的的危害。在此之前，习近平一直高度重视社会主义生产目的。2012 年 11 月，在党的十八届一中全会上，习近平指出："我们党领导人民全面建设小康社会、进行改革开放和社会主义现代化建设的根本目的，就是要通过发展社会生产力，不断提高人民物质文化生活水平，促进人的全面

发展。"① 这一表述是对社会主义基本经济规律和生产目的的强调和发展。2015 年 11 月，在十八届中央政治局第二十八次集体学习中，习近平在讲话中概括了马克思、恩格斯和邓小平的观点，强调了社会主义生产目的，并进一步将其与"以人民为中心的发展思想"相联系："发展为了人民，这是马克思主义政治经济学的根本立场……党的十八届五中全会鲜明提出要坚持以人民为中心的发展思想，把增进人民福祉、促进人的全面发展、朝着共同富裕方向稳步前进作为经济发展的出发点和落脚点。这一点，我们任何时候都不能忘记……"②

2016 年 1 月，在省部级主要领导干部学习贯彻党的十八届五中全会精神专题研讨班上的讲话中，习近平将社会主义生产目的概括为"人民群众对美好生活的向往"，并进一步与"以人民为中心的发展思想"相联系："要通过深化改革、创新驱动，提高经济发展质量和效益，生产出更多更好的物质精神产品，不断满足人民日益增长的物质文化需要。"③2016 年 7 月，习近平在庆祝中国共产党成立九十五周年大会上的讲话中指出，"我们要顺应人民群众对美好生活的向往，坚持以人民为中心的发展思想……使改革发展成果更多更公平惠及全体人民，朝着实现全体人民共同富裕的目标稳步迈进"④。

在"人民对美好生活的向往"的概括下，习近平进一步将社会主义生产目的具体化为教育、工作、收入、社会保障、医疗卫生服务、居住条件和环境几个方面，指出"人民对美好生活的向往，就是我们的奋斗目标"⑤。2016 年在中央财经领导小组第十四次会议上的讲话中，习近平进一步强调，全面建成小康社会，人民群众关心的问题"是食品安不安全、暖气热不热、雾霾能不能少一点、河湖能不能清一点、垃圾焚烧能不能不有损健康、养老服务顺不顺心、能不能租得起或买得起住房，等等"⑥。

---

① 习近平：《全面贯彻落实党的十八大精神要突出抓好六个方面工作》，《求是》2013 年第 1 期。
② 《习近平关于社会主义经济建设论述摘编》，中央文献出版社，2017 年，第 30—31 页。
③ 习近平：《在省部级主要领导干部学习贯彻党的十八届五中全会精神专题研讨班上的讲话》，人民出版社，2016 年，第 24—25 页。
④ 《十八大以来重要文献选编》（下），中央文献出版社，2018 年，第 352 页。
⑤ 《十八大以来重要文献选编》（上），中央文献出版社，2018 年，第 70 页。
⑥ 《习近平关于社会主义经济建设论述摘编》，第 47 页。

习近平还重点强调了如何避免经济发展的结构性失衡，防止生产偏离社会主义生产目的，通过供给侧结构性改革强化优化实体经济发展，以更好地实现社会主义生产目的。他指出："从政治经济学的角度看，供给侧结构性改革的根本，是使我国供给能力更好满足广大人民日益增长、不断升级和个性化的物质文化和生态环境需要，从而实现社会主义生产目的。"[①]因此，社会主义生产目的也是供给侧结构性改革"三个基本要求"之首，提出推进供给侧结构性改革"根本目的是提高供给质量满足需要，使供给能力更好满足人民日益增长的物质文化需要"[②]。这些基本论断都是在新时代条件下，对社会主义生产目的理论的创新性发展和创造性应用，是社会主义生产目的理论与新时代国情相结合的重要体现。

（二）新时代社会主义生产目的理论的完善和发展

通过整理上述文献可以发现，进入新时代，我国对社会主义生产目的理论的发展，体现为新时代背景下理论视角、表述方式、理论内涵和理论地位的变化。具体而言，这些发展大致包括以下两个方面。

一方面，适应时代变化，拓展理论视野，优化理论表述。随着中国特色社会主义进入新时代，经济社会发展开始步入全面建成小康社会的历史时期，全面系统的经济社会发展成为新时代的重要特征。在新的背景下，习近平强调了经济社会发展的"全面性"和"系统性"，提出"五位一体"总体布局和"四个全面"战略布局的新要求。2013年他就提出，"我们要坚持发展是硬道理的战略思想，坚持以经济建设为中心，全面推进社会主义经济建设、政治建设、文化建设、社会建设、生态文明建设，深化改革开放，推动科学发展，不断夯实实现中国梦的物质文化基础"[③]，"我们将坚持以人为本，全面推进经济建设、政治建设、文化建设、社会建设、生态文明建设，促进现代化建设各个方面、各个环节相协调，建

---

① 习近平：《在省部级主要领导干部学习贯彻党的十八届五中全会精神专题研讨班上的讲话》，第30页。

② 《习近平关于社会主义经济建设论述摘编》，第105—106页。

③ 《十八大以来重要文献选编》（上），第236页。

设美丽中国"①。在此背景下，"生产水平"和"物质文化生活需要"的表述已经难以全面概括实现社会主义生产目的的动力和目标。因此，习近平逐步使用更为全面"发展"代替"生产水平"，使用"人民群众对美好生活的向往"代替"物质文化生活需要"。术语调整的背后是理论视野的拓宽：相对于生产力的提升，"发展"的视角更加强调经济、政治、文化、社会和生态各方面的改进；相对于"物质文化生活需要"，"人民群众对美好生活的向往"更加全面地概括了人民群众多方面的生活需要。

另一方面，丰富了理论内涵，强化了理论地位。在传统的社会主义经济理论中，"人民群众日益增长的物质文化生活需要"是一个相对抽象的概括。在 20 世纪 80 年代，国内政治经济学界曾围绕哪些方面的需要是"人民群众的物质文化生活需要"进行过讨论，但是受时代限制和当时经济发展水平的局限，很多要素没有囊括其中。在"人民群众对美好生活的向往"之下，习近平比较全面地展开了社会主义生产目的的内容构成，例如"更好满足广大人民日益增长、不断升级和个性化的物质文化和生态环境需要"②，加入了"个性化"的需要和"生态环境"需要；"更好的教育、更稳定的工作、更满意的收入、更可靠的社会保障、更高水平的医疗卫生服务、更舒适的居住条件、更优美的环境"③，囊括了现代化生活中各方面的需要；"学有所教、劳有所得、病有所医、老有所养、住有所居"④，则是对各种需要的一个更为全面的系统的概括。对社会主义生产目的理论地位的强化，则表现在习近平将社会主义生产目的作为原则置于其经济思想的中心地位。通过上述文献整理不难发现，习近平一直强调"以人民为中心的发展思想"，而这一思想就是要求经济发展必须贯彻社会主义生产目的，即围绕"广大人民日益增长、不断升级和个性化的物质文化和生态环境需要"和"对美好生活的向往"展开。同时，习近平还将这一原则置于中国共产党"不忘初心"的高度，即强调"为人民谋幸福，是中国共产党人的初心。我们要时刻不忘这个初心，永

① 习近平：《携手合作，共同发展》，《人民日报》2013 年 3 月 28 日。
② 《习近平谈治国理政》第二卷，外文出版社，2017 年，第 252 页。
③ 同上书，第 61 页。
④ 《习近平谈治国理政》，外文出版社，2014 年，第 41 页。

远把人民对美好生活的向往作为奋斗目标"①。同时，明确了社会主义初级阶段主要矛盾、社会主义基本经济规律和社会主义生产目的之间的三位一体关系，有助于我们在更深层次理解习近平对社会主义生产目的理论地位的强化，即将研究视野拓展和表述优化后的社会主义生产目的作为社会主义初级阶段社会主要矛盾变化的重要内容，通过"生产"到"发展"、人民"对物质文化生活的需要"到"对美好生活的向往"的转变，确定了新时代社会主要矛盾的变化，成为把握"新时代"特征的重要理论基础："中国特色社会主义进入新时代，我国社会主要矛盾已经转化为人民日益增长的美好生活需要和不平衡不充分的发展之间的矛盾。"②

总之，进入新时代，以习近平同志为核心的党中央反复强调社会主义生产目的的重要性，并结合新时代的变化，拓宽了理论视野、优化了具体表述、丰富了理论内涵，同时他将社会主义生产目的与以人民为中心的发展思想和中国特色社会主义新时代的社会主要矛盾的变化等习近平新时代中国特色社会主义思想中的重要理论相联系，将社会主义生产目的作为考察经济社会整体发展的中心原则，强化了其理论地位，也具有重要的实践指导意义。

四、新时代准确把握社会主义生产目的的重要意义

前面提到，在20世纪80年代就有学者提出"社会生产目的是社会生产本质最集中的体现，是一定生产关系的基本特征的最集中的反映"③，尝试把以社会主义生产目的为中心内容的社会主义基本经济规律作为社会主义政治经济学的核心。进入新时代，习近平进一步强调了类似的观点："邓小平同志讲：'社会主义阶段的最根本任务就是发展生产力，社会主义的优越性归根到底要体现在它的生产力比资本主义发展得更快一些、更高一些，并且在发展生产力的基础上不断改善人民的物质文化生

---

① 参见《习近平新时代中国特色社会主义思想三十讲》，学习出版社，2018年，第85页。
② 习近平：《决胜全面建成小康社会　夺取新时代中国特色社会主义伟大胜利——在中国共产党第十九次全国代表大会上的报告》，人民出版社，2017年，第11页。
③ 吴宣恭：《试析社会主义不发达阶段社会生产目的的特点》，《经济理论与经济管理》1981年第4期。

活。'这就点明了中国特色社会主义政治经济学的核心。"① 这些论述都从不同角度印证了社会主义生产目的对于中国特色社会主义政治经济学和习近平新时代中国特色社会主义经济思想的理论核心地位。把社会主义生产目的作为理论核心，有助于准确把握中国特色社会主义政治经济学理论体系，科学理解习近平新时代中国特色社会主义经济思想。

社会主义生产目的也最为具体最为明确地规定了社会主义社会的基本特征：只有服从了这个生产目的，才能保证经济社会的发展处于社会主义社会基本矛盾所决定的社会主义初级阶段，保证经济社会发展不会偏离社会主义的根本方向。抓住了社会主义生产目的这个理论核心，贯彻落实社会主义基本经济规律，抓住解决初级阶段社会主义社会主要矛盾的经济基础和根本所在，就抓住了社会主义基本矛盾的焦点。

首先，社会主义生产目的是理解新时代社会主义社会主要矛盾的关键。通过上述分析我们不难看出，习近平关于中国特色社会主义进入新时代的基本论断，新时代需要满足的人民需要已经发展为"人民对美好生活的向往"，社会主义生产目的从满足人民"物质文化生活需要"提升到满足人民"对美好生活的向往"，体现了新时代人民生活水平提升的内涵和外延变化，也体现了满足人民更高生活水平，需要更为系统更为全面地把握经济社会发展全局。正基于此，关于社会主要矛盾的概括，才进一步将传统的"落后的生产水平"拓展为"发展不平衡不充分"问题。可见，准确把握我国社会主要矛盾的变化和新时代的典型特征，其切入点和理论核心就在于社会主义生产目的在新时代的演化。

其次，新时代关于社会主义生产目的的深入认识是理解当前经济政策的关键。在新时代背景下，20世纪80年代在社会主义生产目的大讨论中提出的生产目的与利润追求的关系问题值得重点关注：相对于20世纪80年代企业利润追求与社会主义生产目的之间呈现的"手段与目的一致性"，随着新时代经济"金融化"、全球垄断资本蔓延和虚拟经济的发展，利润目标与社会主义生产目的的矛盾性开始明显地体现出来。习近平曾针锋相对地指出"房子是用来住的，不是用来炒的"，强调了社会主

---

① 《习近平关于社会主义经济建设论述摘编》，第10页。

生产目的的理论地位。习近平对社会主义生产目的理论内涵和理论地位的重视，也体现在他以此为基础考察经济社会发展全局上。例如，2016年年底中央经济工作会议期间，他重点强调了生产偏离人民群众需要的"三大失衡"问题：实体经济结构性供需失衡、金融和实体经济失衡、房地产与实体经济失衡。其中关于金融失衡，"因为缺乏回报，增加的货币资金很多没有进入实体经济领域，而是在金融系统自我循环……在这样的背景下，金融业在经济中的比重快速上升，而工业特别是制造业比重下降"；关于房地产与实体经济失衡，"房地产高收益进一步诱使资金脱实向虚，导致经济增长、财政收入、银行利润越来越依赖于'房地产繁荣'，并推高实体经济成本，使回报率不高的实体经济雪上加霜"。[①] 在十九大报告中他再一次强调"坚持房子是用来住的、不是用来炒的定位"[②]，强调生产应以满足人民生活需要为目的，而不能脱离这个目的陷入"脱实向虚""唯利是图"的错误方向。

就整体而言，把握中国特色社会主义政治经济学，应遵循政治经济学的基本原理，从生产力和生产关系两个根本视角出发，深刻理解中国特色社会主义新时代经济、政治和文化的辩证关系。社会主义初级阶段的主要矛盾，从生产力和生产效率这个基础入手，从经济社会发展全局规定了发展的方向在于从经济、政治、文化、社会和生态五个方面，实现"五位一体"总体布局发展方略，满足人民对美好生活的向往，而其中的关键基础在于经济领域坚持社会主义基本经济规律，即以更高的生产力水平服务于人民对美好生活向往这个根本目的。是否坚持这个目的，决定了生产关系是否坚持了社会主义的基本方向，是判断经济发展根本道路和根本方向的关键落脚点。要深刻把握习近平新时代中国特色社会主义经济思想的"生产力—生产关系"原理，以及"经济—政治—文化—社会—生态文明""五位一体"的内在联系，关键的体系逻辑就在于以社会主义生产目的为理论核心，把握整个理论体系。

原载《马克思主义研究》2019 年第 8 期

---

① 《习近平关于社会主义经济建设论述摘编》，第 114 页。
② 习近平：《决胜全面建成小康社会 夺取新时代中国特色社会主义伟大胜利——在中国共产党第十九次全国代表大会上的报告》，第 47 页。

科学技术是第一生产力讨论观点综述

詹小洪 *

一、对"科学技术是第一生产力"命题中几个概念的理解

（一）科学技术是否包括社会科学

1. 认为不包括社会科学。"就科学技术发展的经济实质和意义而言，我认为其主要表现，就在于加速科学技术用于生产领域，变为直接的第一生产力的过程。这里所指的科技不是一般泛指，而是直接应用于生产，并取得广泛的经济社会效益的科技。"①

2. "科学技术是第一生产力当然包括社会科学在内。当马克思谈到这个问题时，并没有专指自然科学，而是说'一般社会知识''一般智力'，这当然包括自然科学和社会科学。"②

3. "'科技进步'一般是指科学技术对客观世界认识的扩展深化和为满足人们以及社会的物质和精神需要所取得的进化与革命。我们在应用'科技进步'一词时通常有宽、窄两种理解；窄派把'科技进步'仅仅理解为自然科学和工程技术等所谓'硬技术'的发展与提高。宽派则把它理解为整个科学技术的进步，特别是其中与经济发展关系密切的自然科学、工程技术和管理与决策科学技术的发展。"③

---

* 詹小洪，1956—　，男，中国社会科学院经济研究所编审。

① 李守身：《论科技的生产属性与经济发展》，《江淮论坛》1991 年第 5 期。

② 孙凯飞：《科技现代化关键在于社会科学现代化》，《哲学研究》1991 年第 8 期。

③ 李京文：《社会科学要加强对科技进步的研究》，《哲学研究》1991 年第 8 期。

（二）对生产力内涵的理解

1. 一般教科书的三因素说。认为生产力是指人们利用自然、改造自然，从自然界获取物质生产资料的能力。它由劳动力、劳动对象、劳动资料三因素构成。

2. 认为按照马克思原意，上述三因素只是"劳动过程"的三要素。生产力三要素说把"劳动过程"与"劳动生产力"这两个既联系又区别的概念混淆了。劳动生产力是由多种情况决定的，包括了 5 个参变量：劳动力、科技力、管理力、机器力和自然力构成的系统合力。[①]

3. 认为生产力的具体内容是一个极其复杂、多层次结构的系统。它的诸要素在总体上可分为两类：实体性要素（或物质性要素），包括劳动者、劳动资料和劳动对象；智能性要素，即科学技术。而其他媒介性要素（教育）、运筹性要素（管理）、传导性要素（信息）、流通性要素（资金）等都从属于这两类要素：前一类要素是生产力的物质承担者，是可以独立存在的；后一类要素是认识自然、控制物质生产活动的精神生产要素，它是不能独立存在的。[②]

4. 认为生产力可分为广义的一般意义上讲的社会生产力和具体的有用的现实生产力。广义的一般意义上的生产力，既包括物质生产力，也包括知识形态的生产力；既包括现实生产力，也包括潜在的生产力；既包括直接生产力，也包括间接生产力。科学技术是第一生产力是指科学是知识形态的生产力，是精神生产力，是一种潜在的或间接的生产力，而不是现实的直接生产力。[③]

5. 我们通常所说的三要素生产力是一般生产力，此外还有这样一些生产力：资源型的生产力、工具型的生产力、体力型的生产力、智力型的生产力。科学技术就是智力型的生产力。第一生产力是个现代概念。

---

① 周业昌：《科学技术是第一生产力——"科技兴国"的理论基石》，《广西师范大学学报》（哲学社会科学版）1991 年第 2 期。

② 马振国：《对科学技术是第一生产力的几点理论思考》，《中央财政金融学院学报》1991 年第 5 期。

③ 洪远朋：《坚持和发展马克思主义关于科学是生产力的理论》，《复旦学报》（社会科学版）1991年第 5 期。

科学技术是第一生产力的命题反映了人们从依赖资源型生产力转向智力型生产力的认识转变过程。①

（三）科学技术在生产力系统中的地位和作用，有下面五种看法

1. 渗透论。一般教科书都认为在生产力系统中，劳动资料和劳动对象是生产力中的实体性因素；分工、协作、管理、劳动组织等是综合性或联接性因素，而科学技术是渗透性因素。

2. 首要要素论。"说科学技术是第一生产力，也就是说它较之其他生产力或生产力的其他因素或要素是最重要的部分。这与原来生产力学说中只讲科学技术是渗透在劳动者、劳动手段、劳动对象三个实体要素中的生产力因素相比，是一个巨大的飞跃。"②

3. 质效论。"科学技术是第一生产力"的基本内涵是说科学技术在生产力各要素中的含量越大，生产力的质量及效益越高，因此是第一位的。科学技术与生产力中的其他各要素之间的关系，不是半斤八两的并列关系，也不是简单的排序关系，而是包含在各要素之中，并决定各要素的质量，从而决定生产力总体质量和效益。③

4. 乘数效应论。生产力 = 科学技术 ×（劳动者 + 劳动资料 + 劳动对象）。在这个公式中，科学技术不是作为第四项加到这个公式中去，而是作为乘数乘到这三项头上。因为科学技术发展越来越快，这个乘数增大越来越快，从这个意义上讲，它成了"第一"。④

5. 指数效应论。中国科协副主席吴阶平教授在谈到科技的能量究竟有多大时表示，上面那个乘数效应公式已经不够了，新的公式是：生产力 =（劳动者 + 劳动资料 + 劳动对象）^{高技术}，就是说，科技对生产力三要素所起的作用不只是用乘法按倍数计算，而是按几何数量增殖，呈指数增长⑤。

---

① 吉言：《科学技术是第一生产力观点述评》，《经济分析与政策建议》1991年第2期。
② 刘国光：《在科学技术是第一生产力座谈会上的发言》，《经济研究》1991年第9期。
③ 徐凤臣：《对落实"科学技术是第一生产力"的预测》，《理论与实践》1991年第17期。
④ 龚育之：《关于"科学技术是第一生产力"的几点理论思考》，《经济管理》1991年第10期。
⑤ 高萍：《科技的能量有多大？——中国科协副主席吴阶平访谈录》，《半月谈》1991年第21期。

二、如何完整地理解科学技术是第一生产力

学术界对科学技术是第一生产力这个命题是没有疑义的。但在解释科学技术为什么是第一生产力时，看待问题的角度却不同。

第一种观点认为：

1.科学技术在现代社会经济发展过程中可以起到第一位的变革作用。2.科学技术是当代社会发展的最主要的推动力量。他们认为，在阶级社会，推动社会发展的主要是阶级斗争，但也有科学技术，有时科学技术在一定意义上起决定作用。3.科学技术是经济增长的核心因素。经济增长主要因素有三个，即生产资料数量的增加，劳动力总量的增加和科学技术投入的增加。在这三个要素中，最活跃的因素是科技进步。4.科学技术是提高生产力要素的关键要素。生产力诸要素，主要有劳动者、劳动资料、劳动手段和科学管理。这些要素都受科学技术的制约。如科学技术决定劳动者的数量、质量；科学技术决定劳动资料的提高；科学技术是劳动对象改革的杠杆；科学技术使管理要素不断改革。5.科学技术在商品价值中的含量渐占优势。商品的价值随着科学技术的发展，其趋向在商品价值中，脑力劳动所创造的价值日益增加，科学技术创造的价值也日益增加，并渐占优势，成为占主导地位的因素。①

第二种观点认为：

1.从社会生产力的结构上来理解。因为马克思早就作出过"生产力包括科学技术在内"的结论。2.从脑力劳动的地位和作用上来理解。目前对劳动者科学技术水平的要求越来越高，脑力劳动所占的比重越来越大。脑力劳动的主导作用越来越明显。3.从社会财富的增长上来理解。在现代社会生产中，依靠科学技术创造物质财富主要通过两条途径：一是改造传统产业、降低消耗、提高产值；二是发展高科技，开辟新的产业，如"信息产业""知识集约型产业"等。特别是后者，主要靠科学技术和一定数量的信息，无须大量的资源和能源，却可以创造出大量的社

---

① 李庆臻：《论科学技术为什么是第一生产力》，《东岳论丛》1991年第5期。

会财富。4. 从整个社会的变革来理解，科学的社会作用主要表现在两个方面：一是表现为推动生产发展的动力；二是表现为一种革命的精神力量。在当今世界，它的影响已经渗透到社会生活的一切领域。科学技术的发展引起了社会变革，社会变革又必然促进社会生产力的发展。①

第三种观点认为：

1. 科学与经济、社会研究高速接近和统一。过去科技研究独立于经济活动之外，科研成果转化为生产力的时间需要几年、几十年，而现在就短得多了。在当代科技的成熟性与经济的有效性和社会的需求基本上结合为一体。2. 科学技术进步在经济增长中的作用愈来愈大，已成为经济、社会发展的决定性因素。在我国，四项原则是立国之本、改革开放是强国之路，而科学技术是富国之源。三位一体构成了建设有中国特色的社会主义的三大支柱。3. 科技在生产力中的地位愈来愈重要。科学技术的飞跃发展，已使科学技术与生产力诸要素紧密结合起来，并渗透和覆盖其中每一个部分，并使它们的性质和功能发生了质的变化。②

第四种观点认为：

1. 从理论依据上看，科学是生产力发展的内在源泉和动力。2. 从现状上看，从人类社会生产力发展的阶段考察，现在已经进入了科学是第一生产力阶段。生产力的发展如果从它的主要源泉和动力的角度来考察，大体上说有四个阶段。①以自然资源为主的第一阶段；②以劳动力为主的第二阶段；③以劳动工具为主体的第三阶段；④以科学技术为主体的第四阶段。3. 从发展趋势看，科学技术的发展是永无止境的。它不仅能解决现实生活中提出的问题，而且承担着生产力发展的预见和开辟道路的作用。从而，人类所能支配的生产力也是无穷无尽的。从这个意义上说，科学也是第一生产力。③

第五种观点认为科学技术是第一生产力的客观依据有：

1. 现代科学技术是新的社会生产中最活跃的和决定性的因素。2. 现

---

① 杨正午：《深刻理解"科学技术是第一生产力"的论断》，《光明日报》1991 年 9 月 6 日。
② 李京文：《社会科学要加强对科技进步的研究》，《哲学研究》1991 年第 8 期。
③ 洪远朋：《坚持和发展马克思主义关于科学是生产力的理论》，《复旦学报》(社会科学版) 1991 年第 5 期。

代科学技术在当代经济和社会生活中的地位和作用越来越突出。3. 科学技术是组织、管理和协调生产力诸因素的要素。4. 现代科学技术是标志一个国家综合国力的决定因素。①

三、科学技术是第一生产力论断的理论和现实意义及其影响

第一种观点认为，它丰富和发展了马克思主义关于生产力的学说，不仅具有深刻的理论内涵，而且对建设有中国特色的社会主义事业具有重大的实践意义。1. 深刻理解"科学技术是第一生产力"，有利于我们走上科技兴国的道路，只有用新的科学技术武装劳动者，提高劳动者的文化程度、技术水平和专门技能，才是提高生产力的关键所在。2. 正确认识"科学技术是第一生产力"，就会理解四个现代化，关键是科学技术的现代化。3. 从"科学技术是第一生产力"出发，会合乎逻辑地得出"尊重知识、尊重人才"的结论，进一步在全社会形成重视科技、尊重人才的良好风尚。4. "科学技术是第一生产力"的观点，已经内含着为了发展生产力，必须重视教育的思想。必须真正地把发展科技文教事业提高到发展战略的高度来认识来实践。②

第二种观点认为提出科技是第一生产力的论断有其深刻的背景。1. 是新科技革命挑战的需要。新技术革命在深入发展，在整个世界引起强烈反响。如果在新技术革命时代，我们仍不能高度重视发展科技，我们就会错过时机，生产力就得不到飞速发展。2. 是充分体现社会主义优越性的需要。3. 是我国经济发展实现第二个战略目标的需要。第二个战略目标如何实现？靠什么？靠的是科学技术。以经济建设为中心是实现第一个战略目标的需要；在实现第二个战略目标时，只提经济建设为中心还不够，因为还未解决发展经济的关键问题。发展经济关键何在？主要在发展科技。要从以经济为中心转到以科技为中心。这样就抓住发展经济的根本，也符合当代经济发展的规律。③

---

① 俞正兴：《科学技术是第一生产力的理论与实践》，《争鸣》1991 年第 5 期。
② 马振国：《对科学技术是第一生产力的几点理论思考》，《中央财政金融学院学报》1991 年第 5 期。
③ 李庆臻：《论科学技术为什么是第一生产力》，《东岳论丛》1991 年第 5 期。

第三种观点认为"科学技术是第一生产力"这个命题是从社会科学角度提出和解决的。它的目的不是为了解决某项科学发明或推广某项技术，而是为了解决重大的社会问题。因此它具有深刻的社会含义。

1. 当前我国提出"科学技术是第一生产力"的问题，是作为坚持以经济建设为核心的关键环节。2. 提出"科学技术是第一生产力"问题，其意义在于要求把提高经济建设的技术含量作为我们第二步战略目标的内容。3. 这一问题的提出和实现，也是巩固和发展社会主义制度的保证。4. 提出"科学技术是第一生产力"，也是改变人们的社会意识，形成尊重知识、尊重人才的良好风尚的动力。[①]

经济学者则主要是从与经济科学的关系谈科学技术是第一生产力论断的意义。

第四种观点认为该论断重大的理论与实践意义在于：1. 继承和发展了马克思主义生产力学说。这一论断不仅承认科学技术是生产力，而且强调了它是第一生产力，这不仅使人们对科学技术有了一个新的认识，而且也促使人们从一个全新的角度来认识、研究、发展生产力学说。2. 这一论断明确地指出了现代经济发展的最重要的增长源，对于我国在外延发展向内涵发展的转变中，有意识地利用科技促进经济发展有重要的指导意义。3. 这一论断还使我们有可能考虑一条新的改革思路，即不仅一般地以发展生产为目标，而且特别要以真正解放科技生产力为目标，设计改革思路和方案，塑造新的经济机制。4. 科学技术的发展过程，也是科技信息互相交流的过程。现代科学技术的发展，更离不开国际间的合作交流。科学技术既然是第一生产力，那么为了解放或创造这种生产力，我们就必须在科技领域坚定不移地实行对外开放。5. 扩展了经济科学的研究内容，增加了科学技术在经济学体系中的分量。以往的经济学也涉及对一般的抽象的科学技术变化及其对经济发展影响的研究，但研究的层次不深，而且范围、分量都较小，科学技术是第一生产力的论断，使科学技术在生产力研究中处于首当其冲、至高无上的地位，成为经济学研究不能忽视的重要领域。显然这意味着将要拓展经济学的研究内容，

---

① 赵长峰：《社会科学与生产力》，《东岳论丛》1991 年第 5 期。

并增加关于科技生产力的研究分量。①

第五种观点认为科学技术是第一生产力的命题将对经济理论研究产生重大影响。1. 生产力理论问题。马克思的生产力理论认为生产力由三要素构成，而且其中劳动者是最活跃的因素；由此马克思讲生产力就是劳动力。科学技术是第一生产力的命题，提出了科学技术与劳动者在生产力构成中地位的问题，进而将产生生产力是否仅仅是劳动生产力的问题。2. 价值理论问题。马克思劳动价值论认为只有劳动才是创造价值的源泉。马克思把生产力归结为劳动生产力是与价值形成问题密切相关的，也可以说马克思强调生产力就是劳动生产力。意在强调价值是劳动力创造的，而非别的什么因素。其他因素不过提供条件，参与这一过程而已。科学技术是第一生产力的命题，可能导致科学是创造价值的源泉之一的结论。显然，这一命题与马克思劳动价值论的关系是一个值得研究的重大问题。3. 价值理论和生产力理论是马克思劳动价值论的基石，而劳动价值学说和剩余价值学说又是马克思主义政治经济学的核心。因此，科学技术是第一生产力的命题将涉及范围广泛的马克思主义经济学理论问题。4. 科学技术变化的观测及其对经济增长与发展贡献的度量。科学技术作为第一生产力不仅需要定性的理论说明，而且需要从量的方面进行论证。这是经济学特别是数理经济学、计量经济学与技术经济学的重要研究任务。②

四、关于如何实现科学技术转化为现实生产力的问题

大家都认识到，科学技术转化为生产力在我国是个远未解决的大问题。在我国各条战线上，都有大量的科技成果停留在礼品、展品、样品的阶段，没有形成批量生产和商品，从而没有变成现实的生产力。如何使科技成果转化成现实生产力就成了论者们十分关注的问题。有下面几种观点：

第一种观点，科学技术转化为直接生产力的条件、机制问题，主要

① 刘国光：《在科学技术是第一生产力座谈会上的发言》，《经济研究》1991年第9期。
② 吉言：《科学技术是第一生产力观点述评》，《经济分析与政策建议》1991年第2期。

是一个科学理论与生产实践之间的联系中介、转化环节问题，主要有四个方面：

1. 从科学技术内部结构来讲，是要解决基础理论研究与应用研究、开发研究的联系问题，要完善现代科学技术体系的三台阶结构，即把基础理论、技术科学、工程技术三个层次的结构完善建立起来。特别是社会科学，目前基本是基础理论研究是一个层次，社会技术科学和社会工程技术这两个层次还相当薄弱，甚至根本没有，必须建立起来，否则从基础理论到社会实践之间缺乏联系中介和转化环节。

2. 从社会组织机构来讲，学校、科研机构和生产经营企业要联系起来，学校、科研机构也可办生产企业，生产企业也可办学校、研究所，甚至技工贸一体化，改变过去互不联系、老死不相往来的现象。

3. 从社会制度、经济、政治、文化体制讲，要有利于转化，有利于科技教育事业的发展，而且要有专门的、一系列的科技立法来保证，使科技发展也进入法治轨道。

4. 科技转化为直接生产力的落脚点在企业，或者说企业是知识生产力转化为物质生产力的转变环节，科技和生产的结合处。如果企业没有不断更新技术，不断开发新产品的机制、活力，要实现这个转化是很困难的。这里，一个是通过物的转化，一个是通过人的转化，两者都是在企业这个细胞里进行的。所以，科学技术要通过教育转化为每个人的科技力量，又通过每个人的生产劳动，转化为物质财富。这就要使企业生产经营的发展真正转到依靠科技进步和提高劳动者素质的轨道上来。

第二种观点认为应该实行如下对策：

1. 选好一个模式，即选择当代最优越的发展模式——"智能化成长加结构型发展"的模式，就是说，在保证必要的外延型增长的前提下，更加注重内涵型增长和结构型增长。

2. 加速两个转化：科学技术的"人化"和"物化"。所谓"人化"，就是造就有科学知识的人才；基本的措施就是开展"劳动力素质工程"，即用系统工程的方法，培育出适应社会生产力发展需要、具有较高文化素质的劳动者。劳动力素质工程的实现途径，主要是推进教育的产业化和抓好劳动力素质形成和改善的全过程。所谓"物化"，就是运用高新技术造出高水平的劳动资料和劳动对象；基本的办法是实现科研成果的"产业化"。这里的产业化包含几个层次：第一层，产品化，即科研成果经过中间试生产，成为技术上和经济上都可以投入生产的样品；第二层，工厂化，即为市场而进行批量生产；第三层，系列化，即在企业内大批量生产，在地域范围内形成同类企业群；第四层，产业化，即形成行业和行业群。我国目前的问题是这个链条有薄弱环节，甚至断裂。

解决问题的关键是形成一套有利于科技成果转化的机制。简要地说就是：（1）以利益机制为基础，遵循价值规律的客观要求，去组织科技成果的转化；（2）以市场机制为依托，通过市场这个筛选器和指路标，形成科技成果的商品化，进而逐步培育出社会主义的技术市场体系；（3）以计划机制为主导，充分发挥社会主义制度的优越性；（4）以权力机制为辅佐，解决经济与科技的管理体制"两张皮"，即经济与科技分属不同部门管理，研究单位与企业之间没有隶属关系，缺少经济联系，阻滞了科技成果的转化，以及考核指标体系中没有对技术进步的考核，从而削弱了企业追求技术进步的动力等问题。当然，在这方面，我国也有许多成功的经验，如"经济特区（开发区、高新技术区）政策"等等，值得进一步总结和推广。

3. 保证三个条件（财、物、人），使"科技成果转化为生产力"的过程落实在可靠的物质基础上。①

第三种观点认为促使科学技术尽快向生产力转化的途径、形式和机制有如下一些：

1. 通过发展教育和加强技术训练的途径，使先进的科学技术为生产过程的能动的主体——劳动者所掌握，变为劳动者的智能和技能。这是科技向生产力转化的主渠道。

2. 通过技术创新的途径，把科技成果迅速物化（设计、制造）为先进的机器设备等生产工具和新工艺，转化为直接生产力。重点应放在提高我国科技成果的物化率和应用率。

3. 通过科学管理、体制改革的途径，使劳动组织管理科学化、合理

---

① 薛永应：《在科学技术是第一生产力座谈会上的发言》，《经济研究》1991 年第 9 期。

化、程序化和制度化。

4.通过科技立法的途径，使科技成果、知识产权获得法律上、制度上的保障。

5.通过企业经济实体和科技商品化市场竞争机制，加速企业技术更新，引导科技人才流向经济建设主战场，增强科技与经济的结合力，使经济的发展、企业的活力真正纳入依靠科技进步的正确轨道上来，从整体上提高我国的经济实力和吸收技术机制的竞争力。

6.通过促进自然科学和社会科学联盟的途径，创造发展大科学技术的更好更大的环境，提高自然科学的社会化和社会科学技术化程度。

7.通过实施国家新型科技发展计划，如"星火""燎原""丰收""七五攻关""推广""火炬""863"等计划，使"科技兴农""科技兴林""科技兴工""科技兴省""科技兴市""科技兴县"等目标层层落实，推动工农业生产和全社会的科技进步。①

原载《生产力研究》1992 年第 1 期

---

① 周业昌：《科学技术是第一生产力——"科技兴国"的理论基石》，《广西师范大学学报》(哲学社会科学版) 1991 年第 2 期。

"科学技术是第一生产力"研究状况综述

吴向红　刘大椿[*]

　　邓小平同志关于"科学技术是第一生产力"的论断，在新的历史条件下丰富了马克思主义的唯物史观，因而在学术界产生了极大反响，引起了热烈的讨论。科学技术是第一生产力已成为学术界的共识。但对如何理解和运用这一命题，学术界存在着不同的认识。本文就迄今见诸各报刊的部分学术文章和有关报道加以整理，综述如下。

一、关于"科学技术是第一生产力"的理论内涵

　　这方面讨论集中于下列三点上：1."科学技术"概念的外延。2.科学技术是不是直接生产力？　3.对"第一"如何理解？

（一）如何确立"科学技术"一词的外延？

　　一种观点认为只包括自然科学和工程技术，目前很多人仍直接或隐含地采用这个定义。但也有相当多的同志认为管理科学与决策科学（有人称"软科学"，其范围更广、更模糊一些）亦应包含在"科学技术"之内，也是第一生产力。更进一步，有人提出社会科学也要包含在内。钱学森认为"在我国目前，社会科学比自然科学更有关键性"[①]。李京文认为"科技进步本身就包含着社会科学的进步"，社会科学又为指导并加快科

---

* 　吴向红，1961—　，女，广东省社会科学院文化产业研究所副研究员；刘大椿，1944—　，男，中国人民大学哲学学院教授。
① 　钱学森：《钱学森同志给郁文同志的两封信》，《哲学研究》1991 年第 8 期。

技进步，以及促进科技、经济、社会的更加协调发展提供科学依据。①

（二）科学技术是不是直接生产力？

一些同志赞成可称之为"渗透说"或"转化说"的观点。于光远认为，说科技是第一生产力，"并不意味着存在与它并列的'第二''第三'等生产力"，科技只是"渗透"并强化着生产力各要素。②王大珩认为第一生产力的说法是"指科学技术是使得生产可以做到高质量、高效率、多品种的原动力，是决定生产力的第一矛盾"，科技成为生产力还必须有一个"要花大量劳动力和资金"的转化过程。③李效时认为"科学技术并入社会物化劳动过程，主要是通过对生产力三要素的横向渗透而实现的"④。

另有很多同志持可称为"直接说"的观点。他们强调"科学技术是第一生产力"论断的鲜明时代性，强调在现代工业社会中科技已是直接生产力。刘大椿认为，若按传统观点理解科学为一种意识形式，"转化说"就似乎很合理，然而困难在于"任何东西在一定条件下都可以互相转化"，物质"决不因其可以转化为精神便成了精神"，反之亦然。⑤刘大椿提出，科学的当代发展要求从"活动的、结构的和体制的观点"来理解现代科学，视之为"一种具有特定结构的人类活动"，正是"现代工业社会体制化的科学技术所固有的"，"相对完善的内在机制和连接机制"使现代科学技术成为直接生产力。科学技术是第一生产力的前提是科技的现代体制化，即其内在机制和外部连接机制的完善，而这些在现代工业社会中虽已被满足，但在我国还有待健全。⑥关士续认为"引起生产力要素更新"（即"渗透"）只是科技长入社会经济众多渠道之一种。他从社会生产过程"不是发生在一个独立的劳动者同自然界之间的'纯粹个人过程'，而是一个十分复杂的社会化过程"的马克思主义基本观点出发，

---

① 李京文：《社会科学需要加强对科技进步的研究》，《哲学研究》1991年第8期。
② 于光远：《我对科学技术是第一生产力的理解》，《自然辩证法研究》1991年第9期。
③ 李向南：《愿中华民族自强不息——访光学专家王大珩》，《经济日报》1991年7月20日。
④ 李效时：《科学技术在生产力发展中的地位和作用》，《科技日报》1991年5月27日。
⑤ 刘大椿：《论"科学技术是第一生产力"》，《教学与研究》1991年第5期。
⑥ 刘大椿：《进一步认识"科学技术是第一生产力"》，《哲学研究》1991年第8期。

论证了科学多渠道地影响或决定着社会生产过程，从而它"属于社会生产力的范畴"。①吴义生根据现代经济学的广义生产力理论，把生产力划分为：（1）物质生产力，即生产资料和生活资料的生产。（2）精神生产力，即观念、知识的生产。（3）人口生产力，人类肉体的生长、教育培养和素质的提高。（4）劳务生产力，为前三种生产力形式提供各种服务。据此，科学技术是"精神生产力"并且"是组成物质生产力，充分发挥其他生产力要素的效能所不可缺少的、关键性的、决定的、最活跃的因素"。此外，"现代科学是整个社会生产的一个重要环节和阶段"。②总的看来，持"直接说"的同志都认为科技本身是生产力，但他们之间尚未能就一个严密的理论体系达成一致协调的意见。

（三）如何理解"第一生产力"中"第一"的含义？换句话说，如何理解科学技术的第一位的重要性？

龚育之认为 20 世纪有两大潮流，一是"自然科学发展带动的技术革命"，一是"马克思主义科学指导和影响下的社会革命"，人类的明天"取决于""这两大潮流的更好结合"。而且，科学社会主义的科学性的表现之一，就是"指出了无产阶级实现自己的社会理想所必须凭借的知识力量——现代科学的力量"。③卫兴华、黄泰岩结合列宁著作讨论了提高生产率的核心地位，提高劳动生产率需要最新的技术、具有较高科学文化素质的劳动群众，还要加强经济的组织和管理。④

关士续从系统科学观点分析科技在推动社会历史中第一位的作用，认为人类社会是一个"组织化程度极高的自组织系统"，科技能为引起社会进化的突变提供可能途径、放大机制和触发契机。衣忠超提出"生产力的飞跃是以生产结构的不断高级化为前提的"，其根源是"科学技术的加速进步"。他还根据历史资料研究了生产力发展周期（包括国家生产力周期、行业生产力周期和产品生产力周期），认为科技是"生产力周期性

---

①　关士续：《关于当代社会发展的重要科学论断——"科学技术是第一生产力"的理论内涵》，《自然辩证法研究》1991 年第 9 期。

②　吴义生：《"科学技术是第一生产力"的理论意义》，《自然辩证法研究》1991 年第 9 期。

③　龚育之：《马克思主义和科学技术》，《自然辩证法研究》1991 年第 6 期。

④　卫兴华、黄泰岩：《提高劳动生产率是发展生产力的核心》，《光明日报》1991 年 1 月 23 日。

的重要原因"。①

绝大多数同志都肯定科技在当今现实世界中的重要地位。当今世界经济已进入信息化发展阶段，主要特点是将知识生产和物质生产结合起来，充分利用科技，大幅度地提高物质资源的利用率，大幅度提高产品的知识含量和附加价值，大幅度提高劳动生产率和经济的集约化程度，这已成为世界性的共识。科学技术在改造传统产业、开辟新产业和对外贸易等方面都起着关键性作用。这些已为国内外实践所证实。利用"余值法"可测出 70—80 年代发达国家经济有 60%—70% 靠的是科技进步（一说 50%②），我国目前却仍不到 30%，这就更见科技发展在我国的现实重要性。

二、关于如何真正使科学技术成为第一生产力？

如何使"科学技术是第一生产力"得到真正实现？或如何充分地、最大限度地发挥科技的作用？这是最实际，也是大家讨论得最多的一个问题。论者或从科学技术作为社会大系统中的一个子系统角度，或从科技的体制化角度，或从马克思主义关于生产力和生产关系、经济基础与上层建筑的理论角度，或从"科技是第一生产力"自身的理论内涵角度。一致认为：科技作为第一生产力要真正实现，有赖于多方面的、综合的因素。具体说应包括：科技自身的进步，经济体制的进步，科技与经济社会的联结机制的进步，以及教育、政治各方面体制乃至整个社会主义制度的自我完善与发展。上述制度与体制中不仅包括物的因素，也应包括人的因素。各种因素又是相互联系、互为因果的。

专家学者们大都认为：我国当前潜在的科技需求很大，另一方面，科技成果利用率却很低。此外人力资源数量多而科技素质较差，科技人员相对匮缺。在科研体制内部，基础研究、应用研究和开发研究三者比例不合理且相互脱节。在经济体制内部，企业仍需扩大自主权，拓宽资

① 衣忠超：《论科学技术与生产力发展》，《科技日报》1991 年 5 月 13 日。
② 《科技与经济的结合要上新台阶》，成思危、范维唐、王震西三人访谈，《光明日报》1991年 1 月 23 日。

金来源，进一步完善金融市场，改造传统产业等。为此，李昌提出了八条建议：1. 把发展科技与改革、开放并列为国家三大政策；2. 经济体制和科技体制都要深化改革；3. 扩大技术开发研究项目的中间试验基金；4. 确认科技合作企业为社会主义劳动群众集体经济组织；5. 发挥大科技作用，稳定地发展农业和农业经济；6. 对成片的贫困山区选择不同类型的重点县，集中力量承包扶贫开发；7. 加强我国特别是农村的技术教育；8. 科协设立科技发展研究委员会，主要任务就是研究如何落实科技为第一生产力。① 李瑞英则从生产领域、科技领域、前述二者的协调与联结、农村科技力量与科技服务体系、技术人才等方面提出了综合性的八点建议。②

　　具体到各个领域，于光远提出了农业现代化、农村工业化与农村城市化三位一体的科技兴农思想，以及农业现代化的五点综合特征③；张吉槐提出了科研体制配套改革四部曲④，李德葆等讨论了高校如何为经济发展服务⑤；乔松楼探讨了国防科技向生产力转化中四种"瓶颈"的疏通。⑥许多同志就如何搞好大中企业、如何改造传统产业、如何使科技奖励为经济发展服务、如何激发社会的科技需求、科技兴农、科研体制配套改革等等问题进行了研讨。更多的研究则集中于两个焦点：一是科技与经济的结合问题，特别是有关高技术产业的发展问题；二是教育和人才、观念与科学意识的问题。下面进一步对这两个问题的研究状况加以综述。

三、关于科技与经济的结合与高技术产业的发展

　　成思危等认为，当前我国科技与经济的结合，在局部与小企业及乡镇企业中已有一定成绩，但尚未面向大中型企业；科研单位也多处在留

---

① 李昌：《落实科学技术是第一生产力的建议》，《自然辩证法研究》1991 年第 9 期。
② 李瑞英：《关于科技进步如何促进经济腾飞的思考与对策》，《光明日报》1991 年 2 月 22 日。
③ 于光远：《科学意识与农村现代化》，《自然辩证法研究》1991 年第 5 期。
④ 张吉槐：《我国科研体制配套改革"四步曲"的构思》，《新华文摘》1991 年第 4 期。
⑤ 《高等学校如何为经济科技发展服务》，李德葆、路甬祥、沈善洪三人访谈，《光明日报》1991 年 6 月 20 日。
⑥ 《科学技术是第一生产力学术讨论会会议纪要》，《自然辩证法研究》1991 年第 8 期；乔松楼：《国防科技向生产力转化中的"瓶颈"与对策》，《自然辩证法研究》1991 年第 9 期。

下成果自己搞生产的"小循环"阶段，未形成"研究单位—企业—返回支持科研"的"大循环"，带来科研队伍不稳定，"短平快"项目过多，科研缺乏后劲等弊病。① 很多学者认为，在科研单位方面，主要是提供的成果有时本身成熟度低，或配套能力差，或技术服务跟不上；大中企业，往往仍受多种因素的影响，缺乏技术进步的内在需求，即使有，技术进步源又主要瞄向国外，依赖引进，此外不少大企业片面依靠自己的研究力量，缺乏合作意识。②

如何增强企业的创新动力？连燕华、方新认为根本出路在于"使企业成为真正的独立法人"，否则"放权让利只能转化成短期行为"。③ 此外很多学者希望加强宏观管理与政策引导，造成创新才能生存的压力。

相当多的同志认为，科技成果要纳入经济发展轨道，就必须承认它是商品，并开放技术市场，给予良好的信息环境和法律保障。但也有人认为科技成果不是商品。④《科技日报》发表的评论员文章，强调政府政策推动与舆论宣传在成果推广中的作用，认为技术市场与政策推动各有所长。经济效益明显的成果可充分利用市场机制，经济效益不明显但社会效益显著的技术如节能、环保等就要靠政府推广；技术市场有利于横向沟通，而政策推动可在关键点、关键成果上集中力量；在大范围、大面积推广一项成果以充分挖掘其使用潜力时，也需要政策推动。应结合本地区本部门的发展战略，使二者有机配合，并及时将推广经验本身也加以示范推广。⑤

在科技与经济的结合过程中，多数学者强调要增加资金投入。雷源忠认为现在问题是"银行与企业、银行与科技成果之间关系并未畅通，而科技成果的商品化带有风险性，因而投资并不容易"⑥。李瑞英引用资料说明，发达工业国科研、成果转化和生产三阶段资金投入比例为

① 《科技与经济的结合要上新台阶》，成思危、范维唐、王震西三人访谈，《光明日报》1991年1月23日。
② 常本英：《对"科学技术是第一生产力"的几点认识》，《科技日报》1991年6月17日。
③ 连燕华、方新：《论我国技术密集型企业创新动力》，《科技日报》1991年5月20日。
④ 《科技进步未必就得多投资》，《经济日报》1991年6月17日。
⑤ 科技日报评论员：《二论全社会都要重视科技成果推广》，《科技日报》1991年5月13日；科技日报评论员：《发挥政府机构职能，促进科技成果推广》，《科技日报》1991年5月18日。
⑥ 雷源忠：《试论科技成果的运行机制》，《科技日报》1991年5月20日。

1∶10∶100，而我国为 1∶0.1∶100。^① 王震西提到国外大企业支持技术开发的钱起码占销售额的 10%。与之相对比，大家普遍认为，国内企业负担过重已成为影响其科技进步积极性的重要原因。^② 成思危建议基本建设前期工作就要拨出资金给科研，相当于为获得技术的预付资金。^③ 但是，也有人认为科技进步未必就得多投资，有些新技术只需很少投入即有可观的产出。^④ 有人还具体提出了解决资金来源的具体设想。^⑤

在此特别要提到高技术。高技术产业，或高科技产业，在我国是从"863 计划"提出后发展起来的，是"火炬计划"的重要内容。据有关报道，至 1991 年 3 月底，大陆的高技术开发区已达 26 个，进入开发区的高新技术企业 2500 多家，1990 年总收入 70 多亿元。1961 年国家又宣布对 26 个高新技术开发区实行一系列优惠政策。人们普遍认为，高技术开发区还是对我国经济特区和经济开发区的重要补充，有利于建立计划经济与市场调节相结合的新机制，产生可观的经济效益和社会效益，为科技人员提供了广阔舞台，也使产品能打入国际市场。^⑥ 大家还提出了进一步发展中应注意的问题：一是产业化。因为高技术随时间推移会很快变成普通技术，高技术的发展也要依赖产业，因此要着力将其产业化，尤其要向大中型企业推广，实现大规模的产业化。二是辐射功能。所谓"聚集—扩散—聚集"效应，即在"各相关要素方面使区内（指开发区内）的高技术企业达一定规模后"向外扩散，并"通过反馈作用""组织更高层次的相关要素重新集聚"，形成符合高技术产业发展规律的良性扩张循环，同时也将在依靠地方经济的基础上带动地方经济的发展。这种辐射功能还应作为检验高技术企业发展的首要标准，以避免利用开发区内优惠政策一哄而上的

---

① 李瑞英：《关于科技进步如何促进经济腾飞的思考与对策》，《光明日报》1991 年 2 月 22 日。
② 《科技与经济的结合要上新台阶》，成思危、范维唐、王震西三人访谈，《光明日报》1991 年 1 月 23 日。
③ 同上。
④ 《科技进步未必就得多投资》，《经济日报》1991 年 6 月 17 日。
⑤ 《在我国建立科技企业孵化器的可行性研究报告》（周元执笔），《自然辩证法通讯》1991 年第 2 期。
⑥ 吴武封：《我们有了"科技特区"》，《光明日报》1991 年 6 月 4 日；胡昭广：《充满活力的高新技术开发区》，《经济日报》1991 年 6 月 4 日；《国家对高新技术开发区实行优惠政策》等一组报道，《光明日报》1991 年 3 月 23 日。

现象。三是加强宏观管理调控。四是重视强化技术到产业的中间环节。五是要发展外向型企业。六是今后新建开发区时应明确目的，合理选址，健全机制，并创造金融业等"支撑环境"。①

高科技开发区是否为高科技产业化的最终形式或必经之路？王大珩认为从发达国家经验看，"高技术产业化必须是规模经济"，"仅仅依靠有关方面的松散型结合是不行的"，而要依靠"大型工业集团"，实验区、工业园等"只是过渡形式"。② 陈昌曙、陈凡提出发展中国家主要有两种发展高技术的途径，一是已具科技基础的国家可利用计算机和电子技术等来发展现代化工业，二是亚洲一些国家可利用西方"空心化"经济战略图谋发展。中国可兼采上两种途径，然而国情的特殊性使得在我国，用高技术改造传统工业更显得迫切。陈昌曙等还讨论了高技术发展的前景和有关高技术社会的思索，比如他们认为高技术不会减少社会总就业量，也不会消灭而只能简化技能动作，但高技术确会带来新的高技术犯罪如计算机犯罪等等社会问题。③

四、关于培养科技人才和增强科技意识

人才与观念这两个因素在科技生产力发挥作用的各个阶段和环节都有不可忽视的影响，而它们又都受教育影响，这里"教育"包括终身教育和宣传教育等等。

科技的竞争归根到底是人才的竞争④，而有资料表明我国目前某些科研单位科技人员不足且呈老化趋势。此外人才结构也不合理，缺乏介于"研究开发型人才"与"实际操作型人才"之间的"中介人才"。在企业界也缺乏企业管理人才和科技企业家。因此有关人才问题的研究，包括

---

① 《提高对第一生产力的认识，努力发展高科技》，王大珩、王淦昌、杨嘉墀、陈芳允四人访谈，《光明日报》1991年5月19日；赵兰香：《"第四届全国高技术产业发展研讨会"综述》，《科技日报》1991年6月24日；《高科技，向大中企业转移——来自全国高技术产业发展研讨会的呼声》，《光明日报》1991年6月14日。

② 《提高对第一生产力的认识，努力发展高科技》，王大珩、王淦昌、杨嘉墀、陈芳允四人访谈，《光明日报》1991年5月19日。

③ 陈昌曙、陈凡：《"高技术与社会"若干问题引论》，《自然辩证法研究》1991年第6期。

④ 早行：《进一步贯彻落实党的知识分子政策》，《光明日报》1991年3月22日。

提高数量与质量，充分利用现有人才等，应放在很重要的地位上。①

刘剑峰把跨世纪科技人才按时间序列分为四批：第一批 1965 年以前大学毕业，到 2010 年约 70 岁。他们是现在的骨干，若放宽退休政策将是跨世纪科技的主要决策者和指导者。要以有力措施保障他们的工作环境与身体健康。第二批是"文革"期间大学毕业的，数量相对较少但在管理方面专家可能较多。第三批毕业于"文革"后到 80 年代中，知识新，能开拓，但对国情了解少，对他们要信任支持，重点培养，促进他们与老同志合作。第四批是最近毕业或将要毕业的，是跨世纪科研的后备力量。②

地方科技人才和农村科技人才在实际工作中作用重大。夏俊生等提出：一要为他们创造工作环境，提供生活支持；二要重视地方的自我培养，面向实际，在实践中培养。③

"观念"一词一般指对待某一外部对象所持的观点、看法，如科技观念、消费观念、人才观念等等；也可以指自我认识，自我观念。在科研、生产中，目前仍有不少陈旧的观念亟须更新，例如有些科研人员缺乏面向生产、依靠生产的观念，有些企业家不重视科技，不少同志仍存在依赖引进的思想观念④，等等。

关士续认为，目前在我国出现的市场疲软现象恰恰标志着"极其深刻的经济模式转换过程"，因此不但要求而且有利于"彻底改变从消费者到生产者的观念"，促使人们树立适应新运行机制的观念意识。⑤

科技意识是一种特殊的对象观念，它与科技作为第一生产力的真正实现有最密切的联系。李惠国认为科技意识体现在三个方面：（1）科技是社会经济发展的强大动力；（2）科技是现代文化的主要的创造力量；（3）用科学意识对我们的文化和传统进行反思。⑥邱仁宗提出树立科学

---

① 《中国运载火箭技术研究院加紧培养青年科技人员》，《光明日报》1991 年 4 月 7 日；《专家呼吁大力培养"中介人才"》，《光明日报》1991 年 2 月 12 日。
② 刘剑峰：《科技精英是完成跨世纪科技任务的关键》，《科技日报》1991 年 5 月 4 日。
③ 夏俊生、龚印明：《地方培养科技人才的新思路》，《光明日报》1991 年 1 月 14 日。
④ 《周光召提出发展我国科技基本方针》，《光明日报》1991 年 5 月 26 日。
⑤ 关士续：《强化科技意识的三个突出问题》，《自然辩证法研究》1991 年第 5 期。
⑥ 鲁平：《实现现代化，必须树立科学意识》，《自然辩证法研究》1991 年第 7 期。

意识必须同伪科学、反科学和愚昧落后现象作斗争；同时，需加强科学工作者的伦理修养。① 吴明瑜认为加强决策的科学化，本身就有一个科学意识的问题；决策民主化也需要科学精神。② 蔡德诚强调对重大的、关系到长远效果的科技领域如能源问题，必须有战略的预见、构想和筹划。③ 杨立民则认为现代化建设受众多因素制约，不要把科学意识的作用说过头。④

全民科技意识对创造良好国内气候、拓宽科技第一生产力发挥作用的战场极为重要。一项对 28 个省 3667 农户的调查表明，农户的文化程度与其平均收入明显正相关。⑤ 我国公民科技意识普遍过低。例如对计算机软件、DNA、分子等科技名词，发达国家公众有 40% 可说出大致意思，我国公众则不到 10%。⑥ 但也有相反的报告 ⑦ 认为，中国公众尽管平均文化水平低，却具相当强的科学意识。中国科协管理科学研究中心在 1990 年 9 月对全国 4523 人的科学抽样调查表明，绝大多数公众相信科学、需要科学、尊重科技人才、信赖科技人才。73.5% 的公众同意"虽然有些基础研究不能带来直接效益，政府也应予以支持"。这次调查还表明不少公众感到，在中国，科技改变生活的速度太慢，更希望优先发展与人民生活直接相关的科学技术。

原载《教学与研究》1992 年第 2 期

---

① 邱仁宗：《科学技术伦理学的若干概念问题》，《自然辩证法研究》1991 年第 11 期。
② 鲁平：《实现现代化，必须树立科学意识》，《自然辩证法研究》1991 年第 7 期。
③ 晓见：《多角度探讨"科学技术是第一生产力"理论——科协"四大"学术讨论会交叉学科分会场纪要》，《自然辩证法研究》1991 年第 7 期。
④ 鲁平：《实现现代化，必须树立科学意识》，《自然辩证法研究》1991 年第 7 期。
⑤ 赵健：《教育扶贫应是扶贫重点》，《光明日报》1991 年 1 月 10 日。
⑥ 《下大力气提高全民科技意识》，《光明日报》1991 年 5 月 27 日。
⑦ 张仲梁：《中国公众对科学技术的态度》，《自然辩证法研究》1991 年第 6 期。

关于"科学技术是第一生产力"的研讨观点十年综述

孙来斌　　彭旺林 *

今年是邓小平提出"科学技术是第一生产力"论断十周年。1978年，邓小平重申马克思"科学技术是生产力"的观点，引起人们的普遍重视和关注。1988年，邓小平在这一观点的基础上，总结现代科学技术发展的新特点及其对社会生产力的巨大影响，创造性地提出了"科学技术是第一生产力"的论断。十年来，人们对这一论断进行了广泛而深入的讨论，有关的论证和阐述文章之多、范围之广为近年理论界少见。由于两个命题的内在联系，研讨仍然关涉"科学技术是生产力"的观点，但重点则转移到"科学技术是第一生产力"的论断上。现在人们对科学技术在社会生产力和经济发展中的重要作用已有了深刻和一致的认识，"科教兴国"已成为党和国家的基本战略。但在对科学技术何以成为第一生产力等问题的理解上，研讨者则持有各种不同的观点。现综述如下，仅供参考。

一、对"科学技术是第一生产力"命题的性质和命题中的基本概念的理解

（一）命题的性质

"科学技术是第一生产力"这一命题是否科学，是一个什么性质的命题？对此研讨者主要有四种看法：

---

*　孙来斌，1967—　，男，北京大学马克思主义学院教授；彭旺林，1964—　，男，黄冈师范学院马克思主义学院副教授。

1.在肯定命题的科学性的同时，强调它是一个经济学的命题。"邓小平同志谈到的生产力，是经济学意义上的生产力，决不是'一般意义'上的生产力。邓小平同志强调'科学技术是第一生产力'，其目的是发展经济，创造出更多的物质财富，这是人所共知的。因此，'科学技术是第一生产力'这一命题本质上是一个经济学的命题。"①

2.认为它是一个内涵十分丰富的哲学命题。"邓小平同志的'科学技术是第一生产力'的科学论断，是对历史唯物主义的重大发展。这种发展的重要性，不亚于狭义相对论对牛顿力学的发展。"②

3.少数论者对命题的理论依据和逻辑表达持有怀疑。他们"往往强调这是一个，'形象的政治的语言'，在充分评价其实际意义的同时，对命题的科学性持保留态度"③。

4.认为这一命题是"被设定的难题"，从表面上看似乎与社会存在决定社会意识命题不相容，存在着"相互缠绕的怪圈"，但是可以"解构"，命题是"完备与不完备的统一"。④

（二）命题是否包括社会科学

应该说，这一问题在"科学技术是生产力"命题中就已存在，只是当"科学技术是第一生产力"的论断提出以后，才引起人们更广泛的讨论。"科学技术"是不是特指自然科学，社会科学是否具备生产力的属性？对此主要有四种看法：

1.认为一般而言，社会科学不属于生产力的范畴，"社会科学的确很重要，但其重要性不能用科学技术是第一生产力的原理来说明"⑤。

2.强调马克思从来没有把社会科学排斥在科学的范畴之外，邓小平更明确指出"科学当然包括社会科学"，"科学是生产力，既包括自然科

---

① 冯维和：《对生产力的几个问题的新思考》，《四川师范学院学报》（哲学社会科学版）1994年第4期。

② 宋养琰：《对"科学技术是第一生产力"之管见》，《中国社会科学院研究生院学报》1993年第3期。

③ 苗东升：《试论科学是元生产力》，《光明日报》1993年4月5日。

④ 张践明：《"第一生产力"和历史唯物主义》，《湘潭师范学院学报》（社会科学版）1997年第1期。

⑤ 《胡绳谈社会科学的重要作用》，《人民日报》1992年11月30日。

学，也包括社会科学"。① 有的论者甚至认为，社会科学不仅是生产力，而且是"关键的第一生产力"②。

3. 认为命题中的"科学"是指与生产力有密切内在联系的科学，自然科学并不都是生产力的因素，在社会科学中也有可以转化为生产力因素的。因此，"不应笼统地用'社会科学是生产力'，或者'社会科学不是生产力'的命题"③。

4. 认为社会科学在一定的前提下属于生产力范畴，"假如能够排除对于社会人文科学研究的种种消极的政治化扭曲，那么，它们将同样具有生产力意义"④。

（三）对命题中的生产力内涵的理解

为了能够科学地解释和说明"科学技术是第一生产力"，人们对生产力内涵作了许多探讨，其中不乏新的阐述。主要有六种看法：

1. 传统的"三要素"说，认为生产力是指人们利用自然、改造自然，从自然界获取物质生产资料的能力，它由劳动者、劳动资料和劳动对象三要素构成。（坚持这种观点的论者，对科学技术在生产力发展中的作用持"渗透论"。）

2. 多因素说。这种观点引用马克思在《资本论》中的论述，认为生产力是由多种因素决定的：工人的平均熟练程度、科学的发展水平和它在工艺上应用的程度、生产过程的社会结合、生产资料的规模和效能以及自然条件。

3. "因素体系"说。认为现代生产力是由多类型因素构成的因素体系。从结构功能分析，生产力因素可以分为三种类型：第一类型是实体性因素，包括劳动者、劳动手段、劳动对象；第二类型是智能性因素，

---

① 洪远朋：《坚持和发展马克思主义关于科学是生产力的理论》，《复旦学报》（社会科学版）1991年第5期。

② 吴欣：《对邓小平"科学技术是第一生产力"论断的新认识——论社会科学是关键的第一生产力》，《理论探讨》1994年第4期。

③ 姜法芹：《也谈社会科学与生产力》，《河南师范大学学报》（哲学社会科学版）1997年第3期。

④ 崔永和：《生产力的文化意蕴探析——兼论社会人文科学的生产力意义》，《河南师范大学学报》（哲学社会科学版）1996年第5期。

包括科学技术、现代教育、生产信息；第三类型是运筹性因素，包括生产管理、分工协作、劳动组织。①

（坚持第 2、3 两种观点的论者，对科学技术在生产力发展中的作用持"要素论"。）

4. 生产力"三源泉"说。论者认为应该将生产力理解为"劳动力、科学力和自然力能动的统一"，科学技术虽不是生产力的构成要素，但却是生产力发展的源泉。这样，就能解释科学技术不是生产力的要素但却是生产力的问题了。②

5. "大生产力"论。认为应该将现代生产力理解为大生产力，"大生产力作为广义的社会生产力，是指物质生产力、精神生产力和人生产力的总和"。现代科学技术正是对大生产力的发展发挥着重要作用。③

6. 认为应该"把认识力纳入生产力内涵"，并将生产力定义为"人们通过社会实践而得到的认识、掌握客观世界的规律并用以改造自然、改造社会以有利于人类发展进步的能力"。这样就可以"从逻辑上彻底地确立'科学技术是第一生产力'论断的真理性"。④

二、科学技术是什么性质的生产力

以前在讨论"科学技术是生产力"观点时，一般认为科学技术是潜在的、间接的生产力，而现代科学技术对生产力发展的影响较之以前有了重大的变化，现在应该如何理解科学技术的生产力属性？对此大体上有以下五种看法：

1. 坚持传统的观点，认为"科学作为一般社会生产力，是从广义的一般意义上讲的生产力"，"是知识形态的生产力，是精神生产力"，"是一种潜在的或间接的生产力，而不是现实生产力"。⑤

① 刘景林：《关于生产力的三个论题》，《黑龙江社会科学》1995 年第 1 期。
② 洪远朋主编：《新编〈资本论〉教程》第 1 卷，复旦大学出版社，1968 年，第 288 页。
③ 张道民：《论大生产力》，《科学技术与辩证法》1991 年第 3 期。
④ 吉彦波：《应该重新定义生产力——把认识力纳入生产力内涵》，《理论探讨》1997 年第 1 期。
⑤ 洪远朋：《坚持和发展马克思主义关于科学是生产力的理论》，《复旦学报》（社会科学版）1991 年第 5 期。

2. 基本赞同第一种观点，但提出"元生产力"概念，认为科学"是一种元生产力（meta-productive force），即生产力的生产力"①。

3. 认为科学技术在一定的形态上是现实的生产力。"科学在其现实形态上表现为智力劳动的生产力、自然力和社会力的生产力"，"科学技术正是在上述三种形态上成为现实生产力的"。②

4. 认为现代科学技术的生产力性质已经发生了变化。以前，科学技术是精神的或间接的生产力，而到了现代，科学技术作为一个特殊的实体性要素，已成为直接的生产力了。③

5. 认为科学技术的生产力性质不能一概而论，科学和技术分别属于不同性质的生产力。其中，科学是潜在的、精神的、扩大意义上的生产力，这种性质不因其在现代生产力发展中的作用增强而改变。而无论将技术视为已经物化在劳动者身上的技能（技艺），还是视为装备、生产工具或操作方式、工艺方式的别名，"其规定都属于直接的、现实的、物质的、本来意义上的生产力"④。

三、如何理解"第一"的含义

"科学技术是第一生产力"论断中的"第一"，是何种意义上的"第一"，是实指还是借代？对此大体上有六种看法：

1. 认为论断中的"第一"是"说科学技术是生产力发展的主要动力和源泉，但科学技术并不是生产力的唯一源泉和动力"⑤。

2. 认为"第一"主要有三层意思：其一，科学是元生产力意义上的第一生产力；其二，在各种元生产力中，科学是第一位的因素；其三，

---

① 苗东升：《试论科学是元生产力》，《光明日报》1993 年 4 月 5 日。
② 时新：《关于科学生产力的几个问题》，《山西师大学报》（社会科学版）1990 年第 1 期。
③ 罗绍贤：《科学技术何以成为第一生产力新探》，《马克思主义研究》1996 年第 3 期。
④ 刘炯忠、叶险明：《从马克思对"生产力"概念的分类看科学与技术的关系》，《马克思主义研究》1995 年第 6 期。
⑤ 洪远朋：《坚持和发展马克思主义关于科学是生产力的理论》，《复旦学报》（社会科学版）1991 年第 5 期。

在现代社会中，科学是产生新的技术、新的生产力的第一源头活水。①

3. 认为论断中的"第一"固然有数字上的顺序之意，但这并不是真实或本质的含义，其本身在很大程度上是一种借代，这里的"第一"主要不是与生产力其他因素一决高低的结果，而主要是指"最重要"的意思，是指科学技术对生产力整体的推动作用。因此，论者"更倾向于从宏观上、从比较超脱和模糊的角度来理解这个'第一'"②。

4. 认为"第一"作为确定事物地位或表达事物顺序的一个序数词，有几种不同的用法。说科学技术是"第一"生产力，主要是强调在诸种生产力中，科学技术已上升到"第一"的地位，其他生产力就是"第二""第三"了。③

5. 所谓"第一"，不是指谁创造谁的本源问题，也不是指人和物的关系来说的，而是指它在生产力的发展中起到第一位的变革作用。"关于这一点，江泽民同志作了明确而又透彻的阐述，他指出：'科学技术是第一生产力的论断，揭示了科学技术对当代生产力发展和社会经济发展的第一位变革作用。'"④

6. 科学技术是第一生产力中的"第一"，不能理解为"第一性"；不能理解为"唯一性"，即不能认为唯有科学技术才是生产力；不能理解为"初始性"，即不能认为科学技术一出现就成为第一生产力；不是意指科学技术是生产力中排在第一位的独立要素。⑤

四、"第一生产力"与"首要生产力"的关系

邓小平提出"科学技术是第一生产力"的论断与马克思主义经典作家的"劳动者是首要的生产力""人的因素第一"的思想有无矛盾，是什么关系？对此大体上有五种看法：

---

① 苗东升：《试论科学是元生产力》，《光明日报》1993 年 4 月 5 日。

② 鄂焕成：《如何理解"第一生产力"中的"第一"》，《生产力研究》1992 年第 1 期。

③ 袁义文：《试论"第一生产力"的系统性质》，《内蒙古大学学报》（哲学社会科学版）1993 年第 3 期。

④ 罗绍贤：《科学技术何以成为第一生产力新探》，《马克思主义研究》1996 年第 3 期。

⑤ 郑菊芬：《从哲学视角把握科学技术是第一生产力的内涵》，《咸宁师专学报》1994 年第 3 期。

1. 认为把科学技术理解为生产力各个要素中的第一，必然会排斥和动摇劳动者的主导地位。"如果把科学技术理解为生产力各要素中的'第一'，剩下的因素都是'第二'及以下的地位，那么，劳动者的地位往哪里摆？劳动者在生产力中的主导地位不应因为加上科学技术而有所动摇。"①

2. 认为"二者关系日趋复杂，应作具体分析，18 世纪以前劳动者占主导地位，'人是第一生产力'，到了 20 世纪科学技术是第一生产力，但又不可一概而论。20 世纪以来，从战略观点看科学技术第一，从战术观点看人是第一"②。

3. 认为二者并不矛盾，而是从不同的角度来说明的。说劳动者是首要的生产力，这是从人是生产力发展中能动的因素这一角度来说的；而说科学技术是第一生产力，则是从科学技术在当代生产力发展中的地位和作用这一角度来说的。"我们说，劳动力是首要的生产力，并不是否定也不应否定科学在当代生产力发展中处于第一位和开辟道路的作用；我们说，科学是第一生产力，并不否定也不应否定人是生产力中能动的最活跃的因素。"③

4. 认为二者并不矛盾，而是分别就生产力的实体性要素和附着性要素范围内而言的。在实体性要素（劳动者、劳动资料和劳动对象）中，按照列宁的说法，"第一生产力"是工人、劳动者；而在附着性要素（科学、技术、教育、信息、管理等）中，科学、技术要素比其他要素重要得多、也直接得多。"科学技术是第一生产力"正是在这个范围内（也仅能在这个范围内）提出来的。④

5. 认为"科学技术是第一生产力"是对"人的因素第一"的深化。其一，"人的因素第一"是相对于生产力基本要素的联系和整个生产力系

---

① 鄂焕成：《如何理解"第一生产力"中的"第一"》，《生产力研究》1992 年第 1 期。
② 黄岳海：《如何全面理解"第一生产力"中的"第一"——与鄂焕成同志商榷》，《生产力研究》1994 年第 3 期。
③ 洪远朋：《坚持和发展马克思主义关于科学是生产力的理论》，《复旦学报》（社会科学版）1991 年第 5 期。
④ 宋养琰：《对"科学技术是第一生产力"之管见》，《中国社会科学院研究生院学报》1993 年第 3 期。

统而言，同时也包含了"科学技术是第一生产力"的内涵；其二，"第一生产力"是"人的因素第一"的当代表现形式；其三，"第一生产力"是对高度发展的人的智力的发展和确证。①

五、科学技术何以成为第一生产力

科学技术何以成为第一生产力，为什么是第一生产力？对此大体上有以下六种看法：

1. "渗透论"。这种观点大都认为生产力是由三个实体要素构成，科学技术虽不是构成生产力的实体性要素，但可以对它们发生渗透性影响，从而提高劳动者的生产能力、改进生产工具的水平、扩大劳动对象的范围，成为影响生产力整体水平的第一生产力。

2. "首要要素论"。认为科学技术已经由原来生产力多要素中的一个要素上升到多要素中的首要要素。"说科学技术是第一生产力，也就是说它较之其他生产力或生产力的其他因素或要素是最重要的部分。这与原来生产力学说中只讲科学技术是渗透在劳动者、劳动手段、劳动对象三个实体要素中的生产力因素相比，是一个巨大的飞跃。"②

3. "主导生产力论"。这种观点"不同意把科学技术仅仅看作生产力的一个'渗透性要素'并以此来论证科学技术是第一生产力的理论思路，因为这会把'第一生产力'导向'第一生产力要素'。"论者认为生产力系统由多种生产力构成，其中，科技是一种相对独立的社会生产力形态，在物质生产、精神生产和人类自身生产中占据中心地位，并对其他三种生产起主导的"第一"的作用。③

4. 第一生产力"嬗变论"。认为"由于生产力极其复杂，又是一个集结体，相应地，在某一历史时期，总会出现一个占主导地位并起决定统率作用的要素"，即"第一生产力"。论者认为，在历史上，"第一生产

---

① 何新正：《评"第一生产力"的几种观点》，《安徽大学学报》(哲学社会科学版)1995年第5期。
② 刘国光：《在科学技术是第一生产力座谈会上的发言》，《经济研究》1991年第9期。
③ 李作钦：《论科技生产力的相对独立性质》，《理论学刊》1996年第3期。

力"表现为劳动对象、劳动者、机器、科学技术的依次嬗变。前三个阶段"都是基于单要素主导和统率条件下的。只有科学技术'第一'的时代，才使诸要素有机结合起来，共同有效地发挥作用。同时科学技术又具有渗透、主导、独立的作用与地位，使生产力直接作用于社会，科学技术本身也成为社会的组成部分，使生产力真正发挥它的决定作用"①。

5. "特殊的实体性要素"说。这种观点认为现代科学技术已经不再是生产力的精神性的要素，而变化成为"特殊的实体性要素"，具有精神性和物质性相统一的两象性的特征。而科学技术何以成为第一生产力？论者认为其中最根本的原因就在于现代科学技术这种性质的变化，由此改变了它同其他实体性要素的关系，同时它对生产力发展的作用也发生了变化，能够起到第一位的变革作用。②

6. 社会作用"综合论"。这种观点从科学技术对社会经济发展的作用等方面论述了科学技术是第一生产力。如：科学技术在现代社会经济发展过程中可以起到第一位的变革作用；科学技术是当代社会发展的最主要的推动力量；科学技术是经济增长的核心因素；科学技术是提高生产力要素水平的关键要素；科学技术在商品价值中的含量逐渐占优势，等等。③

六、"科学技术是第一生产力"论断的理论意义和实践意义

（一）关于理论意义，大体上有以下四种看法

1. 从哲学的角度看。"'科学技术是第一生产力'是邓小平理论中的一个极其重要的科学论断。这个论断丰富和发展了马克思主义关于科学技术和生产力的学说。从马克思的'科学技术是生产力'到邓小平的'科学技术是第一生产力'是一个很大的发展，真正实现了马克思主义科学观、技术观和历史观三者的统一。从而深刻地体现了马克思主义的哲学一元论特征。从时代背景上来看，它又是对当代科学、技术和生产三

---

① 曾春晖、谷陵：《试论"第一生产力"的嬗变》，《江西社会科学》1995 年第 6 期。
② 罗绍贤：《科学技术何以成为第一生产力新探》，《马克思主义研究》1996 年第 3 期。
③ 李庆臻：《论科学技术为什么是第一生产力》，《东岳论丛》1991 年第 5 期。

者一体化发展趋势的高度理论概括。"①

2. 从经济学角度来说，这一论断扩展了经济科学的研究内容，增加了科学技术在经济体系中的分量。以往的经济学也涉及对一般的抽象的科学技术变化及其对经济发展影响的研究，但研究的层次不深，而且范围、分量都较小。科学技术是第一生产力的论断，使科学技术在生产力研究中处于首当其冲、至高无上的地位，成为经济学研究不能忽视的重要领域。显然这意味着将要拓展经济学的研究内容，并增加关于科技生产力的研究分量。②

3. 从科学社会主义角度看，认为这一论断除了包含科技工作、经济工作、社会和政治发展等层次的意义外，还有社会主义发展这个层次，是社会主义同资本主义在世界范围的比较和较量这个层次。"邓小平同志论科学技术问题，总是把它同社会主义的发展、社会主义的命运、社会主义的价值联系起来考察。""科学的社会主义，还应该是高度重视科学技术在社会发展中的作用的、归根到底比资本主义更能促进科学技术发展并且保证科学技术发展的社会成果为广大人民群众享有的社会主义。"③

4. 从与"唯科学主义"的观点的区别来看，"客观地说，西方许多的社会学家、经济学家、哲学家都对二战以后新科技革命给人类带来的影响进行了研究。其中法兰克福学派的代表人物哈贝马斯，早在60年代末就在《作为意识形态的科学与技术》的演讲中，已经明确提出了'科学技术成为第一生产力'的思想命题。""虽然他们的研究中有不少的合理成分，但是总体上看来都存在着'唯科学主义'的片面性"，"是脱离社会制度来孤立、抽象地对待科学技术"。"马克思主义的观点根本区别于'唯科学主义'，从马克思的科技是生产力到邓小平提出科学技术是第一生产力，决不是孤立、单向、抽象地看待生产力，而是运用辩证法认识社会及其发展的必然结果。"④

① 周林东：《马克思主义科学观、技术观和历史观三者的统一———邓小平同志的"科学技术是第一生产力"论断的哲学意义》，《复旦学报》（社会科学版）1995年第1期。
② 刘国光：《在科学技术是第一生产力座谈会上的发言》，《经济研究》1991年第9期。
③ 龚育之：《关于科学技术是第一生产力》，《中国科学报》1997年8月16日。
④ 余源培：《对"科学技术是第一生产力"的深层次思考》，《毛泽东邓小平理论研究》1995年第6期。

（二）关于实践意义，大体上有以下四种看法

1. 深刻理解"科学技术是第一生产力"，有利于我们走上科教兴国的道路。只有用新的科学技术武装劳动者，把加速科技进步放在经济社会发展的关键地位，使经济建设真正转到依靠科技进步和提高劳动者素质的轨道上来，才是提高生产力的关键所在。

2. 从这一论断出发，必然会合乎逻辑地得出"尊重知识、尊重人才"的推论，进一步在全社会形成重视科技、尊重人才的良好风尚和社会意识。

3. 这一论断使我们有可能考虑一条新的改革思路，即不仅一般地以发展生产为目标，而且特别要以真正解放科技生产力为目标，设计改革思路和方案，塑造新的经济机制。

4. 这一论断提醒我们要特别注意现代科学技术的迅猛发展，充分利用现代科技成果，抓紧机遇加快发展自己，尽快缩短与发达资本主义国家的差距，充分体现社会主义制度的优越性。

原载《河南师范大学学报》（哲学社会科学版）1998 年第 6 期

生产力标准研究

力　新*

　　自中共十三大进一步强调生产力标准以后，我国理论界对这一理论开展了广泛而热烈的讨论。中国历史唯物主义研究会和广东、广西、陕西、四川等地都先后召开了讨论会。报刊上发表的有关文章已达 50 多篇。《哲学动态》编辑部也陆续收到各地来稿 10 多篇。从这些已经发表和尚未发表的文章来看，讨论主要围绕以下几个问题展开。

一、重申生产力标准的意义

　　很多论者指出，中共十三大对马克思主义理论的发挥和发展集中表现在阐述社会主义初级阶段和生产力标准这两个重大理论问题上。在我国现阶段坚持生产力标准有助于对社会主义进行再认识，对我国国情进行再认识；有助于指导人们正确处理生产力和生产关系、经济基础和上层建筑之间的关系，破除离开生产力抽象谈论社会主义的历史唯心主义，保证经济体制和政治体制的改革能够真正适应当前中国生产力的状况和要求；也有助于我们进一步解放思想、大胆发展或允许一切有利于生产力发展的东西。总之，10 年前关于实践是检验真理的唯一标准的讨论是中国走上改革、开放道路的前提，而今天坚持生产力标准则是关系到改革能否进一步深化，开放能否贯彻到底的大问题。

　　那么，如何评价十三大关于生产力标准理论在马克思主义发展史中

* 　力新，作者情况不详。

的地位呢？有些论者认为，十三大提出的生产力标准，是我党对马克思主义理论的又一重大突破。多数论者则认为生产力标准是历史唯物主义的题中应有之义，马克思和恩格斯在关于历史唯物主义的大量论述中，曾多方面阐明生产力的发展对于社会存在与发展所具有的决定性意义，把是否容许生产力继续发展作为衡量社会制度是否已经腐朽的标准。列宁在领导第一个社会主义国家的革命实践中，明确提出："生产力的发展""是社会进步的最高标准"。[①]"生产力的状况"即"整个社会发展的主要标准"[②]。毛泽东同志在我国革命战争年代也已指出：衡量一切政党的政策及其实践的作用的好坏和大小归根到底是看它对于生产力发展是否有帮助及帮助之大小。可见，生产力标准并非十三大的新突破，它是马克思主义的基本原理和基本常识，只是由于各种复杂的原因，在相当长的一个时期内被我们忽略甚至抛在一边了。十一届三中全会以后，生产力标准理论在邓小平同志的论著和中共的许多重要文件中重新得到了阐明和确立，十三大报告则作了更加全面和透彻的阐述。它不仅重申了历史唯物主义的有关原理，而且深刻地阐述了社会主义与发展生产力的关系，坚持四项基本原则和改革开放与发展生产力的关系，并对社会主义条件下生产力标准作了明确的表述，从而为马克思主义的理论宝库增添了新的内容。

二、生产力标准是一种什么样的标准

1. 生产力标准是否衡量一切的标准？许多论者认为，是否有利于生产力的发展，是我们考虑一切问题的出发点和检验一切工作的根本标准。至于这里的"一切"包含些什么内容，则有不同提法。

一些论者认为，这里的"一切"包含三个层次：（1）从宏观上看，生产力是衡量社会形态更替的根本标准；（2）从中观上看，生产力是衡量社会形态内部不同发展阶段的根本标准；（3）从微观上看，生产力是衡量一切工作好坏、成败的根本标准。另一些论者则认为，生产力标准

---

① 《列宁全集》第16卷，人民出版社，1988年，第209页。
② 《列宁全集》第41卷，人民出版社，1986年，第72页。

的适用范围还应包括：（1）是衡量改革的方向、思想、措施、方法是否正确及成败的根本标准；（2）是衡量一切政党和社会团体的政策及其实践的作用之大小和好坏的根本标准；（3）是衡量社会主义优越性和吸引力是否得到了充分发挥的根本标准；（4）是区分科学社会主义和空想社会主义的根本标准；等等。

有些论者则认为，用生产力标准衡量"一切"的提法欠妥。因为生产力标准是衡量社会主义时期各项工作成败、好坏，各项政策进步还是退步的标准，而不是判别事物性质的标准。比如鉴别社会形态性质的标准。主要应该看它的生产关系，特别是生产资料所有制，而不是生产力水平。用生产力标准衡量一切很容易导致另一极端。

2. 生产力是否衡量社会进步的最高尺度？绝大多数论者对此持肯定态度。他们认为，这是由生产力的本质特征所决定的：（1）客观性。人类社会本质上是一种物质运动的高级形式，衡量它的进步的尺度自然也应当是客观的物质力量。生产力正是一种客观的物质力量。（2）进步性。生产力作为文明的果实是永远不会被放弃的，它具有贯穿始终的进步性。（3）顺序发展性。生产力具有不断从低级到高级顺序发展变化的特征，它是与人类历史的发展永远同步前进的。（4）基础性，或最终决定性。社会进步是多方面的，而生产力是社会存在和发展的基础，一个社会的政治生活、文化生活、道德生活领域的发展，归根到底要受生产力发展水平的制约。有的论者还认为，可计量性也是原因之一。

另有一些论者则认为，衡量社会进步的最高标准不是生产力，而是"人的尺度"，人的全面自由的发展。其理由是，若按生产力的尺度，那就只能说现代西方资本主义国家比我们先进。而按"人的尺度"，社会主义显然比资本主义进步。因为社会主义制度下有党的领导、革命理想、科学的世界观和社会主义的社会关系，个人才能可以得到更好的发挥，个人权利可以得到更多的尊重。

还有论者认为，在阶级社会里，生产力标准和道德标准常常发生矛盾，我们必须坚持以生产力标准作为衡量社会进步的最高标准，到了生产力高度发展，物质财富十分丰富时，我们就应以人的全面自由发展作为社会进步的最高尺度。而持第一种观点的论者则认为，生产力的发展与人的全面自由发展，在阶级社会虽然对个体来说是有矛盾的，但从总体上看则是完全一致的。生产力是衡量社会进步的最高尺度的历史唯物主义原理永远不会过时。

3. 生产力标准是否衡量社会进步和一切工作的唯一标准？多数论者认为，生产力标准是衡量社会进步的最高标准，但不是唯一标准。社会各个领域的发展有其特殊规律和相对独立性，所以还应有各自的特殊标准。这样，在方法论上就有直接衡量和间接衡量之分。

一些论者认为，从归根到底的意义上看，从生产力标准和实践标准相一致的意义上看，生产力标准是唯一的，不能有第二标准。

还有论者认为，需要作具体分析。比如：对于衡量生产关系变革的合理性和成败来说，是否有利于生产力的发展，就是唯一的标准。而就衡量社会进步来说，则除生产力是最高标准外，还应有其他多方面的标准。还有论者认为，生产力标准在各个不同领域是有不同的特点和表现的。在认识论领域，由于生产实践是最基本的实践，所以生产力标准起着核心作用；在社会历史领域，它起着最终标准的作用；在经济学领域则起着直接标准的作用。

三、怎样认识和把握生产力发展的标准

是否有利于生产力的发展，是衡量一切工作好坏的标准和尺度，那么衡量生产力发展与否以及发展程度的尺度又是什么呢？对于这个问题大体上有以下几种不同意见。

1. 有的论者认为，生产力发展速度的快慢及水平的高低是衡量生产力发展与否及发展程度的尺度。

2. 多数论者不同意上述看法，他们主张生产力的发展是个多层次的综合概念。至于这个综合尺度应该包括哪些内容及何者为主要尺度，则又有不同理解。（1）有的论者认为，只有观察生产力的"状况"，才能得出全面反映生产力发展程度的综合概念。生产力状况即劳动生产方式。它包括：一定性质水平的生产工具、设施是它的技术基础，一定形式与规模的协作与分工是它的劳动组织。在现实形态上，衡量一个国家的生

产力状况，就要看它在产业结构上的工业化程度，技术装备上的现代化水平，生产力分工上的社会化程度，经济发展的商品化程度。（2）另有一些论者认为，衡量生产力发展状况的尺度应包括三个层次：①生产力各要素的状况，即生产工具、劳动对象、科学技术的运用和劳动者的积极性是否得到了充分的发挥。②生产力诸要素的配置、结构形式是否合理，技术要素的结合方式是否先进，企业活力是否得到了充分发挥，国民经济重大比例是否协调，等等。③生产力的整体功能状况，主要标志是劳动生产率状况及人均国民生产总值和人均国民收入等。（3）还有论者提出，要从质和量两个方面去把握生产力的发展，为此，需要有一套指标体系。从定性上分析，根据技术基础和产业结构形态，生产力可分为：原始生产力、手工生产力、机器生产力和现代生产力。我国社会生产力的特点是"四世同堂"，历史上依次出现的四种生产力同时并存。从定量上分析，至少可以从两方面来测定生产力水平。一是从生产力要素来测定，如劳动者素质、设备技术条件，以及专业化和协作水平等等。二是从生产结果来测定，如质量指标、产量指标、产值指标、效益指标等等。

3. 有些论者认为，仅从生产指标去衡量生产力的发展状况，还不能全面反映生产力发展的全貌。照马克思的说法，最伟大的生产力是劳动者本身，发展生产力，首先要发展人本身这种生产力，因此，人本身的发展程度，是生产力发展程度的一个重要标准。生产力发展的这种主体尺度有四方面内容：（1）劳动者是否发挥了积极性、主动性、创造性以及发挥的程度；（2）劳动者文化教养和科技水平及多方面才能的实现和发展状况；（3）劳动者获得自由时间的多寡；（4）劳动者的生活水平。此外，人的生产活动与生态环境是否和谐及和谐程度是生产力发展标准的又一重要内容。它既是生产力发展标准的内在尺度，又是财富增长和劳动生产率提高的前提，更是主体发展的基本条件。

四、生产力标准与实践标准的关系

论者们一致认为，坚持生产力标准和坚持实践标准对于我国现代化建设和改革开放具有同等重要的意义。但对于两者在理论上的关系则有不同看法。

1. 一些论者认为，生产力标准和实践标准是完全一致的。实践标准是检验认识是否具有客观真理性的唯一标准，它适用于自然界、社会历史和人类思维三大领域。而生产力标准是实践标准在社会历史领域和思想领域的具体运用。由于生产实践是最基本的实践活动，是决定其他活动的东西，所以把生产力标准作为检验一切工作的根本标准，也就抓住了实践标准中最根本、最具决定意义的部分。也可以说，实践标准归根到底就是生产力标准。

2. 多数论者则认为，生产力标准和实践标准既有区别又有联系。对两者的区别和联系究竟表现在哪里，则有不同理解。

关于生产力标准和实践标准的区别，一部分论者认为主要表现在：（1）它们分属于马克思主义哲学的两个领域，是两种不同命题，因此所论证的对象和所要解决的问题不尽相同。实践标准要解决的是认识和实践的关系问题，生产力标准所要解决的则是生产力与生产关系及与之相适应的上层建筑之间的关系问题。（2）由于生产力的发展状况就是生产实践状况，是人类全部实践活动的一部分，因此生产力标准作为一种社会实践，它所应用的范围比认识论中的实践就要狭窄。另一部分论者则认为，两者在运用范围上，实践标准适用于认识论领域，其功能是检验认识的真假、是非，所要解决的是认识的真理性问题；生产力标准，是评价或衡量社会历史进步的最高标准，进步与否同好坏、善恶都属于价值范畴，所以生产力标准作为社会进步的尺度，是一个价值标准，它要解决的是价值评价问题，适用的范围是价值评价领域。还有些论者认为，生产力标准具有双重含义，除了作为价值标准对客体（工作、措施、政策、计划、制度等等）作出肯定或否定的价值评价，以回答被评价客体"怎么样"的问题外，还可以作为事实标准，对社会现状作出事实判断，以确定社会发展的阶段和程度，回答"是什么"的问题，从而成为实践的目标依据、决策依据和行为依据。

关于生产力标准和实践标准的联系、"一致性"，一部分论者认为主要表现在：（1）生产力标准是实践标准在社会历史领域的具体运用和深化，反过来，生产力标准又丰富和补充了实践标准的内容；（2）两者都有方法论的意义，都可起到解放思想的作用；（3）两个标准都具有绝对性和相对性相统一的特征。另一部分论者则认为，两者的联系表现在：（1）它们的运用都是要获得某种认识（真理性认识或评价性认识），都力求达到主体和客体的统一；（2）在一定场合，如在经济建设中，当主观的认识符合客观实际，生产力得到了发展，这时，检验真理的实践标准也就表现为生产力标准。

上述不同看法的分歧焦点，在于怎样认识生产力标准的性质，它是真假判断还是价值判断抑或两者兼而有之，对这个问题的正确理解，关系到能否正确把握生产力标准的功能，因此有必要作深入的探讨。

原载《哲学动态》1988 年第 6 期

生产力标准讨论综述

唐昌黎　刘锦棠*

近年来，理论界开展了对生产力标准问题的讨论，党的十三大以后，这一讨论进入了高潮，下面对此作一简要综述。

一、生产力标准的规定

（一）生产力标准的规定

有的同志认为，任何标准都是人们衡量某类事物的尺度或准则。任何标准一般都由三个相互联系的部分组成：标准自身或测量手段、标准客体或测量对象、标准价值或测量目的，三者缺一不可。根据上述规定，生产力标准应定义为：以生产力自身水平或状况和是否有利于生产力的发展，作为划分一切社会发展阶段及衡量、检验、评判一切社会生活（经济、政治、文化、观念等）合理性的尺度。[①]

（二）生产力标准的含义

对这一问题的见解甚多，分歧也较大，总的说来有两大观点。一种观点认为，生产力标准有两层含义：第一层含义是指生产力发展状况是划分社会发展阶段的内在标准，反映生产力对生产关系及上层建筑的决定作用，是生产关系必须适应生产力性质的依据；第二层含义是指以是否有利于发展生产力作为检验社会经济制度、经济体制和经济政策先进

---

*　唐昌黎，1932—　，男，山西省社会科学院经济研究所研究员；刘锦棠，作者情况不详。

①　唐昌黎、刘锦棠：《关于生产力标准讨论综述》，《经济问题》1988 年第 8 期。

与否、正确与否的根本标准，是考虑一切问题的出发点和检验一切工作的最终尺度。①

另一种观点认为，生产力标准有三层含义。即除了上述两层含义以外，还有一层含义是指生产力自身的标准，反映生产力自身的发展水平和所处的历史阶段。持这种观点的同志认为，生产力自身标准的含义是理解其他标准含义的基石，只有明确了自身标准，把它作为衡量其他事物的手段的命题才能成立。②

有的同志还就生产力自身标准的特有功能作了探讨。生产力之所以能够充当衡量社会进步的根本尺度，是因为（1）生产力有客观性，具有看得见、摸得着的物质标准，用它作为根本尺度就具有科学性；（2）生产力有可度性，生产力多种因素及其关联结构和由此决定的整体功能的发展程度，具有多维的可度性；（3）生产力有可比性，生产力尺度既可纵向比较，又能横向比较。③

（三）生产力标准与其他标准的关系

多数同志认为，生产力标准是一个内涵极其丰富、外延十分广泛的概念，它是各种社会是非标准中应用最广、层次最高的标准。其他诸如生产关系标准（经济标准）、上层建筑标准（政治标准）、意识形态标准（道德标准、思想标准、价值标准）则是派生的从属的标准。把生产力作为根本标准，并不否定其他标准，但是，只是说，其他标准都必须以生产力标准为最终依据，而不能与之相违背。④

一些同志认为，生产力是根本标准，但不是唯一标准。判断历史进步和社会生活真理性，还应有其他标准，比如社会成员之间的利益分配关系是否公平，他们的地位是否平等，人们的精神、思想发展是否自由等。不看其他方面的情况，只讲生产力标准，那么，社会主义与资本主义究竟谁优于谁就说不清楚。⑤

---

① 曹荫泉：《科学地理解生产力标准》，《奋斗》1988 年第 9 期。
② 吴俊贤：《论生产力标准》，《生产力研究》1988 年第 4 期。
③ 胡炳成：《生产力标准基本内涵分析》，《天水市委党校学报》1988 年第 2 期。
④ 唐昌黎、刘锦棠：《关于生产力标准讨论综述》，《经济问题》1988 年第 8 期。
⑤ 王海东：《论生产力的不唯一性》，《经济研究参考资料》1988 年第 115 期。

也有的同志主张，应从生产力与生产关系的统一中衡量社会进步。生产关系是区分社会经济形态的直接标准，生产力是衡量社会进步的根本标准。而且，"生产力是社会进步的最高标准"的命题的真理性是有条件的，仅适用于生产力没有高度发展的情况下，并不具有时空永恒性。随着生产力的高度发达，社会进步的最高标准应写上：人的自由和全面发展。①

二、生产力的标准体系

许多同志认为，生产力是由诸多因素有机组合成的巨大多变的系统，因此它自身的标准应是各种相互联系的指标群。首先，生产力系统是开放性的，其指标体系除了自身的经济指标外，还应当注意到整个社会环境和自然环境的约束，要反映生产力发展与社会发展、生态变化的关系。这样，列有一定的社会指标和生态指标显得十分必要。其次，生产力标准可划分为宏观的、中观的和微观的指标体系。这三个不同层次的指标体系在质的规定以及在体系结构的合理性和有序性方面是一致的，但在量的规定性和表现形式上则不完全相同。再次，生产力指标体系应是多功能的，它可划分为描述型、评价型和决策型三类体系。②

基于上述认识，生产力标准体系的设置是：第一，生产力要素拥有量标准体系，反映劳动力素质，工具的技术水平，劳动对象的开发利用程度以及科学、教育、信息、管理等的发达程度。第二，生产力要素组合标准体系，反映其能否形成合理的结构、适度的规模、优化的布局、科学的时序及良好的分工与协作网络。第三，生产力总体运行的标准体系，反映其整体功能发挥的程度，如劳动生产率、国民生产总值、国民收入、利润、投入产出比、新增创汇能力和出口产品国际市场占有率等。第四，生产力环境标准体系，包括社会制度、体制和市场容量，也包括国民素质以及对自然环境、生态环境的监测保护和开发利用。

也有的同志认为，上述标准体系只涵盖了生产力的客体尺度，而人是生产力的主体和中心，因此，生产力标准应首先包括主体尺度。他们

---

① 陈仲华：《论生产力标准》，《江海学刊》1988年第3期。
② 胡承槐：《应开展生产力标准自身尺度的研究》，《理论信息报》1988年7月15日。

对主体尺度作了五方面的界定：（1）劳动者积极性、主动性和创造性的发挥程度；（2）是否有利于主体能力的实现，包括劳动者文化教养、科技水平和多方面才能的提高；（3）劳动者获得自由时间的多寡；（4）生活水平及其改善；（5）人与生态环境的和谐程度。①

三、生产力标准的运用

一般认为，主要涉及以下几个方面。

第一，生产力是划分不同社会经济形态的根本标志。不仅如此，生产力还是划分同一社会经济形态中不同发展阶段的根本标志。②

第二，生产力是衡量一切社会的经济制度、政治制度和管理体制是否先进合理的根本尺度。③

第三，生产力是检验一切政党的方针、政策及其实践在社会发展中所表现的作用好坏、大小的根本标准。④

第四，生产力是衡量一切工作的根本标准。既然发展生产力是人民的根本利益之所在，那么要使我们的任何工作符合人民利益，就要首先符合生产力发展的要求。⑤

第五，生产力是评判人们的社会主义自觉性的主要依据。生产力是社会性的，是全局与局部、近期与长远的统一，我们不应把它理解为单个人或企业的谋利行为而将生产力标准庸俗化。如果利益追求只对个人和小团体有利，但却有失于宏观生产力的发展，就是不道德的，都为生产力标准所不容。⑥

四、生产力标准与我国当前的改革

多数同志认为，改革的实质是寻找一个能够容纳和促进生产力不断

---

① 苏绍智、廖晓义：《论生产力的标准》，《广州研究》1988 年第 2 期。
② 武天林：《生产力标准的含义及其根据》，《理论导刊》1988 年第 8 期。
③ 龚育之：《生产力标准问题》，《理论信息报》1988 年 8 月 8 日。
④ 唐昌黎、刘锦棠：《关于生产力标准讨论综述》，《经济问题》1988 年第 8 期。
⑤ 毌耀辉：《生产力标准是对唯物史观的重大贡献》，《理论导刊》1988 年第 8 期。
⑥ 江成荣：《生产力标准是对实践标准的发展》，《探索》1988 年第 4 期。

发展的生产关系和上层建筑的具体形式。这就决定了，一方面我们考虑改革的立足点必须放在促进生产力的发展上；另一方面，改革的效果如何也必须用是否促进了生产力发展来衡量。生产力标准的提出，把改革的立足点与效果统一到一个具体的可以量度的现实基础上，从而可以避免各种抽象原则和空洞模式的影响。

从总体上讲，我国现阶段生产力具有典型的二元结构和低水平的特点。从这一状况出发，经济体制从根本上说要解决的，是怎样使多层次的有限的生产力因素得到改善，实现优化组合，以提高现有生产力的整体功能和效率。政治体制要解决的，是如何从管理制度、管理方式上来保障效率的提高，以加速生产力的运行。因此，作为生产关系具体内容的所有制形式、分配形式和交换形式的改革和作为上层建筑具体内容的领导体制、人事制度的改革，都必须以此为目标，把富有效率和活力放在首位。在这一标准之下，我们就可以在改革中把实践证明对发展生产力有效的一切措施和方法，如发展私营经济、允许雇工、实行股份制和多种分配形式并存，都看作是社会主义所要求的或所允许的，因而大胆采用。[1]

如何衡量改革的效果呢？只能以生产力发展的状况为标准。改革的立足点是为了发展生产力，但是，并非任务改革措施都对发展生产力有利。生产力标准的作用就在于，它用具体的生产力发展水平，如产值、利润、劳动生产率及其他综合经济效益指标，来说明改革措施的有效性。同时这些改革措施和方法也在生产力标准的检验下，得以不断完善和改进。[2]

五、生产力标准与四项基本原则

一种观点认为，坚持生产力标准与坚持四项基本原则并不互相违背，或者说不会成为二元化标准。因为马克思主义最讲发展生产力，社会主义的根本任务就是发展生产力，所以这两个标准是一致的、共同的，其共同之处就是要建设具有中国特色的社会主义。[3]

---

[1] 吴俊贤：《论生产力标准》，《生产力研究》1988年第4期。
[2] 郁鸿胜：《生产力发展规律对经济体制改革的作用》，《生产力研究》1987年第3期。
[3] 唐昌黎：《一元决定论与二元选择论》，《人文杂志》1988年第3期。

另一种观点认为，生产力标准是根本标准，四项基本原则也要接受它的检验。因为坚持四项基本原则，坚持改革开放，归根到底还是为了发展生产力，二者都统一于生产力标准。历史和现实都表明，四项基本原则实际上已经或正在接受生产力标准的检验，当它们在具体内容上发生了矛盾，最终要以生产力标准为根据进行协调和解决。这是因为，一方面，四项基本原则属于上层建筑，它建立在经济基础之上，为发展生产力服务。如果它不能发挥促进生产力发展的积极作用，也就失去了存在意义；另一方面，生产力高度发达是坚持四项基本原则所必须的物质基础。生产力落后，就不能充分显示社会主义优越性和增强社会主义的吸引力，四项基本原则也就无法坚持下去。四项基本原则的内涵也应随着生产力的发展而加深：要坚持党的领导就必须改善党的领导；要坚持社会主义就必须探索社会主义；要坚持马克思主义就必须发展马克思主义；要坚持无产阶级专政就必须正确运用无产阶级专政。[1]

六、生产力标准对发展马克思主义的意义

基本一致的看法是，生产力标准的提出，对我们弄清什么是马克思主义的唯物史观，什么是科学社会主义提供了强大的思想武器。

唯物史观的核心，就是承认并充分肯定生产力在社会历史中的基础地位和决定作用。正是由于把生产力引进了历史观，马克思主义才同以往种种唯心主义历史观划清了界限。但是，一度占统治地位的观点，是强调生产关系对生产力的巨大反作用，而且这种反作用被夸大到能够起决定作用的地步。于是在我国，长期以来用"一大二公"的生产关系标准和"以阶级斗争为纲"的上层建筑标准来作为衡量社会进步的最高标准。生产力标准的提出，实质上是重新恢复和发展了历史唯物主义的一元化的生产力决定论，破除了离开生产力而抽象谈论社会主义的历史唯心主义观点。[2]

许多同志指出，生产力标准是区分科学社会主义与种种空想的试金

---

[1]　刘锦棠：《生产力标准的丰富内涵》，《山西日报》1988年8月8日。

[2]　孟宪忠：《试论生产力经济学在马克思主义理论体系中的地位》，《生产力研究》1987年第4期。

石。科学社会主义从唯物史观出发，认为社会主义的根本特征，就是它要创造出比资本主义高得多的社会生产力；社会主义的根本任务就是发展生产力，消灭贫穷，不断改善全体人民的物质和文化生活。这就从根本上回答了什么是科学社会主义的问题，从而划清了与种种空想的界限。[1]

七、生产力标准与实践标准

一种观点认为，生产力标准是实践标准的深化与具体化。实践标准从认识论上破除了从本本出发的教条主义和主观唯心主义，确立了实事求是的思想路线；生产力标准则从社会发展的客观依据上破除了教条主义和历史唯心主义，恢复了唯物主义历史观。生产力标准是实践标准在社会经济领域中的本质体现，并将实践标准具体化为一系列可供量度的标尺。[2]

另一种观点认为，生产力标准比实践更深刻、更丰富、更客观。理由有三：一是实践属于社会方式的表层，而生产力是最基本的起决定作用的实践活动，属于社会深层的东西，能检验实践。二是实践标准注重认识的真假，而生产力标准则进而注重认识及其实践作用的好坏。因此，生产力标准除了具有实践标准的本质特征外，还具有价值评价、功利评价的规定性。三是生产标准体系可以用自然科学的精确性加以量化，从而克服了实践标准在许多场合表现出来的系统性和不确定性。[3]

还有的同志认为，实践标准是唯一的最高标准，生产力标准服务于实践标准，二者不能并列。

原载《经济学动态》1988 年第 12 期

---

[1]　薛永应等：《从生产力视角探索社会主义初级阶段的客观逻辑和演化规律》,《经济研究》1988 年第 1 期。

[2]　张德霖：《中国生产力经济学研究会第四届年会纪要》,《经济学动态》1988 年第 9 期。

[3]　江成荣：《生产力标准是对实践标准的发展》,《探索》1988 年第 4 期。

关于生产力标准的理论反思

罗　宗[*]

自从党的十三大报告提出生产力标准这个新命题以来，广大的干部和群众开展了广泛的学习和热烈的讨论，而且力图把它作为指导思想运用到实践中去。然而由于正确的宣传和理论的探讨工作跟不上实践的需要，在理解上出现了不少简单化、片面化、绝对化以至庸俗化的问题，在实践中也产生了一些不良后果。在理论上有的论著片面强调只要有利于生产力发展，就可以不问姓社姓资，就可以不讲社会主义道德，有的甚至鼓吹资本主义道路。另一方面，自从去年夏季反击和批判资产阶级自由化思潮以后，又出现了讳言生产力标准以至怀疑否定这一命题的现象，有的甚至著文把经济领域中的本位主义、短期行为以及忽视精神文明建设等缺点都归咎于生产力标准，认为"必须深入反思和重新把握生产力标准"。看来经过两年的实践，的确很有必要对生产力标准这一关系到"一切工作"的重大理论问题作一番深入的反思。本文主要针对这两年理论界的争论并结合实践中存在的问题，谈谈如何正确、全面地理解生产力标准这个命题。

一、正确理解生产力标准这一命题的基本含义

（一）正确理解生产力标准的基本含义，首先要懂得这个命题提出的理论根据及其历史背景

生产力标准是以马克思主义的历史唯物主义的最基本原理为依据，

---

*　罗宗，1932—　，男，上海社会科学院研究员。

从中引申出的科学命题，因此不能离开马克思主义的基本原理对它作任意的解释。众所周知，历史唯物主义认为社会发展是有规律可循的客观历史过程，最基本的规律有两条，就是生产力与生产关系矛盾运动的规律以及经济基础和上层建筑矛盾运动的规律。在这两对相互联系的基本矛盾运动中，生产力是推动社会发展的最终决定力量，生产关系（经济基础）和上层建筑虽然对生产力有巨大的反作用，但起最终决定作用的仍然是生产力。正是因为生产力在社会发展中的这种决定性的地位和作用，所以马克思主义不仅以生产力中的基本物质要素——劳动资料作为划分经济时代的基本标准[1]，而且以生产力作为衡量社会进步程度的最高标准。[2] 也就是说，经济基础和上层建筑可以作为衡量社会进步的某一方面的标准，而不是第一位的最高标准。例如，资本主义之所以比封建主义制度进步和优越，共产主义（包括其第一阶段）之所以比资本主义制度进步和优越，就在于后者比前者具有更高的生产力水平，并且更能够解放生产力和促进生产力发展。判定我国目前还处在社会主义初级阶段，其根本依据或根本标准，就是我国生产力还落后于共产主义第一阶段应有的水平；正因此，我国需要以发展生产力为中心任务，同时通过改革不断完善社会主义制度，以保证和促进生产力发展。这些都是根据马克思主义唯物主义基本原理以及从中引申出来的"生产力标准"所得出的基本结论。

生产力标准的命题的提出有其特定的历史背景和特定的含义。生产力标准是我党依据马克思主义历史唯物主义的基本原理，总结了我国建国后38年的历史经验在十三大提出的，是实践和反思的结果。在社会主义建设和改革的问题上，主要是在1958年至1978年的20多年中，我们屡犯急于求成、盲目求纯的"左"的错误，根源就在于脱离中国的实际，无视中国生产力落后的实际情况，忘记了历史唯物主义关于生产力决定作用的基本原理。1978年十一届三中全会以后，经过拨乱反正，纠正"左"的错误，使我们在建设和改革上取得了巨大的成就，然而经济

---

① 参见《马克思恩格斯全集》第23卷，人民出版社，1972年，第204页。
② 参见《列宁全集》第13卷，人民出版社，1959年，第223页。

工作中急于求成的倾向依然存在，盲目求纯的"左"的思想影响还在干扰改革、开放的进展。在这种历史背景下，我党进一步总结了三十多年来正反两面的经验教训，重新阐发历史唯物主义关于生产力决定作用的基本原理，明确提出了生产力标准的命题。在党的十三大报告中有两个基本提法，一处是从社会主义初级阶段应确立的具有长远意义的指导方针的角度提出，"是否有利于发展生产力，应当成为我们考虑一切问题和检验一切工作的根本标准"；一处是从坚持和发展马克思主义理论的角度提出，在社会主义建设时期，"一切有利于生产力发展的东西，都是符合人民根本利益的，因而是社会主义所要求的，或者是社会主义所允许的。一切不利于生产力发展的东西，都是违反科学社会主义的，是社会主义所不允许的"。"离开了生产力标准，用抽象原则和空想模式来裁判生活，只能败坏马克思主义的声誉"。这两处提法是统一的，其基本含义是要以马克思主义的历史唯物主义和科学社会主义关于生产力决定论的理论作为指导、检验我们党和国家的一切工作的根本标准。

（二）正确理解生产力标准的基本含义，必须正确理解生产力标准同其他标准的关系及其特性

1. 生产力标准是实践标准在社会历史领域的具体运用和深化

从"实践标准"到"生产力标准"的提出，是历史实践和逻辑发展的必然结果。既然生产实践是人类一切实践中最基本的实践，且马克思主义关于生产力决定论的基本原理是久经历史实践检验的客观真理，那么生产力标准就是实践标准在社会历史领域的具体运用和深化。为了了解生产力标准的特性，我们需要特别指出这两个标准的区别：

一是这两个范畴所属的领域不同，因而检验的对象、适用的范围也不同。实践标准是属于辩证唯物论认识论的范畴，它检验的对象是人们对一切事物现象（既包括自然现象又包括社会现象）的认识；生产力标准属于历史唯物论的范畴，它检验的对象是人们在社会历史领域中对一切社会现象（不包括自然现象）的认识及与其相应的社会实践，也就是说，它既检验经济基础领域里的一切，又检验上层建筑领域里的一切，既检验对这一切领域的问题的认识，又检验这一切领域里的工作。这就

是生产力标准的适用特性。

二是这两个范畴的基本功能和地位不同。实践标准是检验认识是否具有客观真理性的唯一标准，其基本功能是判断认识的是非，而生产力标准则是检验某种社会认识和社会实践是否具有社会价值的根本标准，其基本功能是判断利弊得失、价值正负和价值大小。当然生产力标准也有判断是非的功能，但它是从是否有利于生产力发展的价值标准的角度来判断是非的；实践标准也有判断价值的功能，但它只是从实践结果来证实或证伪原有价值判断。正因为生产力标准的基本功能是价值评价功能，它只是在对某种社会现象或事物的认识或某种社会实践的评价系列中具有根本标准的地位，而按生产力标准评价的结果是否正确，最终还是得由实践标准来检验，因此从认识论角度看，实践标准比生产力标准的地位更高。在社会历史领域仅有实践标准，而无生产力标准，或仅有生产力标准而无实践标准，都是无法判断某种认识（包括理论、方针、政策）或某种行为及其后果的是非的，两者必须统一运用。这就是生产力标准的功能特征。

2. 生产力标准是社会评价体系中的根本标准，但不是唯一的标准

我们说生产力标准不是唯一的标准，有两层意思：一是，如上所述，从检验真理的标准来说，唯一标准只能是实践，二是检验和评价一切社会现象不止一个生产力标准，在社会现象的各个领域及其各个层次中还可以有许多特殊的、具体的、直接的评价标准。例如评价经济现象和经济工作的进步落后、功利得失，无疑还有生产关系标准、技术标准；评价政治领域里的现象和工作，还有各种具体的政治、法律标准；评价思想文化包括社会意识形态领域里的现象和工作，还有道德标准、艺术标准、学术标准等等。然而，在社会现象的评价标准系列中，最根本的评价标准，只有一个，即生产力标准。社会现象和工作的各个领域及不同层次的具体标准，都不能脱离生产力标准，孤立地作为对某种社会现象和工作的评价标准，而且这些具体标准和具体内容本身都应接受生产力标准的检验。因此，在具体评价某一社会现象和工作时，必须把生产力标准这个根本标准同该领域中的具体标准统一起来运用。

"文革"期间，批判"唯生产力论"，鼓吹"生产关系决定论""上层

建筑决定论"，否定生产力最终决定作用，夸大生产关系和上层建筑的反作用，已经受到了反批判；现在有的同志反对以生产力标准作为检验一切工作的根本标准，理由是不能把生产力标准看作唯一的标准，这显然是对生产力标准含义的误解。另方面确实也有些同志把生产力标准从"根本标准"的地位夸大为"唯一标准"，否定或排斥其他非根本标准在评价中应有的地位，或者把根本标准同非根本标准绝对对立起来，这显然也是错误的。下面我们再就当前需要着重澄清的几个关系，作些具体分析。

3. 生产力标准同生产关系标准、阶级标准、道德标准等不是绝对对立的

前两年有的文章曾经提出：坚持生产力标准，就要从凡事都问姓"社"还是姓"资"的思维方式中走出来。这种提法，实质上是把生产力标准同生产关系绝对对立起来了，在实践中也导致了曲解生产力标准以至助长了资产阶级自由化思潮的泛滥。事实上，无论在理论界还是广大干部中，过去确实存在十三大报告中所说的"离开生产力来抽象谈论社会主义"，"用抽象原则和空想模式来裁判生活"的情况，不破除这种历史唯心主义观念就不能坚持科学社会主义道路。因此问题不在于该不该问姓"社"姓"资"，而在于要正确回答，而且只有坚持生产力标准才能正确回答。依据生产力标准，从人类社会发展趋势来看，尽管资本主义制度现在还有生命力，但它终将为社会主义、共产主义所代替，因为社会主义、共产主义更适合当代生产力的发展；社会主义、共产主义既是客观发展趋势，又是我们的理想，我们当然应该问而不是不该问。依据生产力标准，中国已经具备了建立社会主义基础所必需的起码的生产力条件，不是"早产该死"，而是社会主义"可行必行"；但我国现阶段的社会主义确实"还不够格"，只有坚持社会主义道路，通过大力发展生产力和不断改革才能促其完善。因此，我们在坚持生产力标准的同时，必须同时在生产关系上坚持社会主义标准，两者是统一的，根本标准还是"有利于生产力发展"，结论就是十三大报告所说的两个"一切"。

与上一问题相关，坚持生产力标准不是就不要讲阶级标准了。马克思主义历来都是把阶级的产生和消亡以及阶级斗争的作用同生产力的发

展联系起来看的。在阶级社会中，阶级斗争是解决生产力和生产关系矛盾的动力和手段，阶级斗争被摆在中心的位置，因为新兴阶级斗争的胜利是生产力解放的前提。在这里，生产力标准和阶级标准是统一的。无产阶级夺得政权建立社会主义制度以后，剥削阶级已经消灭，阶级斗争已不是主要矛盾，发展生产力已成为直接的中心任务。这时是不是完全不要讲阶级标准了呢？从现实社会主义国家及其国际环境来看，国内阶级斗争并没有熄灭，国际范围的阶级斗争、社会主义和资本主义两大体系的斗争依然长期存在，如果无视阶级斗争的客观存在，淡化阶级、阶级斗争观点，不研究阶级斗争的新形式动向，必将在经济、政治、思想上作出不正确的决策，阻碍以至破坏生产力的发展。因此在坚持生产力标准的同时仍然要讲阶级标准，两者也不是绝对对立的。

由于对生产力标准的简单化、片面化、绝对化、庸俗化的理解，这些年除了不问姓"社"姓"资"、不讲阶级斗争之外，还有一个突出的问题即不讲道德标准。有人认为生产力发展和社会进步同道德堕落和退步的二律背反现象是不可避免的，两者不能同步发展，社会进步必然要付出道德代价。有人认为，生产力发展了，道德自然会进步，因此现在只要有利于生产力发展，就可以不择手段，管它道德不道德。这些说法或者是把生产力标准同道德标准绝对对立起来，或者是以生产力标准取代和否定道德标准，都是错误的。首先，我们要看到生产力标准作为根本价值标准同道德评价是一致的。从人类社会进步的长远利益上看，凡是真正有利于生产力发展的行为总是合乎道德的行为。同时作为生产力标准主体的生产力本身就包含着道德因素，因为人是生产力中首要的能动的因素，生产力的发展必然要求人的文化素养和道德水平的提高。道德标准不仅有其因素渗透在生产力标准之中，而且它本身又是价值目标体系中的一个十分重要的相对独立的标准。不择手段、不讲道德，甚至以牺牲道德为代价来发展生产以谋取个人的本位的狭隘利益或眼前利益的行为，并不是有利于生产力整体发展的行为。其次，我们也要看到，无论在历史上还是在现实生活中，生产力发展、社会进步同道德进步二律背反的现象确实是存在的。在以私有制为基础的阶级对抗的社会中，这种现象确实难以避免。但在以满足人民的需要和促进人的全面发展为目标的社会主义社会中，就是要采取各种手段、各种政策措施，避免这种现象，尽量减少付出道德代价，力求两者同步前进。如果片面地理解生产力的发展，只抓生产指标，不抓道德建设，是不符合生产力标准的需求，也是不符合社会主义生产力发展方向的。

以上，我们主要是从正面阐述生产力标准的基本含义，并从生产力标准同比它层次更高的标准——实践标准的关系以及同它相对对立的其他非根本标准的关系中进一步阐明它的基本特性，以澄清对这一命题的误解（特别是把它绝对化的误解）。然而在实际运用中对生产力标准的曲解，更多是来自对作为生产力标准的检验主体——生产力概念的简单化、片面化以至庸俗化的理解。概念是命题的构成要素，对概念认识不清或认识错误必然会对命题认识错误。因此下面就生产力本身的理解进一步进行分析。

二、全面理解生产力概念的内涵和外延

正确认识一个概念必须对概念的内涵和外延有一个统一的了解。概念的内涵是指概念所反映的对象的特有属性的总和，外延是指概念所反映的对象的总和。弄清生产力概念，就要弄清生产力有哪些基本特性，它涵容的范围有多少多大。迄今为止，理论界对生产力概念的认识是有分歧有争论的。我们认为，对生产力的传统的偏狭理解，是导致对生产力标准的曲解的重要理论根源。因此，下面的分析和阐述，都是带针对性和探讨性的。

（一）生产力的基本属性—— 生产力是一个经济范畴，也是最基本的社会历史范畴

长期以来，由于人们片面、孤立地认为生产力反映的是人与自然的关系，生产关系反映的是人与人之间在生产中的关系，因此往往把生产力概念理解为一个单纯技术概念，把生产力与生产关系割裂开来。有的同志甚至援引马克思的话："机器正像拖犁的牛一样，并不是一个经济范畴。机器只是一种生产力，以应用机器为基础的现代工厂才是生

产上的社会关系，才是经济范畴。"以此为据，否定生产力是一个经济
范畴。实际上，这是一种曲解。因为，第一，机器作为生产力的个别
因素，虽然不是一个经济范畴，但当它在生产过程中被人使用，就不是
单纯的自然物（更何况它本身就是社会的产物），就成了现实社会生产
力的构成因素，而具有社会性。第二，马克思在许多著述中，从来都认
为生产是社会的生产，生产力是"社会生产力"，社会生产力是人类改
造自然、生产物质资料的现实的社会力量。生产力作为现实的社会生产
力，本身就体现着人在改造自然过程中同各种物质因素的社会结合关
系，因此它既是一个经济范畴，也是一个社会范畴，决不是单纯的技术
范畴。

近十年来，由于思想解放和生产力经济学的发展，否认生产力是经
济范畴的属性的人少了，但是把生产力片面地理解为单纯经济范畴的人
又多了。表现在对生产力标准的理解中，许多人又把它片面地理解为经
济标准，甚至简单化、庸俗化为"产值利润标准""金钱标准"。其根本
错误就在于不懂得生产力是一个最基本的历史范畴，是马克思主义历史
唯物主义的最基本范畴。如果说剩余价值论是马克思主义经济学的基石，
那么生产力论就是马克思主义历史唯物论的基石。离开了生产力范畴，
就不可能科学地揭示人类社会历史发展的客观规律。所以我们可以说，
生产力的最基本特性就是社会历史性，当然也包括经济性，至于技术性
只能是其个别因素的属性。这是弄清生产力概念的基本立足点。

**（二）生产力的系统性—— 生产力是一个多因素、多层次的复杂有
机体系**

人们对生产力概念的简单化理解，突出地表现在不认识生产力的系
统性及其内部矛盾的复杂性。

长期以来，人们把生产力表面化、简单化地理解为人们征服自然的
能力，是两因素（劳动者和生产工具）或三因素（劳动者、劳动资料、
劳动对象）的简单相加。其实，它是一个多因素、多层次有机结合的巨
大系统，包含着如下三类因素：（1）实体性因素，如劳动者、劳动资料、
劳动对象；（2）附着性或渗透性因素，如科学技术、教育；（3）运筹性

因素，如组织管理、信息等等。这三类因素在生产力系统中处于不同的地位，发挥不同的功能，生产力越发展，生产力社会化程度越高，就越明显地显示出来。

在生产力系统中，各类因素的结合基本上存在五种形式：（1）生产力诸因素在物质属性上的结合形式，表现为它们之间在物质属性上的相互适应与配比的结构，如产业结构、技术结构、劳动力结构、产品结构等；（2）生产力诸因素在数量上的结合形式，表现为诸因素在一定的经济实体中的聚集程度，即规模；（3）生产力诸因素在空间的结合形式，表现为生产力诸因素在地域上的布局；（4）生产力诸因素在时间上的持续时数和排列顺序；（5）生产诸因素的社会结合形式，表现为各种形式的分工协作。

在生产力系统三大类因素之间，在各类因素内部，都存在着矛盾，都会在结构、规模、布局、时序等形式上表现出来。例如我国农轻重结构不合理、能源和运输落后、科学和教育事业落后、管理落后等等，都是生产力内部诸因素矛盾的表现。如果这些矛盾获得了解决，生产力就会顺利发展。生产力就是在生产力的内部矛盾不断产生、不断解决的过程中发展的。

生产力的发展归根到底是由生产力系统内部矛盾所推动的。生产力内部矛盾的运动也有其不以人们的意志为转移的客观规律。例如生产力诸因素都有各自变化发展的规律，在生产力诸因素的组合上，有"互相制约、同步发展"的规律，在生产力系统的总体发展上，有社会总劳动按比例分配的规律，等等。这一系列的规律都需要我们去探索。过去我们在经济发展中急于求成，片面追求速度、盲目布点、片面强调人的数量因素或某种物的因素、忽视科技和管理，都是看不到生产力系统内部的复杂矛盾，违背生产力发展规律的，已经受到了历史的惩罚。近些年我们在生产力发展上存在的严重的短期行为、本位主义倾向，从认识根源来说，无非还是对生产力缺乏全面系统的观念。

（三）生产力系统与生产力环境的统一性

人们对生产力简单化、绝对化的理解还在于未能从生产力的内部矛盾和外部矛盾的互相制约、相互渗透的关系中来看生产力的发展，未能辩证地看待生产力系统与环境系统的统一性。

长期以来，传统理论观念总是把生产力发展的动力看成是生产力同生产关系的矛盾及反映其矛盾的阶级斗争，不承认生产力内部的矛盾是生产力发展的根源，因此只重视生产力的社会环境（经济基础和上层建筑）的变革，并由此提出了"抓革命、促生产"的指导方针。这实际上是一种外因论和简单化的形而上学观点，它不但忽视了生产力是社会历史发展中的最终决定力量以及生产力内部矛盾的决定性作用，而且对生产力发展的其他外部环境（主要是自然环境和人口）的重要性也忽视了。近十年来，经过理论上的拨乱反正，纠正了"阶级斗争为纲"，把发展生产力提到了中心地位，但是对生产力的内部矛盾运动规律及其与外部环境的关系，仍未在理论和实践中得到充分的重视。

生产力本体系统的发展受到三大系统的制约：（1）自然环境。自然环境是生产力系统运行的自然条件，除地理位置、地貌地形、光照气候条件外，与生产力发展密切联系的主要是土地、水、森林、矿产、动植物等自然资源和生态环境。自然资源即马克思所说的自然生产力，其中有的是生产力的内部因素，有的是外部条件。自然生产力虽然只有在社会生产力系统中才成为现实的生产力，但它对社会生产力的潜在和长远的影响甚大，在一定条件下甚至可以对劳动的生产力起决定性的作用。因此，生态平衡与环境保护对于生产力的发展具有极其深远的意义。（2）社会环境。包括社会经济基础和上层建筑领域即经济、政治、文化各方面的环境。社会环境中的经济、政治因素对生产力的制约作用十分重要无疑，人们比较熟悉。需要特别指出的是社会环境中的文化环境，包含着许多精神因素，如科学知识、道德观念等等，它们存在于人的脑力之中，或渗透和凝聚在物质生产力中，既是精神生产力，又会造成一定的社会文化氛围。随着生产力的日益发展，文化环境在社会环境中将对生产力发生越来越大的制约作用。（3）人口环境。人作为劳动者，是生产力本体系统的首要构成因素，但是人口中的老、幼、病、残等脱产人员又不属于生产力的本体系统。人口的现状和发展变化对生产力发展有着直接的重大的影响，一方面它直接影响劳动力这一生产力要素的质量、数量和构成，另方面它又直接影响生产力的综合成果的消长。人口的状况和发展还会通过对自然环境、社会环境的影响间接对生产力发生影响。例如人口的过度增长会加大社会消费的压力，如果处理不当就会诱发自然资源的破坏和社会秩序的动荡。正是因为人口在生产力发展中的特殊地位，人口已成为一门独立的科学研究对象。

正确认识生产力本体系统及其环境系统的统一性和相互制约性，增强环境意识，就会从社会整体系统来把握生产力的地位和作用，就不致孤立地片面地看待生产力的发展，只讲经济效益，不讲社会效益，只讲物质生产力的发展，不讲精神生产力的发展，只注意物质资料的生产和再生产，不注意人类自身的生产和再生产，只顾生产发展，不顾生态平衡。

（四）生产力的历史继承性、时代性和开放性

历史继承性和延续性也是生产力的一个具有重大现实意义的特性，在全面理解生产力内涵时需予充分的重视。马克思指出，"人们不能自由选择自己的生产力——这是他们的全部历史的基础，因为，任何生产力都是一种既得的力量，以往的活动的产物"①。生产力的进步是世代积累，代代相传的，人们只能在继承基础上不断地创造发展。

认识生产力历史继承性的现实意义首先在于我们不能离开本国本地本部门生产力的现实状况去考虑和促进生产力发展。从生产力发展的历史来看，它是有时代性的。人类已经创造了两代生产力，即第一代——手工生产力，第二代——机器生产力，现在正在创造第三代——信息生产力。中国在制定自己的生产力发展战略时就要从中国现阶段生产力"低水平、不平衡"的实际情况出发，既要面向未来，迎头赶上世界新技术革命，又要从实际出发，着重推进传统的产业革命。由于全国各地、城乡之间，不同地区之间，不同部门、不同行业之间生产力水平极不平衡，就要用不同的具体的生产力标准，去检验人们的认识和行为是否有利于生产力发展。这是从纵向的历史继承性来看，每一个国家民族的人们只能在对

---

① 《马克思恩格斯选集》第4卷，人民出版社，1972年，第321页。

现实既存的生产力基础上开拓前进。

其次还要从横向的历史继承性来看，生产力发展的历史告诉我们，生产力的发展是不受地界、国界以及民族、社会制度的限制的，具有开放性的特点。人类文明的发展史就是世界经济、科技文化交流的历史。认识这一特性，有利于我们克服狭隘的生产力观和"短视症"，有利于打破画地为牢、闭关自守的思想，增强对内对外开放的意识，有利于开展国内外科技文化的交流。

（五）生产力的可计量性与不可计量性

在实际运用生产力标准的实践中，不可避免要涉及生产力的这一特性问题。生产力作为检验社会历史领域中其他一切事物和现象的根本标准，它本身必须具有一定的质量规格标准，否则就如同一根尺，如果本身没有确定的量度，怎么能作为一种尺度去衡量其他东西的长度呢？问题不在于生产力本身需不需要标准，而在对生产力本身质量评价的可能性有多大。

首先应该肯定生产力具有可计量性。马克思在《〈政治经济学批判〉序言》中就说过，生产的经济条件方面所发生的变革是"物质的、可以用自然科学的精确性指明的变革"。[①]生产力之所以可以计量，是因为构成生产力的基本因素显然是可以计量的，其他附着性因素、运筹性因素，也可能通过一定的指标进行一定的估量。按照生产力系统论的观点，我们可以设计出一套量化指标，并通过适当的评估手段和方法进行评估（如采取模糊数学的方法，由专家进行多级综合评判）。在指标体系的设计上，要尽可能全面地反映生产力的实际情况，除了从整体上动态地反映生产力本系统情况需要设计出生产力要素拥有量、生产力运行、生产力产出成果等指标体系外，还要有适当反映生产力环境的指标体系，以体现经济效益、社会效益、生态效益的统一观。

但是生产力的可计量性又不是绝对的。这主要是因为生产力除了物质生产力还有精神生产力。马克思在讲到自然经济解体的条件时明确指

---

① 《马克思恩格斯全集》第13卷，第9页。

出："只有在物质的（因而还有精神的）生产力发展到一定水平时才有可能。"生产力中的精神生产力因素是难以确切量化并加以计算的。精神因素的成果部分当然可以通过它的产品影响生产力发展而间接地得到反映。但是精神生产力具有潜在性、渗透性、正负效应性等特点，终究是难以计量的。

　　以上是从实际运用中发生的问题着眼，对作为生产力标准的主体——生产力概念的基本界定。

　　总而言之，我们不能因为认识和实践中出现了偏差就怀疑生产力标准这一命题的科学性，而应当在"一切工作"中坚持正确理解和运用生产力标准。

原载《上海社会科学院学术季刊》1990年第3期

关于生产力与生产关系理论问题的研究与争鸣评析

卫兴华 *

　　生产力与生产关系问题，是马克思主义理论中的一个基础性的重要范畴，特别是马克思主义经济学和哲学的基础性范畴。人类社会的经济活动、政治活动、文化活动、社会活动、宗教活动以及军事活动等，都需要以物质生产为基础。而物质生产必然是社会的，既要发生人与自然的关系，又要发生人与人之间的经济联系即生产关系。人的劳动与自然物质结合，实现物质变换，形成财富。人类劳动形成财富的能力就是生产力。

一、关于生产力的理论研究与争鸣评析

（一）关于生产力的表述问题

　　什么是生产力？生产力分物质生产力和精神生产力。这里所谈的是物质生产力，是社会生产力。学界对生产力内涵的表述不尽相同。有的说生产力是人类改造自然、征服自然的能力；有的说是利用生产资料进行物质资料生产的能力；有的将上述两者统一起来，说生产力是生产物质资料的能力，它反映人们征服自然、改造自然的能力。我觉得，人们在生产过程中与自然发生关系，首先是适应自然、利用自然的过程。不同国家的自然条件不同，种植什么、生产什么要与自然条件相适应。同

---

* 卫兴华，1925—2019，男，中国人民大学经济学系教授。

一个国家的不同地区，由于地理环境不同，自然条件相异，生产状况也会有很大差异。因此，生产力应首先是人们在生产过程中适应自然、利用自然生产物质财富的能力。同时，人们在生产中不会仅仅是被动地适应自然的过程，也不仅仅是主动地去适应和利用自然的过程，还会在力所能及的范围内去改造自然和支配自然，如改良土壤、培育新的稻谷品种、变旱田为水田等。人类能够在一定程度上改造和支配自然，是区别于动物的特点之一。恩格斯指出："动物仅仅利用外部自然界，……而人则通过他所作出的改变来使自然界为自己的目的服务，来支配自然界。"① 但改造和支配自然，必须在适应和利用自然、在符合自然规律的基础上进行。如果主观地违反自然规律去改造自然，会导致自然环境的破坏和改造失败的后果。如，我国曾盲目地毁林造田、围湖造田等，大都留下了负面的教训。而且，有些改造和支配自然界的行为，虽然有时也会获得短期的成果，"但是我们不要过分陶醉于我们人类对自然界的胜利。对于每一次这样的胜利，自然界都对我们进行报复。……美索不达米亚、希腊、小亚细亚以及其他各地的居民，为了得到耕地，毁灭了森林，但是他们做梦也想不到，这些地方今天竟因此而成为不毛之地"②。

人类改造和支配自然的能力是有限的，会受到主观与客观条件的限制。随着科学技术的发展，这种能力也会提高。但如要突出地讲"征服"自然，我认为应当斟酌，以少讲和不讲为好。地震崩裂、冰雪为患、洪水泛滥、旱涝风灾、海啸漫淹，在这类自然灾害面前，人类的能力是微薄的，谈何"征服"？

因此，如果抽象地表述生产力，可以说：生产力是人类适应和利用自然，在一定程度上改造和支配自然，通过劳动生产物质资料即物质财富的能力。如果简单表述，就是人类劳动生产物质财富的能力。马克思指出："生产力当然始终是有用的具体的劳动的生产力。"③ 就是说，生产力是具体劳动生产财富即使用价值的能力。

---

① 《马克思恩格斯选集》第 4 卷，人民出版社，1995 年，第 383 页。
② 同上。
③ 《马克思恩格斯全集》第 23 卷，人民出版社，1972 年，第 59 页。

（二）构成生产力的要素是什么

对于构成生产力的要素是什么这一问题，我国从 1950 年就在《学习》杂志上开始讨论。在 20 世纪 50 年代和 60 年代一直存在生产力二要素和三要素之争。粉碎"四人帮"后的 1978 年，又展开了科学技术是生产力的讨论。有必要说明，在马、恩、列的著作中，并没有规定生产力只有哪些要素。马克思讲过，劳动过程的三个简单要素是："有目的的活动或劳动本身，劳动对象和劳动资料。"有的学者正是从马克思这里所讲的三要素中得出生产力三要素论的。但应注意，这里称之为"简单要素"，表示这是最一般的起码的要素。随着生产的发展，劳动过程的要素也会增加。马克思还将生产力与劳动生产力并用，他指出：决定劳动生产力的要素是"工人的平均熟练程度，科学的发展水平和它在工艺上的应用的程度，生产的社会结合，生产资料的规模和效能，以及自然条件"。马克思把生产力称作劳动生产力，以划清与资产阶级及其学者将一切生产力归结为所谓"资本生产力"的不同。如前所说，生产力始终是具体劳动的生产力。马克思也曾将社会生产力直接解释为劳动生产力："社会生产力（也可以说劳动本身的生产力）"①。马克思还指出，协作、科学、自然资源和自然力是生产力。② 有的学者认为，《资本论》中讲的劳动生产力是指劳动生产率，而非生产力。这种理解并没有根据，其实，劳动生产率是生产力或劳动生产力的表现形式或衡量形式。在马、恩的著作中，没有生产力只限二要素或几要素的规定。决定生产力发展的要素是随着社会经济的发展而发展的。在斯大林于 1938 年撰写的《论辩证唯物主义和历史唯物主义》③一文中将生产力定义为，"用来生产物质资料的生产工具，以及有一定的生产经验和劳动技能来使用生产工具、实现物质生产资料生产的人——所有这些因素共同构成社会的生产力"，即提出生产力二要素论以前，马克思主义经济学教材中一般不讲生产力二要素或几要素的。如，苏联著名学者卢森贝在 20 世纪 30 年代初出版的

---

① 《马克思恩格斯全集》第 46 卷（上册），人民出版社，1979 年，第 268 页。
② 马克思：《机器。自然力和科学的应用》，人民出版社，1978 年，第 226 页。
③ 此文是斯大林为《联共（布）党史简明教程》一书所写的第四章第二节的内容。

《〈资本论〉注释》一书中就是将《资本论》中所述的决定劳动生产力的诸要素作为"构成社会的生产力"的要素。[①]斯大林提出生产力二要素论后，苏联和我国的有关论著中才流行起生产力二要素论。不过，我国在20世纪50年代和60年代有些学者依然主张生产力三要素论，因而学界继续争论生产力要素问题。在20世纪50年代初期，王学文教授主张三要素论即把劳动对象也作为生产力要素的观点，还被作为政治问题受到批判。从马克思主义经济学在我国的发展史来看，有必要讲一下王学文同志在这一问题上的遭遇。

1949年，王学文作为中央马列学院（现中共中央党校）政治经济学教研室主任、教授，撰写了《政治经济学教程绪论》一书，于1949年10月到1950年1月在《人民日报》连载，随后出版。他在书中主张生产力三要素论，与斯大林的二要素论不同。1950年冬，我在中国人民大学念研究生时，听到在政治经济学教研室任教的苏联专家说，宣传生产力三要素论是反斯大林。后来，王学文受到陈伯达的批判，并停止了王学文在马列学院教课。陈伯达还组织马列学院多次开会批判王学文。王学文被迫离开马列学院。当时人们不知道毛泽东同志于1948年2月曾讲过："生产者和生产资料结合起来，就是社会的生产力。"[②]已将劳动对象包括在生产力内。由于提出这一论点的内部文件，只限高级领导机关讨论过，不下达，所以不为学界所知晓。

斯大林去世后，理论界主张生产力三要素的观点增多。苏联《政治经济学教科书》第三版也不讲二要素论，将生产工具改为生产资料。但在我国直到现在依然存在二要素和三要素的认识分歧。有的经济学教材依然坚持生产力二要素论。我认为，只把生产力规定为生产工具和劳动者，是值得斟酌的。第一，生产工具固然重要，有决定意义，但电力、石油、煤炭等非生产工具的劳动资料，对现代生产力的发展是不可或缺的要素。第二，劳动对象的优劣和多少，也对生产力的发展有重要作用。农业的优良品种可以大幅度提高产量。如，李登海培育的新玉米品种，

---

① 卢森贝：《〈资本论〉注释》，上海三联书店，1963年，第71页。
② 《毛泽东文集》第5卷，人民出版社，1996年，第55页。

使玉米亩产量由 1972 年的二三百斤提高到 2005 年的 2800 多斤。袁隆平培育的杂交水稻的种植面积，如果占到全世界水稻种植面积的一半，世界水稻总产量可一年增加 1.5 亿吨，可以多养活 4 亿人。

马克思强调科学是生产力。当代社会生产力的发展状况和水平，很大程度上取决于科技进步与创新。现在的经济学论著容易将科学要素纳入生产力三要素的载体中，排斥其作为独立的生产力要素，是不适当的。马克思肯定了"科学作为生产过程的独立因素"①，也就肯定了科学是生产力的独立因素。在现代生产力中，生产管理也是其重要要素。自然力如太阳能、风力、水力等用于生产，也成为生产力的要素。应以发展的视野用生产力多要素论取代二要素或三要素论。生产要素与生产力的要素应是统一的。随着社会生产的发展，生产要素在扩展，生产力的要素也在扩展。承认生产多要素而否定生产力多要素是讲不通的。

（三）生产力发展的动力是什么

对于生产力发展的动力是什么这个问题，在 20 世纪 50 年代末到 60 年代，就与生产力的性质问题相联系，进行了广泛的争论。有的学者提出生产力发展的动力或根源是在生产力的内部的观点，受到学界的批评。有的学者认为，生产力发展的动力是先进的生产关系，有的学者认为，生产力发展的动力是生产力和生产关系的矛盾运动。我们一般讲，先进的新生产关系促进生产力的发展，而落后的生产关系会阻碍生产力的发展。这是历史唯物主义的基本原理。但这并不是用以说明生产力发展的动力问题。这一问题目前也没有统一的认识。不过，需要明确指出的是：首先，先进的新生产关系一般应是建立在先进的生产力基础上。高级阶段的发达的社会主义生产关系需要建立在发达的生产力基础上，共产主义高级阶段的社会制度要以生产力的高度发展为基础。如果在生产力落后的基础上，人为地拔高生产关系，误将其作为"先进的"生产关系，不但不能促进生产力的发展，反会影响其发展。1958 年搞人民公社化、"跑步进入共产主义"，造成生产力的破坏。这一教训丰富了生产关

---

① 马克思：《机器。自然力和科学的应用》，第 206 页。

系一定要适合生产力状况规律的内涵。落后于或超越于生产力的生产关系都会阻碍或损害生产力的发展。所谓先进的生产关系，是指适合先进生产力发展的要求而不是人为地拔高不适合生产力要求的生产关系。"四人帮"借口和曲解先进的生产关系促进生产力的发展，宣扬生产关系决定生产力论。大批"唯生产力论"，大搞生产关系领域的不断革命，把集市贸易、家庭副业、自留地等都当作资本主义尾巴去割，损害了生产力的发展。其次，先进或落后的生产关系会促进或阻碍生产力的发展，但不能说生产关系从根本上始终决定着生产力的发展。否则，讲生产力决定生产关系，生产关系决定生产力的发展，形成循环认证。而且，生产关系并不是非新即旧，只有两种形式。一定的新生产关系只处于一定的生产关系的前期阶段，旧的或落后的生产关系只处于其没落阶段。而处于新旧两头中间阶段的非新非旧的生产关系所经历的时间会更长。试问，这时的生产力的发展怎样由生产关系决定？它虽然具有适合生产力发展的空间，但适合其发展不等于是发展的动力。再次，事物的发展取决其内因而非外因。先进生产关系作为先进生产力的社会形式，只能作为外因促进生产力的发展。生产力应有其自身发展的内因。生产力发展的内因或动力，在于构成生产力的诸要素的发展变革，科技革命与创新、先进机器设备的利用、管理创新、经济结构的调整与优化等，都会决定生产力的发展。而生产力诸要素的发展变革，又来源于生产力诸要素之间的矛盾与统一的运动过程。生产力的发展有它自身的内在规律。二战后，一些资本主义国家特别是日本经历了一个生产力快速发展、远远超过以往历史时期的发展阶段。美国产业工人的劳动生产率，从1870年到1949年，每年增速为1.3%到3%，而在20世纪60年代提高为4%以上。日本从1953年到1973年国民生产总值年均增长9.8%，实现了高速发展。日本一个钢铁工人的年均钢产量，1950年为30吨，1960年增加到107吨，1974年为482吨，25年增加了15倍。这种生产力发展的状况和动力，绝不能用先进的生产关系去说明，绝不能归功于资本主义生产关系的作用。还是应回到历史唯物主义的基本原理上来：生产力是社会经济与历史发展的最终决定力量。生产力决定生产关系，而不是相反。

二、关于生产关系的理论问题

政治经济学要研究生产关系。但生产关系包括什么内容，也是学界长期讨论而存在认识分歧的问题。在马、恩、列的著作中，并没有给生产关系的内涵规定具体的内容。因此，在早期的政治经济学著作中，一般不讲生产关系包括固定的哪几个方面或几个环节的内容。斯大林于1952年发表了《苏联社会主义经济问题》一书。其中给作为政治经济学对象的生产关系下了一个定义：（1）生产资料的所有制形式；（2）由此产生的各个社会集团在生产中的地位以及他们的相互关系，或如马克思所说的"互相交换其活动"；（3）完全以它们为转移的产品分配方式。这一切共同构成政治经济学的对象。我国的有些教材中，曾长期将这三方面作为生产关系的具体内容。目前，有的教材仍坚持这一内容。改革开放后，曾有学者批评斯大林将生产资料所有制作为生产关系的单独的一项内容，是蒲鲁东的错误观点。认为斯大林的定义背离了恩格斯的定义，因为恩格斯在《反杜林论》中提出的定义中生产关系是三个组成部分即生产、交换、分配，已包括了所有制的内容。并引证马克思的话，"蒲鲁东先生把所有制规定为独立的关系，就不只是犯了方法上的错误"[1]。"每个历史时代中的所有权是以各种不同的方式、在完全不同的社会关系下面发展起来的。因此，给资产阶级的所有权下定义不外是把资产阶级生产的全部社会关系描述一番。"[2]

的确，在斯大林关于生产关系的内容中没有交换是不完全的。这是与他在《苏联社会主义经济问题》一书中的另一个偏颇的见解相联系的。他认为苏联应"毫不犹豫地推行这种制度，一步一步地缩小商品流通的范围"。因为"商品流通是和从社会主义过渡到共产主义的前途不相容的"。[3] 斯大林认为恩格斯所讲的"交换"，"不仅是指商品交换，但是，恩格斯用'交换'一词所指的东西，显然在上述定义中已经作为其组成

---

[1] 《马克思恩格斯选集》第4卷，第536页。
[2] 《马克思恩格斯全集》第1卷，人民出版社，1995年，第171页。
[3] 《斯大林选集》下册，人民出版社，1981年，第609页。

部分包括在内了"。所谓"包括在内",是指斯大林的生产关系定义的第二方面"由此产生的各种社会集团在生产中的地位以及他们的相互关系。或如马克思所说的'互相交换其活动'"。^①斯大林的这个解释并不科学。因为恩格斯讲的"交换"一词既包括商品交换也包括产品交换,但不包括马克思讲的"相互交换其活动"。所谓"相互交换其活动"是指生产过程中人们的分工协作、相互配合,是属于直接生产中的劳动交换,属于生产范畴而不属于生产之外的交换范畴。但是,应该肯定,生产资料所有制是生产关系体系的基础。在马、恩著作中这一观点是很明确的。将其作为生产关系的首要方面并没有错,不是蒲鲁东的观点。"蒲鲁东的错误在于,他把所有权看做是独立于生产关系之外的,将其作为抽象的和永恒的观念下定义。"^②其实,所有制关系作为生产关系体系的基础,是生产、交换、分配和消费的前提条件,并体现于各个环节的关系中。因此,可以用一定的所有制关系代表和概括一定的生产关系体系,如可以用资本主义所有制关系代表资本主义生产关系,也可以用社会主义所有制关系代表社会主义生产关系。把所有制作为生产关系的重要方面,并没有像蒲鲁东那样,将其独立于生产关系之外,恰恰是将其作为决定生产关系的诸方面又体现于生产关系诸方面之中的生产关系体系的重要方面或基础方面。由于近些年来还有学者未能如实解读马克思批评蒲鲁东在所有制问题上的错误的本意,在此,进行一些说明是有必要的。

目前,在政治经济学论著和教材中,只有少数学者还坚持斯大林关于生产关系的定义,而更多的是讲马克思论述的再生产四环节各自的关系和相互关系。有必要说明,马克思在《〈政治经济学批判〉导言》中分析和论述再生产过程中生产、交换、分配与消费四环节关系,并不是他对生产关系内涵专门提出的界定。这四个环节及其关系,是马克思以前的经济学家们已提出和论述过的。马克思在这里是批评前人在这个方面的"肤浅的看法",澄清理论是非,并提出自己在这些问题上的系统和深刻的见解。马克思并没有将生产关系的内容固定于四环节之中。如,《资

① 《斯大林选集》(下),第594—595页。
② 《马克思恩格斯全集》第1卷,第178页。

本论》中讲资本的原始积累，讲资本主义积累的历史趋势，讲劳动力成为商品的条件，讲人口规律，讲人的全面发展；在《哥达纲领批判》中讲从资本主义到共产主义的过渡时期，讲共产主义的两个阶段的划分，等等，都难以将其纳入四环节中的某一环节或某几个环节中。其中有些是属于资本主义生产关系产生的前提条件，有些是属于资本主义经济制度发展的历史结果和趋势，有些又属于另外的范畴。也许有人会说，其中许多内容不正是在《资本论》第一卷中在"资本的生产过程"标题下论述的么？其实，应明确两点：第一，《资本论》第一卷所标识的"资本的生产过程"，不是再生产四环节中的"生产"，而是大生产概念。它将商品交换、货币流通以及作为分配概念的工资和作为国际问题的"现代殖民理论"等都包括进去。它不是只讲直接生产过程中的生产关系。第二，《资本论》第一卷法文版的标题已改为"资本主义生产的发展"。它更符合《资本论》第一卷的内容。有必要说明，马克思是不赞同按照生产、分配、交换和消费建立政治经济学体系的。他指出："在詹姆斯·穆勒那里有一些不适当的章节划分：《论生产》，《论分配》，《论交换》，《论消费》。"[①] 又说："没有一个古典经济学家遵照这个习惯，即首先是考察生产，其次是交换，接着是分配，最后是消费，或者用其他方法排列这四个项目。"[②] 这里所指的是政治经济学体系结构的安排问题。亚当·斯密和李嘉图等古典经济学家的政治经济学著作，就没有按"四个项目"安排其理论体系，马克思的《资本论》三卷，同样没有按"四个项目"安排其内容。由此可见，我国当前不少政治经济学教材将研究对象从生产关系的"三方面"转向再生产的"四环节"固然是可以的，有必要研究阐述马克思所阐明的"四环节"各自的关系和相互关系，但不宜说马克思把生产关系界定为四环节的关系，也不应将研究的范围只限于这四个方面。

原载《经济纵横》2010 年第 1 期

---

① 《马克思恩格斯全集》第 26 卷（第 3 册），人民出版社，1974 年，第 92 页。
② 《马克思恩格斯全集》第 47 卷，人民出版社，1979 年，第 72 页。

科学把握生产力与生产关系研究中的唯物史观

——兼评"生产关系决定生产力论"和"唯生产力标准论"

卫兴华 *

生产力和生产关系是马克思主义理论体系中的基本范畴，涉及马克思主义原理的诸多方面。理论界对唯物史观和马克思主义政治经济学的一些重要概念和原理，在认识上有诸多分歧。本文仅就以下问题展开评析。什么是生产力？生产力的构成要素是什么？马克思有没有界定或怎样界定生产力的内涵及其构成要素？马克思为什么要强调生产力是劳动的生产力？劳动生产力是否指劳动生产率？生产力发展的源泉或动力是什么？科学是不是生产力的独立要素？主张生产关系是生产力发展的根本动力的观点能否成立？生产力决定论与生产力标准论是同一命题，还是不同问题？能否将生产力决定生产关系的原理归结为"唯生产力论"和"唯生产力标准论"？判断和评价社会主义制度的标准是否只能是生产力标准，而排除生产关系标准？回答这些问题，需要从马列主义理论与中国特色社会主义理论和实践的结合上予以阐述。

一、生产力、劳动生产力和劳动生产率概念的同异

生产力、劳动生产力和劳动生产率是唯物史观和马克思主义政治经济学的几个重要概念。在《资本论》中，生产力特别是劳动生产力的概念应用很多。什么是生产力？生产力的构成要素有哪些？"劳动生产力"

---

* 卫兴华，1925—2019，男，中国人民大学经济学系教授。

与"生产力"是什么关系？与"劳动生产率"又是什么关系？对于这些看起来似乎是最简单、最基本的概念和问题，直到现在，学界在理解和阐述上依然存在很大的分歧。分歧产生的一个重要原因，是对马克思的《资本论》和其他著作中的有关论述研究不够和解读上的差异。因此，问题的解决，还得回归马克思有关论述的原意。

（一）什么是生产力

如何界定生产力，马克思主义政治经济学界有不同的回答。蒋学模主编的教材认为："生产力是人们征服自然、改造自然的能力。"[①] 逄锦聚等主编的教材认为："生产力是人们改造自然和控制自然界的能力，它反映人和自然界之间的关系。"[②] 马克思主义理论研究和建设工程重点教材认为："生产力是人类利用自然和改造自然进行物质资料生产的能力。"[③] 程恩富等主编的教材认为："人们运用生产资料，创造社会物质和精神财富的能力，叫作生产力。"[④] 胡钧引证斯大林生产力二要素的定义，反对将生产力定义为人们生产物质资料的能力。他说："生产力概念其内涵是指一种物质力量，是许多物质要素的总和，如果像一些人那样把它定义为人们生产物质资料的能力，则完全改变了它的内涵"，因为这些人把"人变成主语，讲的是人的能力"。[⑤] 他强调说："马克思和恩格斯都未给生产力下过定义，只是说明它包括哪些要素。"这样讲未免有点武断。

有别于斯大林的二要素论，也有别于三要素论，马克思不仅具体说明了生产力包括哪些要素，而且简括地说明了生产力是指什么。马克思在《资本论》中指出"生产力即生产能力及其要素的发展"[⑥]，是指人们生产使用价值或财富的能力。马克思又说"生产力当然始终是有用的、具

[①] 蒋学模主编：《政治经济学教材》，上海人民出版社，1980年，第4页。

[②] 逄锦聚等主编：《政治经济学》，高等教育出版社，2003年，第23页。

[③] 马克思主义理论研究和建设工程重点教材：《马克思主义政治经济学概论》，人民出版社，2011年，第2页。

[④] 程恩富等主编：《现代政治经济学新编》（完整版·第2版），上海财经大学出版社，2012年，第6页。

[⑤] 胡钧：《生产力与劳动生产力》，《当代经济研究》2001年第2期。以下引用凡未注明出处，均引自此文。

[⑥] 《马克思恩格斯文集》第7卷，人民出版社，2009年，第1000页。

体的劳动的生产力"①，也就是具体劳动生产使用价值或财富的能力。马克思还指出："一切生产力即物质生产力和精神生产力。"②这表明，生产力既是生产物质财富的能力，又是生产精神财富的能力。在一般情况下，讲生产力，或讲生产力的决定作用，主要是指物质生产力。有的政治经济学教材中离开了马克思关于生产力的这些说明，只讲生产力是人类改造、控制、征服自然的能力，这是不够的。这只是表明在生产中人与自然的关系，表明生产力的高低可反映人类利用和改造自然的能力大小，并未说明生产力自身的内涵是什么，发展生产力是为了什么。人类利用和改造自然，并不是目的，目的是生产出物质财富和精神财富，满足人的物质文化需要。因此，上面所引马克思主义理论研究和建设工程重点教材和程恩富等主编教材，对于生产力的界定是正确的，符合马克思的本意。而胡钧的批评让人不得其解。他给生产力下了这样一个定义："什么是生产力？生产力或物质生产力和社会生产力，是一个集合名词，是指生产过程中的生产者、劳动资料诸要素或诸力量的总和。"这是将生产力二要素作为生产力的定义了。其实，生产力是什么与生产力的构成要素是什么，是两个不同的问题，用生产力二要素或三要素、多要素都不能说明生产力是什么。胡钧批评将生产力界定为"人们生产物质资料的能力"，实际上是在批评马克思的观点。人是生产力的主导力量，是主体；生产力的其他要素是客体。生产力就是人们（劳动者）运用生产要素生产物质和精神财富的能力。这有什么错误呢？不赞同"人变成主语"，不赞同"讲的是人的能力"，认为生产力只是"一种物质力量"，"诸多物质要素"应是主语，应是物质要素的"能力"而非"人的能力"，这样认识就完全偏离了马克思主义的观点。只要肯定，生产力是人们（劳动者）运用物质要素生产财富的能力，就会肯定"人们（劳动者）"是生产的主语，是发动者。马克思在《政治经济学批判》序言中讲："人们在自己生活的社会生产中……"③就是将"人们"作为主语。凡讲生产力的地方，马克思总是将"人们"作为主语。

---

① 《马克思恩格斯文集》第5卷，人民出版社，2009年，第59页。
② 《马克思恩格斯全集》第46卷（上册），人民出版社，1979年，第173页。
③ 《马克思恩格斯文集》第2卷，人民出版社，2009年，第591页。

由卫兴华、林岗主编的《马克思主义政治经济学原理》（经济科学出版社）一书，对生产力做了这样的界定："生产力是人们生产物质资料的能力。它表示人们适应自然、利用自然和改造自然的水平，反映了人和自然界的关系。生产力的构成包括人的因素和物的因素，也包括被利用的自然力如风力、水力和其他自然资源，还包括科学技术以及在生产中的分工协作和生产组织等社会结合方式。"这一定义包含了三层含义：什么是生产力，生产力表示什么关系，构成生产力的要素是什么。

（二）什么是劳动生产力，它与生产力和劳动生产率是什么关系

有的学者认为，劳动生产力与生产力在内涵上是一致的。有的认为，劳动生产力与生产力是两个不同的概念，与劳动生产率是相同的概念。

程恩富等主编的《现代政治经济学新编》一书中，对劳动生产力有专门一段说明："劳动生产力，是人类认识、利用和改造自然界以获得物质资料的能力……劳动生产力不完全等同于劳动生产率。劳动生产力是具体劳动运用劳动手段加工劳动对象以生产使用价值的能力。"[1] 这段话对劳动生产力的说明，与对生产力的界定是一致的。胡钧在前引一文中认为，生产力或物质生产力，与劳动生产力和劳动生产率之间的差别是明显的，不能混同。他认为，劳动生产力与劳动生产率"可以通用"，"但是它们与物质生产力是绝对不能通用的"。他举例说明，在英文中，劳动生产力与决定生产关系的生产力的用词是有差别的。他认为，"生产力与劳动生产力二者的衡量尺度是不同的，生产力主要由劳动资料特别是生产工具的数量和效能来表示"；"不能区别生产力与劳动生产力，是一些人把加工对象也包括在生产力范畴中的重要原因"。显然，胡钧是用生产力二要素、劳动生产力多要素来说明两者的不同。姚挺针对胡钧的观点，从英文的用词上论证二者的一致性，认为"劳动生产力和生产力是可以通用的"。[2] 也有其他一些学者将劳动生产力解读为劳动生产率。

需要弄清楚：在马克思的著作中，生产力与劳动生产力究竟是作为

---

[1] 程恩富等主编：《现代政治经济学新编》（完整版·第2版），第34页。
[2] 姚挺：《劳动生产力与生产力》，《中共福建省委党校学报》2010年第1期。

内涵一致的概念，还是作为两个独立的不同的概念而区别应用的。这需要从三个方面考证。一是从马克思的有关论述中看二者的内涵是否一致和是否通用。还需要弄清，劳动生产力概念是承袭前人的，还是马克思专用的。二是需要弄清马克思为什么要使用"劳动生产力"这个概念。如果劳动生产力与劳动生产率是内涵相同的概念，讲劳动生产力还有什么必要呢？三是看在马克思的著作中，构成生产力的要素与劳动生产力的要素是否相同。

1. 从马克思的论述可以看出生产力与劳动生产力的内涵是一致的

下面用例证说明二者的一致性。

例一，前面已引证《资本论》中讲："生产力当然始终是有用的、具体的劳动的生产力。"这表明，生产力始终是指"劳动的生产力"。而不是像有些西方学者那样将其作为"资本的生产力""土地的生产力"等。

例二，"结合工作日怎样达到生产力的这种提高……都是社会的劳动生产力或社会劳动的生产力。这种生产力是由协作本身产生的。"[①] 这是说明，协作提高了生产力，这种提高的生产力，已不是个人的劳动生产力，而是协作的劳动生产力即社会的劳动生产力。这里的生产力概念也是与劳动生产力通用的。

例三，"一个产业部门利润率的提高，要归功于另一个产业部门劳动生产力的发展……生产力的这种发展……"[②] 在这里，"劳动生产力"与"生产力"是同义的。

例四，"假定有一个资本家使劳动生产力提高一倍……生产力虽然提高了一倍，一个工作日仍然同从前一样创造 6 先令新价值。"[③] 这里两个概念又是通用的。

例五，"社会生产力（也可以说劳动本身的生产力）。"[④]

例六，马克思指出：具体劳动的产品多少，"与有用劳动的生产力的提高或降低成正比"。"相反地，生产力的变化本身丝毫也不会影响表现

① 《马克思恩格斯文集》第 5 卷，第 382 页。
② 《马克思恩格斯文集》第 7 卷，第 96 页。
③ 《马克思恩格斯文集》第 5 卷，第 368 页。
④ 《马克思恩格斯全集》第 46 卷（上册），第 268 页。

为价值的劳动。"① 这里，劳动生产力与生产力也是同义的。

还可以举出更多的例证，限于篇幅就舍弃了。

2. 马克思为什么将生产力又称作劳动生产力，有什么特殊意义？

人们不要忘记：马克思的《资本论》和其他一些经济学著作是对前人的"政治经济学批判"。萨伊的"三位一体"公式受到马克思的批判。萨伊用资本的生产力说明利润的来源，用土地的生产力说明地租，用劳动生产力说明工资。斯密认为，"财富只不过是积累的劳动"，劳动是"价值的唯一尺度"。萨伊断言，这是"不正确结论"。他批评斯密说："劳动每生产一项价值，就消费等量的价值，因此，劳动没有剩余，没留有净产品。"他认为斯密抹杀了资本的生产力："要是资本所包含的生产力，只有创造资本的劳动的生产力，而自己没有生产力……怎样能提供永久利润呢？"②

经济学说史表明，劳动生产力的概念，是庸俗经济学与古典经济学进行争论中必然涉及的重要概念。双方对这一概念的取舍，与他们在价值理论认识上的分歧相联系。主张要素价值论的学者和资产者，重视和强调的是资本的生产力，认为在资本主义经济的诸生产要素中，资本要素起着主导作用。萨伊说："如果没有资本，劳动就不能生产什么东西。资本必须和劳动协力合作，这个协作我叫作资本的生产作用"，"资本的生产力常常和自然力的生产力混在一起"。③ 他批评斯密"抹杀资本的同样能力"④，即资本的生产力。又如庞巴维克在《资本与利息》一书中，专设一编讲"生产力学说"，大谈"资本的物质生产力""资本的价值生产力"，还用资本生产力说明利息和"剩余价值"的来源。⑤ 而主张劳动价值论的学者，则重视和强调劳动生产力，认为劳动是主动力，正是劳动运用生产要素才生产出财富和价值。李嘉图坚持劳动价值论，故强调劳动生产力。他说："在不同的社会阶段中，资本或雇佣劳动的手段的积累速度是有大有小的，而且在所有的情形下都必须取决于劳动生产力。当

---

① 《马克思恩格斯文集》第 5 卷，第 59—60 页。
② 以上所引见萨伊《政治经济学概论》，商务印书馆，1963 年，第 75—76 页。
③ 同上书，第 72—73 页。
④ 同上书，第 75 页。
⑤ 参见庞巴维克《资本与利息》，商务印书馆，2010 年。

肥沃的土地数量很多时，劳动的生产力一般也最大。"① 这一论断表明：资本利润和积累的增加，肥沃土地收入的扩大，在本原上都是劳动的生产力提高的结果，与资产者及其庸俗学者将其归功于资本生产力、土地生产力大相径庭。

在马克思的著作中，也重视生产力的分工协作因素和自然力因素等，特别重视科学的因素，并将劳动以外的生产力因素，都与劳动生产力联系。他把生产力中的科学力量、分工协作的作用，称作"社会的劳动生产力"或"劳动的社会生产力"。但是由于资本与雇佣劳动关系中的资本拜物教性质，劳动的生产力却颠倒地表现为"资本的生产力"。马克思指出："协作这种社会劳动的社会生产力，表现为资本的生产力，而不是表现为劳动的生产力。"② 对此，"资本家是不费分文的"，"应用机器，不仅仅是使与单独个人的劳动不同的社会劳动的生产力发挥作用，而且把单纯的自然力——如水、风、蒸汽、电等——变成社会劳动的力量"，"上述增加生产力"只是"所使用的单纯自然力的一部分"。③ 从这些说明中又可以看出，马克思是将劳动生产力与生产力当作内涵一致的概念使用的。从马克思的以上论述中还可以看出，他把科学、分工协作、自然力等都作为生产力或劳动生产力的构成要素。这是对生产力二要素或三要素观点的否定。

劳动生产率是生产力或劳动生产力的表现形式。马克思指出："劳动的生产力，它事实上只决定有目的的生产活动在一定时间内的效率。"④ 生产力或劳动生产力的高低和发展情况，可以用劳动生产率来衡量。因此，在马克思的论著中，提高生产力的因素与提高劳动生产率的因素是一致的，有时也会在一致的含义上予以并用。一个国家或地区的生产力或劳动生产力的高低，就是用劳动生产率来测量的。一是可以用人均产量来测算，如美国一个农民一年生产的产品量等于我国一个农民产量的近 100 倍。二是可以用人均 GDP 来测算，我国经济总量虽居世界第二位，但生

① 李嘉图：《政治经济学及赋税原理》，商务印书馆，1962 年，第 81 页。
② 以上所引见《马克思恩格斯全集》第 47 卷，人民出版社，1979 年，第 297 页。
③ 同上书，第 363 页。
④ 《马克思恩格斯文集》第 5 卷，第 59 页。

产力落后，人均 GDP 远低于发达国家。GDP 按不变价格计算，实际上是使用价值指标，而非价值指标。

3. 决定劳动生产力的要素也是生产力的构成要素，生产力二要素、三要素之争偏离马克思的观点

在马克思的著作中，决定生产力的要素同决定劳动生产力的要素是完全一致的；而且有必要指出：马克思所讲的生产力的诸要素，至今没有被我国学界完全、准确地把握。我国长期存在生产力二要素与三要素之争，争论产生的根源有三个方面。其一是对马克思的有关观点没有全面把握，加之马克思的许多有关著作是新中国成立后逐步翻译过来的，事先并不清楚。这导致生产力二要素、三要素之争，事实上偏离了马克思的有关观点。其二是由于对生产力的定义见解不同，对生产力要素构成的看法必然产生差异。如果只把生产力定义为人们利用、改造和征服自然的能力，就会主张生产力二要素，而把劳动对象和其他要素排除于生产力之外。因为劳动对象和自然力等是被改造的对象，它不能用来改造或征服自然。如果将生产力定义为生产财富的能力，就会把劳动对象和其他要素纳入生产力要素之中。其三是受斯大林生产力二要素论的影响。斯大林在 1938 年写的《论辩证唯物主义和历史唯物主义》中，给生产力下了这样一个定义："用来生产物质资料的生产工具，以及有一定的生产经验和劳动技能来使用生产工具、实现物质资料生产的人，——所有这些因素共同构成社会的生产力。"① 斯大林的这一生产力二因素论，曾长期成为马克思主义有关教材和论著中流行的关于生产力的专一定义。斯大林的生产力二要素论，与马克思的生产力多要素论显然是不一致的，也不符合生活实际情况。斯大林去世后，国内外的有关著作，多数放弃了生产力二要素论，认同劳动对象是生产力构成要素。也有的论著，认同马克思的生产力多要素论。卫兴华于 1980 年在《哲学研究》第 11 期发表了《关于生产力的内容和发展生产力的问题》一文，提出生产力多要素论。认为马克思所讲的决定劳动生产力的因素就是构成生产力的因素。并批评了"左"的观点："生产力的丰富内容，它的许多因素在长时

---

① 《斯大林选集》下册，人民出版社，1979 年，第 442 页。

期中被粗暴地忽视了，致使我国的生产力的发展成为跛足的东西。例如，片面强调人的因素的作用，而忽视物的因素的作用；在物的因素中，片面强调生产工具的作用，而忽视原材料、电力和能源等的作用；对于自然资源和生态平衡没有加以很好的保护和利用，反而任意进行破坏；强调群众运动，而忽视甚至摒弃科学技术和科技人员的作用，还不断批判'技术至上''专家路线'；否定和批判科学是生产力这一马克思主义的论断；强调政治的决定作用，而忽视生产组织和经营管理的作用。"

在我国，有一些学者继续主张生产力二要素论。如经济学界的前辈于光远认为，"在生产力要素中我认为不应该把作为劳动对象的自然算在里面，正好像在战争中不能把敌人算进我们的战斗力里去一样"[1]，"生产力应该是两要素……劳动对象是被改造的对象"。[2] 蒋学模等也主张：生产力是由生产工具与劳动者构成的。[3] 主张生产力二要素、三要素或多要素，是学术是非问题，可以自由讨论。但既然讨论的是马克思主义政治经济学中的生产力概念和理论问题，还需要回归马克思的论著探求其原意。另外，要理论联系实际，从发展生产力的实践中来把握其构成要素。只要把生产力界定为人们生产物质财富和精神财富的能力，就会认同劳动对象是生产力的要素，而且会进一步认同马克思所讲的生产力多要素，把管理、分工协作、科学、自然力等因素纳入生产力要素之中。这样就会回归马克思的观点，认同《资本论》中所讲的决定劳动生产力的诸要素，就是构成生产力的诸要素。

主张生产力三要素的学者中，如学界老前辈王学文，是以马克思讲的劳动过程的三个简单要素为理论根据的，但这里存在误解。马克思在《资本论》第一卷第五章讲劳动过程时，提出劳动过程的三个简单要素。"劳动过程的简单要素是：有目的的活动或劳动本身，劳动对象和劳动资料。"[4] 马克思在这里不是讲劳动过程的全部要素，而是讲任何社会及其任何发展阶段的劳动过程，都必须起码具备的最简单的要素。它内含着的意思是，

---

① 于光远：《政治经济学社会主义部分探索（一）》，人民出版社，1980年，第409页。
② 同上书，第410页。
③ 蒋学模主编：《政治经济学教材》，第3页。
④ 《马克思恩格斯文集》第5卷，第208页。

随着生产劳动过程的发展，会有新的因素加进来，如管理、分工协作、科技的发明与应用等。马克思指出："就劳动过程只是人和自然之间的单纯过程来说，劳动过程的简单要素是这个过程的一切社会发展形式所共有的。但劳动过程的每个一定的历史形式，都会进一步发展这个过程的物质基础和社会形式。"①在机器大工业生产的基础上，马克思进一步提出了决定劳动生产力的多种情况："工人的平均熟练程度，科学的发展水平和它在工艺上的应用程度，生产过程的社会结合，生产资料的规模和效能，以及自然条件。"②其中，科学的发明发现，需要应用于生产的工艺，才能形成生产力；"生产过程的社会结合"，包括分工协作、生产组织与管理；"生产资料的规模和效能"，指劳动资料和劳动对象的数量和质量；"自然条件"，指被应用于生产的风力、水力及自然资源等。

4. 科学是不是生产力的独立要素？

改革开放以前，关于科学是不是生产力，理论界大多并不明确。尽管在马克思的著作中，反复地、不断地讲到科学是生产力的要素，但是，长期以来我国有关重要文献和论著中并未予以明确提出和肯定。直到在"文革"后期的1975年，邓小平听取由胡耀邦等起草的《中国科学院工作汇报提纲》时，《中国科学院工作汇报提纲》提出，"科学技术也是生产力"，邓小平表示赞同，指出"科学技术叫生产力"。③这一观点竟在不久遭到"四人帮"的攻击。在他们的主导下，《辽宁日报》1976年4月5日发表文章说，"劳动者才是最根本、最重要的因素"，讲"科学是生产力，就是否定劳动者的作用"。《红旗》杂志也在1976年第9期发表文章说，讲"科学也是生产力"，是"篡改马克思主义关于人是生产力的决定因素的正确观点"。粉碎"四人帮"后，邓小平进一步指出，"科学技术是第一生产力"④。此后，人们认同科学是生产力的重要内容。事实也告诉人们，科技最先进最发达的国家，生产力水平也最高。但在有些教材与论著中，由于受传统理论的影响，不把科学作为生产力的独立要素，而

① 《马克思恩格斯文集》第7卷，第1000页。
② 《马克思恩格斯文集》第5卷，第53页。
③ 《邓小平文选》第2卷，人民出版社，1994年，第34页。
④ 《邓小平文选》第3卷，人民出版社，1993年，第274页。

只作为渗透于二要素或三要素中的外加要素。无疑，新的科技创新，会改进和生产出新的、更先进的生产工具和其他生产资料，会提高劳动者的科技水平。但科技创新的作用超出这些方面，它会改变生产过程的工艺流程和传统生产模式。马克思一再指出，科学是生产力的独立因素——"大工业则把科学作为一种独立的生产能力与劳动分离开来"[①]，"随着科学作为独立的力量被并入劳动过程而使劳动过程的智力与工人相异化"[②]。因此，不应否定科学是一种独立力量。例如，人造卫星可以用于生产，但它并不是渗透到其他生产力要素中起作用，而是独立地发挥作用。

马克思十分重视科学在生产力发展、人类社会进步中的重要作用。随着生产力向高层次发展，科学的地位和作用也日益提高。在现代社会生产中，科学的地位尤为凸显。科学作为"独立的生产能力"，作为"第一生产力"，会推进其他生产要素的变革，又会统率诸生产要素协调发展。当今国际竞争的核心是高科技竞争，也是高科技人才的竞争。抢占科技发展制高点，就能起引领作用，推动经济、社会、教育、军事、环境等各方面整体前进。我国强调创新驱动发展，首先应是科技创新、自主创新驱动发展，以应对新的科技革命和产业革命浪潮的世界性挑战。社会历史发展的经验表明，抓住科技革命的机遇，就可能实现赶超跨越，成为世界强国；错失机遇，就会继续落后。

二、从生产力决定生产关系的原理探讨生产力发展的源泉

生产力决定生产关系，生产关系要适应生产力的发展，生产关系是生产力发展的形式，生产关系会反作用于生产力。这是唯物史观的基本原理。马克思和恩格斯在《德意志意识形态》中指出，人们的生产"表现为双重关系：一方面是自然关系，另一方面是社会关系"，"人们所达到的生产力的总和决定着社会状况"。[③]在《哲学的贫困》中，马克思指出："生产力在其中发展的那些关系，并不是永恒的规律，而是同人们及

---

① 《马克思恩格斯文集》第5卷，第418页。
② 同上书，第743页。
③ 《马克思恩格斯文集》第1卷，人民出版社，2009年，第532、533页。

其生产力的一定发展相适应的东西，人们生产力的一切变化必然引起他们的生产关系的变化吗？"① 在《雇佣劳动与资本》一书中，马克思又讲："社会生产关系，是随着物质生产资料、生产力的变化和发展而变化和改变的。"② 在《政治经济学批判》序言中，马克思进一步做了经典的表述："人们在自己生活的社会生产中发生一定的、必然的、不以他们的意志为转移的关系，即同他们的物质生产力的一定发展阶段相适合的生产关系。这些生产关系的总和构成社会的经济结构，……社会的物质生产力发展到一定阶段，便同它们一直在其中运动的现存生产关系或财产关系（这只是生产关系的法律用语）发生矛盾。于是这些关系便由生产力的发展形式变成生产力的桎梏。那时社会革命的时代就到来了。"③ 从马克思、恩格斯的这些论述中可以明确以下几点：

（1）人们为了生活就需要进行生产。生产是社会生产，包括生产力和社会生产关系，前者是"自然关系"，后者是"社会关系"。（2）社会生产关系并不是永恒的，而是发展变化的，因为生产力是不断发展变化的。（3）生产力决定着生产关系。生产力是内容，生产关系是生产力的社会形式。因此，生产关系一定要与一定历史阶段的生产力状况相适应、相适合，这是社会历史发展的规律。（4）生产力总是在一定的生产关系中运动和发展的，发展到一定阶段便与生产关系发生矛盾，原有的生产关系由生产力发展的形式变为生产力发展的桎梏，就会产生革命性变革，由适应生产力发展的新生产关系取代旧的生产关系。

把握唯物史观的这些基本原理，便于评析我国长期以来在有关理论问题上的一些争论。争论的一个主要问题是：生产关系的发展是由生产力决定的，而生产力的发展又是由什么决定的，它的发展源泉或动力究竟是什么。在20世纪50年代后期至60年代前期和粉碎"四人帮"后的一个时期，学界曾热烈讨论过这一问题，观点纷繁。其中主要有三种见解：生产力发展的动力是生产力内部源泉说；生产力发展的动力是生产关系说；生产力发展的动力是生产力与生产关系的矛盾说。下面分别予以评析。

---

① 《马克思恩格斯文集》第 1 卷，第 613 页。
② 同上书，第 724 页。
③ 《马克思恩格斯文集》第 2 卷，第 591—592 页。

（一）生产力内部源泉说

池超波提出："一方面应当肯定生产力的内部矛盾是生产力发展的动力和源泉；另一方面应当正确地估计和认识生产关系和生产力之间的相适应和矛盾对于生产力的发展所起的推动作用和阻滞作用。"[1] 平心大力主张，生产力发展有其内在动力。他认为，生产力具有自己增殖、自己更新的趋向，所以是最富有革命性的运动力量。这种运动力量是在普遍的矛盾形式中显示出来的。历史和现实证明，"生产力发展是服从自己的运动规律的"。[2] 洪远朋提出："生产力的发展有其内部的源泉，这是无法否认的。如果否认生产力发展有其内部的源泉，不是导致把生产关系和上层建筑当作生产力发展的最终决定力量的外因论，就是陷入生产力决定生产关系、生产关系又决定生产力的循环论。"[3] 董辅礽批判了"四人帮"宣扬的，在社会主义历史时期，生产关系对生产力"始终起着主要的决定作用"的言论。他说："这种理论之所以荒谬，首先在于把生产关系特别是上层建筑看成是社会发展的本质和最终动因。"他认为，人类社会发展的历史表明，归根到底是生产力决定生产关系，而不是生产关系决定生产力。他主张，生产力具有推动其发展的内在矛盾，如生产工具与劳动力之间的矛盾、生产工具与劳动对象之间的矛盾、生产工具与生产工具的矛盾。"这些矛盾的产生和解决，推动着生产力的发展。"[4]

（二）生产关系动力说

李洪林讲道，什么是生产力发展的动力，最近看到几种不同的回答。有人说是劳动力、人或人民群众，有人说是劳动力和生产工具的矛盾，有人说是人和自然的矛盾，有人说是需要，甚至有人说是人的本能需要。

---

[1] 池超波：《什么是生产力发展的动力？》，《新建设》1957年第12期。

[2] 李平心：《再论生产力性质——关于生产力的二重性质的初步分析》，《学术月刊》1959年第9期。

[3] 洪远朋：《试论生产力的内在源泉——学习〈资本论〉的一点体会》，《思想战线》1978年第5期。

[4] 以上所引见董辅礽《关于生产力的几个问题》，载《论生产力》（下），吉林人民出版社，1980年，第252页。

我认为正确的答案只能是生产关系推动生产力的发展。[1]

《新建设》杂志1960年第8期、第9期以《关于生产力性质问题的讨论》为题，报道了当时对平心的批评意见。"固然，生产力一般起决定作用，但在一定条件下，生产关系又反过来起决定作用。"这表明，批评平心的学者，是在肯定生产力的决定作用的前提下，讲生产关系对生产力的决定作用的，涉及相互决定的循环论证。

批评生产力发展内因论、主张生产关系决定生产力论的观点，在改革开放前的"大跃进"和人民公社化年代，符合当时的社会政治气候。特别在"文革"中，"四人帮"批判"唯生产力论"，宣传"在社会主义历史时期，生产关系对生产力、上层建筑对经济基础的反作用是决定性的"[2]，借以搞生产关系和上层建筑领域"左"的不断革命。所谓"革命搞好了，生产力自然而然上去了"。

生产关系是生产力发展的动力的观点，在粉碎"四人帮"后的改革开放年代，很少有人再讲了。主张生产力发展内因论的有关观点，大都是1978年以后提出来的，与批判"四人帮"的生产关系和上层建筑决定论相关联，也是与总结以往的历史教训相联系的。但是目前也还有个别学者仍主张，生产力发展的根本动力是生产关系，甚至对生产力决定生产关系、生产关系反作用于生产力的唯物史观提出了不同意见。

胡钧近些年来继续发表论文，坚持生产关系决定生产力论，主张生产关系是"生产力发展的根本动力"。他对卫兴华不赞同生产关系动力论的论述提出争论。他批评"生产力决定生产关系，生产关系反作用于生产力"的理论表述"不恰当"。他说："现在片面强调生产力对生产关系的决定作用……片面强调生产关系一定要适应生产力的性质"，而"忽视生产关系对生产力的主要推动作用"。[3] 胡钧将人类社会发展的历史，归结为一个生产关系推动生产力发展的历史。他说："整个人类历史就是一定生产关系从生产力发展的主要推动者到其主要障碍者，最后被

[1]　李洪林：《只有生产关系才能成为生产力发展的动力》，《光明日报》1957年1月23日。

[2]　转引自高峰、刘晓锋《生产力的决定作用不容否定》，《南开学报》（哲学社会科学版）1978年第1期。

[3]　胡钧：《论生产力发展的根本动力》，《经济纵横》2011年第3期。

更能推动生产力发展的新的生产关系所取代的历史。"可以看出，胡钧所批评的正是唯物史观的基本观点。他的观点是同马克思主义的观点完全对立的。但他竟然宣称：他讲的这一套是"历史唯物主义的基本常识"。

（三）生产力与生产关系矛盾说

这一观点，曾是我国在一段时期占主要地位的观点。王亚南不赞同生产关系动力说。他说："生产力发展的动力，既不能由生产内部存在的矛盾得到说明，也不能单由生产关系的促进作用得到说明，归根结底，必须在生产力与生产关系之间的矛盾和对立斗争的统一中，在它们之间的辩证发展中，去找到它的依据。"[①]

卫兴华也曾主张生产力发展的源泉是生产力与生产关系的矛盾。"生产力和生产关系的矛盾，是社会生产的基本矛盾，这种基本矛盾是决定社会生产，从而也是决定生产力发展的基本原因。"[②] 卫兴华当时不赞同平心关于"生产力自己发展趋向是社会物质生产过程的基本规律"的看法。在 1988 年出版的《卫兴华选集》中，在一篇相关文章的后面，特加了一段附言："27 年前，我不赞同平心先生从生产力本身寻找生产力发展的内部根据，强调生产关系同生产力的矛盾是决定生产力发展的基本原因，1978 年以后，我改变了这种看法。认为生产力发展的根据首先在生产力内部。"[③] 不过，平心认为，生产力发展的内部根据是生产力的"物质技术属性"和"社会属性"二重性的矛盾，笔者难以认同。

（四）从理论和实践的结合上研究生产力发展的动力与源泉

探讨生产力发展的源泉或动力问题，需要从理论与实践的结合上寻求解决的途径。从理论研究上说，既然讨论的是马克思开创的唯物史观关于生产力和生产关系的基本原理，就需要追溯马克思是怎样分析生产力的发展的。从实践上说，应看看从历史到现实，生产力是怎样发展的。

---

① 王亚南：《促进生产力发展的动力究竟是生产力内部存在的矛盾？是生产关系，还是其他？》，《福建日报》1956 年 12 月 14 日。

② 卫兴华：《也谈生产力和生产关系问题》，《光明日报》1960 年 8 月 22 日。

③ 《卫兴华选集》，山西人民出版社，1988 年，第 453 页。

马克思在《〈政治经济学批判〉序言》中讲到了生产力和生产关系的矛盾，但没有将其看作生产力发展的根源，反而指出这种矛盾会妨碍生产力的发展。马克思的原话是："社会的物质生产力发展到一定阶段，便同它们在其中运动着的现存关系……发生矛盾，于是这些关系便由生产力发展的形式变成生产力的桎梏。"①生产力和生产关系的矛盾和解决，有利于生产力的发展，但不是生产力发展的根源。我们知道，生产力不仅是生产关系的决定力量，也是人类社会历史发展的最终决定力量。如果生产力没有自己发展的源泉，怎么能起这样的决定作用呢？马克思说：任何生产力都"是以往活动的产物"，"生产力是人们应用能力的结果"。②也就是说，生产力是人们在物质生产中所进行的"活动的产物"，是应用自己能力即实践能力的结果。从原始社会到近代社会，生产力或慢或快的发展，无一不是人们生产活动的结果和实践能力的结果。

认为生产力自己不会发展，要靠生产关系作为动力来推动，这样的判断是说不通的。生产力是最革命、最活跃的因素，而不是一堆死的因素，搁在那里不会动，全靠生产关系推着或拉着往前走。生产力中的劳动者是主动因素，非劳动因素是被动因素，是劳动者主导着生产力的发展，是劳动（包括体力劳动和脑力劳动）利用生产资料和其他生产要素，推动着生产力的发展。这正是马克思强调生产力是劳动的生产力之意义所在。但仅这样讲是不够的。讨论生产力发展的动力或源泉时，应分清四个不同层次的问题。其一，人类为什么要发展生产力？这是发展生产力的动因问题。其二，人类怎样发展生产力？这是发展生产力的过程和行为问题。其三，生产力为什么会不断发展？这是生产力发展的源泉或内因问题。其四，生产关系对生产力发展起什么作用？生产关系是反作用于生产力，起促进或阻碍的作用，还是起根本动力作用？以下分别予以论述。

1. 人类为什么要发展生产力？

唯物史观回答了这个问题。人类为了维持生存和生活，就有吃喝穿

---

① 《马克思恩格斯文集》第2卷，第591页。
② 《马克思恩格斯文集》第10卷，人民出版社，2009年，第43页。

住等生活需求，为此，就要发展生产，发展生产力。也可以说，人的需求是发展生产力的动因。马克思讲："没有消费，也就没有生产，因为如果没有消费，生产就没有目的。消费从两方面生产着生产"，"消费创造出新的生产的需要"，"消费创造出生产的动力"。① 他还指出："社会需要，即社会规模的使用价值，对于社会总劳动时间分别用在各个特殊生产领域的份额来说，是有决定意义的。"② 正是对使用价值的消费需要，才引出发展生产或发展生产力的需要。消费需求是经济增长的引擎。马克思这里把消费需要作为生产或生产力的"动力"。这个"动力"可以理解为"动因"即起因。如果讲"动力"，也是远层次的或外围层次的动力。

2. 人类怎样发展生产力？

人类发展生产力的历史，是劳动推动生产要素生产物质财富和精神财富的历史。在生产力诸要素中，劳动者是首要的要素，生产力各要素作用的充分发挥、效能的提高、组合的优化，都会推进生产力的提高。劳动者熟练程度的提高、文化和科技知识的增长，会提高生产力；科学的发明与创新并应用于生产，引进先进技术设备，会大幅度提高生产力；管理水平的提高和现代化，会有效提高劳动生产力；生产资料数量的充足和质量的提高，是提高生产力的重要条件；自然力的充分利用于生产，会形成低成本的生产力；搞好分工协作和生产组织，也会促进社会劳动生产力；等等。生产力诸因素发挥功能、形成和提高生产力，是由劳动主导的生产力自行发展的过程。固然，这种发展是在一定的生产关系下实现的。但生产力作为最活跃和最革命的因素，会自行发展，有其自己的发展规律。社会主义的本质要求快速发展生产力，就要着力于充分发挥各生产要素的各自功能和综合功能，让劳动（包括科技劳动、管理劳动等复杂劳动和一般劳动）推动生产力更好更快地发展。如果把劳动与诸生产要素结合从而推动生产力的发展，也作为生产力的动力，那就是近层次的或第二层次的、生产力自行增殖与发展的动力。

---

① 《马克思恩格斯选集》第 2 卷，人民出版社，1995 年，第 9 页。
② 《马克思恩格斯文集》第 7 卷，第 716 页。

3. 生产力为什么会不断发展？

不少学者主张从生产力诸要素内部的矛盾说明其原因。从理论和实践的结合上看，是有一定道理的。但生产力发展的源泉或内因，并不能完全由诸要素内部矛盾说明。内因中还包括诸生产因素各自的发展变化，如劳动者长期经验的积累，"熟能生巧"，可提高劳动技能和熟练程度，从而提高劳动生产力。它们各自的变化是诸要素内部矛盾的原因或结果。

可以认同：生产力诸要素的内在矛盾和解决，是生产力发展的重要源泉。

第一，存在着生产中人与自然界的矛盾。生产力表示人们适应、利用和改造自然的能力。在与自然界的斗争中，劳动者提高了自己的多种应对和创新能力。普列汉诺夫说："人在作用于在他之外的自然时，改变了自己本身的天性。他发展了自己的各种能力，其中也包括'制造工具'的能力。但是在每一个特定的时期，这个能力的程度决定于生产力的发展所业已达到的水平。"[1]从发明弓箭进行狩猎，到结网捕鱼、造船过河、兴修水利，到现代的人造卫星、航天科技等，都是人与自然斗争的成果。

第二，存在着先进技术设备的创新或引进同劳动者技能不相适应的矛盾。我国曾出现某些企业引进先进技术设备，由于职工操作和应用水平赶不上而闲置浪费的事情。应用先进技术设备，就需要及时培训出能够熟练操作它的人员。这又与管理水平的提高相联系。

第三，也存在着生产工具与劳动对象的矛盾、生产工具同生产工具的矛盾。例如，精纺毛料需要优质羊毛（劳动对象）。品质低次的羊毛，既损害产品的质量，又影响劳动生产力的提高。在改革开放前，北京清河原第二毛纺厂是生产毛织产品的大型国有企业。人们看到从外省运来的羊毛袋中，混杂着许多泥沙，甚至装有石块，需要安排不少工人从事拣选羊毛的劳作，既增加了成本，又影响了生产效率。改革开放以来，随着羊毛原料质量的提高，生产效率和产品质量也相应提高了。再者，生产工具之间的矛盾也需要及时解决。例如，英国曾出现过纺纱业赶不上织布业需要的矛盾。由于世界市场的扩大，产生了对棉布的大量需求，

---

[1]《普列汉诺夫哲学著作选集》第 1 卷，生活·读书·新知三联书店，1959 年，第 683 页。

推动了英国棉织业的技术革命，发明了飞梭，改进了织布机，提高了生产力。但纺纱业跟不上织布业，棉纱供不应求，影响织布业的发展。为解决这一矛盾，就促使人们去改进和创新纺纱机。又如，炼钢设备的生产能力与轧钢设备的能力要相互匹配。有时会出现两者不相匹配的矛盾，需要解决，以利于生产力的发展。

第四，在一定发展阶段上，会产生要素驱动发展与创新驱动发展要求的矛盾。当低成本的劳动要素和资源要素驱动经济增长的能力式微，与形成新生产能力的需求发生矛盾时，要素驱动型发展不得不转为创新驱动型发展。我国目前就处在这一阶段。粗放型增长方式已不可持续，需要重在创新驱动，形成新的发展方式。创新驱动，首先是科技创新驱动。

第五，存在生产力发展与废弃物的堆积和污损环境的矛盾。这促使人们发展循环经济。贵州六盘山是煤都和钢都，每年产生 100 万吨炼铁废渣和近千万吨煤灰。这种工业垃圾堆成小山，既污染环境，又浪费土地。当地恒远建材公司进行技术创新，将废渣和煤灰变废为宝，生产出建筑绿色住宅墙体的新材料，一举多得。

从上面多方面的分析和论述中可以看出，生产力是会自己发展的，而且是持续或连续地发展着，并在发展中不断增强自己的能力。正因为如此，生产力才能成为最革命最活跃的力量，决定着生产关系的性质，并成为社会历史发展的最终决定力量。以上的论证，是说明生产力发展的内在源泉，也可以说是内在动力。这是第一层次的最直接、最根本的内在动力。

4. 生产关系对生产力的发展起什么作用？

讲生产关系，不是仅指狭义的生产关系即直接生产过程中的关系，而且也指广义的生产关系即生产关系体系。它包括作为基础层次的所有制和生产资料与劳动者的结合方式，也包括与此相适应的狭义的生产关系以及交换关系和分配关系。所有制的变化会引起整个生产关系体系的变化。生产关系有新旧之分，它们对生产力的发展所起的作用，或是促进、适合，或因阻碍而变革，以重新适合，这些作用不是也不可能是其发展的根本动力。生产力是在一定的生产关系下发展的，而生产关系须适应生产力的发展而发展与变化。没有脱离开生产关系的生产力，也没有脱离开生产力的生产关系。新的生产关系适应生产力的性质和水平，可促进生产力的发展。一定社会形态的生产关系的发展，存在前期、中期、末期的不同阶段。前期是新生产关系，末期是旧生产关系，中期是不新不旧的生产关系。中期阶段经历的时间较长，它的生产关系仍适应生产力的发展，给生产力的发展继续提供发展的空间。末期的旧生产关系阻碍着生产力的发展，会被生产力的发展打破，产生新的适合生产力发展的生产关系。判断生产关系的新或旧，是根据它是起促进还是阻碍作用来划分的。离开这个标准，就谈不上生产关系的新与旧。有的学者是在肯定生产力决定生产关系的前提下，主张生产关系是生产力发展的动力。这就陷入二者相互决定的循环论证。而有的学者如胡钧，是在否定生产力决定生产关系、生产关系反作用于生产力的基本原理的前提下，提出生产关系是生产力发展根本动力的观点，这就偏离唯物史观更远了。胡钧主张生产关系是生产力发展根本动力的观点，并没有提出站得住脚的论证和论据。所持的一个理由是：生产力有其发展的内部源泉，就是脱离开生产关系讲生产力的发展。这种批评在逻辑上是悖理的。生产力总是在一定的社会生产关系下发展的。讲生产力存在自行发展的源泉，怎么就是脱离开生产关系呢？如果否定生产力是在自己的发展中决定或推动着生产关系的发展，那么请批评者回答：生产关系的发展变化是由什么决定的？它怎么会由生产力发展的动力变为桎梏？马克思主义认为：生产关系是生产力的社会形式，生产力是生产关系的内容。难道不是内容决定形式，而是形式决定内容吗？

　　断言生产力自己不会发展，完全靠生产关系推动，不符合马克思主义理论原理，也不符合历史事实。第一，马克思通过对周期性经济危机的分析，揭示资本主义生产关系已不适合生产力的发展。但他又根据历史事实说明，危机过后会出现新的繁荣或高涨，而且，危机过后的高涨，会超过危机前的水平。这种高涨，显然不能用新的生产关系的推动来说明，而是与马克思所论述的固定资本的周期更新直接有关。第二，列宁在1916年写的《帝国主义是资本主义的最高阶段》中，揭示帝国主义是腐朽的和垂死的资本主义。但他同时指出："如果认为这一腐朽性趋势排除了资本主义的迅速发展，那就错了"，"整个说来，资本主义的发展比以前要快得多"。① 从统计数字来看，进入垄断资本主义的 100 年间，发达国家的工业年均增长 3% 左右，超过自由竞争时代年均 2% 的增长率。第三，"二战"后主要资本主义国家经历了快速发展时期。日本在 20 世纪 50—70 年代的 20 年中，生产力快速发展，经济增长年均 10% 左右，远远超过以往资本主义发展的速度。美国的农业劳动生产率在"二战"后有 20 多年的快速增长。1950—1977 年，其年均增长达 5.6%，快于工业的增长，改变了农业落后于工业的长期格局。以上的历史事实说明，生产力有其自己的发展规律，实践否定了生产力自己不会发展，只能靠生产关系或新生产关系推动的看法，否定了生产关系是生产力发展根本动力的非马克思主义观点。

三、"唯生产力标准论"和"唯生产力论"的是与非

（一）生产力决定生产关系的一般规律和社会主义产生与发展的特点

生产力决定生产关系、生产关系要适应生产力的发展，这是人类历史发展的规律。从人类历史发展的总趋势来看，它是科学的、符合实际的。但是，不能把生产力决定生产关系的原理绝对化和机械化。否则，无法说明为什么生产力高度发展的美英等资本主义国家没有建立社会主义制度，而生产力落后的一些国家先建立了社会主义制度。

在既定的生产力水平条件下，在特定的社会历史条件下，人们有自觉选择某种制度和体制的社会经济空间。列宁从帝国主义时期资本主义国家经济政治发展的不平衡规律出发，提出了生产力落后的俄国作为资本主义世界链条中的薄弱环节，可以首先取得社会主义革命胜利的理论。苏联社会主义制度发展了 70 年，成为可与美国抗衡的超级大国，但在特定的历史条件下发生剧变，国家解体，转向资本主义。其成败兴衰都难以直接和完全用生产力的决定作用说明。但归根到底，从人类社会历史

---

① 《列宁选集》第 2 卷，人民出版社，1995 年，第 685 页。

发展的规律来看，生产力的高度发展终将突破资本主义生产关系，走向社会主义。俄罗斯将沿着否定之否定的历史辩证法而走向未来。旧中国半殖民地、半封建制度的生产关系阻碍了生产力的发展，要求突破旧的生产关系，建立适合生产力发展的新生产关系。但究竟是走资本主义道路，还是走社会主义道路，各个阶级有不同的选择。《中国共产党章程》的总纲指出："坚持马克思列宁主义的基本原理，走中国人民自愿选择的适合中国国情的道路，中国的社会主义事业必将取得最终胜利。"[①] 历史证明，选择社会主义制度和中国特色社会主义道路，比某些前殖民地国家走资本主义道路，发展得更好更快。先进阶级通过其革命政党的这种自觉选择，是在认识客观必然性的历史背景下实现的。不能把这样的自觉选择简单看作历史唯心主义。有三种不同的经济政治选择：一种是符合历史规律的自觉选择，会获得成功；另一种是违反客观规律的盲目选择，会流于失败；再一种是试错法的选择，成败交错，或成功，或放弃。当前，人类社会发展仍走在从必然王国向自由王国飞跃的征途上。

生产力是社会生产关系发展变化的根本决定力量。我国进入社会主义时期，通过社会主义实践，认识到我国仍处于社会主义初级阶段。根据我国生产力落后和搞活经济的必要，由实行单一的公有制和指令性计划经济，转向以公有制为主体、多种所有制共同发展的基本经济制度和社会主义市场经济，正是因为原有制度和体制，或者说原有的生产关系体系和体制，不完全适合生产力的发展。中共中央关于改革开放的重要文献，也是从我国生产力落后，多层次、不平衡的国情出发，说明我国发展多种所有制的必要性。之所以从计划经济转向市场经济，是由于僵化的经济体制弊端凸显，不利于生产力的发展，而市场经济在配置资源方面具有灵活性、效率性，有利于生产力的发展。因此，从大的方面说，我国的改革开放遵循了马克思主义关于生产关系要适合生产力的发展规律的理论指导。既重视生产力的决定作用，又重视生产关系对生产力的反作用，中国特色社会主义已经并将继续促进生产力的快速、健康发展。而苏联社会主义退回资本主义，生产力倒退和停滞了十几年，其世界经

---

① 《中国共产党章程》，人民出版社，2012年，第1页。

济政治地位大幅下降。

也应看到，在既定的生产力水平下，生产关系的某些具体环节可以变化。在生产关系体系中，所有制是基础。所有制结构的变化，会引起相关的经济关系变化。如我国三大改造以后，实行单一的公有制，过早地消除了非劳动要素参与分配的关系。改革开放以来，实行多种所有制共同发展，必然引起分配关系的变化。与以公有制为主体相对应的，是以按劳分配为主体；与私营经济和外资企业的私有制相对应的，必然是按生产要素所有权的分配，存在资本与雇佣劳动的矛盾和收入差距扩大的趋势。

再如，改革开放以来，对原有的"国营经济"实行所有权与经营权的分离，改称"国有经济"。产权关系的这一变化，有利于生产力的发展，有利于国有企业成为市场经济的重要主体。在改革开放过程中，我国的分配关系也在不断调整，分配领域曾流行多年的"效率优先、兼顾公平"的原则，不利于消除两极分化和实现共同富裕，所以十七大报告中改提"把提高效率同促进社会公平结合起来"[①]。目前我国出现的收入分配差距过大、贫富分化的情况，其产生的原因与生产力的决定作用无关，也不能靠发展生产力自动地缩小差距、实现分配公平。改变这种状况，需要采取一系列的有效措施，包括坚持和完善以公有制为主体的基本经济制度，改革收入分配制度，倡导社会主义公平正义，走共同富裕的道路，等等。"做大蛋糕"，并不等于就能"分好蛋糕"。生产力发展，并不决定分配就是公平的。社会主义制度的发展与完善，需要生产力的快速发展，但不能仅归结为生产力的决定作用，需要重视社会主义生产关系的自我发展与完善。

还需要重视一个问题：为什么在社会主义以前的一切阶级社会中，新社会经济制度产生后，会自然地不断发展、完善，不存在一个新的社会制度整体倒退回旧制度的事情？例如，没有一个资产阶级的政治家或理论家，需要提出坚持资本主义道路和方向的号召和原则。而我国社会主义制度则需要防范和平演变、"改旗易帜"的风险，因而要不断强调坚

---

① 《中国共产党第十七次全国代表大会文件汇编》，人民出版社，2007年，第10页。

持社会主义道路和方向。这个问题与社会主义产生及发展的特点相关。以往的社会经济制度的产生与发展都是一个自发的、自然的历史过程。先有资本主义制度的产生，后有资本主义概念、理论的形成。早在 14 世纪，地中海沿岸就出现了资本主义经济成分，而直到 19 世纪中叶，才出现和流行"资本主义"概念。与以往阶级对抗社会的更替不同，社会主义产生于无产阶级从自在的阶级向自为的阶级的转变过程中，是先有社会主义概念和理论的形成，再有社会主义运动和革命，然后建立起社会主义制度。整个过程是有领导、有规划、有组织的自觉过程。社会主义制度建立后的发展与改革也是如此。离开马克思主义和社会主义理论的指导，完全由自发性和自由化引导，社会主义事业不可能成功。这里提及这个问题，是为了进一步论述我国怎样才能坚持好社会主义道路和方向，怎样才能处理好生产力和生产关系之间的矛盾。

总之，根据马列主义和中国特色社会主义理论，可以明确，坚持社会主义要从两方面着手。一方面要看是不是着力于快速发展生产力；另一方面要看是不是着力于坚持、发展和完善社会主义生产关系，包括搞好公有制、按劳分配、消灭剥削和消除两极分化，走共同富裕的道路。因此，判断社会主义性质的标准，应从生产力和社会主义生产关系的统一来评价，不能单用生产力标准评价。

（二）不能把生产力标准作为判断和评价社会主义的唯一标准

什么是社会主义和怎样建设社会主义，涉及对社会主义的评价标准问题。根据新中国 60 多年发展的历史经验，我们认为，在我国社会主义制度下，应把生产力标准和社会主义价值标准统一起来。所谓社会主义的价值标准，按其本义来说，应包括对社会主义的本质规定和特点的全面考察、判断和评价，既包括生产力标准，又包括生产关系标准，还包括上层建筑标准。由于生产关系标准是区分社会经济制度的根本标准，也可以主要从社会主义生产关系标准来谈价值标准。这里所讲的价值标准，就是从社会主义生产关系着眼的价值判断标准。

改革开放以后，针对"左"的情况下忽视生产力发展的问题，特别是针对"四人帮"大批"唯生产力论"，以及在改革开放前期对解放和发展生产力存在的某些思想禁锢，理论界提出和强调生产力标准论，是有其现实的针对性和积极意义的，目前和今后依然要坚持。但是，生产力标准论，不能取代更不能排斥社会主义价值标准论。对什么是社会主义和怎样建设社会主义的判断标准，既包括大力发展生产力的要求，又包括搞好社会主义生产关系，以实现共同富裕的要求。由于已经流行"生产力标准"论，并在实践中践行了大力发展生产力的原则。所以，可以专从生产关系的角度，提出应重视社会主义价值标准，强调"社会主义的生产力标准和价值标准的统一"。卫兴华在2010年发表论文，提出"社会主义的得失成败，既要用生产力标准去判断，又要以社会主义价值标准去判断"。文章强调，要坚持大力发展生产力和共同富裕，坚持以公有制为主体和以按劳分配为主体，坚持社会主义分配公平。① 这一理论观点，来源于科学社会主义原理，也来源于邓小平在社会主义初级阶段实践中反复强调的关于社会主义的判断标准。邓小平告诉我们，既要从生产力的快速发展即从生产力标准，看社会主义的优越性，又要从人民生活水平的提高和需要的满足、最终实现共同富裕即从生产关系标准，看社会主义的优越性。社会主义的价值取向、价值判断即价值标准，不能只归结为生产力这样一个标准。

这一理论观点，在马克思主义学界获得不少同人的回应和认同。② 但是也有学者如汪海波持反对意见。他认为，生产力是决定生产关系的唯一因素，因此只能坚持生产力标准论，批评提出社会主义价值标准论就是生产关系决定生产力的二元论和上层建筑决定生产关系的三元论，是"唯心主义"。他还提出，认同生产力决定论就要认同"唯生产力论"。③ 汪海波将生产力决定生产关系论，与生产力标准论相混同，又将生产力标准论作为评价和判断社会主义经济制度的唯一标准。在他看

---

① 卫兴华：《社会主义生产力标准和价值标准的统一》，《经济学动态》2010年第10期。

② 如侯惠勤主编的《马克思主义基本原理研究》（第1辑），中国社会科学出版社，2011年，作为中国社会科学院创新工程的"马克思主义专题研究文丛"，收入了卫兴华的这一论文。还有不少马克思主义学者支持这一论文的观点。

③ 上下文所引见汪海波《必须坚持"生产力标准"——对"论社会主义生产力和价值标准的统一"一文的商榷意见》，《经济学动态》2011年第7期；《对〈再论社会主义生产力标准与价值标准的统一〉一文的商榷意见——答卫兴华教授对我的批评》，《经济学动态》2011年第10期。

来，社会主义的规定性、优越性和社会主义事业的得失成败，只能用生产力标准来判断，不能并用生产关系标准来评价。他说："社会生产力是决定社会生产关系唯一的无可替代的根本因素"，"因而评价社会经济制度先进或落后的唯一的无可替代的标准"，只能是生产力标准，不能有其他标准。按此逻辑，邓小平提出的社会主义本质论和三条"是否有利于"的判断标准，是否也会被汪海波视作"二元论""三元论"而予以反对？汪海波自称他坚持的是马克思主义观点，其实，恰恰相反，其观点远离了马克思主义。首先，如果把生产力决定生产关系的原理绝对化，断定为"唯一决定因素"，怎样解释发达国家的生产力远远高于我国，实行的却是资本主义制度，而生产力水平低于它们的中国是社会主义国家呢？马克思、恩格斯讲生产或生产力的决定作用，是从"归根到底"的意义上讲的。"根据唯物史观，历史过程中的决定性因素归根到底是现实生活的生产和再生产。无论马克思或我从来都没有肯定过比这更多的东西。如果有人在这里加以歪曲，说经济因素是唯一决定的因素，那么他就是把这个命题变成毫无内容的、抽象的、荒诞无稽的空话。"① "归根到底是经济运动作为必然的东西，通过无穷无尽的偶然事件向前发展。"② 显然，汪海波的观点正是恩格斯批判过的错误观点。

其次，生产力决定论与生产力标准论，是两个不同的问题，不能混为一谈。汪海波从生产力是唯一决定因素论，引出"唯生产力标准论"，认为"生产力标准是评价社会经济制度先进或落后的唯一无可替代的标准"。这一论断同样不能成立。评价社会主义经济制度的先进性和优越性，当然要坚持生产力标准，但这不是唯一的标准。体现社会主义制度最本质和优越性的基本性质，应包括马克思、恩格斯和邓小平讲的，为以往任何社会都未曾有过的全体人民的共同富裕。离开提高人民的物质文化生活并最终实现共同富裕，离开发展和完善社会主义生产关系，生产力标准就失去了其应有的意义。发展生产力是手段，而不是目的。判

---

① 《马克思恩格斯文集》第 10 卷，第 591 页。
② 同上书，第 591—592 页。

断是不是社会主义经济制度，社会主义搞得好不好，绝不能只用生产力标准来判断。汪海波的论断，既将生产力决定生产关系的原理与生产力标准相混同，又用"唯生产力标准论"和"唯生产力论"来否定和批判社会主义的价值标准论，是完全背离科学社会主义和中国特色社会主义的错误观点。

（三）不能把生产力决定论错解为"唯生产力标准论"和"唯生产力论"

汪海波将生产力决定论等同于"唯生产力论"，完全偏离了马克思主义的观点。从生产力决定论，到"生产力唯一决定因素论"，再到"唯生产力标准论"和"唯生产力论"，是一种非科学的推论。"四人帮"曾大批"唯生产力论"，但根本没有弄清或是有意搞混什么是"唯生产力论"。他们将重视和致力于生产力的发展，诬之为"唯生产力论"。马克思主义讲生产力决定论，但否定"唯生产力论"。"唯生产力论"认为，生产力是唯一的决定因素，它会自动地、直接地决定应建立什么样的生产关系和社会制度。在马克思主义发展史上，曾发生过对"庸俗生产力论"的批判，斯大林的著作中也批评过这一"理论"。"唯生产力论"实际上就是"庸俗生产力论"。按照这一理论，把生产力决定生产关系的作用绝对化，或是主张生产力没达到发达资本主义国家水平，就不能搞社会主义，或是认为，在社会主义制度下，只要发展了生产力，就有了一切，生产力会自行决定社会主义生产关系及其发展。这也是汪海波主张的"唯生产力论"和"唯生产力标准论"的实质。"唯生产力论"和"唯生产力标准论"，忽视和否定生产关系和上层建筑在人类社会历史发展中的作用，忽视和否定其对生产力的反作用，忽视我国社会主义制度必须坚持和发展社会主义生产关系和社会主义上层建筑的重要意义。这与科学社会主义和中国特色社会主义理论是相抵触的。特别是在我国当前致力于缩小收入分配差距过大的趋势，突出分配公平、社会公平，强调共同富裕的背景下，宣扬"唯生产力论"和"唯生产力标准论"，是一种完全与社会主义方向背道而驰的错误观点。

应该注意到，邓小平明确指出："马列主义没有'唯生产力论'这个词，这个词不科学。列宁在批判考茨基的庸俗生产力论时讲，落后的国家也可以搞社会主义革命。我们也是反对庸俗的生产力论，我们……在一个很不发达的中国能搞社会主义，这和列宁讲的反对庸俗的生产力论一样。"①

坚持和发展中国特色社会主义制度，是贯穿十八大政治报告的红线。报告既强调重质量重效益的生产力的发展，又强调社会主义生产关系的发展与完善，包括强调"共同富裕是中国特色社会主义的根本原则"②，要把保障和改善民生放在更加突出的位置，要使我国人民生活水平快速提高起来，要缩小收入分配差距，建设保障社会公平正义的制度，要完善以公有制为主体、多种所有制经济共同发展的基本经济制度等。报告还指出，我国之所以取得新的历史性成就，"靠的是党的基本理论、基本路线、基本纲领、基本经验的正确指引"③。为继续发展中国特色社会主义，十八大报告十分注重意识形态问题，强调要坚持马克思主义指导，坚持和发展中国特色社会主义理论体系，坚持四项基本原则，并要求牢牢掌握意识形态工作领导权和主导权，坚持正确导向等。上述理论观点显然与汪海波的"唯生产力论"和"唯生产力标准论"是完全对立的。

建设、发展和完善中国特色社会主义，必须把又好又快地发展生产力，并与发展和完善社会主义生产关系、加强和完善党的领导、做好意识形态的工作结合起来。十八大报告为我们提供了全面判断科学社会主义和中国特色社会主义的价值标准。那就是把生产力标准、社会主义生产关系标准以及社会主义上层建筑标准统一起来的总的社会主义价值标准。

原载《清华政治经济学报》第 2 卷，社会科学文献出版社，2014 年

---

① 《邓小平年谱》（上），中央文献出版社，2004 年，第 222—223 页。
② 《十八大报告辅导读本》，人民出版社，2012 年，第 13 页。
③ 同上书，第 7 页。

七、关于人道主义和异化问题的大论辩

人道主义和异化问题的大论辩始于 1970 年代末。汝信在《哲学研究》1978 年第 8 期发表了《青年黑格尔关于劳动和异化的思想——关于异化问题的探索之一》，1979 年出版的《外国哲学史研究集刊》第 1 辑刊发了王若水的《关于"异化"的概念——从黑格尔到马克思》，这两篇文章把异化问题提到了理论界面前。朱光潜在《社会科学战线》1978 年第 3 期和 1979 年《文艺研究》第 3 期分别发表了《文艺复兴至十九世纪西方资产阶级文学家艺术家有关人道主义、人性论的言论概述》和《关于人性、人道主义、人情味和共同美问题》，实际上提出了重新评价在 1950 年代至 1960 年代饱受批判的人性论、人道主义的问题。1980 年开始，讨论人道主义和异化的文章大量涌现，1983 年 3 月全国纪念马克思逝世 100 周年学术讨论会掀起了讨论的高潮，1984 年年初胡乔木的《关于人道主义和异化问题》发表后，讨论走向沉寂。这场讨论在全国报刊发表文章 1 200 余篇，出版有关论集 20 余种，各种类型的讨论会数百场，其规模为建国以来仅见。讨论争辩的主要问题是：人是马克思主义的出发点吗？也就是能否用人道主义视域理解马克思主义？何谓异化以及异化在马克思主义理论中居于何种地位？社会主义是否存在异化以及有没有社会主义、共产主义的人道主义？何谓人性以及人性与阶级性、共同人性是怎样的关系？这场大讨论没有对这些问题给出统一的答案，却有着这样的重大意义：为 21 世纪中叶明确把促进人的全面发展的以人为本作为中国特色社会主义价值理想作了思想铺垫。这里选编的文献分为 2 辑：第 1 辑，关于这场大讨论的历程的概述以及涉及的问题；第 2 辑，这场大讨论纵横两方面的思想背景，横向方面是指当时南斯拉夫、苏联和西方马克思主义对人道主义和异化问题的关注，纵向方面是指与"文革"前老一辈学者关于人性论和人道主义的研究有关，尽管那时批判人性论和人道主义已成为"反帝反修"任务。

第 1 辑

80 年代那场关于人道主义和异化问题的争论

卢之超[*]

　　这是 20 世纪 80 年代在我国思想界展开的一场重大的理论性和现实政治性的争论。争论一方面涉及马克思主义的基本原理，一方面关系如何认识和推进我们正在进行的实践，应该说是严肃的和具有原则性的。但不幸的是，这场争论虎头蛇尾，留下的是更多的分歧。参加争论的两位主要人物，周扬同志和乔木同志，都是我尊敬的前辈。从十一届三中全会前后开始，我有不少时间在乔木领导下做点具体工作，同他比较熟悉。过去只是同周扬住在一个办公大院里，听过他的报告，参加过他主持的一些会，没有工作上的接触，他并不认识我；后来在理论务虚会上他是我们的组长，我的一些发言可能引起他的注意，才大概对我有个印象，以后又没有多少接触。他们两位虽然个性很不一样，但都是忠诚党的事业而且思想非常深刻的人物，都是具有矛盾性格和带有悲剧色彩的人物，而且两位都已相继离开了我们。虽然由于工作关系，我了解这一争论全过程中一个重要方面的大部分情况，某种程度上说也参与了争论。但是要真正动手写这篇回忆性的叙述，仍感到十分为难。只是近来出现了不少与这场争论有关的记述和评说，叙说迥异。有些貌似亲历的叙述，实际离事实甚远。有人情况了解得很少，结论却下得十分大胆。因而不得不说明一些我所了解的情况。对于这场争论，我当然有自己的观点。这里主要不是谈理论观点，而是想根据亲见亲闻和亲身经历，从我所了

---

[*]　卢之超，1933—　，男，中共中央文献研究室研究员。

解的角度，谈一些实际过程。观点可以继续争论，事实却是客观的历史存在，容不得臆想和编造。

关于人道主义和异化问题的学术性讨论，三中全会以后不久便开始了。作为对过去"左"倾思潮下全盘否定人道主义的种种错误观点的拨乱反正，作为对"文化大革命"中种种非人道罪行的清算，思想解放之初，重提人道主义问题是很自然的。据统计，到1983年，有关的讨论文章至少已有四五百篇，我印象中就有邢贲思的《怎样识别人道主义》、汝信的《人道主义就是修正主义吗?》和王若水的《人是马克思的出发点》等文章。还开过一些学术讨论会、出过一些文集。我在1982年2月就参加过一个讨论会，那是用社会科学院哲学所的名义召开的，邢贲思主持。记得他在开场白里说，于光远曾找他谈，说三中全会以后，工作重点转移，我们应当向前看，研究经济规律这些问题。现在人道主义和异化问题的讨论很热烈，这种讨论有什么意思呀? 邢说我不同意于光远的看法，人道主义还是很值得讨论的。于是讲了很多要讨论的道理。我当时还没有到中宣部，对问题和讨论的背景都不大清楚，是个旁观者和学习者，觉得于光远讲得有道理，理论界的精力主要应该放在现实问题上；又觉得人道主义是个学术问题，讨论讨论也很好。这个学术讨论会在全总干校开了两三天，各种观点的代表人物大部分都到了。这些情况说明，在当时，尽管学术观点上分歧很大，甚至针锋相对，但是都属于正常的学术理论讨论。本文说的不是这种正常的学术讨论，而是那场政治理论性的争论。

争论是从周扬在马克思逝世一百周年纪念会上的报告引起的。这是由中宣部、社会科学院、中央党校和教育部联合举办的报告会。事先，中宣部请周扬作主要报告人，题目好像是中国特色的文艺理论问题，并提议请几位专家帮助周扬起草报告稿。后来正式准备起草的时候，周扬改了题目，另组了班子，请了王若水、王元化、顾骧等几位，在天津帮助他起草。听说周扬在报告之前几天，曾给邓力群打电话，说他改了报告题目。那时我刚到中宣部理论局不久，不大了解这个纪念会的情况和准备过程。大约在报告会前两天，顾骧从天津打电话到理论局，说周扬讲话要改个题目，不专讲文艺或文化问题，而是从广泛的角度讲马克思主义的几个问题。我虽然不知原委，觉得周扬是中宣部顾问，又是宣传部门的老领导，他决定这样改一下当然没有问题。理论局参与纪念会的一些具体筹备工作，只是要了解一下这个报告的准备情况和题目。

3月7日上午，纪念会在中央党校举行。周扬做了长篇报告，开场白以后请一位广播员念的稿子。讲话稿是《人民日报》排的清样稿，在会场上发给了一些人。我坐在下面听，觉得周的学识渊博，思想深刻，从认识论讲到辩证法，许多问题讲得很不错。但听着听着也产生了一些疑问，特别对有关人道主义和异化问题的讲法，觉得问题比较大。虽然对这些问题的是非对错，自己一时也弄不大清楚，不敢下判断。但觉得在这样的场合，以周扬这样的身份，事先没有报告中央和中央主管部门，就对涉及党的指导思想——马克思主义的重大问题发表自己与党的文件和当时宣传中提法很不相同的意见，是不大合适的。报告受到鼓掌欢迎，但当场也有不少的不同意见，因为这个问题本来就存在着严重的分歧。我就听到了一些议论，后来又有各种渠道反映到邓力群、胡乔木那里。这天邓力群参加会了，也是在会场拿到稿子的。胡乔木没有到会，下午他参加了纪念马克思展览会的预展。我问他的秘书，乔木事先知道不知道周讲话的内容？秘书说肯定不知道，他上午才收到讲话的清样稿。我说了我的一点看法，请他快向乔木报告。后来我看到，周在送这个稿子时有个便条："乔木同志：送上马克思逝世一百周年纪念学术会上讲稿，请你详加阅改退下。我病后初愈，过些时当来看您。敬礼，周扬，三月七日。"第二天（即3月8日），《人民日报》没有用新华社发的新闻稿，独家发表了周扬讲话的详细报道，并预告说"全文本报另行发表"。

果然，乔木看了稿子和报道，也听到一些反映，认为问题不小。8日下午，邓力群从医院出来（他当时正住院检查）向我们布置说：经与乔木商定，这个纪念会要延期两天。既然有人不同意周扬的意见，可以请他们中的一些人也在大会发言，把这个会开成学术讨论会，有各种意见，各种声音。不然国内外会把周扬的讲话误解为代表中央的意见，而周的讲话内容事前大家都不知道，他的观点并未报告中央同意。于是让理论局迅速请一些人作大会发言，参加讨论。邓还说，明天（3月9日）中宣部要开领导小组会，传达乔木的意见。3月9日，我就去落实交给理论局的任务。当时哲学界一些知名人士正在酒仙桥饭店开关于大百科哲学卷的会，我赶到那里分别同他们中一些人商量。本想请邢贲思在大会做个发言，忘了什么原因没有他。好在有不少人不同意周的观点，于是很快就约定了三位专家于3月12日在大会发言（他们是北京大学的黄楠森、社会科学院的王锐生、人民大学的靳辉明。另外还有一位在大会发言的是文艺界的唐达成）。这些发言既不是批评周的观点，也不可能要求都正确，只是要表明本来就存在的不同意见。

在这期间，《人民日报》的秦川曾打电话给邓力群，问是不是可以全文发表周扬讲话。邓没有把握，要他一定去请示胡乔木，根据乔木的意见再决定。与此同时，胡乔木于3月10日到周扬家，约集夏衍、王若水、郁文、贺敬之等五位同志谈他对周扬讲话的意见。据我不久听到的传达和后来看到的材料，乔木同他们谈了一个上午，对周十分尊重和客气，语气特别缓和，甚至过分委婉，但意思还是很清楚的。他说："周扬同志的这篇文章讲得比较周到，但有些问题还没有鲜明地讲出来，或者还讲得不够圆满，倘若就这个样子拿出去，可能产生一些误会。文章中有些话是不可取的。""我是赞成人道主义的。但是我看到周扬同志的文章，抽象化的议论比较多，离开了社会主义运动的实践。首先，人道主义最好加个限制词叫'社会主义'，没有这个限制词，就可能混同于资产阶级人道主义。""马克思主义成熟的标志，首先就在于它不再讲抽象的、孤立的人，主要是讲社会，转而认定人只能是社会的实践的人，解决人的问题不能离开社会，离开历史，这才是根本的变化。""因为从个人转到社会，这才发现了生产力、生产关系、剩余价值、阶级斗争等一系列的问题。""从资产阶级的观点来说，社会主义是反人道主义的。这是资产阶级哲学家、思想家最流行的说法。持这种观点的人，在全世界人道主义者中恐怕占绝对优势。他们在魏京生等这些事件上都是这么说的。我们提出人道主义究竟是讲什么东西，应给中国、外国一个明确的概念。在人道主义问题上，一直有各种各样的糊涂思想。"在讲了历史上有各种人道主义、关于马克思主义阶级斗争理论，以及"不经过阶级斗争解决不了人道主义提出的问题"等等以后，乔木说："我们宣传人道主义时，没有讲清这方面的道理。将人道主义宣传变成摘引马克思主义的一些观点，来同人道主义联系，没有把马克思主义的整个观点，如阶级斗争、剩余价值、历史唯物主义、社会主义等等，都联系起来。""单讲人道主义，不加社会主义，便会同历史唯物主义发生矛盾。""所以人道主义本身实际上有种种不同的立场。""社会主义才是真正的人道主义"，"如果我们不这样看，这样宣传，那么对于有斗争历史的和有党性的党员，就会在感情上格格不入，好像我们斗争了几十年，都不是人道主义，反而成了反人道主义的"。"社会主义人道主义是长期的过程，不可能今天实现了社会主义，一下子在各方面都实现了合乎人性的生活。这和实现社会主义、共产主义理想一样，首先要进行社会主义建设。"谈话中间乔木还比较尖锐地批评了王若水的观点。他还分析和批评了与此相联系的文学方面的一些现象以及现代派的种种表现。后来他又说，"我们宣传人道主义，不能不指出有人借宣传人道主义、人性论之名，来反对社会主义。同一个概念可能得出一个完全相反的结论。"但是这次没有谈"异化"问题。（这天下午，他打电话给郁文，不久又打电话给周扬，谈了对"异化"问题的意见，说马克思早期和晚期对此说法是不一样的，把它不加区别地应用到社会主义是不对的。）谈了对周扬讲话的意见后，乔木很客气地对周扬说："周扬同志你已年高德劭，年老体弱，是否可以'宜将剩勇追穷寇'，将文章未涉及的地方或未说清的地方，索性说清楚一些，然后再出单行本。""周扬同志在文艺界是很有影响的。周扬同志的文章发表出来也会影响很大的，因而希望周扬同志能够将论点搞得更完整一点，修改好了，再正式发表。"临别时他还十分郑重地对周扬说："今天的意见不是我个人的，我是同耀邦同志商量了的，他特别提出要我用他的名义希望你把文章修改好了再发表。"

过了几天，3 月 15 日，邓力群在中宣部部务会上传达了这个谈话，并说乔木与周扬说了，周扬的文章由他自己修改后全文在《哲学研究》上发表；文章摘要可与不同意见的几个发言摘要同时在报纸上发表。接着，邓找我们商量周的讲话摘要和其他几个发言摘要如何在报上发表的事。中间，他又和周通电话商量这个事，说着说着，两个人在电话里吵了起来。大意是邓说乔木建议你把文章改好后在《哲学研究》发表，问文章修改好了没有，周坚持全文在《人民日报》发表，也不愿再修改，说既然讲了就不想改了；邓于是请他明天来中宣部开会，集体商量一下。周开头不肯来，说你们开会谈吧，我不来。周的态度很傲慢。邓火了，说你是老同志，长期做领导工作，处理过很多事情；你是中宣部的顾问，需要讨论的时候你又不来，对你这种态度我有意见。后来周答应明天来参加会。但就在这种情况下，《人民日报》在第二天（3月16日）突然全文刊登了周文。邓力群得知后，立即打电话给秦川（《人民日报》总编辑）和王若水（《人民日报》副总编辑），说前几天明确告诉秦川周文如何发表事先要请示乔木，王若水又当面听到乔木同周扬的谈话，为什么不经请示，不听招呼，就擅自发表？批评他们严重违反组织纪律，要他们做检查。（秦川第二天就送来检讨，说完全接受批评，未经请示就全文刊登周文确是一个组织性的错误。还说发表是他决定的，王若水因参与起草这个讲话，也欣然同意。王也写了检查，讲了一些过程、做了一些解释，说他听乔木同周扬的谈话没有发现有多大分歧，又说发表这篇文章他要负更多的责任，发表前是应该打招呼的。还说没想到事情会如此严重。）后来，邓又找了贺敬之、李彦和我三个人，布置乔木建议向中央写报告的事，并讲了要写的大致内容，包括事情的起因、经过，说除了理论观点问题以外又涉及组织纪律错误，以及建议如何处理。我们按他的意见抓紧起草。草稿写好后，中宣部在3月19日开部务会讨论。邓力群说，乔木16日给他打电话说，《人民日报》刊登周扬讲话全文的事不能马虎，建议中宣部向中央报告情况。邓还说：这件事我向陈云同志作了报告，乔木向小平同志作了报告，我们两人都向耀邦同志作了汇报。昨天书记处会后又向邓、陈、胡扼要报告了，他们都同意。报告写好后报书记处。又说，给中央的报告，理应先给周扬看，考虑他身体不好，怕吵起来，与乔木商量，写好后先送书记处，等决定后再商量如何用适当方式跟周扬谈。

　　这个报告是中宣部上报中央书记处的。题目叫"中宣部关于《人民日报》不听招呼全文发表周扬同志长篇讲话的情况和处理意见"。里边讲了事情的经过，胡乔木同周扬等人的谈话和对他的批评，《人民日报》负责人秦川、王若水不听招呼发表全文的责任等，报告里说："应该注意到，在人道主义、异化等问题上，有一些人近年来发表了许多完全违背马克思主义的怪论，实际上成为当前资产阶级自由化思潮的核心之一。文艺界也有人宣传超阶级观点，反对阶级斗争的作品已经发表好几篇。他们用抽象的人道主义观点攻击我们社会主义社会是反人道的。港台反共报刊，都据此宣传我们自己承认我们的社会是'非人'（异化）的。"报告最后提出的处理意见是：人道主义作为学术问题仍可进行不同意见的讨论；王若水调出《人民日报》；希望周扬对在这样关系重大问题上不负责的表现有所认识，表示正确的态度。

说到这里，还要补充一点当时的情况。周扬讲话后，国内外确实有不少反应。在国内，从周讲话那一天起，就受到不少人热烈欢迎。国外境外，也有不少人鼓掌欢呼。日本《读卖新闻》在周的全文发表后立即发了题为《中国宣布恢复人道主义权威，周扬作了自我批评》的报道说："周扬从代表党的立场承认了迄今为止"左"倾政策的错误，宣布恢复人道主义的权威。""可以认为，今天恢复人道主义的权威反映了党中央的灵活姿态。"香港一家反动报纸发表社论，引述周关于人道主义的话以后说："所以实际上毛共已不是马克思主义，而是彻头彻尾的封建法西斯主义。周扬也承认了这一点。"港刊《争鸣》载文说："近几年来，人道主义在中国学术界、文化界引起了热烈的讨论，一些文艺作品，也在力图从人道主义的立场来描述人性和社会。海外某些观察家认为，人道主义的理论正成为对抗'正统理论'的一股强大力量。""周扬首先批准了人道主义的合法席位。"当时许多舆论表明，确实不少人认为周扬是代表党的立场讲话的，把这件事看成是中央对马克思主义的新解释，看成是中国指导理论的大转变。胡乔木对这种形势的估计是比较严重的。所以他抓得很紧，不断打电话给邓力群和中宣部布置任务。邓力群可能认为自己对这样专门的哲学问题了解不深，独自的主张不多，但执行乔木的意见很积极、很坚决。（后来他执行邓小平的有关指示也是很积极、很坚决。）他们一面批评周扬等人，特别对《人民日报》少数负责人的做法十分重视，要求严肃进行批评和处理。一面对外努力造成学术讨论空气，力图消除误解。除了前面说的延长会期、增加发言外，3月25日，邓力群还召集了理论界、学术界的大型会议，布置编辑资料，开展人道主义问题的研究讨论。他说："今天请同志们来开这个会，就是想共同商量一下，在我们的思想界、学术界，对于人道主义、人性论、异化等问题，作为一个学术问题、理论问题，怎么样贯彻百花齐放、百家争鸣的方针，怎么样进行一种正常的讨论。"从当时情况看，通过内外两方面的工作，事情本来是可以在不引起较大震动的情况下逐步解决的。但事实是矛盾发展得越来越严重了。王若水掌握着《人民日报》，急于要把他的或他所热烈拥护的观点公布于世，秦川则全力支持。而周扬确是年高德劭，除了"文化大革命"里大家一起挨批受难以外，以前一直是领导、批评别人，决定别人命运的，站在"左"的立场整过不少人；"文革"以后，大彻大悟，觉今是而昨非，又一直开风气之先，大力倡导解放思想，正在努力树立另一种形象，从没想到会遇到现在这样的局面。何况批评他的胡乔木 30 年代曾在他之下，邓力群就更不在话下了。另外他对人道主义、异化问题久有研究，结合对"文革"的反思，不论对错，已经形成了自己的固定的观点，也难以改变，所以一时很难接受批评和意见。

　　中宣部的报告经 3 月 19 日部务会讨论修改后，于 3 月 20 日上报书记处。听邓力群说，只送书记处，没有送小平、陈云和政治局其他人。过了一个多月，邓力群又找我们谈与这个稿子有关的问题。他说，这已是第三稿了，原来中央也已同意。后来耀邦同志说批评材料要同本人见面，核实事实。问题不在稿子本身，细节上可能有些不确切不一致，主要还是看法问题，看法上不一致。这时我才知道核对事实的事。此前在中宣部会议室核对事实的会，我没有参加。据说那个会上吵得很厉害。乔木对周扬说，我本来跟你说好，作为学术文章，修改好在《哲学研究》上发表。我也是代表耀邦同你谈话的。周说，我没有听见代表耀邦这个话。又说，你这个人的话，今天这样讲，明天那样讲，我知道你讲的什么，我根本记不住。说着两人就争了起来。然后就问那天谈话有没有记录，郁文说，不仅有记录，而且有录音。另外王若水不服，说周扬有主要责任，秦川是《人民日报》主要负责人，为什么不处分他们？邓力群说作为学术问题可以各抒己见，为什么又对我进行处理？秦川、周扬又把责任揽起来，不同意处分王若水，说主要责任在我们。总之吵了半天。这里不能不提一下胡耀邦同志。看得出来，一方面他事事都同意胡乔木的，因为他不太懂理论，乔木又是政治局分管思想宣传的，向他报告了他不得不同意；另一方面他心里实际上又不赞成这样做，认为这不是什么大不了的事，特别不愿意批评和处理周扬、王若水等人，所以他提出要把材料同本人见面。他的这种态度以后会看得更清楚。果然，经过本人核实后的报告再报上去以后，就再没有下文。（这个报告根据核实做了修改于4月下旬上报，后面还附了几个附件：乔木3月10日同周扬等的谈话记录，周扬给胡乔木、邓力群并胡耀邦的信，秦川和王若水的检查。）从4月底到8月底，除了胡乔木还在不同场合坚持批评以外，一直没有听到什么动静。我想，肯定是上面意见不统一，事情僵在那里了。这可以算是第一阶段。当时中宣部理论局的事情很多，我就忙着《邓小平文选》的宣传等等工作去了。

虽然"报告"报上去后没有下文，胡乔木还是企图努力解决这个问题。从4、5月到8月底，据我当时直接了解到的或者后来听到的，乔木在不少场合都批评了抽象的人道主义和异化理论，也批评了周扬和王若水的观点和做法，希望他们能做一些自我批评，以挽回影响。

4月29日，中宣部文艺局支部开组织生活会，周扬在会上做了一点自我批评，说我的那个报告，准备的时间比较匆促，没有很好征求有关同志的意见。在党校讲话后，乔木同志到我家谈了一个上午，对我的意见谈得比较客气。他讲话声音很轻，有的没听清楚。他说受耀邦同志的委托来谈的，我记得他临走时说了一句，印象不深。中宣部对发表的问题有了明确的意见后，我没有出来制止刊登或反对发表，我是有责任的。邓力群得知这个发言后很高兴，马上转给了乔木，写道：乔木同志，周扬同志的发言请你看看，我认为态度是好的。乔木看后，于5月6日又与周扬谈话，对他的自我批评表示欢迎，并就他讲话中关于我国在思想上、政治上、经济上都存在异化的论点提出批评，指出这些已不是一般理论问题，而是现实政治问题，以他的身份不应如此轻率发表意见，希望他能在适当时机写一短文对讲话中的主要错误予以纠正，这样解决问题最好。周开始表示同意，但最后说他还要考虑考虑。5月底6月初，中宣部开了几次扩大了的部务会，讨论文艺问题，乔木、周扬还有文艺界一些人士都参加了，乔木和周扬都作了发言，也有一些意见分歧。讨论虽未直接谈人道主义和异化问题，但谈了文艺、思想、理论等方面的混乱现象，都与这个问题有关。

6月，乔木发现王若水的一篇文章，与中顾委的一位领导说，由此可知周扬文中讲异化的部分确实出自王若水的手笔，周文中所列三条异化（思想、政治、经济）与王若水在1980年文章中所说的一模一样。周接受了王的思想，即我们的社会中到处都是异化，改革即克服异化是周的"发展"。这是一种很危险的思想。他希望中顾委帮助周认识这个错误，劝周写一个短文和这种思想分清界线。还说这样做于他没有损失而对党有益，一个老党员应该有这个责任感。

8月初，乔木在同社会科学院几位领导谈话时又谈到这个问题。他说，周扬的文章影响很大，这很难说是他的文章，实际上是其他人的观点用他的名义发表的，当然是他同意的。周扬的文章在纪念会上宣读后全场热烈鼓掌，拥护的人很多，究竟拥护什么呢？文章有些什么科学价值吗？我以为只是提出一些口号，没有科学论证。我们对周扬很尊重。周扬现在也觉得有点不妥，不该匆忙发表。但现在还是赞成的人多。我认为纪念马克思的讲话批的不是资本主义，而是社会主义，而且有这么多人鼓掌，这说明思想界状况，值得注意。这怎么是纪念马克思呢？不是马克思错了，就是我们错了。讲话有哪几句是批资本主义的呢？乔木还说，现在讲人道主义不能避免异化，这个命题起了关键的作用。异化不是讲资本主义异化而是讲社会主义异化。王若水在1980年的文章提供了关于异化的理论，周扬自己在这个问题上没有发明权。周扬开始的观点和王若水不同，后来不知怎样走到一起去了。乔木还批评了社会科学院在这方面存在的一些问题，要求他们在整党中坚持马克思主义立场，注意克服。

之后没几天，乔木找秦川、王若水谈《人民日报》的工作和整党，又就这个问题批评了他们。他说，发表周扬文章的问题，周扬的态度尽管不算坚决，比《人民日报》要好。这篇文章所涉及的理论问题和政治问题，关系这样重大，《人民日报》就当儿戏发表，完全没有考虑它的影响。党中央机关报对中央的利害竟然置之度外，这是难以想象的。在现阶段，离开社会主义建设（包括精神文明建设），离开阶级斗争，抽象地讲人道主义，讲人是马克思主义的出发点，就会加入社会上的反党潮流，成为他们重要的组成部分。这不是骇人听闻，这是事实。他还说，周扬文章虽然发生这么多问题，还是要慢慢来，慢慢来总是要来的，着急也没有用。

第二阶段是8月底9月初开始的。9月初，中宣部领导突然通知我和龚育之、郑惠三个人到一个办公地点集中，说乔木要为邓小平起草在十二届二中全会的讲话，要我们帮助他做点工作。后来才弄清事情的缘起。原来8月底邓小平同胡乔木有一次谈话，乔木谈了当前思想领域的一些情况和问题。邓小平说，他最近看了一些材料，觉得思想界的问题不少，有的问题相当突出。他准备在这次二中全会上讲讲这个问题，请乔木帮助他搞个讲话稿。讲话的题目是：灵魂工程师的责任。这次谈话中邓小平谈到文艺界问题、党性人民性问题、学习和宣传邓选问题、人道主义和异化问题以及整党问题，还问周扬情况怎样。邓小平说，怎么能把社会主义社会出现的一些不良现象都说成异化呢？如果社会主义自身不断产生敌对的东西，这还叫什么社会主义？这次谈话后，胡乔木因身体不好在杭州休息，叫中宣部通知我们，并把龚育之叫到杭州具体布置任务。

在中宣部的报告送上去没有下文以后这段时间里，邓力群也忙别的事去了，这时正在外地，9月6日才回来。9月5日，龚回到北京，6日下午，我们三个人一起到邓力群那里，由龚向他汇报乔木在杭州的谈话。乔木先是介绍邓小平同他的谈话，然后谈他对如何起草小平讲话的想法。乔木想得很多，也谈得很多。他说，小平同志要在中央会议上讲一次话，原来他说题目叫作"灵魂工程师的责任"。我想了一下，题目是不是改成"党在思想战线上的任务"。这样，二中全会有两个议题，一个整党，一个是思想战线的任务。乔木说，这次小平同志又讲到所谓社会主义异化的问题。他说像周扬那样的讲法不行。我没有向小平同志提出这个问题，是小平同志自己感觉这个问题重要。他认为那样讲不行，那样讲还有什么社会主义呀？说"文化大革命"是异化，这是个特殊情况，不是社会主义一定要有"文化大革命"。乔木还谈了对起草讲话稿的一系列具体设想，包括整党和思想战线任务两方面的关系，思想、文艺等领域的成绩，存在的混乱现象和一系列问题，以及要批评的主要问题和要注意的方针政策等等。他又说，如果所有这些都写进讲话，太多了，当然不行，有许多要在讲话后由中宣部具体去部署。

第二天，9月7日，一上班邓力群就通知我们三个人要同他一起到小平同志那里去。记得那天天气晴朗，我们在10点左右到了邓小平住的大院，穿过一个有花坛的天井，就进入客厅。在一个大落地灯下面，邓小平正坐在沙发上看他的《邓小平文选》，见我们进去才放下书要我们就座。先是邓力群向他介绍我们三个人，他问我们多大年龄，一一作了回答。（那时我正50岁，在座的几个人中算是年纪最小的。）邓小平说，现在50岁的都要算年轻人。还是要培养一些更年轻的，30岁、40岁的，不然难以为继。不要总出西单墙那些年轻人，要有一些有马克思主义修养的年轻人。首先得读点书，不读书不行。说几句闲话后，马上转入正题。

邓小平开门见山就说，"异化"问题总该谈谈吧，究竟哪里来的？什么意思？否则没有办法啊，遇到这样的问题解决不了啊。究竟异化是什么意思？听了简短的回答后，他又说，异化引申到社会制度，封建制度怎么异化？资本主义制度怎么异化？惟独社会主义制度异化？异化要否定社会主义。马克思主义异化要走到反马克思主义？或者非马克思主义？现在说社会主义异化，实际上是对社会主义没有信心，认为没有希望。既然这样，还搞什么社会主义？然后他又谈到人道主义，说我访问美国之前，一批议员跟我说，卡特要同我讨论人道主义问题。我说我不跟他讨论。要讨论我的话多得很。我的意思很明白，你美帝国主义侵略中国，帮蒋介石打仗，杀了多少人，是什么人道主义？人道主义各有各的含义。社会主义是最人道的，共产主义是最人道的，保护绝大多数人。最后他们没有提出来。要讨论我就翻他的底。

接着要我们汇报乔木关于讲话稿的建议。汇报了乔木对题目和字数的意见后，邓小平说，好。要讲两个问题，一是整党不要走过场，加上现在这个题目。然后他讲了一段整党，特别讲要查清三种人的问题，不要走过场。接着汇报乔木对讲话内容的建议，没等讲完他就打断说，太多了。赞成给书记处起草一个关于加强思想工作的决议，我讲话的范围小一些。我原来就是想讲不要搞污染。所有的灵魂工程师，包括理论工作者在内,演员也是,不要搞污染。不要对社会风气、对青年思想搞污染。现在好多是在搞污染。要引导人民真正做到有理想、有道德、有文化、守纪律。要坚持四项基本原则,坚持马克思主义,引导人民前进。现在有些人同中央不保持一致,也是不遵守纪律的呀。好多搞污染的事情,要把它列举一下,在肯定成绩下面,讲这些污染,误国害民。这实际上是对社会主义、对共产主义、对共产党的领导丧失信心的表现。他又说,中心的办法是展开批评和自我批评,加强理论上的争鸣。马克思主义者要出来说话。允许你宣传资产阶级这一套,不允许共产主义者出来争?现在是共产主义者不出来争。要搞批评,搞文艺批评,只奖励不批评是不行的。要向人民讲清楚,他们搞的是什么东西。至少使青年懂得什么是坏东西,污染的,它的本质是什么。这些是非界限一定要搞清楚。不这样,好多本来好的人也跟着搞坏了。一切向钱看,低级趣味。他又说,现在思想战线是一片混乱。青年,人民,不知道哪个是对的,哪个是错的。如果说我们这几年拨乱反正在各条战线搞得比较有条理的话,这个战线还没有搞个头绪出来,乱的。这在一个时期看不出它的坏处,但归根到底,再乱几年,是不是会出现一个运动就难讲了。1957年反右,我几次讲是对的,错在扩大化了。那也是一片混乱,杀气腾腾。讲的那些内容同现在很相像。人道主义、异化,那时这些意思也有了。核心是反对社会主义,反对党的领导。四个坚持,核心是这两个。

邓小平几次着重提到人道主义和异化。说,实际上这些思潮就是认为资本主义比社会主义好,对党的领导丧失信心,认为我比党正确,我怎么样做都是合法的。讲人道主义应当是社会主义的人道主义,社会主义必然胜利嘛,最后要战胜资本主义,走向共产主义。现在有些人对社会主义没有信心,认为实行开放政策是对资本主义投降。我们是把实行开放政策当作社会主义发展的补充。有些技术、管理不是决定社会制度的。他又说,人道主义在一些大学反映很强烈,一片欢呼声。"异化"的污染,可能更深远。总是有人叫好就是了。首先台湾叫好,大概西方世界也叫好。奉劝这些同志注意什么人在叫好。不是讲实践是检验真理的标准吗?这就是个实践。

邓小平说,形势分析要写这个战线混乱,党的领导是软弱无力的。

这个我们有责任了。我就第一个软弱无力，现在应该允许我改正错误嘛。最后他说有些话要同我以前的讲话衔接起来。他们抓百家争鸣，我的讲话里还有别的话嘛。既然叫百家争鸣，马克思主义至少算一家嘛，我还讲过要批评和自我批评。最近翻了一下自己的讲话（前面说过我们刚去时他还正在翻阅《邓小平文选》），过去两面的意思都讲了。那一方面的意思讲得多一点，那是针对当时的情况讲的。那时"四人帮"什么都不让搞。针对那种情况，那一方面讲得多，另一方面的意思也有。现在倒是要强调另一方面了。

　　会见谈了一个多钟头，基本上都是邓小平谈。看来他是成竹在胸，早有准备。讲话斩钉截铁，尖锐泼辣，很有气势，甚至好像有一股气。原来乔木还是着重从理论上批评，指出抽象地讲人道主义和异化是如何错误和有害，他则是完全从政治上观察和判断问题的，完全把理论、文艺等当中的一些问题，特别是人道主义和异化的问题，放在当时的政治形势下去观察，放在同国内外敌对势力的斗争中去观察，决不纠缠在细节上，拖泥带水。而且突出了"异化"问题的政治性质。谈话对于人道主义和异化问题的批评，完全是粗线条的，没有讲多少具体的哲学理论，但这是真正的反对抽象议论的具体分析。从苏联解体到美国轰炸南斯拉夫，十几年来的历史特别是当前的现实完全证明了这一点。邓小平谈的时候，我们忙着记录。邓力群刚从外地回来，除了开头回答一些问话外，没说多少话。只是最后说他去外地考察，发现教师的培养非常重要，建议召开一个师范教育工作的会。邓小平说可以嘛。

　　谈话回来以后，我们很高兴，不再为写什么发愁了。于是一方面赶紧整理记录，邓力群要拿到书记处去传达。另一方面看材料、议论，准备动笔，把邓小平的谈话整理成一个讲话稿的框架。虽然没几天就赶出一个草稿，但是这个稿子很粗糙，没有把各种复杂的关系处理好，没有把意思准确地表达出来，只是把谈话从逻辑、文字上组织一下，加了若干材料。我们自己也感到距离要求很远。后来改了几道，决定让我们到杭州向乔木汇报，并在杭州帮助乔木起草。

　　9月16日，我们三个人乘飞机到了杭州。虽然要讲什么都清楚了，但要把内部谈的意思变成党的会议上的正式讲话，还是很费斟酌。就说第二个问题，除了逻辑、文字表达等等以外，主要是如何面对党内外群众，说清文艺、理论等方面的问题和现实政治问题的关系，说明精神污染的严重和危害，还要注意界限和说明政策。乔木先是针对我们的那个稿子发表评论，指出哪些不足，哪些应当怎么看、怎么写。他的思想也在酝酿中，前几天比较慢，后两天就比较顺利了。从初步完成的稿子看，甚至直到最后的定稿，不管具体写法、表达方式有些什么变化，其基本的核心的内容和基调，特别是对于抽象人道主义和异化问题的揭露和批评，全是邓小平的谈话里提出来和定下来的。

初稿传回北京，征求各方面意见准备继续修改。龚、郑二位也回北京，我则顺道到江苏找省委宣传部了解理论方面的一些情况，主要是了解对人道主义和异化问题的反映，开了一些座谈会。10月初回到北京后才知道，9月30日，就这个稿子和异化问题，邓小平又专门同邓力群和参加起草的人谈了一次话。这个谈话很可能是由周扬送的一个关于马克思谈异化问题的材料引起的。

邓小平肯定了乔木领着起草的稿子并讲了一些个别意见后，又着重讲"异化"问题。他说，周扬送来的马克思讲异化的材料，他引的所有的话都是讲的资本主义社会，讲的劳动创造的成果变成压迫自己的力量。所有的话，都在这个范围之内。周扬同志讲毛主席赞成他讲异化的文章，毛主席是不是吃了他的亏啊？那时候满脑子苏联变质，联系到说我们自己也变质，提出走资派，资产阶级就在党内，打倒走资本主义当权派。是不是异化思想导致的啊？他又说，也怪，怎么搬出这些东西来了。实际上是对马克思主义，对社会主义，对共产主义没信心。不是说终身为共产主义奋斗吗？共产主义被看成是个渺茫的东西，可望不可即的东西了。既然社会主义自身要异化，还到什么共产主义呢？在第一阶段就自己否定自己了。否定到哪里去？社会主义异化到哪里去？异化到资本主义？异化到封建主义？总不是说社会主义异化到共产主义嘛！这些观点，虽然不要说是打着马克思主义的旗子，可以说它是以马克思主义的面目出现。这不是马克思主义。他还说，得组织点文章。需要写有分量的文章驳这个东西。他说，搬了些古老的东西加以歪曲，这是吓唬人嘛。所以，读点马克思的书很重要。利用这个机会学习学习嘛。他还建议，关于异化，马克思是如何说的，要搞个材料印发给大家。外国各方面对异化的议论，整理成一个材料，发给大家。最后他说，周扬同志送来的材料，我一看，马克思在什么范围内讲这个，清清楚楚。这个材料帮不了周扬的忙。

这个谈话更加鲜明尖锐。这场争论从4月份中宣部写报告后一直没有下文，到8、9月邓小平突然要讲话，而且十分严厉，我一直没弄清是什么原因。本文开头曾说过，我只了解争论的一个方面的情况。直到今天，我对另一个方面的情况，仍所知甚少。这次周扬送了马克思谈异化的材料，周扬年老有病，材料当然有人帮着出主意和搜集。这件事要不是邓小平谈话我也一无所知（好像胡乔木、邓力群也不知道）。后来有一次我曾经问过邓力群，5月至8月中间到底发生什么事情。他说他也不清楚。邓力群又说，在这个过程中，周扬的文章我没有送邓小平，中宣部给书记处的报告，我也没有资格送邓小平。7、8月份我去山西、内蒙古、甘肃、青海等地出差去了。为什么在这个期间邓小平对异化问题那么感兴趣，而且形成了自己的很尖锐的看法，说了很到家的话？可能其中一个重要原因，是周扬自己送去马克思的语录，寻求邓小平的支持，结果引起邓小平对这个问题的考虑。邓小平的话是很高明的。

10月初，根据邓小平谈话，又对稿子进行了反复修改，后来又送各位中央领导人审阅，征求意见。最后的定稿报送邓小平，10月10日，他在上面批示："照此定稿"。10月12日，邓小平在二中全会上发表讲话。我们起草组的人列席旁听了。（这就是有名的《党在组织战线和思想战线上的迫切任务》一文，后收入《邓小平文选》第3卷。）里面除了整党问题，就是讲思想战线不能搞精神污染，着重批评了抽象的人道主义和异化理论。这个讲话受到许多人的热烈拥护，当然也有不少人感到了压力。据说在二中全会的小组会上，针对许多人不熟悉人道主义、异化这类概念，乔木还对争论的来龙去脉作了介绍，通俗解释了人道主义特别是"异化"的概念，并列举一些错误的文章，说明它的现实的危害性，同时也提出要注意政策界限。后来在接着召开的省市委书记会上，他又着重讲了政策界限问题，特别讲到对有影响、有抵触的同志要个别谈话做工作，党内外要有区别，党外人士可以不参加，也不要勉强做自我批评；不要以偏概全，草木皆兵；不允许以势压人，人身攻击，点名要经中央和省批准，等等；还提出要多读些书，免得说服不了人，反而闹出笑话；讲到批评与自我批评时，要求以理服人，以情动人。会后，又布置我们搞这方面的解释性材料。尽管如此，乔木对问题还是看得十分严重。例如，他在二中全会小组会上和一些别的场合，尖锐批评了有的报刊、书籍里有关人道主义和异化的错误观点，其中有些观点也确实很荒谬，危害也不小。但他的批评有些上纲过高，过分政治化，而且列举的比较多，搞得有些人很紧张。据我们了解，有些研究机构或高校的学者，其实并没有明确的政治意识，只是理论上的错误。

10月下旬，我出国到南斯拉夫参加"社会主义在世界上"的学术会议，大约半月左右时间不了解情况。在与南斯拉夫学者交谈中，他们对我国批评周扬的人道主义和异化观点很不理解。他们在这方面的观点我是清楚的，也不便同他们争论。回国时已是11月初，发现报纸上和社会上声势不小，有一些老同志发表了尖锐严厉的言论，一些干部、群众对思想文艺和社会风气方面的种种精神污染现象也十分愤慨。据说有位中央领导人感到小平讲精神污染问题已不少天，报纸对此没有专门言论，气势不足，分量不够，要求宣传部门加强指导。后来中央发了36号文件，中宣部又召开新闻、广播、电视等部门开会布置。在当时情况下，在文艺界、理论界以至社会上出现了一些紧张气氛。个别地方甚至不准女孩子留披肩发，不准穿喇叭裤。本来，由于过去形成的一种习惯势力在许多人身上特别在某些干部中还起作用，加上个别做法不妥，出现这种情况本不难理解，只要认真做些工作也不难解决。当时，宣传部召开了不少会议，包括宣传部部长会和教育、研究部门的有关会议，邓力群反复说明界限，交代政策。同时胡乔木应中央党校之邀，准备就人道主义和异化问题去发表讲话，正在组织人帮助他起草。书记处在讨论邓小平9月的谈话时曾议定，同意邓小平的提议，准备讨论和发出"关于加强思想政治工作的决议"，并责成邓力群负责组织起草。当时已经成立了一个起草班子，这件事也正在积极进行中。这些措施，再加上一些其他工作，应该说，一些错误做法和消极现象是可以较快克服的；反对精神污染的工作和在马克思主义指导下关于人道主义和异化问题的争论，也是可以顺利进行下去的。

但是没过多久就渐渐地刮起一阵风，似乎反对精神污染搞错了，一些有错误受批评的人到处鸣冤叫屈，一些批评错误的人似乎犯了错误，又出现了邓小平刚刚在"讲话"里所说的那种"批评不多，却常被称为'围攻'，被说成是'打棍子'。其实倒是批评者被围攻，而被批评者却往往受到同情和保护"的"不正常的局面"。我当时对此感到很纳闷。过了一些时，听到一些消息，发现原因在上面，这里又不能不提到胡耀邦。前面一段即 1983 年春夏的情况已经说过。自从邓小平提出要在二中全会讲话，到书记处讨论他的谈话，为他的讲话稿征求意见，到二中全会后向下布置、讨论和发出 36 号文件，据我所知，胡耀邦从来没有提出任何不同意见，都是表示同意。但是也从来没有听到他在这方面说了什么重要意见。就在二中全会邓小平讲话以后不到两个月，胡耀邦忽然召集《人民日报》、新华社的几位负责人谈话，对由他自己同意签发的 36 号文件大加指摘，说小平讲话说的是思想战线，其中主要又是指理论、文艺，36 号文件实际上把矛头指向社会、指向了人民。小平只是讲思想战线的领导不能放毒。又说这中间乔木、力群二人感到有些问题，打了几次招呼，开始讲政策界限，提醒得对。这不是纠偏，也不是走弯路，是中间拐了个弯。又说，看来搞理论的人，不一定能懂政治，理论家不一定都是政治家。他还说，人道主义、异化问题统一不了没有什么了不起，经济是最重要的。人道主义、异化再发两三篇就行了。小平讲话后不一定发很多文章。《人民日报》理论文章我不爱看，小平批评理论工作最大的毛病是脱离实际。如此等等讲了很多，胡耀邦的这个谈话明显地是批评胡乔木和邓力群两个人。而这一切，那时中央分工主管意识形态的胡乔木、邓力群都不知道。据说，后来乔木知道了这个谈话非常生气，矛盾如何反映到上面以及此后如何发展的，我就不大清楚了。后来胡耀邦又对人说，小平讲的是思想战线不能搞精神污染。"清除精神污染"，"清除"这个提法就不妥。有些东西是不能清除的。胡耀邦通过新闻单位的一些负责人把他的这些责难传出去，下面无论刮多大的风就都不奇怪了，何况不少人早就等着这一天哩。这些比较详细的情况我是后来才知道的，当时只是听到一点消息，意思一是指责"清除"提法不妥，一是所谓指向社会。据说有人一查，"清除"是一些老同志说的，胡耀邦自己也说过，36号文件里根本没有。至于社会上有些错误做法，是习惯势力影响下的个别现象，中国这么大，任何政策到下面都有走样的，其实并不难解决。当时就觉得真正的意见分歧并没有说出，这不过是吹毛求疵，故意找岔子。其实，胡耀邦的意见并非全无道理，有些做法是可以加以检讨的，知识界出现的某些紧张气氛和社会上出现的某些错误做法，是需要进行引导和纠正的。令人大惑不解的是，他有不同意见为何不在当时提出，为何不当面提出，为何不在会议上提出？对后来出现的某些问题为何不共同研究，进一步明确政策加以解决？作为党的高层领导人为何采取这样的做法？胡耀邦可能有他的苦衷。但是很显然，这样的做法是不能消除分歧、解决问题的，只能使这场争论半途而废。其结果是思想文化领域的混乱现象更加严重。邓小平在同我们谈起草他的"讲话"那次，谈到思想文化方面的混乱时曾经说，再乱几年，是不是会出现一个运动就难讲了。其实运动是不可能也不应该搞了，但是还没有乱几年，倒是接连出现了两次动乱。这说明邓小平是很有预见的。后来他又说，"两个人都失败了，而且不是在经济上出问题，都是在反对资产阶级自由化的问题上栽跟头"。

在这期间，还有一件周扬用对新华社记者发表谈话的形式做自我批评的事。我11月初出访回来，就看到报纸上这个自我批评。现在有的人攻击胡乔木如何不近人情，硬逼着病中的周扬做这个检讨。其实，据我后来听说，邓小平讲话后，周扬在二中全会的分组会上做了一点自我批评，胡乔木、邓力群认为这样就可以了。邓力群还在中宣部传达了周的自我批评，并说尽管前些日子我们有尖锐的争论，现在他做了自我批评，我和过去一样尊重他。把他当作同志和兄长。谁知邓小平知道以后，把邓力群找去对他说，周扬写了上万字的文章，登在报纸上，就这么几句能交代得了吗？不行。一定要他作书面的自我批评，登在报纸上。这使邓力群、胡乔木和周扬都出乎意料。周听了很紧张，不做又不行。结果还是胡乔木出了个主意，建议周扬用对记者谈话的形式做点自我批评，才算找到一个过关的办法。后来胡乔木还催着周扬并出主意帮助他，都是为了使他早点解脱。由此可见，后来传的乔木给周扬的那首诗，是有真实感情的。乔木和周扬有着长久的交往和友谊，他这个人倒是非常地人道主义。这本来是个细节，但乔木已经作古，不能不说一下。我们总不能无中生有地去嘲讽逝者的真诚。

虽然出现上面的情况，乔木还是抓紧他准备做的关于人道主义和异化问题的报告。11月中，已经有邢贲思、段若非等几位集中在玉泉山帮助他准备起草，同时在更大范围请了一些哲学专家开座谈会。11月下旬，乔木开始亲自抓这件事，我和龚育之、郑惠也参加进去。记得有一次我们几个人在一起议论，认为人道主义、异化问题的理论太复杂，几百年来世界各国的学者争论不休，一时怕说不清。不如不专门讲这个问题的理论方面，而只讲历史唯物主义在这个问题上的一些基本理论，然后着重讲问题的现实政治方面，讲宣传抽象的人道主义和社会主义"异化"的政治危害和政治影响，并且讲一些政策。还让龚把这个建议告诉乔木。结果乔木不同意，并且批评我们是想"临阵脱逃"。不久他就来同我们一起研究、讨论，经过反复讨论、起草、修改，以及征求外面专家意见，最后乔木自己动手修改，终于形成后来比较理想的演讲稿，即后来在中央党校演讲并由报刊公开发表的《关于人道主义和异化问题》的文章。实际上这篇文章主要还是划清马克思主义历史唯物主义和抽象的人道主义、异化论的界限，以及阐明如何用历史唯物主义观点观察现实的社会主义社会及其存在的各种问题，观察人性、人的目的、人的价值等等问题，批评了抽象的人道主义、异化论在这类问题上的唯心主义观点。文章的另一个特点，是把作为伦理原则和行为规范的人道主义同作为世界观、历史观的人道主义做了区分，肯定了社会主义人道主义的伦理道德，批判了唯心主义的人道主义世界观和历史观，因而是有一定说服力的。当然，既然是世界观的问题，要想完全说服对方也很难。而且现在看来有不少问题也还需要进一步研究。胡乔木这篇文章写好以后，专门写信征得中央书记处领导的同意，然后于1984年1月3日在中央党校发表演讲。演讲受到热烈欢迎，邓小平也很称赞，并批示说各高校可作教科书发给大学生阅读。还说全党领导同志要多读些书，否则对"异化"等问题不了解，怎么领导当前的思想工作呢？

乔木的文章发表以后，邓小平的批示也传达下去，理论界进行了讨论，大学生中开展了教育，热闹了一阵。但是上面说的很有来头的那股风并没有刹住,而且越刮越大。没过多久,邓小平又说,二中全会以前有些人搞精神污染搞得很厉害,也就是搞资产阶级自由化。全会以后整一下精神污染很有必要,经过这段工作,把那股搞精神污染的风刹住了,起码现在没有发现有什么人再像二中全会以前搞那一套了。乔木的《关于人道主义和异化问题》的文章,可以说是对前一段工作的总结。这篇文章大多数反映好,认为很有启发和帮助,也有少数人至今思想不通,当面不说背后发表不同意见。这些人有的已调动工作,不通没有什么关系,有不同意见由他去。又说,人道主义是其中一个突出问题,有这篇文章可以了,但同精神污染的斗争是长期斗争,要做长期的工作。邓小平是大军事家、大政治家。可以重重举起,也可以轻轻放下。好比一个仗打完后,就转到别处,别的事情他不管了。于是反对搞精神污染的人,批评抽象人道主义和异化论的人,只好在那股从上面刮起来的大风中,被"受到同情和保护的"那些"被批评者"所"围攻"。

还有一个插曲。1984年4月中旬,乔木在杭州休息,我在他那里待了一段时间,帮助做点事。突然北京来了几个电话,说王若水写了一篇不同意乔木观点的文章,同他争论。原来经乔木同意,说好在《哲学研究》发表的,已经排好清样,现在好几个单位的领导人坚决不同意让他发表,其中也包括《人民日报》的秦川。打电话来请示乔木怎么办。胡乔木在他的文章里曾经说,他的讲话只是参加讨论,"不赞成我的讲话的基本观点的同志,我也恳切地欢迎他们参加争论。真理愈辩愈明。唯有进行客观的深入的细致的研究和讨论,才能得到正确的结论"。此时他仍然坚持这个观点,叫我给他们回电话,坚持允许王若水文章的发表,不准阻挠。但是结果仍未在《哲学研究》发表。回北京才知道,原来王若水以还要修改的理由要回了稿子,不久就在香港的刊物上发表了。胡乔木对此十分恼火。当时王还是一个党员,而香港还未回归祖国。有一次我们几个人议论起此事,记得龚育之开玩笑地慨叹道:这样下去,真是要"国将不国,党将不党"了。好像那时人们脑子里党性、党的纪律、内外有别之类的观念还比较强。

原载《当代中国史研究》1999年第4期

讨论"人道主义"和"异化"为何成了"精神污染"?

——"人道主义和异化"大讨论始末(节选)

雷永生 *

    自 20 世纪 50 年代起,人道主义、人性论在中国就失去了自身的合法地位,被视为反马克思主义的"地主、资产阶级的意识形态",屡遭批判。60 年代初,曾经对巴人(王任叔)的人性论思想进行过有组织的批判,接着又有对"苏联修正主义"的人道主义思想的大规模批判。主张人道主义的文学家、哲学家都噤若寒蝉,大部分人则是远离人性、人情、人道主义,将之视为洪水猛兽,谁沾它的边,就会身败名裂,甚至遭受灭顶之灾。于是,"阶级论"推到极端,"斗争哲学"大行其道;共和国既没有"共"(同),也没有"和"(谐),只有至高无上的"国"和"党"。人之"道"被阶级之"道"、党国之"道"所压制,青年只知有阶级、党国之道,而不知有人道。正是由于将人道主义、人性、人情打入十八层地狱,"斗争的绝对性"渗入了人们的脑髓,甚至形成了条件反射,所以,当时机成熟之时,特别是"史无前例的无产阶级文化大革命"来临之际,反人道主义的各种罪行便应运而生。"文化大革命"固然是多种因素所酿成,但无不与长期批判人道主义有着密切的关系。

    "无产阶级文化大革命"是 20 世纪人类最严重的灾难之一。当这场灾难基本结束、人们开始从个人崇拜的迷信中苏醒过来之后,不可能忘掉这场噩梦,不可能不对它产生的原因及其后果进行追问。正是在这种追问中,学术界、思想界首先思考的重大问题之一,就是人道主义问题。

---

* 雷永生,1936—2023,男,中国青年政治学院教授。

与其密切相关，也必然要对异化问题进行思考（因为非人道现象也就是异化现象）。于是，就有了 20 世纪 80 年代关于人道主义与异化问题的大讨论。

人道主义与异化问题大讨论始末

这次关于人道主义与异化问题的大讨论可以分为两个阶段，两个阶段以 1983 年 3 月全国纪念马克思逝世一百周年学术报告会为界限。此前为第一阶段，此后为第二阶段。两个阶段各有自己的特点。

第一阶段。粉碎"四人帮"以后，在党中央提出"解放思想，拨乱反正"的号召之际，学术界就已经关注起人道主义与异化问题来了。1978 年初，朱光潜先生在《社会科学战线》上发表了题为《文艺复兴至十九世纪西方资产阶级文学家、艺术家有关人道主义、人性论的言论概述》的文章。尽管作者尚不敢冲破传统意识形态的束缚，仍将人道主义、人性论基本确定为"资产阶级的思想"，但是文章却暗含着承认人道主义和人性论具有共同价值的意思，只是不敢明说而已。同年 8 月，汝信在《哲学研究》上发表《青年黑格尔关于劳动和异化的思想——关于异化问题的探索之一》，虽然属于西方哲学史方面的研究，但在久别这一概念的中国学术界却引起广泛的兴趣，人们会很自然地运用"异化"这一概念来考察中国的现实。

人道主义与异化问题的直接讨论，开始于 1980 年。《复旦学报》1980 年第 1 期发表了黄万盛、尹继佐合写的文章《试论革命人道主义在马克思主义中的地位》。文章认为，"革命人道主义"与马克思主义并不相悖，它是"共产主义世界观的组成部分"。与此同时，《百科知识》1980 年第 1 期发表了邢贲思的文章《怎样识别人道主义》，表述了与黄、尹文章对立的观点，认为"马克思主义和人道主义是两种根本不同的思想体系""人道主义这个概念是在资本主义的等价交换的关系形成之后才产生的""人道主义有其特定的历史含义和明显的阶级属性""是资产阶级的意识形态"。

在讨论的第一阶段，在学术界产生较大影响的两篇文章是：汝信在 1980 年 8 月 15 日的《人民日报》上发表的《人道主义就是修正主义吗？——对人道主义的再认识》和王若水发表在《新闻战线》1980年第 8 期上的《谈谈异化问题》。这两篇文章都向正统的观点提出了挑战。汝信在其文章中指出，"二十年来，我们一直把人道主义当作修正主义来批判，发动了一次又一次大规模讨伐"，这种讨伐非但"没有为马克思主义增添光彩，反而使它的真实精神遭到了歪曲，在实践上则导致了十分有害的后果"。实际上，人道主义并不是与马克思主义对立的思想，并不是修正主义，"人道主义就是主张要把人当作人来看待。人本身就是人的最高目的，人的价值就在他的自身"。"马克思主义从诞生的第一天起，就把人的解放当作自己的最高目标"。这就是马克思的人道主义思想。马克思在理论上的日趋成熟并没使他放弃这一思想，而是使其"在真正科学的基础上得到加强"。王若水的文章则突破了对于异化概念的学术意义的探讨，而将其与社会主义的实践紧密联系起来，尖锐地提出社会主义社会有没有异化现象的问题。他在文章中说："社会主义应该是消灭异化，但它究竟是不是已经消灭了异化，没有了异化呢？……我们应该承认，实践证明还是有异化。不仅有思想上的异化，而且有政治上的异化，甚至经济上的异化。""首先，个人迷信、现代迷信是思想上的异化。""马克思在《法兰西内战》里面……提出要防止国家机关由社会的公仆变成社会的主人，其实就是防止异化。"这种政治上的异化在社会主义的实践中也出现了。"经济上也可能出现异化。"同时，文章也指出："当然，这种异化同资本主义的异化是不同的，主要不是由剥削造成的，而是由于不认识客观经济规律造成的。"

　　这两篇文章的发表引起了全国学术界的热烈讨论，赞成的、反对的、持中的，各种观点的文章在各种理论刊物甚至文学刊物上发表，很快形成了热潮。在 1980 年至 1983 年间，全国有近二百种杂志卷入了这场争论，发表了四百多篇文章；出版了二十多种文集；开了不少的学术讨论会①。可以说，这是建国以来规模最大的学术讨论。在这次讨论的第一阶

---

① 参阅杨春贵主编《中国哲学四十年》，中共中央党校出版社，1989 年，第 417 页。

段里，学术风气是很好的，不论是在文章里，还是在讨论会上，一般都能摆事实、讲道理，以理服人。尽管也有"扣帽子、打棍子"的现象，但是很少，而且受到了大多数人的抵制。

随着讨论的深入，讨论的内容逐渐集中于两个问题上，一是人道主义与马克思主义的关系，一是社会主义社会是否存在异化现象。

围绕着第一个问题，许多哲学工作者和文艺理论工作者发表了各自的看法。这个问题，又可以分解为两个子问题：人是否是马克思主义的出发点；马克思主义是否承认人道主义。下面分别陈述具有代表性的不同观点。

1. 人是否是马克思主义的出发点

挑战方：

王若水在《人是马克思主义的出发点》一文中指出，多少年来，我们的马克思主义哲学教科书，很少触及人的价值、人的异化、人的解放等问题，因此不能完整地概括马克思主义哲学。实际上，马克思之所以能够创立唯物史观，正是从现实的、社会的、实践的人出发，唯物地而又辩证地研究人的结果。正本清源，人才是马克思主义的出发点。①

张奎良等人在《论社会主义社会的人的价值问题》中进一步探讨了人的价值在马克思主义中的地位问题，指出："马克思、恩格斯对人的价值的高度重视贯穿了他们一生的全部著作。在将近三十年后，他们在《哥达纲领批判》《反杜林论》中仍以极其充沛的感情倾吐自己对人的理想，在坚实的历史唯物论的基础上，把人的解放和建立共产主义社会的理想联系在一起。"② 所以，对人的考察与研究应当成为科学社会主义的核心，成为马克思主义的重要组成部分。

李鹏程则着重从人的解放的角度探讨了这一问题，他在《人的解放问题是马克思实现哲学革命的思想纲领》一文中说："由于马克思生活的时代提出和解决人的解放问题的迫切性，并由于马克思本身的具体条件，使马克思把解决人的解放问题作为自己的思想纲领，从而实现了人

---

① 参见《人是马克思主义的出发点》（文集），人民出版社，1981年，第1—15页。
② 张奎良等：《论社会主义社会人的价值问题》，《学习与探索》1981年第1期。

类哲学史上的一次伟大的革命。这个革命恰好是在批判地继承人道主义和自然主义的人本主义中的科学成分的基础上产生的哲学飞跃，它使人的哲学科学化，因此它高于并在本质上有别于它以前的任何一种'人的哲学'。"①

薛德震和张尚仁的观点则带有总括性。薛德震在其《再谈人在唯物史观中的地位》中指出，过去人们之所以忽视人在马克思主义特别是唯物史观中的地位，主要是由于把历史唯物主义当作一个先验的结构，对其缺乏历史性的研究，因而"只见'规律'不见人，只见'理'不见人"；实际上，"越是认识了社会发展规律，就越不能忽视人与社会发展规律的关系"。②张尚仁在《试论马克思主义哲学关于人的学说》中则明确地说："辩证唯物主义哲学的出发点就不是人之外独立的客体，而是现实存在的主体——人。""确定以'从事实际活动的人'为马克思主义哲学的出发点，绝不是马克思和恩格斯的一个无关紧要的偶然提法，而是符合哲学思想发展的必然性的。"所以，马克思主义哲学必须研究人，"哲学就是人学"。③

反驳方：

徐亦让认为，马克思主义和历史唯物主义的出发点都不是人，而是"人的物质生产活动"或"社会物质生产实践"。他把从人出发还是从物质生产活动（或物质生产关系）出发，上升到"两种世界观的对立"和"两种方法论对立"的高度来看待，认为："只要把马克思主义的出发点从经济关系改变为'人'，就会使马克思主义从世界观到方法论都倒退到从前的唯心主义思想体系那里去。因此，这个'出发点'关系到马克思主义能否存在的问题，不可等闲视之。"④王锐生的观点稍显缓和，他在《人的研究在历史唯物主义中的地位》一文中说："社会生活中的一切固然都离不开人，但人既生活于物质世界，又生活于精神世界之中。把人作为历史唯物主义的核心问题，并没有回答它的基本问

---

① 李鹏程：《人的解放问题是马克思实现哲学革命的思想纲领》，《学术月刊》1982 年第 2 期。

② 薛德震：《再谈人在唯物史观中的地位》，《学习与探索》1982 年第 6 期。

③ 参见《关于人的学说的哲学探讨》（文集），人民出版社，1982 年，第 55—57 页。

④ 徐亦让：《评"人是马克思主义的出发点"》，《解放日报》1983 年 12 月 14 日。

题：到底是人的物质生活决定人的精神生活，还是相反？”他坚持历史唯物主义的传统观念，即历史唯物主义的核心问题只能是社会存在决定社会意识。尽管要重视对人的问题研究，甚至“承认它在马克思主义哲学中的适当地位，要有马克思主义关于人的学说。但是这种对人的研究并不要求导向（或归结为）人道主义，并不意味着人是马克思主义哲学的核心”。①

2. 马克思主义是否承认人道主义？

前面提到的汝信的文章，已经对此提出了基本的看法。此后，这个问题逐渐成为这次讨论的焦点，双方对此展开了激烈的争辩。

挑战方：

汝信在他的文章中指出，人道主义有广义和狭义之分，“狭义的人道主义指的是欧洲文艺复兴时期新兴资产阶级反封建、反宗教神学的一种思想和文化运动；广义的人道主义则泛指一般主张维护人的尊严、权利和自由，重视人的价值，要求人能得到充分的自主和自由发展的思想和观点”②。胡皓等人进一步阐释这一观点说“这一思潮的广义性，是由整个阶级社会中异化压抑人类自主和自由的本性要求这一事实存在的广泛性决定的”，因而广义人道主义必然贯穿阶级社会的始终，“否认人道主义思潮的广义性，是违背迄今为止的人类思想史的”。“马克思主义中包含着深刻的人道主义价值，其根本原因如前所说，在于现代无产阶级同样深受异化压抑之苦，存在着解放人性的强烈愿望，马克思主义是现代无产阶级人道主义要求的集中表现；同时，还在于马克思主义批判地继承了以往人道主义发展的积极成果。”③

王若水的《为人道主义辩护》是最系统、最具代表性的文章。它明确表示要为一般的人道主义特别是马克思主义的人道主义辩护。它不仅从理论上论证一般人道主义原则的合理性，而且从马克思思想的历史进程来证明马克思主义的人道主义的合理性。对此，文章总结性地指出：

---

① 王锐生：《人的研究在历史唯物主义中的地位》，《文汇报》1982年5月3日。

② 汝信：《人道主义就是修正主义吗？——对人道主义的再认识》，《人民日报》1980年8月15日。

③ 参见《人是马克思主义的出发点》（文集），人民出版社，1981年，第131—136页。

"什么是人道主义，它有个共同的原则，简单地说，就是人的价值。各种人道主义对人的价值的理解可以有很大的区别，但只要它们都重视人的价值，那么这种区别只是一种人道主义和另一种人道主义的区别，而不是人道主义与非人道主义、反人道主义的区别。'人的价值'这个词，马克思曾在肯定的意义上多次使用过，它并不是资产阶级专用的术语。历史上的人道主义也不仅起过反封建的作用，而且起过反资本主义的作用。因此，不能说人道主义只能是资产阶级的意识形态。马克思的确批判过费尔巴哈的人道主义，但并没有从根本上否定人道主义，而是把人道主义发展到一个新的阶段。马克思和费尔巴哈都把人放在最高的地位，不承认在人之上还有一个更高的本质。但是，费尔巴哈只是反对意识形态领域的虚幻的超人的力量，而马克思进而反对一切把人贬低为非人的现实的社会关系。马克思之所以能得出这个革命结论，是因为他抓住了现实的人、社会的人。马克思仅仅是同历史唯心主义彻底决裂，而丝毫不是同人道主义决裂。我们主张的人道主义也不是别的人道主义，而是马克思主义的人道主义。'人道主义'这个名词表明它和历史上的人道主义的继承关系；'马克思主义'这个形容词表明它和其他人道主义的区别。"[1]

　　王若水还特别强调人道主义对于社会主义建设的重大现实意义："在进行社会主义现代化建设的今天，我们需要社会主义的人道主义。这种人道主义对我们的意义是什么呢？它意味着坚决抛弃十年内乱期间的'全面专政'和残酷斗争，抛弃把一个人神化而把人民贬低的个人崇拜；坚持在真理和法律面前的人人平等，公民的人身自由和人格尊严不受侵犯。它意味着反对封建的等级和特权观念，反对资本主义的拜金思想，反对把人当作商品或单纯的工具；它要求真正把人当人看，并且从一个人本身而不是从他的出身、职位或财产去衡量他的价值。它意味着承认人是目的，不仅是社会主义生产的目的，而且是一切工作的目的；要建立和发展体现社会主义精神文明的互相尊重、互相爱护、互相帮助、友好合作的新型社会关系；反对漠视人的官僚主义和损人利己的极端个人

---

[1]　王若水：《为人道主义辩护》，《文汇报》1983 年 1 月 17 日。

主义。它意味着重视社会主义建设中的人的因素，发扬劳动人民的主人翁精神和创造性；重视教育，重视人才的培养和人的全面发展……"①

反驳方：

陆梅林在《马克思主义与人道主义》中指出："在一些讨论人性和人道主义的文章中，常常引用马克思和恩格斯的早期著作，作为自己立论的根据"，这是站不住脚的。"'人的根本就是人本身'，'提高到真正的人的问题'，'人本身是人的最高本质'……这三句话确实是马克思讲过的，也确是他当时的思想。但是要看到，这是马克思当时接受了而不久就批判和扬弃了的费尔巴哈的人本主义哲学思想。"②

冯宪光也强调马克思的早期著作的不成熟性，他在《论马克思对"人"的类概念的使用》中说："不能因为马克思在著作中使用过'人的本性'之类的概念，就认定他是个人道主义者。""马克思在《资本论》中对这些概念的使用，有根本不同于早期著作的特点，它不再是费尔巴哈人本主义的术语的借用，而是对政治经济学科学研究方法的一种探索。"③

王复三则更为明确地将马克思主义与人道主义从世界观的高度对立起来。他认为："人道主义是私有制的理论表现，它同以消灭私有制为核心的马克思的共产主义是根本不同的世界观。"马克思在早期著作中沿用人道主义的表述，把他们的理论叫作"现实的人道主义"或"真正的人道主义"，"这说明他在发现唯物史观之前所不能避免的思想局限"。④ 对此，蔡仪表示完全赞同，他说许多人引以为据的马克思的《1844年经济学哲学手稿》，"马克思在写它的后期就已经表示了对它的不满，不愿稍加整理就撂在了一边，没有把它当作完成了的、愿意留给后人的、重要的著作。这种冷遇是理所当然的，说明根本不存在马克思主义的人道主义"⑤。

---

① 王若水：《为人道主义辩护》，《文汇报》1983年1月17日。
② 陆梅林：《马克思主义与人道主义》，《文艺研究》1981年第3期。
③ 冯宪光：《论马克思对"人"的类概念的使用》，《社会科学研究》1982年第1期。
④ 王复三：《我们的科学信仰和人道主义》，《文史哲》1982年第3期。
⑤ 蔡仪：《论人本主义、人道主义和"自然人化"说——〈经济学-哲学手稿〉再探（下篇）》，《文艺研究》1982年第4期。

针对王若水关于人道主义在社会主义建设中的积极作用的观点，王复三还认为，"人道主义所主张的个性解放，必然要同社会主义的精神文明的原则发生抵触"，因为"人道主义的道德观念比共产主义的道德观念要浅薄到不值一说的程度。它不是动员千百万人继续前进的精神武器，而只能使人们在烦恼、孤独、失望和消极的追求中彷徨、徘徊不前，甚至因追求失败而陷入空虚、绝望，走上毁灭自己的道路"。因此"在无产阶级专政的、实行集中指导下的民主制的国家里，不能允许那种不受限制的'个性自由'任意发展"；"在坚持以人民的需要和国家的需要为第一志愿的社会主义大学里"，不可以助长那种"只讲自己的前途和价值而不顾国家和人民需要的行为"。①

关于社会主义社会是否存在异化现象的争论也非常激烈。王若水于1980年在《新闻战线》上发表的《谈谈异化问题》引起了广泛的关注，许多人发表文章同意王的观点，但也有不少人反对他的观点。持反对态度的观点可以概括为两个方面，一是认为王将异化概念扩大化了，另一则是指出承认社会主义社会存在异化现象的危害性。前者的代表是鲁家果等人的文章《"异化"是一个历史的概念》。文章认为："异化是一个具体的历史概念，它在不同的历史条件下具有不同的内容，因此，就不能把它和存在于一切事物中、贯穿于一切过程始终的唯物辩证法的规律等同起来。"② 关于后者，林建公等指出："社会主义不产生异化，这是历史发展的必然。因为异化作为一种社会现象，不是从来就有的，也不是永远不断产生和存在下去。"③ 陈先达则认为："那种认为社会主义社会在政治上、经济上、思想上存在着并不断产生着异化的论调，实际上把矛头指向了社会主义公有制、无产阶级政党和国家以及马克思主义本身……煽动人们反对社会主义制度。"④

第二阶段。1983年3月7日到13日，为了纪念马克思逝世一百周年，中共中央宣传部、中共中央党校、中国社会科学院和教育部，在中

---

① 参见《人是马克思主义的出发点》（文集），第1—15页。
② 鲁家果等：《"异化"是一个历史的概念》，《社会科学研究》1981年第6期。
③ 林建公等：《评"社会主义异化论"》，《红旗》1983年第22期。
④ 陈先达：《为什么说"社会主义异化论"是错误的？》，《红旗》1983年第22期。

央党校联合召开了全国纪念马克思逝世一百周年学术报告会。"中宣部提名，由周扬来做主要报告人，题目是有关马克思主义和文化问题的。"①周扬亲自物色了三个人帮助他起草讲稿，这三个人是王元化（文艺评论家，曾任上海市委宣传部部长）、顾骧（中宣部文艺局干部）和王若水（时任《人民日报》副总编）。最后确定报告的题目是《关于马克思主义几个理论问题的探讨》。报告分为四个部分：一是马克思主义是发展的学说；二是要重视认识论问题；三是马克思主义与文化批判；四是马克思主义与人道主义的关系。

周扬的报告在会上引起了很大的反响。"报告结束时，全场一片热烈的掌声。这是这次会上最受欢迎的报告。"②时任中央党校校长的王震走到周扬面前说："讲得很好！我还有一个问题想向你请教：你说的'YIHUA'，这两个字是怎么写的？"③

但是，由于对报告有不同的看法，特别是由于胡乔木、邓力群等人的异议，原定在3月9日结束的会议，宣布延长。10日和11日都没有开会，为的是组织与周扬不同观点的发言（当时，《中国大百科全书·哲学卷》正在北京酒仙桥宾馆召开编委扩大会议，哲学界的许多知名学者都集中在那里。在周扬报告之后，本人曾看到时任中宣部理论处处长的卢之超十万火急地赶到酒仙桥宾馆，找到一些学者，请他们到会上去发言）。3月12日，继续开会，由黄楠森（北京大学哲学系主任、教授）、王锐生（中国社会科学院哲学所研究员）、靳辉明（中国人民大学教授）等四人发言，对周扬的观点进行反驳。3月16日，《人民日报》发表了周扬报告的全文。4月6日，又发表了黄楠森发言的全文。这样，就使这次讨论达到了高潮。同时，也开始使这次学术讨论带上了政治色彩。

现将周扬和黄楠森的主要观点阐述如下。

周扬的主要观点：

关于人道主义——周扬指出："在很长的时间内，我们一直把人道主

---

① 引自王若水《周扬对马克思主义的最后探索》，载王蒙、袁鹰主编《忆周扬》，内蒙古人民出版社，1998年，第417页。
② 同上书，第419页。
③ 同上。

义一概当作修正主义批判，认为人道主义与马克思主义绝对不相容。这种批判有很大的片面性，有些甚至是错误的。""粉碎'四人帮'后，人们迫切需要恢复人的尊严，提高人的价值，这是对'四人帮'倒行逆施的否定，是完全应该的。""人是我们建设社会主义物质文明和精神文明的目的，也是我们一切工作的目的。"因此，我们对于资产阶级人道主义要采取分析的态度，对于其积极的东西，还要发扬，而不要一棍子打死。对于具有共同意义的人道主义思想还要吸收。这样就决定了我们对于人道主义应有的态度。他说："我不赞成把马克思主义纳入人道主义的体系之中，不赞成把马克思主义全部归结为人道主义；但是，我们应该承认，马克思主义是包含着人道主义的。当然，这是马克思主义的人道主义。"

那么，马克思主义的人道主义有什么独特之处呢？周扬解释说："在马克思主义中，人占有重要地位。马克思主义是关心人，重视人的，是主张解放全人类的。当然，马克思主义讲的人是社会的人、现实的人、实践的人；马克思主义讲的全人类解放，是通过无产阶级的解放途径的。马克思把费尔巴哈讲的生物的人、抽象的人变成了社会的人、实践的人，从而既克服了费尔巴哈的直观唯物主义，并把它改造成实践的唯物主义；又克服了费尔巴哈的以抽象的人性论为基础的人道主义，并把它改造成为以历史唯物主义为基础的现实的人道主义，或无产阶级的人道主义。""几个世纪以来，先进的人们崇尚的人的全面发展的理想，只有到了马克思主义这里，才有实现的可能。因为马克思主义与以往的人道主义不同，马克思主义找到了实现人的全面发展理想的现实依据和方法，即改变旧的社会关系，取消私有制，建立社会主义、共产主义。而以往的人道主义幻想在人奴役人的社会里，靠'理性力量''泛爱''美育'等唯心主义说教，实现人的全面发展，那只能是一句空话。在这个意义上，不妨说，马克思主义确实是现实的人道主义。"

关于异化——周扬首先认为，异化问题与人道主义问题有着密切的关系，马克思关于人的全面发展的理想实际上就是异化的彻底消除的理想，异化的全面消除就是马克思主义的人道主义之实现。"马克思和恩格斯理想中的人类解放，不仅是从剥削制度（剥削是异化的重要形式，但不是唯一形式）下解放，而且是从一切异化形式的束缚下的解放，即全面的解放。马克思认为……共产主义就是'以每个人的全面而自由的发展'为基本原则的社会形式。"

既然如此，异化就不是仅仅存在于资本主义社会的现象了，在社会主义社会里，也会存在异化现象。周扬说："社会主义社会比之资本主义社会，有极大的优越性。但这并不是说，社会主义社会就没有任何异化了。在经济建设中，由于我们没有经验，没有认识社会主义建设这个必然王国，过去就干了不少蠢事，到头来我们自食其果，这就是经济领域的异化。由于民主和法制的不健全，人民的公仆有时会滥用人民赋予的权力，转过来做人民的主人，这就是政治领域中的异化，或者叫权力的异化。至于思想领域的异化，最典型的就是个人崇拜……异化的根源并不在于社会主义制度，而在我们的体制上和其他方面的问题。十一届三中全会提出解放思想，就是克服思想上的异化。现在进行经济体制和政治体制的改革，就是为了克服经济上和政治上的异化。"①

黄楠森的主要观点：

人道主义的着眼点是个人，认为每个人都是一个独立的实体，要求尊重个人的自由、平等的权利。在历史上它曾经起过进步的作用。"人道主义在它的发展前期，曾经掀起一场矛头直接指向封建贵族、地主和教会反动思想的文化运动。它针对封建制度和教会对人的压迫、天上对人间的统治，号召人们回到人间，回到自然，把崇拜与敬仰的对象从神变为人自己，把人生的意义从天堂转到尘世。它重视个人的价值，维护个人的尊严和权利，解放个性，使个人得到充分的自由发展，以及对人宽容等。到了17、18世纪资产阶级革命时期，人道主义就以'天赋人权'的形式，进一步提出了'自由、平等、博爱'的政治口号，成为资产阶级革命的理论表现。因此，人道主义在反封建时期无疑是一种进步思潮，反映了资产阶级的根本利益和要求，对资本主义制度的建立和发

---

① 以上所引均见周扬《关于马克思主义的几个理论问题的探讨》,《人民日报》1983 年 3 月 16 日。

展起了积极的推动作用。"但是，不能因此而将其与马克思主义混为一谈，"它毕竟是一种资产阶级的思想体系，它的核心归根结底是资产阶级个人主义和利己主义……即便在当时也有它的局限性和消极方面"。特别是当唯物史观和科学共产主义产生之后，"人道主义就逐渐成为资产阶级思想家用来掩饰资本主义社会矛盾，维护资产阶级统治，反对无产阶级革命，欺骗麻痹劳动人民的思想武器"。而且，从世界观来说，"一切人道主义的基本理论都是社会历史观上的唯心主义。他们都以主观设定的某种抽象的、带有普遍形式的人性作为立论的出发点，并把这种抽象的人性作为衡量一切的尺度，把理想社会的建立归结为人性的实现或复归"。

关于异化，黄楠森认为，这是任何社会都不可避免的现象，如父母养育出忤逆之子、毁林垦荒、围湖造田，等等。社会主义社会既然存在着阶级、阶级矛盾，甚至对抗性矛盾，也就会存在异化现象。但是，这不是马克思所说的"劳动异化"，而只是旧社会的残余。"社会主义制度本身没有劳动异化。"①

纪念马克思逝世一百周年的学术报告会上出现的这种临时改变议程的情况，显示给人们一个不祥的信号，所有关注这次会议的人都明白：周扬的报告出了问题！

果然，在不久后召开的中共中央第十二届二中全会上，提出了"清理精神污染"的问题。会议的文件中把"抽象地宣传人道主义、人的价值"和"说社会主义存在异化"确定为"精神污染"的内容。这样就完全扭转了学术讨论的氛围，把这场学术讨论变成了政治讨伐。在此之后报刊上刊登的关于人道主义和异化问题的文章，完全一边倒了，都将主张人道主义和承认社会主义社会存在异化现象的观点，作为理论战线上精神污染的重要表现来批判。而承认人道主义和异化论的文章则不再能够发表。

尽管从行政管制上遏止了"精神污染"，但是这原来终究是一场学

---

① 以上所引均见黄楠森《在纪念马克思逝世 100 周年学术报告会上的发言》，《人民日报》1983 年 4 月 6 日。

术讨论，学术界有那么大的理论分歧，终究不是下一个行政命令可以解决的。为了"统一思想"，中共中央宣传部给书记处打了一个报告，提出要"组织力量写文章"，以便"对人道主义进行马克思主义的阐述"。"这任务当然非胡乔木莫属了。他为此专门组织了一个写作组，动员大量人力，前后写了好几个月。文章写成之后，也是先做报告，然后正式发表。文章的题目是《关于人道主义与异化问题》，做报告的地方，也是中央党校。这时已经是1984年1月4日了。时间虽然晚了一年，但是对人道主义毕竟有了一个'马克思主义的阐述'"。"这个讲话不但在报刊发表，电台广播，而且出了两千万册单行本，并译成少数民族文字……中央宣传部为此专门发出学习和讨论胡乔木文章的通知。《通知》说，胡乔木的文章已经对人道主义和异化问题作了'科学的回答'。于是这场公案就以胡乔木大获全胜而落幕了。"①实际上，胡乔木的文章也就是这场大讨论的官方结论，因而具有意识形态上权威性的指导意义。现在就让我们看看这篇如此重要的文章的主要内容。

文章从意识形态领域中的阶级斗争的理论立场出发，来审视这场讨论。指出这场主张人道主义和异化与批判人道主义和异化的争论，实质上是一个大是大非的斗争。胡乔木说："现在确实出现了一股思潮，要用作为世界观和历史观的人道主义来'补充'马克思主义，甚至要把马克思主义归结或部分归结为人道主义。有的同志提出了'人是马克思主义的出发点'这样根本性的理论命题；有的同志宣传'人—非人—人'（即人异化为非人，再克服异化复归于人）这样的历史公式；一些同志认为不但资本主义社会有异化，社会主义社会也有异化；一些同志热衷于抽象地宣传'人的价值''人是目的'这类人道主义的口号，认为可以靠它们去克服这种'异化'，如此等等的说法，提出了这样一些根本问题：究竟应该怎样来看待人类历史的发展，怎样来看待社会主义社会的发展？究竟应该用怎样的世界观和历史观，是马克思主义的历史唯物主义还是人道主义的历史唯心主义，作为我们观察这些问题和指导自己行动的思想武器？我认为，

---

① 李洪林：《中国思想运动史（1949—1989）》，天地图书有限公司，1999年，第333页。

现在这场争论的核心和实质就在这里。"① "宣传人道主义世界观、历史观和社会主义异化论的思潮，不是一般的学术理论问题，而是关系到是否坚持马克思主义的基本原理和能否正确认识社会主义实践的有重大现实政治意义的学术理论问题。在这个问题上的带有根本性质的错误观点，不仅会引起思想理论的混乱，而且会产生消极的政治后果。"② 胡乔木表示，深为这股思潮的蔓延所忧虑，他说："虽然一开始就有部分理论工作者从马克思主义立场对这些错误思潮进行了严肃的批评，仍然没有阻止它们的蔓延。"所以，现在"党中央不能不出来说话"。③ 这些话也就表明了胡乔木文章的特殊品牌及其不容置疑的权威性。

那么，从理论上说，胡乔木的文章有没有新东西呢？有的。这就是他对人道主义的含义所做的区分，以及以此为根据的对社会主义人道主义原则的说明。胡乔木说："关于人道主义……它有两方面的含义：一个是作为世界观和历史观；一个是作为伦理原则和道德规范……我们现在讨论人道主义问题，尤其需要注意两者的区别，以免造成意义上的混淆。"④ "作为世界观和历史观的人道主义，同马克思主义的历史唯物主义是根本对立的……人道主义并不能说明马克思主义，不能补充、纠正和发展马克思主义；相反，只有马克思主义才能说明人道主义的历史根源和历史作用，指出它的历史局限，结束它所代表的人类历史观发展史上一个过去了的时代……现在笼统地宣传人道主义的许多同志们的主张，同科学发展的要求正好相反，是要使我们的历史观从唯物主义倒退到唯心主义，从而使我们的社会主义学说从科学倒退到空想。"⑤

不过，对于所谓"作为伦理原则和道德规范的人道主义"，胡乔木倒是予以容忍的，他将这种可以容忍的人道主义称之为"社会主义的人道主义"。他说："社会主义的人道主义，是作为伦理原则和道德规范的人道主义，它立足在社会主义的经济基础之上，同社会主义的政治制度相适应，属于社会主义的伦理道德这种意识形态；作为一项伦理原则，它

---

① 　胡乔木：《关于人道主义和异化问题》，人民出版社，1984年，第2页。
② 　同上书，第67页。
③ 　同上书，第69页。
④ 　同上书，第1页。
⑤ 　同上书，第18—20页。

是以马克思主义的世界观和历史观为基础的。"因此，他认为这种人道主义是可以"宣传和实行"的。①

关于异化概念，胡乔木坚决要求把它局限于资本主义，而绝不允许应用于社会主义社会。他说："要区别两种情况。一种是把异化作为基本范畴和基本规律，作为理论和方法，一种是把异化作为表述特定的历史时期中的某些特定现象的概念。马克思主义拒绝前一种异化概念，而只在后一种意义上使用这一概念，并且把它严格限制在阶级对抗的社会，特别是资本主义社会。"②他尖锐批判那些认为社会主义社会存在异化现象的人，说他们是"从异化的抽象公式出发，把社会主义社会中的种种消极现象统统纳入异化公式之中，势必把这些都看成是规律性的和对抗性的，是由社会主义社会中主体自己的活动造成的。这决不可能帮助我们解释和克服社会主义社会中存在的任何消极现象，只能对这些问题的解决以至对社会主义制度本身带来破坏性的影响"③。

文章的最后，胡乔木以中央代言人的身份要求学术界清除这种精神污染，他给全国的理论工作者提出了任务："要看到这些错误思想的腐蚀性和蛊惑性，不能低估它们的消极影响。既然问题牵涉到离开马克思主义的方向，诱发对社会主义的不信任情绪，党的、马克思主义的理论工作者就有责任更积极地出来争论，批判这种错误思想，消除它们的影响，同时在争论中结合社会主义的实践，重新学习马克思主义，进一步发展马克思主义。"④

在一本薄薄的、只有三万九千字的小册子里，要把那么多重大的理论问题谈清楚，是很不容易的，甚至是不可能的。很多人认为胡乔木的文章中的疑点颇多，甚至存在自相矛盾、无法自圆其说的地方。但是，由于它的官方权威性，因而也就自然地成了人道主义和异化问题的官方答案，谁背离了它，谁就是搞"精神污染"，学术讨论也就无法正常进行下去了。

---

① 胡乔木：《关于人道主义和异化问题》，第37页。
② 同上书，第55—56页。
③ 同上书，第57—58页。
④ 同上书，第70页。

谁之过？

李连科在其《中国哲学百年论争》一书中说："胡乔木的文章发表之后，中国哲学大的争鸣便终止了，尽管枝节问题的细小的不同意见，还时有发生。对此，我不能做出价值判断，即不知是好事还是坏事；我只能说，这是一个既成事实。"① 不过，既成事实还不止于此。也是在胡乔木的文章发表以后，不仅周扬进行了公开检查 ②，而且，本人时任北京市社会科学院哲学所所长，因为写了赞成人道主义和异化的文章，被召到北京市委，由宣传部副部长方玄初谈话。由于方部长对此任务不太热心，所以谈话倒比较轻松。一批人受到了各种不同程度的处理。如果在更广泛的意义上，即对整个学术界的影响来说，这次讨论在理论上并没有真正解决什么问题，真正想弄清问题的人反而更糊涂了，巴金写道："前些时候全国出现了一股'人道主义热'，我抱病跟着大家学习了一阵子，不过我是自学，而且怀着解决实际问题的目的去学。我的问题始终是：那些单纯的十四五岁的中学生和所谓的'革命左派'怎么一下子会变成嗜血的'虎狼'？那股热很快就过去了，可是答案还不知在什么地方。即使有人引经据典也涂抹不掉我耳闻目睹的事实。"③

原载《社会科学论坛》2012 年第 7 期

---

① 李连科：《中国哲学百年论争》，商务印书馆，2004 年，第 243 页。
② 王蒙、袁鹰主编：《忆周扬》，第 433 页。
③ 巴金：《随想录》，第 514—515 页。

近几年来国内关于人的本质和异化问题的讨论综述

李连科 *

粉碎"四人帮"以来，特别是近两三年来，我国学术界关于"人"的问题的讨论，又热烈起来。到今年 3 月底，据 251 种期刊和 42 种报纸的不完全统计，谈"人"的问题的论文就有三百多篇。现将其中关于人的本质和异化问题的讨论情况简要综述如下：

一、如何理解人的本质和人性概念的含义？

（一）关于人的本质和人性的关系

1. "人的本质"和"人性"无论在中文里，还是在外文中，都不是一个词；但是，在回答"人是什么"这个问题时，二者并没有什么根本不同。

2. "人的本质"和"人性"是有本质不同的，"人的本质"是从与动物本质不同的角度讲的，劳动就是这种区别的主要标志；而"人性"是相对于兽性讲的，表现为对自由的渴望、对需要的追求、对兽性的否定。

3. "人的本质"和"人性"的本质不同在于，"人的本质"是人借以进行实践改造活动所处的各种现实关系的总和，是具体概念；"人性"是人作为社会的类存在物所具有的共同属性，是抽象概念。

4. 人的本质是指一种社会存在，而人性则属社会意识范畴。

---

* 　李连科，生年不详，男，编审，商务印书馆副总编辑。

（二）关于共同人性

1. 一般总是通过个别表现出来的，在阶级社会中，不存在共同人性。

2. 不能笼统地说没有共同人性，无阶级社会就有共同人性，在阶级社会中，劳动人民各阶级之间由于根本利益一致，也有共同人性。

3. 人作为一类，就有共同性，这个共同人性就是人的自然属性，例如"饮食男女"等等；自然属性也是人性的一个方面。

4. 人的共同性在于他的社会共性，共性就是一般社会关系；马克思说的"人的一般本性""纯粹人类感情""纯粹人的关系""人的需要"就是人的社会共性；社会生活中的共同思维规律、社会公共道德、共同美和感性、需要、能力的某些共同之处，都是人的社会共性的表现；由于这种社会共性，各阶级才能共处于一个社会共同体中。

（三）关于抽象人性

1. 只有具体的人性，没有抽象的人性，承认抽象人性就是费尔巴哈的人本主义。

2. 没有空洞抽象的人性，但不能否定科学抽象的人性，即包含具体于自身的抽象人性；所谓科学抽象，就是通过分析找到感性具体的共同规定，即诸规定的综合；所谓共同人性，就是科学抽象的人性或包含具体于自身的抽象人性。

（四）关于人性和阶级性的关系

1. 人性与阶级性作为一般和个别的关系是不能分割的，阶级性就是一种人性；在阶级社会中，没有不通过阶级性表现的人性；共同人性在阶级对抗十分激烈时，就所剩无几了。

2. 人性与阶级性作为共性与个性的关系，是对立统一的，但何者是矛盾的主要方面则随社会情况的不同而定，在阶级社会中，阶级性是矛盾的主要方面。

3. 人的社会共性并不等于人的阶级性，阶级性只是社会性的一个方面：说"没有超阶级的人性"只意味着阶级社会中的人性带有阶级性，并不意味着可以代替社会共性；从人性比阶级性、民族性等社会性更一般的角度看，人性也可以说是超阶级性的。

（五）关于人的自然属性和社会属性的关系

1. 人的自然属性，就是人的一般本性：人的社会属性，就是历史地变化了的本性或社会本质。人的自然属性和社会属性是对立统一的。

2. 人具有自然属性，也具有社会属性，但二者不能并列规定人的本质；人的自然属性是人的社会属性的前提和基础，是以被扬弃的形式存在于人身上的；人的社会属性才构成人的本质，因为它既是人的共性，又是人的特性，并且有支配作用。

（六）关于人性或人的本质的表述形式

1. 人性就是人类自然属性，所谓艺术模仿自然，就是模仿人性。

2. 人性或人的本质就是人的自然属性和社会属性的对立统一。

3. 人性或人的本质就是一切社会关系的总和。

4. 人性或人的本质就是劳动。

5. 人性或人的本质就是自由自觉的活动。

6. 人性或人的本质是理性思维、肉体自然和社会关系的统一。

7. 人性或人的本质是由劳动、需要、两性关系和社会性等要素构成的。

8. 人性或人的本质是人的由社会关系的总和决定的，通过自由自觉的实践活动、首先是劳动所得到的客观社会需要。

二、如何理解马克思的异化观？

（一）关于异化概念的含义

1. 拉丁文"异化"一词和"出卖""转让"是同义词，马克思一直是严格按照这一含义来使用异化概念的。

2. 除了具有对立、差别、非同一的一般意义外，还具有其特殊含义，即从主体分裂出去并转而同主体对抗的矛盾才叫异化。

（二）关于异化概念的性质

1. 基本上是费尔巴哈的人本主义的，因为提出这一概念时马克思还是费尔巴哈和空想社会主义者魏特林、赫斯的拥护者，概念本身谈的是人与自然、人与物的关系，即是以人为中心的，是人本主义的，异化反而成了私有制这个物质的经济范畴的根源。

2. 马克思的劳动异化概念具有经济含义，不是人本主义的，但也没达到唯物史观，而是唯心论向唯物论转化的中介，因为它与私有制的关系还在探索中，用早就出现的私有制来说明工人异化也是不够的，它也不可能科学地揭示资本主义产生、发展和灭亡的规律，不能指出无产阶级解放的道路。

3. 马克思的异化概念是马克思主义的，是符合唯物史观的；列宁说马克思已确立了自己的观点和马克思说自己确立唯物史观的时期，正是马克思提出异化概念的时期；劳动异化理论不是费尔巴哈人本主义，费尔巴哈只谈宗教异化，并没有看到劳动实践对人的本质的决定作用，而马克思则从经济上去寻找异化根源；异化劳动因其确定了私有财产的本质，也就为揭示私有制的起源确立了方向；把人类的全部历史当作在劳动的基础上产生，通过异化而发展，又通过扬弃异化而得到自我解放的过程，就是唯物史观。

（三）关于异化概念的历史地位

1. 异化是个唯心主义概念，当马克思确立了唯物史观以后，就抛弃了它。

2. 异化是个历史性概念，马克思后来之所以不常使用它，是因为当以异化劳动概念为指导探索历史上各种劳动生产的发展形态，并且找到了它们间的辩证联系，从而确立了唯物史观以后，就没有再继续使用它的必要了，特别是当德国的唯心主义者正在滥用它的时候；当然，关于异化的思想还一直贯穿于唯物史观和剩余价值学说之中。

3. 异化概念的含义在马克思的著作中是有发展、有变化的，但其唯物辩证的基本精神并没有变，并且一直也没有被放弃过；在马克思晚期著作《政治经济学批判》《剩余价值理论》和《资本论》中多次被使用过，在恩格斯的《反杜林论》中也有把宗教和私有制的生产资料当作异己力量的思想。对于异化劳动理论，尽管现在可以用更科学、更精确的政治经济学和科学社会主义的术语去阐述，但用异化这一高度概括的哲学术语去表述它，仍然有其理论意义。

原载《哲学研究》1982 年第 5 期

马克思主义人道主义是可能的吗？

——关于人道主义和异化问题的讨论（节选）

包霄林　李景瑞*

对于 1980 年开始的人道主义和异化问题的讨论，许多人至今仍记忆犹新。据统计，从 1980 年年初到 1983 年年初，三年时间全国 294 种报刊共发表关于人道主义、人性、异化问题的文章 424 篇。这种现象在我国理论界是罕见的。就一个问题展开如此声势浩大的讨论，其间蕴含着广泛、深刻的社会、政治和思想背景。

众所周知，80 年代人道主义在我国的复兴，主要是对"文化大革命"中许多惨无人道的历史事实所进行的哲学上的反思；更广泛地说，也是对解放后数次批判人道主义的再认识。正如有的同志在文章中所指出，"在一个很长的时间内，我们一直把人道主义一概当作修正主义批判，认为人道主义与马克思主义绝对不相容。这种批判有很大片面性，有些甚至是错误的。……'文化大革命'中，林彪、'四人帮'一伙把对人性论、人道主义的批判，发展到了登峰造极的地步，为他们推行灭绝人性、惨无人道的封建法西斯主义制造舆论根据。过去对人性论、人道主义的错误批判，在理论上和实践上，都带来了严重后果。"[①] "我们不是主张实践是检验真理的唯一标准吗？ 20 年来，我们一直把人道主义当作修正主义来批判，发动了一次又一次的大规模讨伐。毫无疑问，最初发动这场批判的动机是好的，为的是反对修正主义，保卫马克思主义的

---

* 　包霄林，1956—　　，男，光明日报社评论部主任，高级编辑；李景瑞，1947—　　，男，光明日报社副总编辑。

① 　周扬：《关于马克思主义的几个理论问题的探讨》，《人民日报》1983 年 3 月 16 日。

纯洁性。但是，结果却事与愿违，由于我们认识的片面性和思想上的简单化，这场对人道主义的批判最后走向了自己的反面，变成了对中世纪式的非人道的肯定。教训是极其严重的：这场批判在理论上并没有为马克思主义增添光辉，反而使它的真实精神遭到了歪曲；在实践上则导致了十分有害的后果，竟然使种种违反基本人道准则的不法行为得以打着'革命'的旗号而通行无阻。"[①] 这些分析无疑是符合实际的。

如果说人道主义问题是对历史上种种非人道现象的反思，那么异化理论的探讨则是首先从思想上批判现代迷信而引发出来的。有人曾把它同十一届三中全会以后的思想解放运动联系起来，认为"这次思想解放运动所要求摆脱的是现代迷信。现代迷信也是异化现象，它把领袖当作神，并且把这个被当作神的领袖同广大人民对立起来，使他成了人民的某种异己的力量"[②]。有人进一步认为，实践证明社会主义社会还有异化，不仅有思想上的异化，而且有政治上的异化，个人迷信，现代迷信，是思想上的异化。政治上的异化表现为"用权力去保护自己的特殊利益"，"由人民的公仆变成了人民的主人"，"所以问题比较复杂，不是说公有制一建立，什么问题都解决了"。[③]

我国人道主义和异化问题的讨论也与此前早已存在的国外思潮的涌入有关，特别是与存在主义的哲学思想的传入和重新评价有关。学者们还发现，自马克思《1844 年经济学—哲学手稿》于 20 世纪 30 年代正式出版以来，国外对它的研究和讨论一直没有中断过。而这本著作所阐述的中心思想——人道主义和异化问题，正是这些研究和争论的焦点。

在人道主义讨论的最初三年中，哲学界主要存在着两种意见。

第一种意见是"包含说"。持这种意见的人认为，马克思主义和人道主义不是两种绝对对立、互不相容的世界观；马克思主义始终以解决人的问题为自己的出发点和中心任务，以人的解放为自己的最高目标；马克思主义不能归结为人道主义，但包含了人道主义，人道主义是马克思主义的一个组成部分。

---

① 汝信：《人道主义就是修正主义吗？》，《人民日报》1980 年 8 月 15 日。
② 邢贲思：《对当前思想解放运动的一些看法》，《人民日报》1980 年 10 月 10 日。
③ 王若水：《谈谈异化问题》，《新闻战线》1980 年第 8 期。

第二种意见是"根本对立说"。持这种意见的人认为，马克思主义和人道主义是两种根本不同的思想体系，不能混为一谈；马克思主义既不等同于人道主义也不能包容人道主义，它只是吸收了人道主义中的某些合理因素，这些被吸取的因素或原则可称作革命的人道主义；某些人道主义的口号、原则在一定条件下可以使用，但不能作为马克思主义理论体系的一个组成部分；马克思早期的人道主义思想基本上是费尔巴哈式的、不可取的。而且，在这种观点看来，人道主义似乎有严重的个人主义嫌疑。有人说："在社会主义制度下，人民内部存在着种种矛盾，如果每个人都坚持自己是'至高无上的''最尊贵的'，那还能组织成一个社会吗？还会有安定团结的局面吗？"[①] 有人认为："人道主义所主张的个性解放，必然要同社会主义精神文明的原则发生抵触。""在坚持以国家的需要和人民的需要为第一志愿的社会主义大学里"，不可以助长那种只讲自己的前途和价值而不顾国家和人民的需要的行为。[②] 有人说："人道主义又是强调人的共同性的，也是忽视人的阶级性的；人和人都是兄弟，还讲什么阶级斗争呢？"[③]

1984 年年初，胡乔木发表了《人道主义和异化问题》一文。这篇文章实际上对前几年的讨论作了一个总结性的评价。作者在文章中除了系统地阐述对人道主义和异化理论的批评以外，首次提出了应该区分人道主义的两种含义的观点。作者认为，作为世界观历史观的人道主义是不能接受的，但作为伦理原则道德规范的人道主义却是可以提倡的。"社会主义的人道主义以集体主义为核心，以人民为目的，它从现实出发，从社会关系出发。"今天看来，该文的系统阐述，是集中代表了一种观点的；它所提出的人道主义两种含义的理论，不能否认是一种新的创造。

经过一个阶段的讨论，探讨人道主义和异化问题的文章在报刊上销声匿迹了好长一段时间。人们沉默了，理论界沉默了，问题似乎得到了完满"解决"。然而，问题真的解决了吗？人道主义和异化问题真的不存

---

① 马泽民：《"人的哲学"剖析》，《学习与研究》1982 年第 1 期。

② 王复三：《我们的科学信仰和人道主义》，《文史哲》1982 年第 3 期。

③ 蔡仪：《论人本主义、人道主义和"自然人化"说——〈经济学-哲学手稿〉再探（下篇）》，《文艺研究》1982 年第 4 期。

在了吗？近两年来，随着改革开放的深入，这个问题在一部分人中又从各种角度重新提了出来。人们看到，几年前提出的人的尊严、人的价值、人的自由，乃至自我设计、自我实现等问题，这两年有了专著、专文论述；异化问题也有人重新提出来探讨，以人为中心的各种大型丛书，也已经出版或正在筹备出版。还有人在文章中以冷静的态度分析了前几年的讨论，例如有一篇文章这样分析道："人民是目的"是"政治判断"，"人是目的"是哲学判断；哲学上的人既包括类，也包括个体。文章指出，人的实践并不是为了"替天行道"——实现某种客观规律，而是为了自身的幸福；生产力也不是无头怪物，而是人的自我实现的产物，是人的主体性的确证。人当然要追求经济效益，追求物质利益，但它们只是人所追求的价值的一部分，人所追求的最高价值是人本身，是人的自我实现，人的自由和全面发展。①

纵观几年来的人道主义和异化问题的讨论，是否可以这样认为：这个问题至今仍没有得到解决，准确一点说，问题本身才刚刚提出，研究才刚刚开始；许多问题还仅仅限于概念之争，并没有真正深入进去。例如，主张马克思主义和人道主义根本对立的人，始终难以回答这样的问题：人道主义在历史上有过资产阶级形态，那么为什么马克思主义就不可以批判继承它，使之成为马克思主义的组成部分呢？马克思早期确曾受到费尔巴哈人本主义的影响，把青年马克思与成年马克思混为一谈自然是不对的，但究竟如何去解释成年马克思（或称历史唯物论者的马克思）大量的、一以贯之的人道主义论述呢？即使马克思根本不曾有过人道主义思想（这当然只是假设），我们是否可以根据社会主义的新的历史事实，批判继承历史上的优秀思想遗产，创造一种人道主义并使之成为马克思主义的组成部分呢？所谓将人道主义作两种含义的划分的理论，漏洞也是很多的。首先，其根据何在？这一点作者似乎并没有说清楚。其次，如果说作为世界观历史观的人道主义只能是资产阶级的，那么该如何理解我们今天所强调的和平与发展这个时代主题，如何理解全球意

---

① 高尔太：《人道主义——当代争论的备忘录》，《四川师范学院学报》（社会科学版）1986年第4期。

识，强调人类共同克服种种生存的困境？主张马克思主义包含人道主义或实质上是人道主义观点的人，似乎也有值得推敲之处。例如，这种观点认为人道主义有狭义、广义之分，所谓马克思主义的人道主义是指广义的人道主义。问题在于，广义的人道主义为什么可以作为马克思主义的一部分，这中间是否需要某些中间环节？再如，持这种观点的人一般不同意仅仅将人道主义作为道德规范，既然如此，那么其根据何在？总的看来，争论的双方分歧相当之大，争论十分激烈，但双方争论的立足点或者是站在十几年前或二十几年前的理论基点上，或者是站在革命战争年代的基点上，或者是站在上个世纪的时代基点上；而很少有人能站在现代的基点上去争论问题或考虑问题。从技术上说，对一些主要概念的理解也存在分歧，以致争论的双方都没有使用共同语言。

看来，关于人道主义和异化问题的争论还将继续下去。

直到今天，一个身影依然在中国哲学界徘徊。

"你是谁？"

"我是人。"

节选自《哲学与历史之镜——10年哲学发展的简要回顾》，原载《光明日报》1988年12月12日

南斯拉夫当代哲学（节选）

贾泽林 *

11 月 17 日上午，开幕式结束后，进行大会发言。中国社会科学院贾泽林同志作了题为《南斯拉夫当代哲学》的发言。

贾泽林同志说，不久前，哲学所以贺麟先生为团长的代表团，应南斯拉夫塞尔维亚科学院的邀请，出席了第十三届国际黑格尔会议。我们的代表团在南期间受到热情友好的接待，南哲学界朋友对中国哲学的发展极为关视，并表示愿意同中国哲学界加强友好往来和密切合作。现在，乘参加我国建国以来第一次现代外国哲学讨论会的机会，向我国哲学界转达南斯拉夫同行们的亲切问候和良好祝愿。

随着中南两国、两党友好合作关系的发展，我国哲学界对南斯拉夫的马列主义哲学的发展，也表现了极大兴趣，迫切要求了解南斯拉夫哲学的情况和填补这方面的空白。

贾泽林同志概括地介绍了南斯拉夫哲学自 1945 年以来的发展过程，哲学界派别的形成、发展和现状。最后他着重介绍了：①南斯拉夫当代哲学的几个特点；②研究南斯拉夫当代哲学的意义。

贾泽林同志说，战后南斯拉夫哲学的发展，除了引人注目的国内哲学不同派别的分歧之外，还有许多共同点，这也许更能够说明南斯拉夫哲学的真实面貌。

……

---

* 　贾泽林，1934—　　，男，中国社科院哲学所研究员。

第二个特点就是南斯拉夫哲学界强调马克思主义和社会主义的人道主义性质。从南共联盟主席铁托到哲学界对立的两派，都一致坚持上述看法。《南共纲领》对此作了正式记载。社会主义社会必须为了人，为了人的美好生活，如果看不到人也就看不到社会主义的实质。对马克思和恩格斯思想发展作一些简单的分析就可以看出，他们整个学说的基础和含义就是关于人及其解放的问题。人类全部活动的本质和主要特点，不是为了追求某种自然的、抽象的一般的目的，人们劳动、从事物质和精神生产本来并不是目的，这一切归根到底是为人的解放创造条件。他们对斯大林从来不提人和人道主义、践踏社会主义法制等等进行了批判。

南的这种观点是有感染力的，在一些苏联哲学家中引起了共鸣，科普宁就是其中的一个代表。1970 年苏联科学院哲学法学学部组织了对当时担任苏联科学院哲学研究所所长的科普宁的批判。米丁带头发难，说科普宁想要修改已有的马克思主义哲学定义（关于自然界、社会和思维的一般规律的科学），因为科普宁认为这个定义的缺点在于没有把作为整体性的人包括进去。

尽管如此，苏联近年来也开始大规模地研究人和人道主义问题，这方面的著作的数量显著增加。

第三个特点是南斯拉夫人认为马克思主义哲学由于受到斯大林教条主义的影响而在苏联停止了发展，但是马克思主义哲学却在卢卡奇、布洛赫、列斐伏尔、科尔施、葛兰西的著作中得到了发展。他们在斯大林教条主义统治时期，最早提出了人道主义、异化、实践等问题。除此而外对马克思主义发展做出了贡献的还有"从中国到南斯拉夫的阶级与政治的革命解放斗争的新经验"和建立各种类型的社会主义社会的经验。

贾泽林同志最后谈到了研究南斯拉夫当代哲学的意义问题。他认为，研究南斯拉夫哲学的发展，对我们具有极大的启示意义，为我们提供了宝贵的借鉴。具体说来有如下几点：

（1）重新全面地、系统地、独立思考地学习和理解马克思主义理论。南斯拉夫人从 1948 年事件的惨痛教训中懂得了一条道理，就是要学会独立思考，用这种精神来重新学习和探索马克思主义的真实思想，而不要按照别人的解释（即使是最好的解释）去学习和理解马克思主义。南斯拉夫之所以能够创造出适合本国具体情况的自治社会主义体制，找到南斯拉夫建立社会主义的独特道路，全靠了对马克思主义的独立思考和理解，排除任何教条主义的干扰。

把我国同南斯拉夫加以历史的对比，是很有教益的。我们都是依靠人民群众通过长期的武装斗争打出来的、奋斗出来的。在党的历史上都经历过反对分裂主义，反对教条主义的斗争。在第二次世界大战后，我们在相同的经济水平上开展社会主义建设。我们都受到斯大林和苏联教条主义的影响。然而自从 1948 年以后，我们两国走的路却不尽相同。在同样长的三十年时间里，我们在经济发展上却远远没有取得南斯拉夫那样的重大成果，我们对斯大林教条主义的影响及其危害的认识，也赶不上南斯拉夫人那么深刻。

（2）南斯拉夫哲学在发展中提出了一些新问题，对一些问题进行了较为深刻而独到的研究。马克思主义哲学并不是在所有方面都已经尽美尽善了，它还要不断地向前发展，要研究新问题，发现新问题。其中也有些研究得很不够的地方，有许多薄弱环节。例如南斯拉夫哲学界特别重视的人和人道主义、异化等问题。

对比起来，我国哲学界对这些问题研究得尤其不够。一提到人和人道主义问题，人们就要退避三舍，生怕犯了修正主义的错误，为什么人和人道主义问题只能留给资产阶级哲学家去研究呢？！

（3）南斯拉夫把"开放"政策当作南斯拉夫整个战略的一个组成部分。南共联盟对"开放"政策所带来的一些不良的后果是有清醒认识的，并能与之进行斗争，使马克思主义立足于不败之地。马克思主义就产生在资本主义世界中，在同资本主义斗争中得到确立和发展，当时没有把自己封闭在一个国家中的条件。马克思主义就是在同各种非马克思主义思想的斗争中锻造了自己的，因此把它孤立起来，给它造成一个纯如水晶的环境，无疑等于断送了它的生命。

南斯拉夫在一段时间里，成了世界上两股重要思潮交锋的场所，马克思主义同非马克思主义面对面地进行了斗争。"实践派"提出那些尖锐而具有挑战性的问题，对马克思主义本身是一个严重的考验和锻炼。经历并战胜这种挑战，马克思主义只会变得更强大。

节选自《全国现代外国哲学讨论会简报》第 2 期，1979 年 11 月 17 日

关于法兰克福学派的若干理论问题（节选）

朱庆祚*

在这个学派的整个"社会批判理论"中，关于社会发展的理论是一个重要组成部分。按照这个理论，人类的历史是一部人与自然的对抗史、统治史，人与自然的这种统治关系是理解一切社会政治、经济、文化的关键。在他们看来，人类历史经历了三个时期：一是自然以盲目的力量统治人的时期，即原始社会时期；二是人力图控制自然又企图统治自然两种倾向斗争的时期，即传统社会时期，它从奴隶社会到"古典"资本主义社会；三是人企图通过科学技术统治自然，结果却受科学技术的严格控制和操纵，使人反过来受自然统治的时期，即19世纪末开始的"晚期"资本主义社会时期。他们认为推动历史前进的根本动因，不在于生产力与生产关系的矛盾运动，而是人的本性，主要是性欲与束缚性欲的文化之间的矛盾。他们公然宣布马克思主义的历史唯物主义已经"过时"，它只适用于贫穷的"古典"资本主义，而不适用于富裕的"晚期"资本主义。又因为科学技术的发展和应用，人在生产力中的作用越来越小，企业所有者脱离企业，使所有制在生产关系中不再起决定作用，生产关系已不再是制约法律、政治的基础。哈贝马斯更用"劳动"即"工具行为"来代替生产力，用"交往"来代替生产关系，他们还否认历史发展的客观规律性，认为历史的发展是"人的决定"，人可以"重新规定和逆转"历史的"定数"。显然，这种历史观是一种历史的唯心主义和唯意志论。

---

* 朱庆祚，1927—　，男，上海社会科学院研究员、上海图书馆馆长。

对现代资本主义社会的分析和批判，是"社会批判理论"的一个主要内容，他们认为，国家干预活动的加强，特别是科学技术的发展和广泛应用，已使现代资本主义根本不同于自由资本主义。马尔库塞提出："当代科学和技术取得了合法的统治地位，成了理解一切问题的关键。"从这点出发，他们认为工艺学的进展和自动化，从根本上改变了过去的死劳动和活劳动的关系，剩余价值已是由机器创造，从而改变了过去的剥削与被剥削的关系；同时工人生活水平大大提高，得到同老板一样的享受，"共同关心现制度"，"把往日的敌人联合起来了"。现代资产阶级国家也不再是阶级斗争的工具，而越来越变成技术的、生产的，甚至是福利的了。但是，另一方面，这个社会又是一种病态社会，因为它摧残和压抑人性。它表现为，一是它的一体化的"单相性"，整个社会都成为一个被严格管理和控制的社会，一切社会关系都变成单一的技术性关系，机器部件之间的关系，个人与社会的行为都失去了自主性、多相性；二是它的"攻击性"，具体表现为残酷的战争、杀戮和恐怖行为。然而，他们极力回避这种"病态"的阶级根源和社会根源，而主要把它归结为科学技术的发展。他们的公式是"技术进步—增长的社会财富—扩大的奴役"。他们虽也提出革命的要求，但由于否认了工人阶级的革命性，而把希望寄托在知识分子身上，后来又感到失望，便得出悲观的结论。阿多诺说，世界"这是永恒的灾难"，"绝望是历史和社会所造成的最后思想"。

　　……

人性论是这个批判理论的核心。他们批判现代资本主义，批判一切意识形态，就在于它们压抑和摧残了人性。他们到处寻找革命力量，号召"理性革命"，就是为了解放人性。他们的人性论完全以人的生物性来代替人的社会性和阶级性。按照弗洛姆的说法，"人是在偶然的地点和时间被抛到这个世界"，仍然要偶然地离开这个世界。人最初是自由自在，他随着文明的发展，人性日益受到压抑和摧残，至今人性已濒临毁灭。人的本性具有一种寻求快乐的原则，而现实社会又存在一种"效率原则"，即采取各种手段有效地控制人的本能。因此，当前的主要任务是解放人性，满足人的欲望。马尔库塞说"当前首要目标即（本能）需要的完全满足","今天为生活而斗争,为爱情而斗争,就是一种政治斗争。"
这是企图用对人性的压制和反压制和斗争来掩盖阶级斗争,用人性的解
放来代替社会的解放。

节选自《全国现代外国哲学讨论会简报》第 12 期,1979 年 11 月 23 日

近代哲学家、政治思想家的人性论与人道主义

周辅成 *

人性论，往往是中外历代学者的社会历史观点的根本原则，也是他们的世界观的一部分。他们解释人类生活的历史和社会现象，总是以人性作为最后依据，把人性看成人类社会发展的最后决定力量。[①]

人道主义，则是从上述人性论推演出的一种理论。这个理论，是他们反对封建制度、反对专制独裁斗争的产物。在近代初期，这个理论是用人的尊严和幸福、人的自由与平等等口号来反对神权观点和封建等级制度。同时，他们为自己开辟道路的时候，总是自认为全人类的代表，于是这种人道主义到后来就发展为大谈普遍的爱、人类爱。他们以为这种爱合乎人性，并作为行动的最高原则和标准，并据此提出未来社会的设计图。因此，人性论与人道主义的关系非常密切。人性论与人道主义内容虽不尽一致，但是，所有的人道主义者，总归是站在某一种人性论的观点上，这一点却是共同的。[②]换言之，人道主义总是以一种人性论为理论基础。

根据近代社会发展的历史，人性论与人道主义的历史，也可分为三个阶段：（1）文艺复兴时期的人性论与人道主义。这是这一思潮的开端，与文艺复兴运动密切相连。（2）17、18 世纪英法革命时期的人性论与人道主义。这是人性论与人道主义的极盛时代，它们与当时的革命运动结

---

* 周辅成，1911—2009，男，北京大学哲学系教授。

① 历代思想家们对人性的说法并不一样，有的人说是利己的，有的人说是天赋有善良同情之心的，又有的人说是既有自利之心，也有利他之心的。不管说法有何不同，有一点是共通的，就是在他们看来，只要把人性认识清楚，一切社会、历史现象和人生遭遇上的问题，都可迎刃而解。

② 有些人性论者，如早期的马克维里、孟德威尔、拉·洛席福科，后来的尼采等，他们从人性论推演出的恰恰是反人道主义的主张，这里例外。

合在一起。（3）19世纪至20世纪的人性论与人道主义。

下面拟就这三个阶段的特点，加以简单说明与分析。

文艺复兴时期的人性论与人道主义

在14世纪最初，意大利半岛出现了反对封建制度的斗争。除了经济的和政治的斗争以外，主要的就是劳动人民与封建统治阶级在思想文化上的斗争。

这一代思想家，在思想文化上反对封建制度的斗争，主要对象是替封建特权与等级制度辩护的天主教会与中世纪基督教思想。当时封建特权与等级制度，被统治阶级说成是天（或上帝，或神）定的秩序，是无可变易的。因此，封建等级制度的论证，便和宗教的理论结合在一起；而封建统治者为了巩固封建秩序，还特别发展了教会，借以宣传神道主义。由于这样，新一代学者在打破封建束缚的斗争中，首先便必须向这种代表封建势力的精神力量——天主教和基督教所宣传的神道主义进攻。神道主义，是中世纪教父奥古斯丁等人替封建制度辩护所提供的理论，其中最主要的是三位一体说、原罪说、神定论。这些教父们，一方面推崇特权的神圣性，一方面宣扬人民的卑贱性，用牵强附会或篡改《圣经》文字的手法，力图证明基督是上帝与人之间的中介，把代表基督思想的教会和得到教会承认的封建君主及其政权，硬说成是天命所寄，至尊至上；而一般人民则罪恶满身，天定（或神定）人民必不能免灾难，人民唯有绝对服从上帝或教会所承认的封建秩序，才可得救。这一理论，为封建统治辩护近千年，在理论形式上虽有过一些变化，但其实质却一直未变。直到14世纪新思想家产生，才开始从理论上清算神道主义，使之让位于新的思潮。新的思潮和上述理论，是站在完全对立的地位。旧思想既以上帝为主宰，人民为从属，新思想便力争以人为本，以人民为本。这样，在历史上便出现了人性论与人道主义。①

---

① "人道主义者"一词，在文艺复兴后期已流行。至于"人道主义"一词，则迟至18、19世纪之交始出现。但是，名词迟出，并不妨碍这一思想先出。历史上类此事例甚多，如功利主义、仁慈主义，以至唯心主义、唯物主义诸名词，它们与相应的思潮的关系，皆如此。

从 13 世纪末到 16 世纪盛行于西方的文艺复兴运动，就是以这种人性论与人道主义为理论基础的。新思想家在宣传新的思想的时候，最初乃是借古代思想来宣传（即所谓"旧瓶装新酒"），也即后人所谓"以复古为解放"。但是，不久新思想的新内容即突破旧形式逐渐独立成型。

这些新思想家在人性论方面有一重要的见解，即以人兽之分代替封建时代天（上帝）人之分，并用以说明人性。他们认为要了解人的价值，不应该与上帝比较，而应该与禽兽比较；这样，人的尊严便可显出。区别在于人有理性，而禽兽则没有理性。人的理性，并不如中世纪教会所主张，必须依靠上帝或教会；人具有理性是事实，是经验；真正的人性，就是理性。至于上帝的智慧，不过是更高远的理性而已。这样，文艺复兴时期的学者，都强调研究自我，扩大人的理性，反对或力求缩小高高在上有绝对权力的神性，同时也反对兽性。他们认为人性论的研究，就是为人类脱离兽性、发挥理性准备条件。这种理性，由于发之于人，而非发之于上帝，与现实世界密切结合，所以理性也并不和自然、经验相反，不和现实事物相抵触；而且理性的发挥，也必有赖于外界。在当时，这样一种人性论，确是新的看法，它区分兽性与理性，虽然不是后来所谓人的生物性与人的社会性之分，甚至这理论也还不能离开上帝的权力，仍必须假定上帝是最后力量，但是，它却证明了人并不是天生有罪，而且还证明人的发展，有赖于物质世界与社会。这就为新时代提供了理论的根据。一方面，人不必再对教会与上帝卑躬屈膝，另一方面人也应肯定自我、大胆向自然、向社会作无穷尽的探索。

从这种人性论，推演出一种人道主义。他们把人的一切现实要求，归结为人的自由与人的幸福的要求，主张任何人，都是以人的自由与幸福为人生目的与行为的指南。开其始者有但丁，继其后者有伐拉、费齐诺、皮科、庞波拉齐、爱拉斯谟、路德、蒙台涅、托马斯·莫尔和布鲁诺等。这些人，从不同的场合，用不同的名词与理论形式，论证这些要求，替新时代辩护。例如伐拉根据伊壁鸠鲁的理论提出了关于自由和自由意志的学说，以反对原罪说；他指出人虽因祖先犯罪而有罪，但人却未尝失去为善的自由意志。皮科则更进一步指出个人自由是以个人的尊严为基础。他把人比喻为站在宇宙中心的东西，站在上帝与兽类之间，人可以凭自己的意志来决定自己的命运：或变为兽，或变为神。人类，由于有这种自己决定的意志，所以有尊严。这尊严，即人道的中心。他这理论，虽然未能脱离宗教的影响，但却脱离了教会的束缚，反对了神定论。这样，新时代的自由，就成为"名正言顺"的了。以后马丁·路德提出的"人可凭内在的人（即内心的我）直接与上帝接近""天国在人心中"，蒙台涅主张返身认识自我，布鲁诺主张世界每一单子都有独立的力量，人可凭个人英雄热情直升天堂，都是替新的人的自由的要求作注解。虽然他们所涉及的多半在于良心自由、信仰自由、意志自由，但这实在是新的自由，在理论上最初的表现形式。

文艺复兴时期的思想家，也竭力辩护人的幸福的要求，他们为此提出"全面发展"这一论点。他们反对中世纪教会主张的禁欲主义，企图替人的欲望争取独立价值。因此，他们在承认灵魂的价值、精神生活（实即宗教生活）的价值之后，认定肉体、物质生活也同样有价值。所以，他们坚持灵肉一致、德智体三方面同时注重的全面发展观点。在这个主张上，肯定人的欲望必须满足，物质生活必须享受，外界必须充分认识与利用。从这里，文艺复兴时期的人道主义者，多半借用古代词语如"和谐生活""道德生活""尘世生活""顺应自然的生活"等为口号，竭力说明人的幸福不在天国或来世。而且，现实的幸福，远比来世幸福、天上幸福更重要。这些思想，特别表现在伐拉、庞波拉齐、莫尔、蒙台涅、布鲁诺诸人的著作中。他们都为人道主义的意义增加了证明，同时也是替新的生活方式作辩护。

文艺复兴时期的人道主义，除了用人的尊严与全面发展来表示人的自由与幸福的人道意义外，还提出宽容的见解。所谓宽容，最初是指在教会内必须容许人对《圣经》作不同解释，或原谅在宗教问题上犯错误的人；以后，则指在天主教外，必须容忍其他教派或异端；再后则泛指容忍一切不同意见，尊重他人的人格与言论。这些，都是针对教会的"宗教裁判所"而发，所以，也是反对封建束缚的强烈表现。尤其在宗教改革时期，如爱拉斯谟，以至路德、莫尔、蒙台涅、布鲁诺等著书立说，多半以宽容来表示自己的人道思想。在这时，很多人为了主张宽容，被放逐、被烧死，很多著作被焚毁或禁止。

　　这种宽容思想是怎样产生的呢？这种宽容思想本身正是形成中的新社会所必需的。封建束缚是宽容思想的对立物。新思想家强烈要求扫除封建束缚，这一尖锐的对立正是新旧社会在思想文化上的斗争。宽容思想除对新思想家自己有利之外，确实它也具有一种吸引力，得到劳动人民的同情和赞助。所以这种宽容思想，后来成为近代、现代人道主义者主张普遍的爱、人类爱的根据。

　　至于这一时期的资产阶级人性论者与人道主义者，用什么方法来达到他们所谓的人道理想呢？即如何实现人的自由、幸福与宽容呢？在这个问题上，他们多半祈求有一个开明的专制君主能出来维护人民的利益，实现统一与和平，能有助于工商业发达；他们也希望参加政权，但限于能力，也只求能在宫廷中做新侍臣、新绅士，能与封建贵族并列就够了。至于推翻封建制度，他们还无这种能力与勇气。由于这一缺陷，使他们在社会问题上，只看重教育。他们认为努力办新学，成立新的大学和中等学校，就可以使人性的"善良"方面得到发展，人道便可以充分实现。

　　文艺复兴时期人性论与人道主义，大致是这样。这个新思想动摇了上帝与教会的独裁力量，动摇了自从奥古斯丁起苦心建立的天国思想、禁欲主义思想，同时打破了中世纪封建社会轻视工商业与科学的观念，替新的生活方式开辟了道路。这些思想，在废除封建束缚、为工商业发展扫清道路的工作上，是有积极意义的。

　　但是，这种注重人兽之别的人性论，和以人的尊严、全面发展、宽容为中心的人道主义，毕竟是有它的历史局限性的。

　　第一，这时期的一切人道主义者，虽然很想利用人民的力量，甚至也在一定程度上接近人民，但总的说来，他们对于人民群众，特别是对待劳动人民，是抱着轻视的态度的。这从他们对于教育和知识的态度可以看出来：他们把人具有理性和具有书本知识，视为一回事，把教育与学校，也视为一回事，看不起人民的实际经验，看不起劳动人民的生产斗争的经验。而当时的学校，不论新学也好，旧学也好，都掌握在贵族和富人的手中。在这意义下，抬高理性、教育、书本知识的地位，即等于抬高富人和封建贵族所垄断的知识的地位，也是抬高出身、特权和财产的地位，所以，实际上是把人的尊严与价值，放在金钱与特权上面。

这样一来，所有无法受教育的劳动人民，全都被摒弃在"价值"与"尊严"之外了。不但如此，新一代学者还和封建贵族一样，异口同声地随时咒骂劳动人民"愚蠢无知"，遇到劳动人民发动斗争时，他们不但不参加，而且还十分仇视与反对①。可见他们口中的"人道"，只对上不对下，他们心目中的"人民"，实际仅指自己而已。因此，人道主义的本质，最初，便与人民有距离，而在随后的发展中则直接与人民对立。

第二，他们倡言的自由、幸福与宽容，都建立在不完善的个人主义的要求上。这种个人主义，用来反对中世纪的封建集权主义、集体主义，并曾鼓励这一时期的经济的发展，确实起了积极的作用，这是可以肯定的；但是，这种个人主义，也有消极作用。因为，这种个人主义免不了要注重个人利益，有时不顾社会利益，而且很容易站在和劳动人民对立的地位。他们虽然有时也谈社会利益，但是总是从个人利益出发。更坏的是：从他们的人性论出发，实际即是从他们自己的本性出发；自己是自私自利，于是相信人人也是自私自利者，持这样看法的人，不仅是那些主张人性是自爱自利的思想家，就是那些主张人有善良之心或善良部分的人道主义者，也相信人的自私心比利人之心更根本。可见，他们所标榜的宽容与和平，只不过因为不宽容、不和平会损害个人的利益而已。

第三，由于文艺复兴时期的人道主义者，始终是以唯心主义的历史观为基础，无法认识社会发展的客观规律，因而为宗教和教会留下余地。他们尽管注重个性，注重现实世界，否定了封建思想和宗教思想的许多重要方面，但是，他们对于宗教和教会，并未丢掉幻想，并未完全脱离关系。可见他们反封建并不彻底。这就给后来的人道主义留了一条路，让他们在必要时，也可和教会妥协，或直接与宗教以至教会结合起来宣传人道主义。加尔文曾经嘲笑文艺复兴时代的哲学家们，企图在人心中建立天国或理性王国，这说明当时所谓人道，只着重于内心的境界，还带着浓厚的宗教意味。结果，人在内心中是伟大的，但在现实中却是十

---

① 例如，爱拉斯谟对待人民群众的宗教改革运动就是十分仇视的。又如，马丁·路德，他反对天主教会固然很积极，但他反对农民起义，表现得更为"勇敢"。莫尔是比较能同情劳动人民的，但是，他也不赞成劳动人民革命和起义。他也和他的朋友爱拉斯谟一样，不仅反对农民战争，而且也反对宗教改革。其他如蒙泰涅、布鲁诺，以至莎士比亚、塞万提斯，也仅五十步与百步之差。

分渺小的。

第四，他们的"宽容"口号，自始即不彻底。他们提倡宽容来反对封建制度与教会的集权主义、集体主义，当然有一定的积极意义。但临到他们对待人民的时候，立刻丢开了宽容，而变为与封建教会同样不宽容。加尔文是新教徒，是主张宽容的，但他在日尔瓦市执政时，立刻诛戮异己，用刑残酷，不下于当时天主教的宗教裁判所。以后西欧资产阶级所崇奉的加尔文新教各派，都和加尔文的做法一样。可见初出现的人道主义者所提出的宽容思想，只在自己范围内有效，对劳动人民则又是一回事。由此可见，文艺复兴时期所讲的人性和人道，只是这一时期思想家们的狭隘利益与本性的反映，并不能真正代表人民的利益和要求。但他们用自己的理论，反对当时的腐败教会以及当时的封建制度、专制政权，则是功不可没的。

启蒙时期的人性论与人道主义

文艺复兴时期过去了，接着是启蒙时期。这时期，由于工商业的进一步发展，因而工商界人士先后在西欧荷兰和英国的国土上取得政治上的胜利，建立了新政权。以后法国人民经过大约一个世纪的斗争，也出现了1789年的革命。这次革命，继以拿破仑战争，几乎把欧洲大陆整个封建势力动摇了。配合着这约200年轰轰烈烈的反封建斗争，在理论战线上人性论与人道主义也出现新的形式。

这时期的人性论与人道主义，如果与文艺复兴时期的同一思想比较起来，在形式上大约有这些不同：

文艺复兴时期的新思想家，是以和物质世界、现实世界有密切关系的人的理性、人的尊严、全面发展、宽容思想为中心，来表示他们的所谓人道与人性，这对于封建制度本身来讲，还不是致命的打击。因为这些主张，只注重于求人的独立人格的价值、人的精神价值，还没有力求在制度上作根本改变。在政治上也只希望有一个可以保护人民利益的开明专制君主，结束封建割据的局面就够满足了。但是，17、18世纪的新人，由于力量逐步强大，便不能满足于这个要求。他们已意识到必须自己掌握政权。因此，这时期的人道主义思想，首先把人的自由、幸福的要求，以争取个人的权利的形式提出。即这时期新思想家们不再求封建势力赐予恩惠，尊重人格，而是提出要把已失去的权利收回。这时候，他们所谓的个人权利，实质上当然仍不是真正代表人民的权利，但他们却假托说这是一切人的权利，因此主张"天赋人权""天赋民权"（准确的译法应是"自然的人权""自然的民权"）。他们认为人的自由和幸福，是人固有的、与生俱来的权利，即使上帝也不能否认。这种"与生俱来""固有""自然具有"的思想，使他们在讲人的自由与幸福的时候，就形成了系统的"自然法""自然权利""自然状态""自然秩序"和"自然神论"的理论。而在他们看来，"自然"的意义，归根到底就是指人性本身所具有的东西——自然（Nature），也即人性。

这样，当 17、18 世纪思想家在企图以"自然秩序"的观念代替"天定秩序"（或"神定秩序"）的观念的时候，又使人性论有了新的发展。这时所讲的人性，已经超过仅作人兽之别的阶段，他们力求把自然的人性内容，具体地表达出来。而这些内容，集中地在证明人人皆天生有求自由、幸福的权利。培根的经验论和笛卡尔的理性论，就是在这个目标下最先出现的新理论。他们指出人人都具有经验能力或理性，足以成为自然界主人，即人在现实世界，都是主人，都有平等的权利。接着，出现霍布斯、斯宾诺莎、洛克等人的人性论，也出现伏尔泰、卢梭、爱尔维修的人性论，都为人的天生权利或自然权利作辩护。[①] 例如霍布斯，虽然说人类在原始自然状态是互相以"爪牙相见"，但他的意思，却在于表明人类在本质上、不论就智力或体力而言，都不相上下，他甚至痛恨人们在智力上强作差别。他是企图以此说明在任何问题上，人人都有同等权利，尤其是在生命的保存与财产的安全上。所以，霍布斯一面说人正因为权利相等，智力、体力相等，所以有争战，但一面又说人也有理性，可以发现自然法而进入社会状态过和平的生活，有道德秩序的生活。又

---

① 尽管霍布斯等重视人的自爱之心，洛克等重视人的同情怜悯之心（前者还说人类最早的自然状态是战争状态，后者还说自然状态是乐园），在外形上似乎是对立的学派（甚至被人误加以性恶论或性善论之名）。其实，在根本内容上，二者都同样在辩护人人皆天生有自由幸福的平等权利。

如伏尔泰、卢梭等人的人性论，指出人性有自爱自利之心，此外还有同情、怜悯之心，而且有时还说同情心与怜悯心较自爱之心更强烈，但这也仍在着重证明人人天生有同等权利，人人天生有独立的、尊严的人格。

总之，17、18世纪的资产阶级人性论，都是在求为人有天生权利作证。而这种天生权利或自然权利，是用来反对封建特权的，是当时用作革命的口号的。

17、18世纪资产阶级在以天生权利为中心的人性论基础上，发展了文艺复兴时期的人道主义。其特点，是以自然法、自然契约为根据，以自由、平等、博爱为口号。这种思想最早见于荷兰国际法学家格劳秀斯。他首先把自然法与人性视为一致，因而与人道也一致。这样，他把过去建立于神性、神道上的自然法，从天上搬到地上，使自然法作为人民的权利与利益在理论上的根据，同时，格劳秀斯的自然法，把国家、社会、私有财产视为根据人民互相契约的结果，自然法与自然契约联系在一起，这等于说，人民有权利起来推翻封建政权，建立新的政权。这种自然法与自然契约的意思，直接成为17、18世纪人道主义的根本原则。霍布斯曾指出，自然法，乃是人类欲求脱离自然状态的结果。按照自然法，人们要保存个人的生命，保全个人财产。生命财产神圣，自由、幸福神圣，同时这也就是人性、人道的神圣。另一方面洛克则认为自然状态，本是自由平等的，人类本性或原始状态是可爱的，但是，人也还须凭理性订契约以使各平等的个人能互不侵犯他人生命、自由、财产。这种对人的自由、幸福的充分保证，就是自然法的本质，也就是人道的本质。

在18世纪法国的启蒙思想家们，大致也仍遵循着这条路线，他们在大谈可爱的自然状态、称赏原始民族之后，也从公道的观念出发推演出一个依据人性的自然法。这个自然法，与人道乃是一回事。如：爱尔维修也从注重生命财产的人性论出发讲人道，认为人类在没有礼法的时候，固然会人吃人。但是，自从社会存在以后，人类就须凭礼法遵守公道，而礼法，就是人的理性依据自然法、自然权利而订的互相尊重生存权利的契约。所以他提出合理的利己主义的见解。即人性是自利的；但由于人组织并参加了社会，便必须用公正、自由、平等，作为人道的基础，以便人类的利己心都可得到适当满足。所以，礼法、公道、利他，也仅在于使每个人的生命财产有保障。再如：卢梭讲的自然法，实即指天赋人权。这人权的内容，也就是后来总括表现在法国革命宣言中的自由、平等、安全、财产。这个内容，可算代表了整个 17、18 世纪关于人道的内容，也是依据人性、理性、经验、自然法观念所力求表现的人的自由与幸福的观点。

我们可以说，17、18 世纪人性论者、人道主义者，都是通过自然法、自然权利、自然状态、社会契约这些观念来表达他们的人道主义思想的。他们虽然用了不同的名词，如同情、怜悯、普遍道德、合理的利己主义，但这些用来表示争取人的自由与幸福的名词，都是指引人有种种权利必须争得，而其中最主要的是生存权。这个生存权利，就总括了人的自由与幸福的要求与权利。这种权利观念、人道观念，大大有助于资本主义制度下的自由竞争（经济上）、自由结合（民主政治），所以他们都把实现人的自由与幸福的新社会，说成是"理性王国"或"人道的王国"。在这王国内，情感神圣（卢梭等），情欲神圣（爱尔维修等），人的自由与幸福也神圣。这种自由幸福，不在天堂，而在现实世界；不仅是精神的，更重要的是物质的。在这意义下，他们不是向上帝祈求，而还要把上帝拖到"理性王国"受审，向他索回这种自然的权利。这种思想，当然充分表现新一代学者为自己的权利所作的努力。他们把这些内容作为天赋权利来向封建制度作战，确是封建腐朽势力所不可抗拒的。至于用什么方法来实现人道？17、18 世纪人道主义者，除继续前人注重教育外，更特别重视立法，并提出革命的口号。这是他们在革命时期欲求夺取政权的反映。

这种用自然法或"天赋人权"来表示求人的自由、人的幸福的人性、人道观点，在当时条件下，有几个意义必须指出：第一，以天赋人权为中心的人道观点，使得新一代学者敢于与宗教和教会决裂，或者另创一新的宗教。这时期人道主义者们，在神与人的关系问题上，有少数人，逐渐也达到无神论的水平（如梅叶的无神论和霍尔巴赫以及中年的狄德罗的无神论），至于一般学者所信从的自然神论，虽然是与基督教思想妥协的结果，如伏尔泰、卢梭，虽然说过"即使没有上帝，我也要造一个上帝"这一类话，但他们的神或上帝，显然不是封建思想内的上帝，而是带有人民性的上帝；他们把上帝看成和理性相等，主张一种理性教，实际这是以理性为中心。在当时是与代表封建思想的天主教或基督教对立的。这种宗教，在后来取得政权以后，就转化为反动的宗教。但就 18 世纪启蒙思想家理论而言，仍有反封建的意义。这就说明了：尽管这些自然神论者和无神论者对宗教的看法有如此的差别，但他们在攻击当时代表封建利益的天主教会上，以及攻击天主教会的后台——集权专制制度上，每每仍取得一致的见解。

第二，是对于环境、教育、立法的重视。他们虽然仍以人性论为基础，但人的天性必须依靠环境、教育、立法等客观力量。不论是主张性善的洛克、伏尔泰和卢梭，或主张情欲至上的爱尔维修，都有教育方面的专门著作，都主张立法可以改变一切风尚，使人心向善。这种人道思想，乃是文艺复兴时期人道主义者肯定教育意义的进一步发展。

第三，17、18 世纪人道主义高谈自然法、社会契约，但是，除了霍布斯以外，他们绝不说人类经过契约后，人的权利便交给统治者。他们认为虽然有契约，但只限于国家社会，只限于公意。而公意或人民对于政府，仍保有原有的一切权利或大部分权利。政府是人民委托的执行人或公仆，人民可以委托他，也可以罢免他。这等于说人民随时可以起来推翻政府。17、18 世纪人道主义者，虽然有很多是相信开明专制的，但他们承认人民仍有反抗权利。

以上这些特点，是 18 世纪人道主义者在反封建上取得胜利的原因。但是由于他们的立场，始终以自己利益为基础，所以他们始终无法与人民的主体即劳动人民的思想结合在一起，因此，他们的口号如自由、平等、博爱，不得不变为空谈。他们的理论，也是破绽百出的。

首先，他们的自然法、社会契约的观念，是缺乏根据的。完全是主观臆造的观点。他们尽可以用自然法打倒封建主义，打倒"朕即国家"的君主专制，但却不能以此证明这种观点是科学的理论，不能用以对抗历史进步与科学知识。

其次，17、18 世纪人道主义者所讲的人性，和文艺复兴时期人道主义者所讲的人性一样，都是抽象的人性。这种抽象的人性，最终把人的社会性降低为人的生物性，用人的生物性要求来说明人的社会要求。社会观点与生物观点混淆不清。因此，他们原想分别人性与生物性，结果，人性也变为与生物性仅只是程度之不同，而非本质上的不同。这些观点，应用到社会上，应用到具体问题上，则把封建阶级看成与自己在最后基础上是一致的，都是生物学意义上的人，都要吃喝、维持生命，或人与生物都在发挥一种同情怜悯的情感，人人都同样可爱。自己与封建敌人不过是偶然成为敌人而已。也因此，这种反封建斗争最后不得不以妥协告终。

再次，17、18世纪人道主义者，愈往后，愈爱谈怜悯、良心、同情、博爱。当然他们在大谈人道、良心、博爱的时候，有一些人的主观愿望是企图改变当时社会中人与人的冷酷和残酷关系的。但是，他们不知道在现实社会里，只要还存在着财产私有制，还存在着剥削现象。这一类美丽口号，不但是无意义的，而且只能是一种自欺欺人的名词。卢梭算是最痛恨财产不平等的人，最爱讲"良心"与"怜悯心"口号的人，但是他所设计的政治制度，仍然是不平等的私有制。这就表明他们心中的博爱、人道、怜悯，只是对富人、统治者的博爱、人道、怜悯；对于广大劳动人民，则无什么博爱、人道可言。正因为这样，所以他们大多数在否认了基督教的理论之后，自己也想建立一个另一形式的宗教制度，来掩饰当时政治经济制度的实质。在同情、怜悯、博爱之类理论的说教下，他们永远是从主观意识方面出发，永远是主观臆造的社会历史观点，所以也永远不能丢掉宗教思想。

17、18世纪人性论者、人道主义者既然有这些阶级局限性，所以它在最后便不能不使他们的口号与理想变为空谈。1789年法国革命，是所谓"理性胜利"的标记，但同时也开始暴露了它的反人民的实质。从吉伦特党当权到罗伯斯庇尔的"恐怖政治"，终于推翻了法国封建制度，建立了新的政权，无疑是有进步意义的。但是，这个政权最后也与劳动人民的利益是直接对立的。当罗伯斯庇尔把卢梭的人道主义或"天赋人权"的思想，具体化为道德政治、道德教，企图以此作为统治的精神中心的时候，人民很快就明白这是骗子们玩弄的花招。这些花招，作为反封建的武器，确有一些力量，但是临到1793年法国"穷人"起来进行反封建斗争的时候，法国新政坛人物在惊恐这场剧烈斗争之际，立即把昔日对付封建势力的武器用来对付"穷人"。于是他们所谓"人道""天赋人权""道德政治"便改变了根本意义了。这时，自由、平等、博爱，是指"穷人"不得侵犯富人的私有财产，统治者有剥削的自由、营利的自由。而劳动人民所得的权利，也只是被人剥削、压迫的权利。关于这点，恩格斯在《反杜林论》中讲得很清楚：当法国革命实现了这个理性的社会与理性的国家时，就看到……理性的王国遭受到了完全的破产……如果以前的白昼横行的封建的罪行——这些就是到现在也没有消灭——如今变成了次要的话，那么，以前只在暗下偷着做的资产阶级的罪恶，现在却放肆进行了。商业日益变成了欺诈。革命的箴言"博爱"，实现于竞争所产生的诡计与嫉视之中。贿赂代替了暴力的压迫而兴，金钱代替了大刀成为社会权力的主要杠杆……总而言之，"理性胜利"所建立的社会制度和政治制度，表现出是对于启蒙学者所作的美好约言的残酷的讽刺，它引起了人们深深的失望。

以上就是18世纪人道主义者逐渐使自由、平等、博爱口号变为空谈，因而使人民看穿了它们的实质并对之失望的过程。革命成功了，政权在手了，欺骗立即也暴露了。

在这里，我们还必须提到18世纪法国的空想社会主义。这一思想，在一定程度上是曲折地反映了劳动人民的利益和要求的。例如赞美劳动神圣，反对私有制的罪恶，特别是梅叶表现了无神论的精神，肯定农民公社的价值，号召劳动人民团结起来斗争。但是，他们仍与人道主义者一样，从永恒的人性和理性出发，主张自然法、天生自由平等理论，对于社会缺乏本质的了解。结果，在"共同人性""普遍仁爱"中看不出社会冲突。虽然他们也高叫要用"爱""知识"或"教育"来组成新社会，但是，他们所进行的斗争，毕竟是很微弱的。这也是他们的社会主义所以是空想的原因。

19世纪的人性论与人道主义

到了19世纪，人性论、人道主义，在新的社会条件下，在形式上又表现了新的特点。

就社会情况而论，19 世纪是一个错综复杂的世纪。当时西欧、中欧的一些国家的反封建革命已经先后成功，他们的人性论人道主义，也不得不和劳动人民站在一个营垒，进行着反封建的斗争。在这种斗争中，人性论、人道主义起了不可忽视的作用。

从总的趋向说来，1830 年、1848 年、1871 年西欧的革命，和反封建制度的斗争，使早先的人性论、人道主义又有了新的发展。这些大运动，使 19 世纪的人性论、人道主义，分为两期：

以 1848 年革命作为分水岭，属于前期的有：（一）空想社会主义者（圣西门、傅立叶、欧文），（二）德国启蒙思想家与古典哲学家（赫尔德、康德、费尔巴哈），（三）俄国革命民主主义者，（四）哲学家政治思想家，如叔本华、尼采等的生命哲学或意志哲学所讲的人性论，和孔德、穆勒的实证主义与功利主义所讲的人性论、人道主义（叔本华、孔德的思想出现较早，但流行却较后）。但重要的是在各派社会主义思潮中，新出现了社会主义的人道主义，许多社会主义者，都以人道主义作为他们的根本信条。

现在，依次叙述上面提到的人道主义的发展与特色。首先，空想社会主义者圣西门、傅立叶都是亲自经历过法国 1793 年革命的。他们对于法国大革命，并不是不同情，对于旧制度、旧贵族与教会，并不是不痛恨，但是 1793 年的激烈斗争场面，却吓坏了他们。他们二人异口同声地称 1793 年的斗争是"大灾难"，诅咒这一场"穷人反对富人的斗争"，"没有财富的阶级同有财富的阶级的斗争"，"使欧洲走向野蛮"（傅立叶语），"造成了饥饿"（圣西门语），并追究这场斗争是由于"关于平等的琐碎争论"（傅立叶语），由于"平等原则的应用"（圣西门语）。这样，他们尽管对资本主义制度作了相当深刻的批判，对于启发工人阶级的觉悟提供了宝贵材料，在这方面是具有进步意义的，但是，他们对于革命与阶级斗争的恐惧，却使他们不得不找一个超阶级、反对革命的哲学基础。他们所找到的哲学基础，就是人性论与人道主义。因此，他们虽然指出了富人的利益与穷人的利益有所不同，甚至相反，但终于说这些利益并不是不可调和的；他们倡导集体主义，但这种集体主义却是工人与企业家联合在一起的集体。他们认为，工人的工资与资本家的利润，都是劳动的报酬，都有一样的价值。这样，他们虽看到社会财富分配不均，虽然高唱分配要合理，以致大谈人性善，大谈博爱、正义、道德，甚至推崇宗教，希望用这些东西来代替斗争，代替革命。同时根据他们的"人性善"的见解，幻想仅凭教育和立法，力求资本家的觉悟和良心发现，就可使公平和和谐的社会实现。而且，这是不必经过流血牺牲的最好的办法。这种反对穷人革命的人性与人道的见解，虽然对于人民抱有一定的同情，虽然在论证上已经抛弃了17、18世纪的不科学、不合史实的自然法、自然状态、社会契约的见解，甚至已知道历史发展有规律可循，人类的黄金时代不在过去而在未来。但是，他们把实现黄金时代的希望寄托于统治阶级的明智和良心上，他们不知道推翻旧制度的历史任务只有人民才能完成。

英国的空想社会主义者欧文，承继了爱尔维修的人性论与圣西门的人道或博爱的观点，他的错误，也和圣西门、傅立叶一样。

其次，是德国启蒙思想家与德国古典哲学家的人性论与人道主义。这里，主要指赫尔德、康德、黑格尔和费尔巴哈。他们也都是法国1793年所谓"恐怖政治"的反对者。他们，比之空想社会主义者，更恐惧这场激烈的斗争，以至乞援于旧制度，希望与封建制度能取得妥协而得到保护。其中特别是康德和黑格尔。这两人，起初还称赞1789年的法国革命，因而对引起1789年革命的卢梭思想，还加以赞扬和拥护。但是，当他们一听到法国1793年激烈的斗争一展开，他们不但因此对法国革命起反感，甚至连对自由、平等，以至卢梭的思想，也大加反对了。其中，尤其是黑格尔，甚至公开拥护普鲁士封建王朝，反对一切人道观念。

就是在这意义上，我们看到了赫尔德和康德的人道主义理论。赫尔德和康德的人性论和人道主义著作，有一部分是1793年之前写成的。当然这些著作说不上是反对1793年革命的，而在反对德国的封建主义上，还有其积极的与启蒙的作用。例如：赫尔德力证人类历史是一部人道观念的发展史，注重"发展"，注重历史的规律性，注重人类互相尊重，人格完善，这是推演文艺复兴以来学者们所讲的个人尊严或路德所谓"内心的人"的意义，有反对封建等级、特权并肯定个人人格的内容；又例如：康德重视理性的或超越的自我、道德义务、目的王国，力证人道就是把人作为目的而不是作为手段，这在作为反封建的意义上还是有积极内容的。但是，就在这种反封建意义上，他把 18 世纪认为立即可实现的理性王国，变为形而上的或超越的理性王国，把行为的动机，从具体的个人情欲或情感，变为超越的善意志、自律、无上命令，这与宗教家所讲的良心，相去不远，或者可以说，就是一丘之貉。18 世纪法国资产阶级人性论者、人道主义者，曾主张把上帝拖到地上来受人的理性的审判，而康德的自律、善意志则是又把人送到上帝的天国去求恩赐。这样的理论显然是大大减少了反封建的力量。这种人道主义，尽管充满了美丽的辞藻，但它绝不是想要进行一场反封建的轰轰烈烈的革命。所以，当康德及其同时期的德国思想家一听到 1793 年法国的"穷人"起来参加革命后，立刻吓坏了。他们所谓的"义务"与"目的"，立刻变成劝告乃至束缚"穷人"起来的绳索。他们高谈"永久和平""仁爱"，希望用这些东西来使欧洲不再出现 1793 年式的革命。他们的"义务"或"人道"，便失去其应有的积极意义了。

19 世纪学者，就在上述这些思想家的影响下，谈博爱与人道，并把人道的根本内容看成是博爱。因此，人道主义的根本主张——人类自由与人类幸福，也都被放在博爱的口号下来求其实现。在他们看来，无博爱即无自由、平等可言，博爱是人道的中心，也是人性的内容。费尔巴哈的人性论、人道主义，就是在这种气氛下产生的。费尔巴哈的人性论，是以人本主义之名，继承爱尔维修的情欲主义和合理利己主义的观点，把人类求幸福的冲动或本能，看成是人类行为的最后决定力量。他用宗教本质，来概括人的本质，因此，又以当时流行的人道主义的博爱观点为前提，用"利己与利他一致""'你''我'一体""人对人是上帝"这一类论据，提出"普遍爱"和"爱的宗教"。于是理性王国，又变为爱的王国。这种人性论、人道主义，也许是人性论、人道主义最完整的形式。也因此，马克思对费尔巴哈的人道主义观点作了严正的批判。关于费尔巴哈的人性论，马克思是这样批判的："费尔巴哈把宗教的本质归结于人的本质。但是，人的本质并不是单个人所固有的抽象物。在其现实性上，它是一切社会关系的总和。"[①] 关于费尔巴哈的人道主义或爱的宗教，恩格

---

① 《马克思恩格斯选集》第 1 卷，人民出版社，1972 年，第 18 页。

斯认为："在费尔巴哈那里，爱随时随地都是一个创造奇迹的神，可以帮助他克服实际生活中的一切困难——而且这是在一个分裂为利益直接对立的阶级的社会里！这样一来，他的哲学中的最后一点革命性也消失了，留下的只是一个老调子：彼此相爱吧！不分性别、不分等级地互相拥抱吧！——大家一团和气地痛饮！"① 这些都是严肃的批判。费尔巴哈要想用对抽象的人的研究来代替对现实的活生生的人及其历史的研究，要想用爱来削平社会的压迫和剥削。这完全是一种空想。由于这一情况，所以他不能在德国担负彻底反封建的革命任务。在实现人道或博爱的方法上，他不仅不敢如 18 世纪激进派高标革命为手段，甚至还想脱离政治来专讲教育与立法，或主张借助宗教道德力量来推行。这就显得 19 世纪前半期社会上流行的人道主义，比之 18 世纪后期的人道主义已经大大落后了。

俄国革命民主主义者的人性论与人道主义，多半是空想社会主义者和费尔巴哈理论的综合。在这里就不去多讲它。

到了 19 世纪后半期，这是社会主义遍布欧洲，全世界的时代，其中多数仍讲新的人道主义和人性论，把人道主义投向新的阶段。使人道主义与实际的人民反压迫反剥削的斗争，密切结合在一起。和一些高坐在大学讲台上的教师所讲的人道主义人性论，处于尖锐对立的地位。当然，两方面都值得我们详细研究。但在今天，我却想把一些社会主义者讲的人道主义人性论，留在另一时间讨论，目前，我只求把一些在大学讲坛上讲的人道主义人性论，作一简单叙述。

叔本华、孔德、穆勒，是西欧各国 1848 年革命前后出现的人物，他们既恐惧 1793 年革命的重演，更怕 1848 年革命的再现。他们都亲眼看见 1848 年的革命，由于他们都靠政府发放工资生活，很难不站在统治者一面。如穆勒、尼采都亲眼看到第一国际和 1871 年巴黎公社运动，都坚决站在反社会主义、反工人运动的立场上。所以，这些人讲的人性论与人道主义，都有反对工人运动，反对革命的倾向。

例如法国的孔德，他本是空想社会主义者圣西门的学生，但是他对

---

① 《马克思恩格斯选集》第 4 卷，人民出版社，1972 年，第 236 页。

工人与社会主义却抱着敌对的态度。他假借历史研究与自然科学的名义，企图反对工人运动；后来甚至想创立人道教来反对社会主义与工人运动。他也口口声声讲博爱，但比起康德、费尔巴哈的爱就更趋保守。因为后二人的博爱，最初还总是从反封建的意义上推演出的。而孔德则自始把博爱的矛头作为向工人运动社会主义进攻的武器。他的主张，不仅在法国流行，而且在英国也有影响，穆勒在英国就与他相互唱和。穆勒也自认为自己是从合乎人道的功利主义立场出发的。他著了一本被统治阶级奉之为圣经的《论自由》，把英国海德公园的自由认为是"真正的自由"。同时称这种"真正的自由"最合于人类本性与人道。穆勒不敢告诉大家，海德公园内的自由，是有警察的棍棒监视着的"自由"。他大肆宣传思想自由和言论自由的"创造性"和"促进社会进步"的作用，却严格地不许劳动人民的行动上的自由，这完全是虚伪的人道。

这个趋向，在叔本华、尼采那里更露骨。叔本华的盲目生存意志与悲观主义，完全是消极愤世的思想。他把他所看到的人，都看作受盲目意志所推动的（高等）动物，在那里，一切理性都失去作用。站在这种人性观点上，他把人与人的关系看成是"楚囚对泣"的关系，人与人虽然可以有同情，但这同情只限于忘掉悲苦。于是人道主义在这个时期所强调的"博爱"，在叔本华则变成"慈悲"。叔本华曾经有一个很著名的比喻，他把人类社会，比喻成严冬时期的一群刺猬，相互隔得远了会感到寒冷，但是相互挨得近了，又会彼此刺伤。最好的办法，是维持一定的距离。这就是他所谓"慈悲"的本意，即站在远远的地方给人以同情。他所形容的这种"楚囚对泣"的关系，正是19世纪末所谓"世纪末"恐怖生活方式的预言。

尼采的人性观点的依据，是弱肉强食，他由此进一步推演出反人道主义观点。他把叔本华的盲目意志，变为权力意志，把他的慈悲变为"超人"。他高叫废除一切以道德、和平、正义、自由、平等、博爱为内容的"奴隶道德"，另倡一种以贵族血统、超人的权力意志、战争为内容的"主人道德"。这种思想是震惊于1871年巴黎公社和工人运动的结果。

孔德、穆勒和叔本华、尼采这类人的思想，在19世纪后半期欧洲思潮中，除了社会主义思潮外，仍然是主要的潮流。

20 世纪的人性论与人道主义思想，实际上是 19 世纪的继续。不过，社会主义的人性论、人道主义，却更为壮大，影响也更广。这也是发展的必然趋势。苏联的斯大林，提倡集体主义，后来，他的对手便以人道主义来补其缺点。至于西欧的社会主义，几乎全都大讲特讲人道主义，这也可算是时代的特点。

原载《问道者——周辅成文存》，中信出版社，2012 年

八、历史发展动力问题和历史创造者问题的论争

　　历史发展动力问题和历史创造者问题的论争都始于 1979 年。1979 年 2 月 13 日《解放日报》发表的林章的文章《生产力发展是社会前进的根本动力》，和《社会科学研究》1979 年第 2 期发表的戴逸的《关于历史研究中阶级斗争理论问题的几点看法》受到学术界关注。这两篇文章对以往的阶级斗争是历史发展唯一动力的理论提出质疑，历史发展动力问题的论争由此展开，在两三年内全国报刊发表了数百篇文章，举行了多次学术讨论会，就历史发展动力问题提出了很多种不同观点（有学者归结为 13 种，有学者归结为 7 种）。1984 年黎澍的《论历史的创造及其他》（载《历史研究》1984 年第 5 期）引发了历史创造者问题的全国性争论，争论围绕着"人民群众是历史的创造者"这一命题而展开，此前 1979 年的《国内哲学动态》和 1980 年的《文汇报》已有相关讨论。这个论争直到 20 世纪 90 年代初逐渐平息。这两个论争有着内在联系：从社会客体来说，历史发展的动力是生产力还是阶级斗争？从社会主体来说，历史的创造者是人民群众还是参与历史实践的个人？两者共同的问题在于，对"动力"或"创造者"是否能够冠之以"唯一"的说法？这里选编的文献分为 4 辑：第 1 辑，关于讨论历史发展动力问题的过程，选入刘大年的文章，是为了说明这个讨论不仅和当时关于生产力的讨论有关，也和当时讨论的人道主义及异化问题有关；第 2 辑，对于历史发展动力问题讨论的评析，从中可以看到这场讨论产生的影响；第 3 辑，关于历史创造者问题讨论的过程，王学典、周溯源的文章表现了讨论后期的思考；第 4 辑，对于历史创造者问题讨论的评析，由此认识这场讨论的思想影响。

第 1 辑

历史发展动力问题讨论综述（特约稿）

胡素卿 *

粉碎"四人帮"以来，特别是党的十一届三中全会以来，我国史学界和理论界的同志们围绕着历史发展动力问题展开了热烈的讨论。到今年六月为止，在报纸杂志上先后发表了近百篇讨论文章，本刊也陆续收到一些来稿，各地的历史学会、高等院校的历史系和几乎所有的史学研究单位都开会讨论了这个问题，讨论会上的发言也是十分踊跃的。

在历史发展动力问题上"文化大革命"前史学界就有不同意见的争论。所谓"让步政策"论和所谓"反攻倒算"论就是两种针锋相对的意见。"文化大革命"中"让步政策"论受到了严厉批判和全盘否定，被戴上了"修正主义"的帽子，学术问题被弄成了政治问题。目前这次讨论最初是从清算林彪、"四人帮"在史学研究中的极左倾向开始的，带有政治批判的性质，后来就完全转入了学术讨论的轨道。讨论中提出了七种基本观点，现综述如下。

一、生产力是历史发展的根本动力或最终动力

其主要论点是：

第一，马克思在《〈政治经济学批判〉序言》中关于历史唯物论的那段著名的话 ① 就是最权威的理论根据。马克思主义经典作家涉及"动力"

---

* 　胡素卿，作者情况不详。

① 《马克思恩格斯选集》第 2 卷，人民出版社，1972 年，第 82—83 页。

问题的其他论述都是以这段论述为理论依据的，而且都应以这段论述为基准。

第二，在社会存在和发展中，生产力是最积极、最活跃、最革命的因素。它永远是推动社会前进的力量。生产关系和上层建筑等则是相对稳定的。生产力决定生产关系，从而决定整个社会形态。人类社会的五种社会形态归根到底都是由生产力的发展水平决定的；同一社会的不同发展阶段也是由生产力的发展水平决定的。生产关系的变革是生产力发展推动的。消灭旧的生产关系以后建立什么样的生产关系也是由生产力的性质决定的。生产关系对生产力有反作用，但不论什么时候都不起决定作用，如果认为在落后的生产关系束缚生产力的发展时，变革生产关系能起决定作用，这实际上是认为"平时是生产力决定生产关系，而在生产关系变革时期是生产关系决定生产力"。那就不是历史唯物论的一元论，而是二元论。因此，社会发展史首先就是生产发展史，生产关系一定要适合生产力的性质和水平的规律是社会发展的基本规律，对一切社会都是适用的。

第三，生产力不但一般地决定生产关系，而且具体地决定阶级和阶级斗争。阶级和阶级斗争都是历史范畴，是生产力发展到一定阶段的产物。一场大规模阶级斗争的爆发，主要是由于生产力的发展遭到严重阻碍以至破坏才引起的，就是大规模阶级斗争进行的方式、提出的纲领、最终的结局，也都是由生产力的状况决定的。阶级斗争有无推动社会发展的作用完全是以能否解放生产力为转移的。只有那能够摧毁反动集团的统治，扫除生产力发展的障碍的阶级斗争才可以称为社会发展的动力。

阶级斗争，尤其是农民的阶级斗争，农民的起义和战争并不都会促进生产的发展和社会的进步，有时甚至会造成社会经济的严重破坏。秦末的农民大起义曾使西汉初年的社会经济呈现一片荒凉残破的景象。翻开中国古代史一看，生产发展较快的不是阶级矛盾尖锐的时期，相反倒是阶级矛盾相对缓和的西汉初年、隋文帝时期和唐王朝、明王朝的初期；一旦阶级矛盾尖锐化了，社会发展就缓慢下来，停滞不前，甚至破坏倒退。另外，如果说只有农民的阶级斗争、农民的起义和农民战争才是封建社会发展的真正动力这种理论能够成立的话，那么，下述现象就不能得到圆满的解释：中国封建时代的农民起义和农民战争次数之多、规模之大在全世界都是仅见的，就是说动力最大最强，为什么封建社会反而延续时间最长，发展那样缓慢呢？而封建时代几乎没有农民战争，亦即几乎没有什么发展动力的日本和西欧一些国家倒比中国更早地进入了资本主义时代呢？

第四，我国建国三十年来的历史经验充分证明了生产力的最终决定作用。"过去三十年间我国社会主义制度的优越性没有充分发挥出来，把林彪、'四人帮'的破坏除外，一个重大的原因是我们在某些时期的实际工作中没有真正承认生产力的最终决定作用，违反了生产关系一定要适合生产力性质的客观规律。"本来打算用十五年或更多一点的时间来完成的三大改造（这是符合生产力状况的），四年（主要是1955、1956两年）就完成了；本来应该大力搞工业化建设的，却把主要精力用去搞上层建筑领域里的阶级斗争了；本来应该有计划按比例发展经济的，却主观地搞了"大跃进"，妄想在手工劳动的基础上一步跨入"共产主义"。结果使我们国家吃了大亏。

二、阶级斗争是阶级社会真正发展的动力

其主要论点是：

第一，说生产力是历史发展的根本动力或者基础，这当然是对的。但这样说显得过于空泛，因为它没有说明在阶级社会里生产力的动力作用是怎样表现出来的。而要说明这个问题就得把它和阶级、阶级斗争联系起来。生产力不能脱离生产关系，而生产关系在阶级社会里就是阶级关系。生产关系一定要适合生产力性质的规律在阶级社会里就表现为阶级之间的斗争。经济发展，生产力的前进不能自然而然地改变历史，要推动历史就得通过阶级斗争和伟大的革命运动。当生产关系由生产力发展的形式变为生产力发展的桎梏的时候，离开阶级斗争，离开革命战争就不能实现生产方式的飞跃，这是阶级社会的历史反复证明了的。

第二，阶级斗争不但是实现社会形态更替推动生产力飞跃发展的决定力量，而且是同一社会形态中保证社会再生产正常进行，推动生产力

发展的决定力量。例如，秦末农民大起义的洪流冲垮了秦王朝的暴政，改造了封建统治，才保证了社会再生产的进行。其他农民起义也有类似的作用。同时，我们不能用机械的眼光看待阶级斗争、革命运动对生产力发展的促进作用，要从一个历史过程来看。在私有制社会里，不可能一次革命的行动、革命的胜利，马上就表现为生产力的前进，有时要等一百多年以后才能看出效果。英国资产阶级革命以后一百年才发生"工业革命"。中国的五四运动有重要意义，但它并不能马上提高生产力。同样，把太平天国放在中国整个民主主义革命的全部过程中加以考察，把它看作推翻半殖民地半封建社会的有重要意义的一步，可以说它是推动了生产力的前进的。

第三，按照马克思主义经典作家的教导，我们不应把生产力的作用和阶级斗争的作用割裂开来。《共产党宣言》讲，人类的文明史就是阶级斗争史。恩格斯把社会经济发展和阶级斗争的作用密切联系起来看作一切重要历史事件的"终极原因和伟大动力"。列宁则认为生产力的发展和阶级斗争是"基本的动力"。

三、阶级斗争"主导作用"论

这种观点是第二种观点的变形。持这种观点的同志认为，承不承认阶级斗争在原始社会解体以来的历史发展过程中的"主导作用"，这是马克思主义史学与五花八门的其他史学流派的重要分水岭。这种"主导作用"论者认为自己的主张是一种"历史发展的全部合力"论。这种主张要点有五个：

第一，高度评价被剥削阶级的革命斗争在历史发展中的作用，决不等于只承认它是唯一的历史动力。新兴的剥削阶级也推动历史的发展。

第二，承认阶级斗争是历史发展的强大动力，就必须如实地承认参与斗争的各个阶级，其中包括剥削阶级都对历史的发展产生影响，它们是斗争中形成的那种决定历史发展的全部合力的组成部分。在这个合力中各个阶级是互相制约的。恩格斯就曾明确指出，土地贵族、资产阶级和无产阶级"这三大阶级的斗争和它们的利益冲突，是现代历史的动力"。

第三，承认阶级斗争是历史发展的动力，就包括承认在一定时期和一定条件下剥削阶级的国家对历史发展的积极作用。因为任何国家都具有某种客观存在的经济职能。经济的必然性一定会在国家的政策中体现出来。国家政策的产生，原则上都是一个意志遭到另一个意志的反对而融合为一个总的平均数的结果。

第四，承认阶级斗争是历史动力，决不意味着否认或忽视生产力在历史发展中的作用，恰恰相反，从马克思主义的阶级观点出发，必须看到生产力的最终决定作用。

第五，充分估计生产力的作用，决不能导致贬低阶级斗争，也不能离开阶级斗争、离开生产关系的变化，谈什么生产力如何推动历史发展。因为生产增长和历史发展是两个不同的概念，不能混同，否则会导致生产力愈大，社会发展水平愈高这样简单的错误结论。

四、合力动力论

主张这种观点的同志认为，前三种观点都不全面，都有片面性，只有承认各种社会因素的"全部合力""总的合力"推动社会发展才符合马克思主义。因为：

第一，社会是一个极为复杂的有机体，组成这个有机体的因素是多种多样的，有生产力和生产关系的矛盾，有经济基础和上层建筑的矛盾，还有阶级之间的矛盾、新旧之间的矛盾、先进和落后之间的矛盾等等。这些矛盾互相作用，形成了许多力的平行四边形，制约着历史事件的产生、形成和发展。

第二，马克思主义经典作家对此有过明确的指示。毛泽东同志就说："社会的变化，主要地是由于社会内部矛盾的发展，即生产力和生产关系的矛盾，阶级之间的矛盾，新旧之间的矛盾，由于这些矛盾的发展，推动了社会的前进，推动了新旧社会的代谢。"[1] 毛泽东同志说的是"这些矛

---

① 《毛泽东选集》第 1 卷，人民出版社，1952 年，第 277 页。

盾"，不是"这种矛盾"推动了社会的前进。就人类的实践活动来说，就是生产斗争、阶级斗争和科学实验推动社会前进。生产斗争是社会生存和发展的基础，阶级斗争是阶级社会的发展的直接动力，科学实验是一种历史上起推动作用的革命力量。

第三，劳动经验的积累和传播，科学技术的应用，国际文化的交流，等等，都会促进生产力的发展，推动社会前进。

五、生产力和生产关系的矛盾是历史发展的根本动力

这种观点是对"合力动力"论的一种补充和修正。持这种观点的同志认为：

第一，在极其复杂的社会矛盾中，生产力和生产关系的矛盾（即生产方式）是最基本的矛盾，是将其他矛盾联系起来，综合起来的基本力量。人类社会的历史，就是在生产力和生产关系的矛盾运动中发展的。这种发展在不同的时期表现为不同的形式。有时表现为用阶级斗争去改变旧的落后的生产关系以解放生产力，有时表现为用武装斗争去摧毁旧的落后的生产关系和上层建筑为生产力的发展创造条件，有时表现为用国家权力保护先进的生产关系以促进生产力的发展，有时表现为劳动人民用生产斗争和科学实验去发展生产力。

第二，并非一切在社会发展中起作用的力量都是社会发展的动力，只有那决定人类社会的历史命运，推动社会变化、发展、前进的决定力量才是社会发展的动力。并非一切社会发展的动力都是根本动力，只有那贯穿人类社会始终，决定一切社会现象、制约各种社会因素、推动社会发展的根本性的物质力量才是社会发展的根本动力。在所有的社会力量中，只有生产力和生产关系的矛盾才符合"根本动力"的标准，其他都不配称为根本动力。

第三，即使在阶级社会里，阶级斗争也还是根源于生产方式的内部矛盾，离开了生产方式的内部矛盾，我们甚至无法理解阶级之间的斗争。因此，我们研究社会发展的动力问题，就不能停留在阶级斗争上面，而要深入揭示整个人类社会发展的更为基本更为深刻的根源。

还应当指出，阶级斗争并不能把生产力和生产关系的矛盾统统反映出来，例如劳动经验的积累与传播、科学技术的应用、国际文化的交流等等，都是阶级斗争所不能反映的。

第四，生产力内部的发展动力主要研究的是人和自然的关系，而不是人和人之间的关系，因此不能直接用来说明社会发展动力。能说明这一点的是生产力和生产关系的矛盾。

六、人的物质利益的要求是社会发展的原动力

推动事物发展变化的因素是由事物本身的复杂程度决定的，事物愈复杂，则促使其发展变化的因素愈多。社会是一个很复杂的事物，所以推动它发展变化的因素也很多：阶级斗争、生产活动、科学实验、人民群众、英雄人物，乃至自然环境等等都是一种因素或一种动力，现在的问题不在于是否承认这些动力，问题在于从中找出贯穿整个社会发展过程中的最根本、最终极的原动力。这种原动力就是人们对物质利益的要求。为什么呢？因为：

第一，人对物质利益的需求，是社会生产的起点和目的，它贯穿于人类社会的全部过程。人类为什么要进行生产？是为了满足自己的物质欲望，思想总是行为的先导，正是这种物质欲望才促使人们去从事生产劳动，从事工具的创造、改革和发明，从事满足此种欲望的其他社会活动，这样也就推动了生产力的不断提高，推动了社会的发展。

第二，阶级矛盾源于物质利益，阶级消灭依靠物质利益。在阶级社会里，阶级斗争无疑是社会发展的一种动力，但不是原动力，而是一种间接的、派生的动力。因为任何阶级斗争乃至一切社会矛盾的形成，其最终根源莫不在于物质利益，历史上的一切革命、战争、起义、暴动都是基于物质利益的根本要求而爆发的，虽然它们的直接原因各不相同。反过来讲，从促进社会矛盾和阶级矛盾的缓和乃至最终消除来看，同样是离不开物质利益的。

第三，物质利益也是剥削阶级调整生产关系的杠杆。对物质利益的欲望是一切阶级的共性，只是程度不同罢了。剥削阶级为了不使自己的

物质利益在人民革命中化为乌有，对劳动人民采取一些让步，作一些生产关系的调整是合乎逻辑的。古代史上所谓"文景之治""贞观之治"等不都是无可否认的事实吗？

七、层级动力说

其主要观点是：

第一，凡是推动社会历史前进的一切因素和力量，都应该属于"动力"的范畴。科学技术、生产力、生产关系与生产力的矛盾、阶级斗争、先进的政治制度和革命思想等等都是社会发展的动力。问题不在于哪个是动力，哪个不是动力，而在于这些动力分别处于哪个层级，具有什么特点，如何推动历史前进。

第二，阶级斗争是动力。在阶级社会中这是无法否认的事实，但如把它作为唯一动力就说不通。为什么会有阶级斗争？离开了生产力和生产关系的矛盾就不可理解。而且阶级斗争解决人和人之间的关系并不能直接推动生产力发展，只是为生产力的发展开辟道路，生产力的发展还得通过自身的矛盾运动。春秋战国时期，我国生产力出现的铁器和牛耕这两个新因素，很难说是那两个阶级斗争的直接产物，相反，倒是它们引起了新兴地主阶级和奴隶主贵族的斗争。如此等等。

第三，生产力也不是"唯一的"动力。"生产力在整个社会结构中处于最深的一个层级"，可以说是"推动历史发展的最终的决定力量"。但是，"最终的"不等于"唯一的"。因为：（1）任何生产力都处在一定的生产关系中；（2）生产力不能单独决定一个社会形态的性质和面貌，更不能决定社会形态由低级到高级的转变。美国的生产力水平比中国高得多，但那里还处在资本主义阶段。

第四，政治力量和思想力量在一定的条件下对社会发展也起推动作用，只不过它根源于更深的层级罢了。

第五，社会形态的层级结构依次是，生产力、生产关系、政治制度、意识形态。推动历史发展的动力依次是，生产力、同生产力相适应的生产关系、促进生产力发展的政治制度、反映生产力要求的意识形态。在这种层级结构的矛盾系统中，前者是后者的根源，后者依赖于前者，但它们都构成整个历史发展的动力，缺一不可。不过，由于这些因素和力量分别处在不同的层级、它们作用的特点和推动历史前进的方式各不相同。有时这一层级动力的作用比较突出，有时另一层级动力的作用又比较突出。

除了上述七种基本观点外，还有多种其他动力论，如科学技术是社会发展的唯一动力、人民群众是历史发展的真正动力、阶级协调也是推进历史的力量、生产力和阶级斗争是两股动力、社会基本矛盾是根本动力、生产力内部的矛盾运动是历史发展的动力等等，这里就不一一介绍了。在对上述七种基本观点的具体论证中，每种观点内部也有各种各样的差异，只能作如上的大略介绍。

在讨论过程中，企图从方法论上研究问题的文章越到后来越见其多。有的同志认为，讨论中的意见分歧在很大程度上是由于对经典作家的论述作了不同的理解或理解得不够全面造成的，其实他们的意见并没有本质的区别。有的同志则认为探讨真理、研究学术不应从马克思主义经典作家的论述出发，而应从事实出发。经典作家的论述只有作为研究问题的指南，不能作为结论。经典作家从不同的方面、不同的角度曾作过不尽相同的论述，这是很自然的。如果我们以这些论述作为立论的根据，势必造成扯不清的局面。还有的同志对"什么是社会发展""什么是动力"等作了若干分析和规定。这些做法对讨论的深入都是有帮助的。

原载《哲学动态》1980 年第 8 期

近年来关于历史发展动力的讨论

肖　黎*

历史发展的动力问题，是历史科学领域中一个最基本的理论问题。在相当长一段时间里，我国史学研究中存在着一种值得注意的倾向，即把一部丰富的中国历史，简单化为奴隶起义、农民战争的历史，纷纭复杂的历史现象被公式化、概念化的阶级斗争公式所代替；对剥削阶级的代表人物不作具体分析，即使是在历史上起过积极、进步作用的帝王将相，也被从历史著作中抹去，等等。历史研究领域中这些问题的出现，都与研究者们对什么是历史发展动力这个问题的理解有关。对这样一个重要的理论问题，史学界过去并未认真地进行深入的研究和探讨。虽然早在50年代，当时学术界曾有所触及，但仅发表了很少的几篇文章就销声匿迹了。因此，在我国史学界长期沿用的是阶级斗争是唯一动力论。直到粉碎"四人帮"之后，关于这个问题的讨论才正式地开展起来。

在1979年3月中国社会科学院于成都召开的中国历史学规划会议上，戴逸作了题为《关于历史研究中阶级斗争理论问题的几点看法》的发言，提出了"推动社会历史前进的直接的主要动力是生产斗争"的见解。刘泽华、王连升在《关于历史发展的动力问题》文章中，也提出了"生产斗争是历史发展的最终动力"的观点。接着，戎笙在题为《只有农民战争才是封建社会发展的真正动力吗？》的文章中也认为，"即使在阶级社会里，阶级斗争也不是社会发展的唯一动力"。这些文章虽然都没有否定阶级斗争的动力作用，但都强调了生产斗争、生产力是历史发展的

* 　肖黎，作者情况不详。

动力，对阶级斗争是历史发展的唯一动力这个传统观点提出了异议。这些观点的提出，很快地引起了全国史学界的反响。

1979年10月13日，《光明日报》"史学"专刊开展了"关于历史发展动力问题"的讨论。随后，全国许多报刊也开辟专栏进行讨论，许多省、自治区、直辖市高等院校、史学会都召开了学术讨论会，专门讨论历史发展动力问题。这场讨论不仅引起了史学界的普遍关心，而且也波及哲学界。从1979年3月至今，据不完全统计，全国报刊登载历史发展动力问题讨论的文章达三百篇以上，至今仍有文章陆续刊出。在历史发展动力的讨论中，涉及的问题很多，各种意见分歧也很大，不可能作全面的介绍，在此只能摘其要者予以概述。

一、什么是社会历史发展的根本动力

什么是社会历史发展的根本动力，是这次讨论的主要问题，也是争论的焦点所在。对于这个问题，大体有以下几种意见：

第一，生产斗争、生产力说。

刘泽华、王连升在《关于历史发展的动力问题》一文中指出，生产斗争或生产活动是历史发展的根本动力。他们认为：生产斗争是人类活动最基本的内容，是其他一切历史活动的基础。在人类进入阶级社会之后，无论依次更替出现的哪一种社会形态，都不是仅有一种生产关系存在，而是同时存在着一种以上的不同性质的生产关系。究竟哪一种生产关系是主导的、规定着社会的性质，这是由生产力的性质与发展水平决定的。无论是社会形态发生根本变化的革命，还是在同一社会形态内部引起社会关系量变或部分质变的革命，都是由生产力性质与发展水平决定的。同时，生产力对上层建筑也同样具有直接的最后的决定作用。因此，作者说："生产斗争是一种普照的光，是历史发展的根本动力，是一切历史变革的终极原因。"[1]

戴逸认为："从人类社会存在以来，无论何时，生产活动都是首要的

---

[1] 刘泽华、王连升：《关于历史发展的动力问题》，《教学与研究》1979年第2期。

活动，生产斗争是推进社会历史的强大动力。"①生产的发展，社会的前进，首先是从生产力的发展，从生产工具的变革和发展开始的。阶级斗争本身也依赖于生产力的发展，如果离开了生产来谈阶级斗争，如果忘记了生产斗争，而片面地把阶级斗争当作"唯一动力"，这是不符合马克思主义的。他举例说，日本明治维新一百多年来，并没有发生什么大规模的阶级斗争，可是日本的生产发展很快。如果认为阶级斗争是"唯一动力"，那么，日本的生产应该是发展不快的。英国在资产阶级革命后的三百多年，美国在独立战争和南北战争之后，都没有发生过什么大规模的革命斗争，然而，他们都是当今世界上生产发展水平最高的国家。

杨生民在《略谈历史发展的动力问题》一文中认为："所谓历史发展的根本动力，就是在一切社会形态中始终推动历史前进的最终动力。根据历史唯物主义的原理，这样的根本动力只能是生产力的发展。这不仅是因为在一定生产力发展水平下人们所从事的生产活动是一定社会赖以存在的基础，而且还由于生产力是最活跃最革命的因素，生产力的发展推动着生产关系的发展。决定着社会形态的更替。"他从三个方面阐述了在阶级社会中生产力发展最终决定和制约着阶级斗争：其一，生产力发展水平决定着阶级的产生，阶级的状况，阶级斗争的性质、内容，各个阶级的前途，以及阶级的消灭。其二，生产力的发展状况决定和制约着阶级斗争推动社会前进的程度。其三，要求打破束缚生产力发展的社会障碍，是进行阶级斗争的根本动因。他认为，刘泽华等说生产斗争是"推动历史发展的根本动力力"观点并不是恰当的。这是因为，其一，混淆了生产力与生产斗争的概念。生产力指的是人类征服自然的能力和程度。所谓生产力发展，则包括从事生产的劳动者的质量（生产经验、劳动技能、平均熟练程度）的提高和数量的适当增长、生产工具的进步、利用劳动对象广度与深度的差异等。而生产斗争或生产活动指的则是生产过程中人与自然的斗争或从事的生产实践活动，包含不了生产力的丰富内容。其二，由于劳动生产力是由许多因素决定的，所以要使生产力得到发展，仅仅有生产斗争还不够，还需要有诸种社会条件和自然条件

---

① 戴逸：《关于历史研究中阶级斗争理论问题的几点看法》，《社会科学研究》1979 年第 2 期。

的配合。没有这些条件的配合，单纯的生产斗争并不能保证生产力得到发展。

他也不同意生产力和生产关系的矛盾运动是推动历史前进的根本动力的看法。因为这一矛盾运动的两个对立的方面，对历史的发展各有不同的作用。在这一矛盾运动中，生产力是矛盾的主要方面，是决定事物性质的起主导作用的方面，这个矛盾的主要方面就是推动历史发展的根本动力。没有必要因生产关系这一矛盾方面对生产力发展有着巨大的反作用而将其纳入历史发展的根本动力之中。[1]

董楚平认为："社会发展史，首先就是生产发展史，生产力是社会发展的根本动力。……离开生产力这个动力，阶级斗争就不成其为动力，与阶级斗争这个动力相比，生产力是更为根本的动力。"[2] 持这种观点的同志还认为，生产力是人类征服自然的能力，是没有阶级性的。这种能力的提高，即使在阶级社会里，也不是都要通过阶级斗争的。

还有的同志引用了恩格斯的话："社会制度中的任何变化，所有制关系中的每一次变革，都是同旧的所有制关系不再相适应的新生产力发展的必然结果。"[3] 认为马克思主义经典作家已经清楚地说明，只有生产力才能在社会发展中起决定作用。他们在文章中还陈述了这么一种观点："阶级斗争只是扫除生产力发展障碍的动力，在障碍扫除之后，社会经济发展的快慢，人民的物质生活、精神生活提高的程度还是决定于生产力的发展，尤其是决定于现实生产过程中的科学技术的发展。"[4] 他们强调说："人类历史进步的快慢与科学技术进步的快慢是成正比例"，"科学是推动历史前进的巨大力量"。

第二，阶级斗争说。

刘大年在《关于历史前进的动力问题》一文中提出，在阶级社会里，"经济发展，生产力的前进，不能自然而然地改变历史，要通过阶级斗争、伟大的革命运动来变革历史。对于这一点，最有说服力的事实

---

[1] 杨生民：《略谈历史发展的动力问题》，《教学与研究》1979 年第 4 期。

[2] 董楚平：《生产力是历史发展的根本动力》，《光明日报》1979 年 10 月 13 日。

[3] 《马克思恩格斯选集》第 1 卷，人民出版社，1972 年，第 218 页。

[4] 罗跃九：《人类社会发展的主要动力是生产力》，《光明日报》1980 年 4 月 15 日。

是：十月革命时的俄国，实行社会主义改造时的中国，生产力相对落后，或者落后得很远，但建立起了社会主义制度；反过来，一些西方国家生产力水平相对地高，以至高出许多，至今仍停留在资本主义社会；这集中说明了生产力的发展不能自行变革历史，它只有通过阶级斗争，社会革命，才能推翻旧社会、旧制度，建立新社会、新制度，改变历史的进程。"他强调：在"私有制社会里，阶级斗争是推动历史前进的动力"。①

苏双碧在《略论历史发展的动力问题》一文中认为："不同社会形态的更迭，生产力的发展是决定因素，只有生产力发展到一定高度才会出现对社会变革的要求。但是，伴随着生产力发展所产生的生产关系和生产力的矛盾，上层建筑和经济基础的矛盾，只有通过阶级斗争才能解决。"至于同一社会形态内部，阶级斗争是历史发展的动力应是肯定的。但是，同一社会形态里的阶级斗争和不同社会形态互相更替时的阶级斗争是不一样的。他说："不同社会形态更替时，斗争涉及政治、经济、文化及其他意识形态领域的全部变革，最终导致社会性质的变革。"同一社会形态内部的阶级斗争，"它既不会使政权性质发生更易，也不会使其他政治、经济、文化和意识形态发生质的变更"。因此，这个时期阶级斗争的根本任务是促使"社会机体"向更高形式过渡，"是为了推动各该社会形态向更高的形式发展"。②

漆侠认为，生产关系与生产力的矛盾运动是人类社会发展的根本动力，阶级斗争是阶级社会发展的根本动力。他不同意片面强调生产力的作用。他说："生产力内在矛盾的发展，只能反映人与自然界关系的发展，无法反映人们社会关系的矛盾。因此，人类社会历史的发展，决不是单纯的生产力内在矛盾发展史；而且只强调生产力的动力作用，而不讲生产关系，也就无法解释社会历史的发展所表现的螺旋式上升这个特征。"同时，他也不同意片面强调生产斗争的作用，而低估阶级斗争的作用。③

朱绍侯认为，持生产斗争、生产力是社会发展动力说的同志们所写

① 刘大年：《关于历史前进的动力问题——在太平天国学术研讨会上的发言》，《近代史研究》1979 年第 1 期。
② 苏双碧：《略论历史发展的动力问题》，《社会科学研究》1979 年第 3 期。
③ 漆侠：《农民战争是推动中国封建社会历史发展的动力》，《光明日报》1979 年 12 月 18 日。

的文章，只是在标题或结论中特别强调"生产斗争是历史发展最终动力"的论点，而在文章中实际论述的内容，也是讲生产斗争、生产力是"最终的决定力量""最后的决定作用"，或者说是"由生产力直接决定""生产斗争最终决定着阶级的构成"等等，把"决定作用"与"动力"两个不同概念混为一谈了。他在《关于历史发展动力和农民战争作用问题》一文中说，历史发展的动力，是指当历史发展，主要是生产力的发展，受到生产关系和上层建筑的阻碍和窒息时，必须有一种力量突破这种阻力，给社会发展、生产力的发展开辟道路。这种力量，在阶级社会就是阶级斗争以及它的最高形式革命战争。"到了阶级社会，生产力与生产关系的矛盾，就表现为剥削阶级与被剥削阶级之间的阶级矛盾。这种阶级矛盾，即使在统治阶级处于上升时期，也表现为对抗的形式。"他分析了三种情况：阶级斗争最初表现为怠工、破坏工具、逃亡等消极手段，迫使统治阶级把剥削限制在被统治者可以容忍的法定范围内，没有这样的阶级斗争，起码的生活条件就难以维持；随着剥削阶级的残酷压榨和剥削，人民生活陷于绝境，只有用暴力革命的手段，才能为生产力发展开辟道路；第三种情况是，随着生产力的发展，新的生产关系、新兴的阶级已经在旧社会的母体中成长起来，但是旧的势力不肯退出历史舞台，妄图扼杀新兴势力，这时，暴力起着革命的作用，"是每一个孕育着新社会的旧社会的助产婆"。阶级斗争在阶级社会中的动力作用大体是这三个方面。这三种动力作用，在阶级社会中，只靠生产斗争是无法实现的。当然，也不应降低生产斗争、生产力在历史上所起的决定作用。但是，不应该把"决定作用"和"动力作用"混为一谈，否则就会造成理论上的混乱，而在实践中，也会忽视调整生产关系的重要性，忽视阶级斗争，忽视无产阶级专政的必要性。①

第三，社会基本矛盾说。

戎笙在《只有农民战争才是封建社会发展的真正动力吗？》一文中认为，生产力和生产关系的矛盾是人类社会发展的动力。他说："人类社会

---

① 朱绍侯：《关于历史发展动力和农民战争作用问题》，《河南师大学报》（社会科学版）1980年第 1 期。

的历史可以说就是在生产力和生产关系的矛盾运动中发展的。但在各个时期表现形式是不同的，有时表现为用阶级斗争去改变旧的落后的生产关系以解放生产力，有时表现为用武装斗争去摧毁保护旧的落后的生产关系的上层建筑，为生产力的发展创造条件，有时表现为用国家权力保护先进的生产关系以促进生产力的发展，有时表现为劳动人民用生产斗争和科学实验去发展生产力。即使在阶级社会里，阶级斗争也不是社会发展的唯一动力，当然更不能说农民战争是封建社会发展的唯一动力。"①

金景芳等认为，戎笙的看法很有价值，抓住了问题的关键所在。他们在《生产力与生产关系的矛盾是社会历史发展的根本动力》一文中认为，人类社会历史的发展有两种状态：第一种状态，生产关系适应或基本适应生产力的发展，社会处于相对稳定的状态。第二种状态，生产力发展到一定程度，同生产关系发生冲突，生产关系由生产力的发展形式变成生产力的桎梏。于是，社会进入急剧的革命变革即质变时期，一种社会经济形态为另一种社会经济形态所代替。然后，社会又进入第一种状态。人类社会历史在两种状态的交替之中先后形成了原始的、亚细亚的、古代的、封建的、资产阶级的和社会主义的几种社会经济形态。"总之，人类社会历史归根到底由生产力与生产关系的矛盾冲突所决定，它总是循着两种状态交替出现的途径向前发展。相对稳定的发展时期，导致社会革命阶段的到来，然后又是相对稳定时期。如此向前发展，直到共产主义。这就是社会历史的实在过程。"在生产力与生产关系的矛盾起决定性作用的基础上，"在社会发展的两种状态交替中，包括阶级斗争在内的各种历史因素交互起作用。我们相信，这才是马克思主义的动力观。"②

有的同志认为，物质世界之所以是无限发展的，其根本原因在于它的内部的矛盾性。没有矛盾就没有世界。一切事物中包含的矛盾方面的相互依存和相互斗争，推动一切事物的发展。正如毛泽东同志所指出："自然界的变化，主要地是由于自然界内部矛盾的发展。社会的变化，主要地是由于社会内部矛盾的发展，即生产力和生产关系的矛盾，阶级之

---

① 戎笙：《只有农民战争才是封建社会发展的真正动力吗？》，《历史研究》1979年第4期。
② 金景芳等：《生产力与生产关系的矛盾是社会历史发展的根本动力》，《吉林大学社会科学学报》1980年第4期。

间的矛盾，新旧之间的矛盾，由于这些矛盾的发展，推动了社会的前进，推动了新旧社会的代谢。"① 社会的基本矛盾包括生产力和生产关系的矛盾，经济基础和上层建筑的矛盾。持这种观点的同志认为，不仅要看到生产力对于一定社会的生产方式及其社会性质的决定作用，而且也要看到生产关系对生产力的反作用。生产力和生产关系之间的相互作用，构成了一系列的矛盾运动，从而推动着新旧社会的代谢。同样，经济基础和上层建筑之间也是相互作用的。因此，"生产力和生产关系的矛盾，经济基础和上层建筑的矛盾是历史发展的动力；而其中的生产力和生产关系的矛盾是历史发展的根本动力"②。

卜凤至认为，关于历史发展动力的分歧，主要是因为混淆了"生产力矛盾统一体""社会矛盾统一体"这些不同范围、不同等级、不同层次的范畴所造成的。他认为："只有承认社会矛盾统一体这一客观对象，才能真正做到从实际出发，坚持历史唯物主义"；"只有承认社会矛盾统一体，才能把社会发展的一系列矛盾理解为一个辩证统一过程，把握根本动力与非根本动力的相互转化的规律。否则就会把历史发展长河中前后相关的各种不同矛盾力量看成一个一个孤立的个体，片面地规定了某一矛盾方面永远是社会历史发展的根本动力，无限地夸大了它的作用"。并认为"生产力根本动力说""生产方式根本动力说"，割裂和歪曲了社会内部矛盾的完整性和辩证性，不能科学地揭示出社会的发展动力。其一，这些观点不能说明社会由低级形态向高级形态转化是如何实现的。其二，即使在社会量变时期，把工作重点已经放在发展生产力和解决生产力与生产关系的矛盾上面，同时也要更细致、更全面用大量的精力去解决经济基础与上层建筑之间的矛盾。这是适用于任何社会的普遍规律。在生产方式中，生产力是矛盾的主要方面，它决定生产关系的性质和变革。在社会形态中，经济基础是矛盾的主要方面，它决定了上层建筑的性质和变革。但是生产关系和上层建筑不是消极的，在一定条件下有决定性的反作用。在社会统一体当中，生产方式和社会形态矛盾双方，生产方

---

① 《毛泽东选集》第 1 卷，人民出版社，1952 年，第 277 页。
② 汤再林：《社会基本矛盾推动历史的发展》，《社会科学研究》1980 年第 1 期。

式的矛盾制约着社会形态的矛盾，而社会形态的矛盾的解决，又推动着生产方式矛盾的解决。整个人类社会就是在这种社会基本矛盾运动中前进的。①

第四，合力说。

伍宗华、冉光荣认为历史发展是一种合力的作用。他们在《历史发展动力问题的再探讨》一文中，引用了恩格斯的一段话："历史是这样创造的：最终的结果总是从许多单个的意志的相互冲突中产生出来的，而其中每一个意志，又是由于许多特殊的生活条件，才成为它所成为的那样。这样就有无数互相交错的力量，有无数个力的平行四边形，而由此就产生出一个总的结果，即历史事变，这个结果又可以看作一个作为整体的、不自觉地和不自主地起着作用的力量的产物。"②他们认为，这样"一个总的合力"决定着社会发展的方向，构成为历史演变的直接动力。因此"无论是只承认阶级斗争或革命阶级的阶级斗争是历史发展的唯一动力，还是孤立地强调生产力或其他某种力量对历史发展的作用，都是违反客观存在的，历史发展的辩证法则的，都是对马克思主义关于历史动力学说的曲解"。③

有的同志认为，"历史发展的动力是社会各种矛盾运动的合力"。"在人类历史中，社会基本矛盾及其主要形式——生产斗争、阶级斗争和科学实验，是互相补充、互相制约、交互作用，共同推动历史前进的。它们的历史作用，在不同历史时期，只是有主有次，而不是时有时无。因此，绝不能把历史前进的动力说成是单纯的、唯一的力量。"④

还有的从系统论观点进行分析，认为："社会本身就是一个高度复杂的系统。从社会系统这个有机整体出发，用相互作用的辩证观点全面加以考察，就可以看到历史发展的动力不是一个，而是许多个，它们构成

① 卜凤至：《从社会矛盾统一体看历史发展的动力》，《辽宁大学学报》（哲学社会科学版）1980年第4期。
② 《马克思恩格斯选集》第4卷，人民出版社，1972年，第478页。
③ 伍宗华、冉光荣：《历史发展动力问题的再探讨》，《四川大学学报》（哲学社会科学版）1979年第2期。
④ 宋士堂、李德茂：《历史发展的动力是社会各种矛盾运动的合力》，《光明日报》1980年1月15日。

多层次的动力系统，共同推动社会前进。"①根据各种动力在系统中所处的地位及作用的大小，又分为三个层级：

生产力是原动力，或称终极动力；

生产力和生产关系的矛盾运动是根本动力；

受根本动力决定和影响的阶级斗争是阶级社会发展的直接动力；其他动力，诸如物质经济利益动力、人民群众动力、科学技术动力、意志合力、政治思想工作动力、自然地理环境动力、人的欲望动力等，是一般动力。

还有的同志对照马克思主义关于社会发展动力的理论，认为我国理论界目前讨论社会发展动力的各种观点，多带有片面性，其所以如此，是因为这些观点把本来互相联系、互相制约的社会发展动力体系的各个因素，加以割裂，片面地将某个因素夸大为社会发展的根本动力。因此认为，"作为社会发展的动力，不是某一种因素，而是由各方面因素的交互作用而成的。生产力和生产关系的矛盾是基本的动力，是基础。……正是这各种矛盾的'合力'，推动着人类社会不断地向前发展"②。

黎邦正认为："生产关系是'人们彼此在生产过程中发生的关系'，其运动形式是社会斗争，在阶级社会则集中表现为阶级斗争；作为人与自然关系的生产力，其运动形式是生产斗争。阶级斗争以生产斗争为基础，生产斗争又在阶级对抗中进行，它们互相依存，互相影响，交互作用，缺一就不能推动社会历史的前进。"③他认为，生产力与阶级斗争"两者的作用并不是平行的"提法是正确的，但如果要在二者之间找出哪个作用大哪个作用小，哪个是历史发展的动力，哪个不是，就不科学了。因为二者既相促进又相制约，在不同的历史条件下，起着不同的历史作用。他引证马克思主义经典作家的论述，说明新的生产关系依赖于生产力的发展，同时也认为生产力的发展是由于阶级对抗的规律而发展起来，就是说没有阶级斗争就没有生产力的提高。这样也就无法提出哪个是本哪个是末。在阶级社会中，生产力与阶级斗争都是历史发展的动力，缺

---

① 陈依元：《简论社会历史发展的动力》，《福建师大学报》（哲学社会科学版）1981 年第 3 期。

② 李泽中：《关于社会发展动力问题的争论和分析》，《社会科学辑刊》1982 年第 5 期。

③ 黎邦正：《生产力和阶级斗争都是历史发展的动力》，《社会科学研究》1980 年第 1 期。

一不能推动历史的前进。阶级斗争和生产力的发展，二者在推动历史的前进上，都起了同样重要的作用。但是在不同时期与不同历史条件下，所起的作用有所不同：当生产关系给生产力的发展留有广阔的天地的时候，生产力的发展就是主要的，阶级斗争居于次要地位；反之，当生产关系严重束缚生产力的发展时，阶级斗争就成为主要的了。

　　还有的同志认为，生产力和阶级斗争这两种动力有着内在的联系和有其内部的规律，二者并不互相排斥；不过，两种动力作用在历史发展的每一阶段上并非一样。在原始社会，推动历史发展的动力是生产活动。在社会主义时期，剥削阶级已经不再存在，因此推动历史前进的动力是生产斗争和科学实验。在奴隶社会、封建社会、资本主义社会，在新的社会形态出现之后的一段时间里，生产关系还基本适应生产力的发展，这时生产力的动力作用就比较明显；在大规模农民战争之后，新王朝建立，实行一些轻徭薄赋、发展生产的措施，这时生产力的动力作用也是明显的。当生产力和生产关系不相适应，只有用阶级斗争来改革旧的生产关系时，阶级斗争的动力作用也是明显的。

　　第五，物质利益说。

　　丘成羲、高秀波认为，物质利益是人类社会发展的原始动力。他们引述了马克思、恩格斯在《德意志意识形态》中的一段话："这个前提就是：人们为了能够'创造历史'，必须能够生活。为了生活，首先就需要衣、食、住以及其他东西。因此第一个历史活动就是生产满足这些需要的资料，即生产物质生活本身。"他们说："有了人，人类才开始有了历史，由于人们生存的物质利益需要，才有了进行物质生产活动的必要，由此才产生与生产力水平相适应的生产关系和经济关系，以至整个社会形态。可见，人们的物质利益需要，是社会历史发展的最初基因。"并说，无论人类进入私有制还是社会主义社会，物质利益在历史发展中都起原动力作用。[①]

　　也有的同志认为，人类的物质利益是历史发展的根本动力；而生产

---

① 丘成羲、高秀波：《论物质利益在社会发展中的作用——也谈历史发展动力问题》，《求是学刊》1980年第1期。

力是历史发展的动力借以表现出来的形式，是历史发展水平的标志，而不是历史发展的根本动力。持这种观点的同志又进一步阐述说，生产力的发展是由人类生存和发展的物质需要推动的，在人们去发展生产力的时候，首先是为了满足物质生活的需要，而不是为了去推动历史发展，至少在马克思主义产生前人们是不会有这样的自觉性的。阶级斗争不过是实现阶级物质经济利益的手段，因此它只能成为历史的直接动力，而不能成为历史发展的根本动力。其结论是："人类生存和发展的物质经济利益（在阶级社会里表现为不同阶级的经济利益），是推动历史发展的根本动力。在这个根本动力的基础上，直接作用于历史发展的动力或杠杆是有几个的，生产力的发展、阶级斗争、思想解放，都在历史发展的各个阶段上起了直接推动历史发展的作用，……但这些直接作用于历史发展的动力和杠杆，都不能代替历史发展的根本动力，它们都只是这个根本动力的外部表现形式。"①

任玉岭、李茗认为："社会发展的动力是以生产力为基础的多层次的复杂系统。在这个复杂系统中，有一个一以贯之的东西，这个东西就是物质利益。物质利益不是社会发展的唯一动因，而是社会发展诸因素中最深层次的客观动因。"他们还论述了物质利益是与人类社会同存的客观实在，物质利益是社会诸矛盾的集结点，物质利益的获得同人们主观愿望之间的差别与统一，物质利益问题的正确解决不断推动着人类社会前进等问题。他们认为："综观人类社会的全部历史，可以看出，归根到底，正是物质利益问题的正确解决不断推动着社会历史的前进，其解决的正确程度，同它对社会发展的推动作用成正比了。"②

第六，客观的社会需要说。

蒋大椿在《历史的内容及其前进的动力》一文中认为，推动历史向前发展的动力有：生产活动，自然科学实践，进步的剥削阶级在一定历史时期内促进生产力发展的实践活动，革命的阶级斗争，进步的剥削阶级、集团为建立适应新生产力发展水平的新型生产关系和上层建筑，以

---

① 严钟奎：《人类的物质利益是历史发展的根本动力》，《光明日报》1980 年 1 月 15 日。

② 任玉岭、李茗：《物质利益是社会发展的客观动因》，《河北大学学报》（哲学社会科学版）1982 年第 3 期。

及按照有利于生产力发展的方向改革、调整原来的生产关系和上层建筑的政治经济活动，意识形态。他对动力做了一个概括的说明："凡是直接地或归根结底促进生产力发展的人的实践活动乃是历史前进的动力。"他说，在直接地或归根结底促进生产力发展的人的实践活动这个历史前进动力所包括的各种具体动力中，究竟哪一种是历史前进的主要动力呢？这是由当时具体的客观社会存在决定的。"在历史上，当着生产关系和生产力，上层建筑和经济基础比较适应时，人们改造自然界的实践活动便是当时历史前进的主要动力。如封建社会农民战争后出现的'太平盛世'，社会相对安定，这时劳动人民的生产活动便是主要的历史前进动力。又如经过英国资产阶级革命，资本主义制度已经建立后，生产活动和科学实践便成为当时历史前进的主要动力。""在历史上，当着生产关系和生产力，上层建筑和经济基础不相适应，发生尖锐矛盾时，变革生产关系和上层建筑的社会实践，便成为当时历史前进的主要动力。"17 世纪中叶的英国，18 世纪末叶的德国，资产阶级革命是当时历史前进的主要动力。还有封建王朝末期爆发的农民战争，便是当时历史前进的主要动力。太平天国、义和团、辛亥革命，直到我们党领导的新民主主义革命，这一系列打击以至推翻帝国主义和封建主义的革命的阶级斗争，便是中国近代历史前进的主要动力。"历史上，当着革命的阶级斗争打乱了旧的统治秩序，甚至打垮了原来的上层建筑，这时为建设一个新的社会经济政治制度，或者为建立一个比较适合生产力发展的生产关系和上层建筑的政治经济方面的改革活动，便成了当时历史前进的主要动力。私有制社会，这类活动通常由起进步作用的剥削阶级及其统治集团来进行。代替封建主的资产阶级建设资本主义制度的政治经济活动，便是当时历史前进的主要动力。"他还认为，以李世民为代表的初唐统治集团，翦灭群雄，统一全国，采取了一系列政治、法律、经济措施，调节了社会矛盾，安定社会秩序，与民休息，有利于生产的恢复和发展。李世民为首的初唐统治集团改革、调节封建生产关系和上层建筑的政治经济活动，就成了当时历史前进的主要动力。①

---

① 蒋大椿：《历史的内容及其前进的动力》，《近代史研究》1981 年第 4 期。

第七，人民群众说。

俞兆鹏认为，人民群众是历史发展的原动力。他说："生产力是历史发展的决定因素。但，历史发展的'决定因素'，并不等于历史发展的'根本动力'，这是两个不同的概念。因为，生产力本身不会自动发展，推动它的发展必有一种更根本的动力。这个原动力，就是广大的人民群众。因此，人民群众是历史发展的原动力。而且正是从这个观点出发，人民群众才是世界的创造者，历史的主人。"人民群众为了改善自身的生产和生活条件，必须不断提高生产力，而任何生产力都是与一定的社会关系结合在一起的，也就是说，生产力的发展是受着一定的生产关系制约的。这样，人民群众要想不断提高生产力，推动历史向前发展，必须一方面与自然界斗争，即从事生产斗争，而同时又必须与一切阻碍和破坏生产力发展的社会势力斗争，即开展社会斗争。"总之，自从人类社会产生之日起，人民群众就成为历史发展的原动力。无论是原始社会、阶级社会、共产主义社会，直至今后亿万斯年，人民群众永远是历史发展的原动力。"[1]

也有不少同志认为，人民群众为了改善自己的生产和生活条件，推动历史前进，必须一方面与自然界斗争，一方面开展人与人之间的斗争。这种斗争在阶级社会主要表现为生产斗争和阶级斗争。正是由于人民群众从事进行这些斗争，推动了社会历史的向前发展。[2]

此外，还有人的欲望说、思想工作说、改良说等等。由于持这些观点的人数较少，文章也少，限于本文的篇幅，就不一一介绍了。

二、关于阶级斗争和生产斗争的关系

在历史发展动力问题的讨论中，争论的各方都力图用马克思主义的理解来说明阶级斗争和生产斗争的关系，这个问题也是争论中必然涉及的重要而又具体的问题。看法上也有不同的意见：

第一，生产斗争从根本上制约着阶级斗争。

① 俞兆鹏：《人民群众是历史发展的原动力》，《江西日报》1980年3月6日。
② 《安徽省史学年会讨论历史发展动力问题》，《光明日报》1979年11月27日。

刘泽华、王连升认为：从历史总过程看，生产斗争决定着阶级斗争，这主要表现在：其一，生产力的一定发展水平是阶级产生的基础；其二，生产力的一定发展水平，是决定阶级状况及其历史形态变化的基础；其三，生产力的状况及其发展，是不同阶级历史命运，兴亡成败的基础；其四，生产力的高度发展是最后消灭阶级的基础。①

戴逸也认为，社会的基本矛盾，是生产力和生产关系、经济基础与上层建筑的矛盾，这是历史唯物论的一般常识。阶级斗争只是体现了这些矛盾，并受社会基本矛盾所制约的。他还说："阶级斗争是和生产斗争相联系的，是取决于生产斗争的。阶级的划分，阶级斗争的性质和深度，每个阶级的历史命运都是由社会生产力的发展水平决定的。"②

刘金城、张龙亮归纳了七点，以说明阶级斗争是受生产力的发展所制约：其一，生产力发展水平是阶级产生的基础；其二，生产力发展的水平，决定着阶级社会的阶级结构；其三，与生产力发展水平相适应的阶级情况，决定着阶级斗争的内容和性质；其四，生产力的发展水平决定着不同阶级的历史命运，是不同阶级兴盛衰败的基础；其五，生产力的发展水平，决定阶级斗争推进社会前进的程度；其六，生产力的高度发展，决定着阶级的最后消亡；其七，打破束缚生产力发展的障碍，是革命阶级进行阶级斗争的根本动因。③

第二，阶级斗争为生产斗争的发展开辟了道路。

阳正泰、龙显昭认为，人类社会进入阶级社会之后，生产力的发展就受阶级斗争的反作用。在剥削阶级的压迫下，劳动者为了生存必须不断地进行反抗斗争。"阶级斗争、生产发展、再斗争、再发展，这就是历史螺旋式上升的过程。这是在同一社会形态中阶级斗争对生产力发展的推动情况。""在社会形态发生质变的时候，阶级斗争对生产力的推动作用，表现得更加明显，当旧的生产关系成为生产力发展的桎梏，不打破旧的生产关系，生产力就不能发展的时候，只有通过剧烈的阶级斗争，打破旧的生产关系，才能使生产力得到迅速的发展。"因此，只讲生产力

---

① 刘泽华、王连升：《关于历史发展的动力问题》，《教学与研究》1979 年第 2 期。
② 戴逸：《关于历史研究中阶级斗争理论问题的几点看法》，《社会科学研究》1979 年第 2 期。
③ 刘金城、张龙亮：《生产力的发展是推动历史前进的动力》，《求是学刊》1980 年第 1 期。

内部的矛盾推动生产力的发展，撇开阶级斗争这个动力，就颠倒了阶级社会历史发展的进程。如果没有阶级斗争这个动力的推动，生产力怎样发展，社会怎样前进呢？①

张国祥、张海瀛认为："阶级斗争是保证社会再生产正常进行、推动生产力发展的决定力量。在以生产资料私有制为基础的阶级社会里，剥削阶级在其贪婪无厌的剥削情欲的支使下，经常出现侵吞劳动者的必要劳动时间或必要劳动，破坏社会再生产正常进行的现象。在这种情况下，只有劳动人民的阶级斗争，才是迫使剥削阶级节制其剥削欲，保证社会再生产正常进行的唯一的力量。"如秦统一六国后，秦始皇大修骊山墓、建阿房宫、防御匈奴、戍守五岭、修筑长城、开通驰道等，占用当时壮年男子的三分之一。这样就造成了"力役三十倍于古，田租口赋盐铁之利二十倍于古"，"力罢不能胜其役，财尽不能胜其求"的局面。在这种情况下，简单社会再生产都受到严重的威胁和破坏，哪里谈得上发展社会生产力？还是农民大起义的革命洪流冲垮了秦的暴政，改造了封建统治，才为生产力的发展开拓了道路。在农民起义基础上建立起来的西汉王朝，不得不面对现实，推行一些恢复和发展生产的措施，这就是"文景之治"封建盛世的由来。秦末汉初的鲜明对照，充分说明农民的阶级斗争是保证社会再生产正常进行、推动生产力发展的决定性力量。另外，在中国封建社会里，土地兼并是一个突出的、主要的社会问题。因为占有大量土地的封建地主，是各地的真正主宰。所以，土地兼并是阻挡不住、改变不了的。生产力与生产关系之间的矛盾随着地主经济的产生而产生，随着地主经济的发展而发展。只有农民的阶级斗争、农民的起义和农民的战争，才是打击土地兼并、调节生产关系与生产力之间矛盾的决定性力量。中国封建社会正是在农民起义和农民战争不断打击土地兼并、调节生产关系与生产力之间的矛盾的推动下向前发展的。②

第三，认为生产斗争和阶级斗争既是紧密联系又是互相促进的。

---

① 阳正泰、龙显昭：《阶级社会历史发展的动力是阶级斗争》，《社会科学研究》1980年第1期。
② 张国祥、张海瀛：《阶级斗争是阶级社会历史发展的真正动力》，《光明日报》1979年10月30日。

漆侠不同意把生产斗争与阶级斗争割裂并对立起来，片面强调生产斗争作用的看法。他认为，生产力或生产斗争的发展，不仅构成人类社会的物质基础，而且为社会制度的变革创造了前提条件。没有这个前提条件，社会制度是肯定变革不了的。有了这个前提条件，社会制度的变革就取决于阶级斗争而不是生产斗争了。"在阶级社会中，生产斗争与阶级斗争不仅紧密地联系着，而且也相互促进着。所谓紧密地联系着，是因为劳动生产者既是生产力的体现者，又是阶级斗争的主力军，一身而二任焉。所谓相互促进，是因为生产斗争为阶级斗争的开展创造条件，而阶级斗争则为生产斗争的发展开拓了道路。决不能够把这两者割裂并对立起来，片面强调生产斗争的作用和贬低阶级斗争的作用。"①

三、地主阶级能不能自行调整不适应生产力的生产关系

这个问题也是由讨论历史发展动力问题所引起的，有如下几种意见：

第一，地主阶级能够自发地起调节作用。

戎笙认为："当一部分生产关系不适应生产力发展的要求时，在客观经济规律的自发作用下，仅仅由于经济上的不合算，地主阶级中有人就会自发地部分地改变那些不适应生产力发展的生产关系。"②

戴逸说："我认为，统治阶级从自身的阶级利益出发，在一定历史条件下也是能够提出有利于生产发展的措施来的，并不一定需要农民迫使他们让步。"他还认为，在客观规律的自发作用下，仅仅由于经济上的不合算，地主阶级中有人就会自发地部分地改变那些不适应生产力发展的生产关系。因为，不能认为"剥削阶级、统治阶级都是不管生产，反对发展经济的，而农民总是推动生产发展的。当然，农民是创造社会财富的主人，是要求发展生产的。但是，剥削阶级为了多剥削一点，通常也是希望发展生产的"。③

赵克尧、许道勋认为："封建政策既然是封建统治阶级制定的，毫无

---

① 漆侠：《农民战争是推动中国封建社会历史发展的动力》，《光明日报》1979 年 12 月 18 日。
② 戎笙：《只有农民战争才是封建社会发展的真正动力吗？》，《历史研究》1979 年第 4 期。
③ 戴逸：《关于历史研究中阶级斗争理论问题的几点看法》，《社会科学研究》1979 年第 2 期。

疑问，随着政治经济形势的变化，封建统治者也会改变自己的政策与策略的。封建政策的变更或者调整，有时发生在封建王朝的前期，有时则发生在中、后期。当然，调整的形式、性质和作用，是因时因地而异的。有的同志说，封建统治阶级不会主动调整政策，这不符合历史事实。"他们说，有些新王朝并不是在农民起义之后建立的，封建统治者也能自动地调整政策。隋文帝是在封建统治阶级内部的统一战争中建立了新王朝。为了医治战争的创伤，隋初制定与执行了轻徭薄赋的政策。由于隋初的经济政策顺应社会发展的要求，调动了农民的劳动积极性，促进了农业生产的发展，积累了大量的社会财富并增殖了人口。这是未经农民大起义打击的封建王朝也能自动调整政策、促使社会生产力发展的典型例子。他们不同意以唐太宗接受隋末农民战争教训，出现了"贞观之治"来论证农民战争的动力作用的观点。他们说，贞观之治调整政策，主要不是吸取农民战争教训的结果，而是根据隋亡的历史经验而制定的；同时不是什么"被迫"或"不得不"采取的，而是主动地、自愿地实行的。①

第二，认为地主阶级不可能自发地进行调节生产力和生产关系的矛盾。

孙达人认为："无论在什么时代，无论在什么社会的历史中，自发调节都是不存在的，也是不可能的。"在封建社会，离开农民的阶级斗争和农民战争，就根本无法解释封建社会生产为什么能够使当时不适应的那部分生产关系改变。假如地主阶级能够"自行调整"一部分"不适应生产力的生产关系"，那么，当地主阶级将"那一部分不适应生产力的生产关系""自行调整"得适合生产力的时候，所谓生产力是历史发展的动力，岂不是就不存在了吗？②

童超认为："从中国封建社会的全部历史来看，封建统治阶级大幅度地调整政策，有的发生在社会矛盾激化，统治危机四伏，大规模的农民起义可能或行将爆发之前（如北宋中期王安石变法）；更多地发生在旧的封建王朝覆灭和新的封建王朝建立之后（如两汉、唐、明、清等王朝初

---

① 赵克尧、许道勋：《封建统治阶级会主动调整政策》，《光明日报》1980 年 2 月 26 日。
② 孙达人：《"贯串于人类历史的根本性规律"和农民战争的历史作用——答戎笙同志》，《陕西师范大学学报》（哲学社会科学版）1979 年第 3 期。

年）。不论属于哪一种情况，都和社会阶级斗争有着直接的密切的关系。前者是封建统治阶级力挽狂澜、防止农民起义大爆发的一种政治手段；后者是封建统治遭到大规模的农民战争沉重打击后的产物。有些同志认为，没有农民的阶级斗争和农民战争的不断冲击，封建统治阶级也会自动调整政策，这种说法恐怕是很难找到充分的历史根据的。"①

第三，认为地主阶级能自发地起调节作用，但这种调节是社会改良性质。

沈定平认为，对于地主阶级代表人物及其政策在历史上的作用，应该做具体分析，对于封建统治者调整社会矛盾，也不应一概否定。他说："封建统治者也不全是对自己命运漠不关心，缺乏任何主动精神的历史惰性力量。为了封建统治的长治久安，他们也在不时地调节着各种社会矛盾。这样一来，相对稳定的发展时期，为统治阶级进行社会改革提供了活动的舞台。他们之中那些有见识有作为的代表人物，则是进行社会改革的设计师和实践家。他们实行的某些政策，客观上有利于社会经济和其他方面的发展，在历史上起过一定的积极作用。"但是，封建统治者实行的改革，说到底不过是一种社会改良的性质。作为革命的副产品，它的直接动力只能是农民的阶级斗争。因此，他不同意戎笙的只要在"客观经济规律的自发作用下，仅仅由于经济上的不合算，地主阶级中有人就会自发地部分地改变那些不适应生产力发展的生产关系"的观点。

他还指出，封建统治者调整生产力和生产关系矛盾的努力，只能在局部地区或者短暂的时间发生作用，这种不可调和的矛盾不能由封建制度本身来解决，必然表现为农民的阶级斗争、农民起义和农民战争。他还举海瑞、张居正的改革，说明了封建制度毫无例外地替地主阶级改革家安排了一个又一个失败的命运。历史的进程表明，正是农民的阶级斗争，承担着主要地不断地调整封建生产关系的任务。它打击和逐步清除了生产关系中最反动、最落后的部分，推动着地主阶级内部的改革运动，为社会生产力在比较适宜的环境中顺利地发展创造了条件。②

---

① 童超：《封建统治阶级不会主动调整政策》，《光明日报》1979年11月6日。
② 沈定平：《关于封建社会发展的动力问题》，《中国史研究》1979年第4期。

四、历史发展的动力和历史科学研究的关系

人类社会的全部文明史都是阶级斗争的历史，多少年来，我国历史工作者对此很少提出异议。现在，阶级斗争是历史发展的真正动力这个传统观点正在重新讨论。因此，阶级斗争和历史科学的关系，必然也会提出来进行重新估量和探讨。在关于历史发展的动力问题的讨论中，也涉及这方面的内容。

第一，认为史学界多年来过于重视阶级斗争理论的研究和应用，而忽视关于生产斗争在历史发展中的最终决定作用。

刘泽华、王连升认为："回顾我国史学界以往的研究与教学，我们认为存在着一种偏向，即重视阶级斗争这一理论的研究和应用，而忽视关于生产斗争在历史发展中的最终决定作用的阐发，甚至有本末倒置的现象。如有的同志把阶级斗争看作是推动生产力发展的根本动力就是证明。因此我们认为，完整地准确地领会和运用马克思主义关于历史发展动力问题上的论述，纠正我国史学界多年来存在的这种偏向，是进一步提高历史研究和教学水平的关键之一。"[1]

第二，认为历史研究的中心是阶级斗争。

刘大年认为："历史学研究生产力与生产关系、社会经济发展的规律，但它有自己的中心。既然阶级斗争是推进历史发展的动力，历史学的对象、任务，就应当是研究一幕一幕阶级、阶级斗争的种种基本事实，研究那些基本事实所表现出的阶级、阶级间的矛盾、运动。这就是历史研究的中心。"[2]

关于历史发展动力问题，这是重大的理论问题，不可能在短时期内得到解决。在讨论中，由于对马克思主义经典作家的理论看法不一，理解得深浅不同，其结论大相径庭。这说明如何全面、系统地理解和运用马克思主义经典作家的理论和思想，是深入讨论首先应该解决的问题。

---

[1] 刘泽华、王连升：《关于历史发展的动力问题》，《教学与研究》1979年第3期。

[2] 刘大年：《关于历史前进的动力问题——在太平天国学术研讨会上的发言》，《近代史研究》1979年第1期。

其次，在讨论中使用各种概念上也存在混乱的现象，如社会历史发展的"根本动力""强大动力""唯一动力""真正动力""最终动力""直接动力""主要动力""决定作用""决定因素"等等。由于争论的前提不统一，使动力问题的讨论更加复杂化。

再次，参加讨论的文章虽然很多，但大都是泛泛地从理论上进行一般的阐述，尚缺乏很有见地、有深度的理论联系实际的分析文章，这不能不说是这次争论中的一个问题。

原载《建国以来史学理论问题讨论举要》，齐鲁书社，1983 年

异化与历史动力问题

刘大年 *

异化问题的讨论和争论，在思想理论上涉及的面很广。对讨论中出现的社会主义异化论、人道主义世界观和历史观的宣传，从理论上、实践上作出马克思主义的回答，具有广泛的必要性。胡乔木同志的《关于人道主义与异化问题》文章的重要意义，就是对这个问题及时地作了切实的、全面系统的马克思主义的回答和论述。异化问题的讨论，与历史研究有直接关系。它的关系是什么，胡乔木同志的文章把这个问题彻底讲清楚了。那就是到底什么是人类社会历史前进的动力，是生产力的发展，还是人性和人的异化？历史前进的动力，是历史研究中的根本理论问题之一，是所有研究者都需要关心的。胡乔木同志的文章，号召思想战线上的同志积极参加这场维护马克思主义思想阵地的争论。我的这篇东西很肤浅，拿出来，主要是表示响应号召，并向专家请教。历史学方面不少同志热心理论问题研究。我希望看到多有一些研究者参加到异化问题的讨论和争论中来。史学理论、马克思主义历史研究的科学水平，必将在这种讨论中获得丰富、提高，大受裨益。

历史发展的动力，老早就是人们在探索的问题。马克思主义的历史唯物主义问世以前，对于什么是人类历史前进的动力，出现过各种各样的答案，有过无数的争论和辩难。例如理性史观、法国唯物论的意见支配历史论、黑格尔的"绝对精神"论、精神史观、心理史观、社会心理史观、英雄创造时势论、生物史观、地理环境决定论等等，是其中比较

* 刘大年，1915—1999，男，中国社会科学院近代史研究所研究员。

重要的，有不同的影响。它们大多数是历史唯心主义，个别的是机械唯物论，但都无法对历史动力作出客观解释。

马克思主义的历史唯物主义第一次发现，人类历史前进的动力，是生产力的发展，生产力与生产关系的矛盾，在阶级社会是表现这种矛盾的阶级斗争。这个伟大的科学发现，拨开了人类在认识自己的历史过程中长期迷蒙着视线的重重浓雾，好像青天露在顶上，谁只要肯抬头，就可以看见真相了。以往关于历史动力的种种随心所欲的解释，如今由具有不可动摇的客观物质基础的认识所取代。人类认识自己历史的旧时代从此结束，新时代从此开始。尽管在这以后，历史唯心主义的学派继续层出不穷，但是没有哪一个足以经得起历史唯物主义的反驳，站稳脚跟。

现在，关于人性、人的异化论的主张者，是掉一个角度、换一种形式，又一次提出了那个老问题：究竟什么是人类历史前进的动力？要求人们再一次展开辩论。

异化问题的讨论中，一些文章上写着：黑格尔、费尔巴哈只是应用了异化概念，异化构成一种学说，开始于马克思。所以人们应该把这个学说，称之为“马克思主义异化论”。异化不只存在于资本主义，也存在于社会主义。今天社会主义社会的各种弊病，用一个哲学名词概括，就是“异化”。人类历史是人性异化和人性复归的历史；列为公式，那就是“人—非人（假人）—人”。历史唯物主义应当是关于人的本质形成、丧失和复归的规律和条件的科学。不可以满足于马克思主义的历史唯物主义，要“以人为中心”，建立一个新的历史唯物主义的体系。如此等等。照这些叙述，明白无疑地认为历史发展的动力，是离开特定社会关系、社会条件的人性、人的本质和人的异化。人性问题，是中国和西方哲学中一个古老的题目。孔子、孟轲、荀况、黑格尔都谈过人性或人性的善恶问题。不过他们都没有直接和历史动力联系起来，加以发挥。在异化问题的讨论中，写作上述文章的同志，确实是提出了一种新的见解、新的历史观点。它应该名副其实，称作“异化史观”。

马克思说，人们迄今总是为自己造出关于自己本身、关于自己是何物或应当成为何物的种种虚假观念。“异化史观”的主张者也是这样。他们造出了哪些历史是何物或应当为何物的观念呢？归结起来是：第一，社会主义异化论；第二，人性支配历史论。他们讲历史的动力，但并不以全部人类历史为研究对象，虽然"人—非人—人"的公式似乎也包含全部历史，而实际却只是以社会主义制度的历史为对象。他们所要研究解决的，不是人类社会的过去，而是人类社会的现在和未来。他们并不广泛搜集史料，考证辩论，主要只是就马克思的著作考证辩论，特别是就马克思著作中讲人、讲异化的地方考证辩论。第一、第二两个观点是紧密结合在一起的。可是这两个观点又都是完全经不起考察的。

先说第一个观点——社会主义异化论。

"异化史观"的主张者，说他们认为人的异化不只在私有制、资本主义社会中存在，社会主义制度下照样发生，这是以马克思讲异化的著作为根据的。可是马克思无论在什么地方也没有给这种说法提供根据，恰恰相反，只有对他们的论据的直接否定。

凡是查阅过马克思主义著作的人都知道，马克思集中讲异化，是在《1844年经济学哲学手稿》的"异化劳动""共产主义"等几节里面。在"异化劳动"这一节的一开头，马克思就直截了当地指出："我们是从国民经济学的各个前提出发的（这里是指亚当·斯密、李嘉图等的资产阶级经济学——引者）。我们采用了它的语言和它的规律。我们把私有财产，把劳动、资本、土地的互相分离，工资、资本利润、地租的互相分离以及分工、竞争、交换价值概念等等当作前提。"[①]在这短短三句话中，马克思两次讲他谈论问题是有"前提"条件的。这个"前提"就是私有财产、资本利润等等，就是资本主义制度。然后，马克思就集中论述在私有制统治下面，劳动所产生的对象，即劳动的产品，怎样作为一种异己的存在物，作为不依赖于生产者的力量，同劳动相对立，也就是所谓劳动的异化。这种劳动异化是不是永远没有止境，不受历史发展的约束？马克思认为事情根本不是那样。他在"异化劳动"一节后面的"共产主义"一节里面，强调讲了这个问题。其中有些哲学术语，如"人的本质""类"等等，马克思很快就在《德意志意识形态》里面宣布它们并不可取，总的意思是非常明确的。第一，异化现象，是以私有制度为前

---

① 《马克思恩格斯全集》第42卷，人民出版社，1979年，第89页。

提、为根据的，是私有制、资本主义矛盾的产物。第二，劳动异化，根本不适用于分析共产主义初级阶段的社会主义，恰恰相反，私有制的消灭，社会主义、共产主义制度的诞生，正是使异化得以克服，能够消除；以前产生异化的根据，如今再也不存在了。依据那些原话以及整篇著作的意思，我们只能作出这样的判断：马克思关于异化的论述，只是揭露、批判资本主义的，不是讲社会主义的。异化只存在于特定的历史阶段，不是所有社会制度、一切时代的普遍现象。

就在"异化劳动"的一节里面，马克思另一段话也是应当很好注意的。他说："从异化劳动同私有财产的关系可以进一步得出这样的结论：社会从私有财产等等的解放、从奴役制的解放，是通过工人解放这种政治形式表现出来的，而且这里不仅涉及工人的解放，因为工人的解放包含全人类的解放；其所以如此，是因为整个人类奴役制就包含在工人同生产的关系中，而一切奴役关系只不过是这种关系的变形和后果罢了。"①马克思在这段话里，除了肯定异化劳动只是和私有财产联系在一起的，还进一步指出，社会从私有财产、从奴役制的解放，要通过工人的政治斗争来实现，以及这种解放必然带来社会的彻底改造。这个改造，就是"全人类的解放"。废除了生产资料私有制的社会主义本身还要发生异化，那全人类的解放等等，只能看作是没有科学根据的了，共产主义会被看成从科学变成了空想！

"异化史观"的主张者说，他们论述人性、人的异化和复归，是合乎辩证法的，而且是马克思主义"唯物主义"的辩证法。如果说，对人类历史过程的这种描述，是貌似辩证法的话，那么，关于唯物主义就连一点影子都没有了。

马克思是经过黑格尔、费尔巴哈走向历史唯物主义，建立科学共产主义学说的。马克思先是吸收、随后是按照唯物主义改造黑格尔的辩证法，用来观察和认识客观世界。马克思在《手稿》上使用异化这个概念的时候，还没有创立历史唯物主义，指出私有制是社会生产力发展的一定阶段所必然产生，又为生产力继续发展所必然消灭的。但就是在那时，

---

① 《马克思恩格斯全集》第42卷，第101页。

他也并不是抽象地讲异化，而是如前面所说，具体地讲在资本主义制度统治下面，劳动所产生的对象，作为不依赖于生产者的力量，同劳动相对立，而一旦工人从资本主义剥削下解放出来，也就是劳动异化的克服。他是鲜明地把异化现象看作是历史地形成的，又历史地消灭的。

恩格斯说，肯定、否定、否定之否定是一种非常普遍的因而也是非常广泛地起作用的重要的规律；辩证法是关于自然、人类社会和思维的运动和发展的普遍规律的科学。如果异化不只是揭露私有制、揭露资本主义社会，也可以移用来认识社会主义，人们立刻就会发现，这与辩证法是明显对立的。我们对人类社会历史发展过程的认识，用辩证法的观点来看，原始共产主义社会是正题，是肯定，私有制是原始共产主义的反题，是否定，社会主义、共产主义是前者的合题，是否定之否定。如果社会主义还和资本主义一样，还要异化，那么，我们对历史发展的认识，什么时候才能达到合题，即达到真正的高级的统一呢？如果社会主义还在继续异化中，那么，人和人之间对抗性的矛盾何时才能解决呢？但是只要我们回到马克思论述这个问题的本来的意思上来，肯定他讲的异化只是揭露资本主义矛盾的，而不是其他，更没有普遍的含义，那就一切顺理成章了，就合乎辩证法，使认识由低级达到高级的统一过程就完成了。哲学、认识论的任务，是要帮助人们认识事物的本质，指出前进的方向。用异化来说明社会主义社会的矛盾，只能导致人在实践中迷失方向，而不能指出方向。因为它只是否定什么，没有肯定什么。辩证唯物主义与历史唯物主义告诉我们：从原始共产主义到私有制，再到科学共产主义，这是人类认识社会历史发展所达到的真正高级的统一，也是唯一科学的统一。从"异化史观"的公式里面，谁也看不见马克思在什么地方把异化改造成为唯物辩证法，看见的，只有这些作者明白地把生产力的发展、生产力与生产关系的矛盾，与人性、人的异化等同起来；明白地把自己的唯心论说成是唯物论。

再说第二个观点——人性支配历史论。

"异化史观"的主张者说，"人是马克思主义的出发点"、中心和目的，人道主义是马克思主义的"核心""实质"。不从人道主义解释历史，便是"见物不见人"，便是表明"人"在马克思主义历史观里不占重要地位。

"人的问题"在马克思主义的历史唯物主义中，占的地位怎样，只要客观地对待事实，根本没有什么好争论的。马克思主义认定，人类历史的第一个前提无疑是有生命的个人的存在。不过这个个人是在一定历史条件和社会关系中的个人，而不是思想家所理解的"纯粹的"个人。一切真正的哲学，归根到底，都是以讲人、人类社会为主题的学问。马克思说："哲学家们只是用不同的方式解释世界，而问题在于改变世界。"①难道"解释世界"不是讲人对世界的解释，"改造世界"不是讲人对世界的改造和自我改造，还有什么山石草木或飞禽走兽对世界的认识、改造和自我改造？马克思的整个学说就是人类认识、改造世界和自我改造的学说。如果说，人的问题、人对社会的认识和改造在马克思主义中并不占有重要地位，那么，这个学说在诞生以来的一百余年里，资产阶级、历史唯心主义总是对它无休止地反对和攻击，那又是为什么？不就是因为它指出工人阶级的解放、整个人类社会的改造触犯了剥削阶级的利益和偏见吗？因此，提出所谓"人的问题"，其实质根本不在马克思主义重视人的程度如何，以及马克思全部著作中在哪些地方、有多少次讲到了人，等等，其实质是要用人道主义解释历史，主张人性支配历史论。

这只要稍稍作一点回顾，意思就异常明朗了。"人是马克思主义的出发点"，也就是认定马克思主义是从人本身出发解释历史的。从人本身出发认识和解释世界，是费尔巴哈人本主义的核心。费尔巴哈叙述他所认为的人的本质、本性的时候说："人自己意识到的人的本质究竟是什么呢？或者，在人里面形成类、即形成本来的人性的东西究竟是什么呢？就是理性、意志、心。一个完善的人，必定具备思维力、意志力和心力。思维力是认识之光，意志力是品性之能量，心力是爱。理性、爱、意志力，这就是完善性，这就是最高的力，这就是作为人的人底绝对本质，就是人生存的目的。"②马克思经过费尔巴哈的桥梁走向唯物主义，在他的早期著作中留有费尔巴哈的某些概念和语言，那是不可避免的和自然的。

---

① 《马克思恩格斯选集》第1卷，人民出版社，1972年，第19页。
② 《费尔巴哈哲学著作选集》下卷，生活·读书·新知三联书店，1962年，第27—28页。

主张异化论的文章中反复摘引的《1844年经济学哲学手稿》和《〈黑格尔法哲学批判〉导言》上讲的诸如"共产主义，作为完成了的自然主义，等于人本主义"；"共产主义则是通过私有财产的扬弃这个中介而使自己表现出来的人本主义"；"人的根本就是人本身"；"人是人的最高本质"等等，正是那种不可避免的和自然情况的反映。但是，马克思很快就在著名的《关于费尔巴哈的提纲》中，批判和清算了费尔巴哈的人的本质的思想。"人的本质并不是单个人所固有的抽象物，实际上，它是一切社会关系的总和。"①这是马克思主义有关人的本质最早的科学界说。紧接着，《德意志意识形态》对唯物史观作出了详尽的论述，开创了整个世界观的根本变革。费尔巴哈在马克思的思想发展过程中，从此永远成了历史的陈迹。如马克思所说，它剩下的是"给人造成一种非常滑稽的印象"②罢了。

费尔巴哈的从人本身出发，认识和解释世界，究竟是什么意思？意思就是人性决定历史论。马克思指出：费尔巴哈把人只看作"感性的对象"而不是"感性的活动"，因为他仍然停留在理论的领域内，而没有从人们现有的社会联系，从那些使人们成为现在这种样子的周围生活条件来观察人们。"费尔巴哈从来没有看到真实存在着的、活动的人，而是停留在抽象的'人'上，并且仅仅限于在感情范围内承认'现实的、单独的、肉体的人'，也就是说，除了爱与友情，而且是理想化了的爱与友情以外，他不知道'人与人之间'还有什么其他的'人的关系'。"③"当费尔巴哈是一个唯物主义者的时候，历史在他的视野之外；当他去探讨历史的时候，他决不是一个唯物主义者。在他那里，唯物主义和历史是彼此完全脱离的。"④马克思的评说告诉人们，从人本身出发解释历史，就是从人的理性、人的意志、人的品质、人的完善性等解释历史，也就是从抽象的、脱离社会关系的、除了爱与友情不知道还有什么"人的关系"的人的本质、人性出发解释历史。"人是马克思主义的出发点"的命题，是

---

① 《马克思恩格斯全集》第3卷，人民出版社，1960年，第5页。
② 《马克思恩格斯全集》第31卷，人民出版社，1972年，第293页。
③ 《马克思恩格斯全集》第3卷，第50页。
④ 同上书，第51页。

从费尔巴哈那里搬来的、马克思扬弃了的、多次批判过的人性决定历史论。本来面目，了如指掌。

异化论的主张者中，有些文章对于为什么说人是马克思主义的出发点，远不限于考证马克思著作。他们作出各种引申发挥，证明自己的观点是有理有据的。

他们说：人是万物之灵，"人类对自己所持有的这种强烈的人的意识，完全是人所独有的，是人的全部价值和尊严的基础，是推动人的发展和完善的强大力量"。"阶级社会里人的这种异化和非人化，引起了人们正当的愤慨，历史上许多有正义感的思想家和哲学家对此发出了强烈的忿懑和抗议。""所有这些人道主义的学说和理论，都从不同的角度猛烈地抨击了封建制度和资本主义制度对人的摧残，满腔热情地抒发了他们对人的幸福和完善所抱的伟大理想。尽管他们所说的人都是一般抽象的人"，"这无论如何是一种历史的进步"。在这里，"强烈的人的意识"、"人的全部价值"观念、人的"正当的愤慨"、"人道主义的学说和理论"等等，都成了"推动人的发展和完善的强大力量"，历史的进步都离不开从这些地方去解释。作者只差用一句话概括起来了：人类历史是人的意识、人的精神的历史，是抽象的"人"的历史。

《德意志意识形态》说："哲学家们在已经不再屈从于分工的个人身上看见了他们名之为'人'的那种理想，他们把我们所描绘的整个发展过程看作是'人'的发展过程，而且他们用这个'人'来代替过去每一历史时代中所存在的个人，并把它描绘成历史的动力。这样，整个历史过程被看作是'人'的自我异化过程，实际上这是因为，他们总是用后来阶段的普通人来代替过去阶段的人并赋予过去的个人以后来的意识。由于这种本末倒置的做法，即由于公然舍弃实际条件，于是就可以把整个历史变成意识发展的过程了。"① 这段话，每一个字都像是针对"异化史观"、人性决定历史论的研究者讲的。他们"看见了他们名之为'人'的那种理想"，"并把它描绘成历史的动力"，"于是就可以把整个历史变成意识发展的过程了"。他们本来并不以此为然，但是，他们从抽象的、脱

---

① 《马克思恩格斯全集》第 3 卷，第 77 页。

离社会关系的人性出发，最后还是没有能够避免走到这个境地。

不管关于人性的议论多么悠久了，没有哪个严肃的历史学家至今还是赞成把抽象的人性或人的自然本性作为历史动力去看待的。以《历史的理念》一书闻名的英国哲学家和历史学家科林伍德可以作为这方面的例子。科林伍德强调说，"事实上并不存在对每个人都相同的所谓人类本性"。人性可以广义地作为一个集合名词使用。"但是严格说来，没有人性这种东西，这一名词所指称的，确切地说，不是人类的本性，而是人类的历史"。他列举理由说："如果战争只是人类历史中产生的一种现象，如果它在我们这个现实世界中作为反复出现的事实，是产生于我们政治制度的组织方式和政治习惯的形成方式，那么结论就是既然历史产生了战争，历史也就能废除战争；既然战争在原则上是一种能够消除的东西，那么认为战争是一种罪恶的人们的任务就是去重新组织我们的政治生活，以便找到消除战争的途径。如果战争是基于人类的某种好斗的自然本性，是不能消除的，那么试图消除战争只能导致灾难性的后果。""相反的结论是不能成立的。试图消除战争的努力的一两次，甚至上百次失败，并不能证明战争是由于人类的自然本性，正如一个人戒烟的失败并不能证明烟瘾是人类的本性一样。"[①]科林伍德被认为是克罗齐新黑格尔主义学派代表人物之一，具有进步政治观点，哲学上反对马克思主义。但他用战争来说明抽象的人类自然本性的有无，是极富有说服力的。战争由历史所产生，已经为过去所证明了。战争必然由历史所消灭，也肯定要为未来所证明。自有文字记载以来的历史上，战争是人类生活中重大的反复出现而又与历史演变紧相关联的突出事实。这样的事实尚且不取决于人类本性，那么还有什么历史事实能够由抽象的人性去作出有意义的解释呢！

马克思主义历史唯物主义讲的是整个人类的历史。但是它的出发点和人性论正好相反。它不是从人的本性、本质去观察、认识历史，而是抛开它们，转而从人类存在不可须臾离开的人的生产、社会联系来观察历史，发现它的前进动力的。

---

① W. J. 冯·德·达森：《论历史的实践领域——科林伍德的哲学》，刘昶摘译，《国外社会科学》1982 年第 12 期。

1879—1880 年马克思写的《评阿·瓦格纳的〈政治经济学教科书〉》中，批评阿·瓦格纳关于商品价值问题的观点时说，他"甚至没有看出我的这种不是从人出发，而是从一定的社会经济时期出发的分析方法，同德国教授们……的方法毫无共同之点"①。马克思这句话是具体讲政治经济学的方法，毫无疑问，同他的整个思想体系的出发点是一致的。他特别强调指出："'人'？如果这里指的是'一般的人'这个范畴，那么他根本没有'任何'需要；如果指的是孤立地站在自然面前的人，那么他应该被看作是一种非群居的动物；如果这是一个生活在不论哪种社会形式中的人，——瓦格纳先生就是这样假设的，……那末出发点是，应该具有社会人的一定性质，即他所生活的那个社会的一定性质，因为在这里，生产，即他获取生活资料的过程，已经具有这样或那样的社会性质。"②生产、获取生活资料，决不单单是政治经济学范围的问题，而是整个人类历史存在、延续和如何运动的问题。马克思正是从这里入手，来建立起自己的伟大科学思想体系的。普列汉诺夫在《论一元论历史观之发展》中，也十分准确地指出了这一点。他说：不论是法国唯物论、空想社会主义者、黑格尔，对于认识社会历史运动，都没有能够给多少令人满意的回答。他们直接间接都是乞援于人的天性。"马克思的伟大的功绩就在，他完全从相反的方面去接近问题，他把人的天性看作是永远地改变着的历史运动的结果，其原因在人之外。"③马克思本人，以及普列汉诺夫都鲜明有力地阐明了历史唯物主义的科学方法论。它是和一切历史唯心主义截然相反的科学的方法论。

历史的运动"其原因在人之外"，换句话说，也就是历史唯物主义指出的，历史的动力是在人们的社会关系、物质生活条件之中。马克思、恩格斯根据新的出发点，从《德意志意识形态》到《社会主义从空想到科学的发展》等一系列著作中，反复地、详尽地论述了它的原理。

马克思在《〈政治经济学批判〉序言》中写道："人们在自己生活的社会生产中发生一定的、必然的、不以他们的意志为转移的关系，即同他们

---

① 《马克思恩格斯全集》第 19 卷，人民出版社，1963 年，第 415 页。
② 同上书，第 404 页。
③ 《普列汉诺夫哲学著作选集》第 1 卷，生活·读书·新知三联书店，1959 年，第 676 页。

的物质生产力的一定发展阶段相适合的生产关系。这些生产关系的总和构成社会的经济结构，即有法律的和政治的上层建筑竖立其上并有一定的社会意识形式与之相适应的现实基础。物质生活的生产方式制约着整个社会生活、政治生活和精神生活的过程。不是人们的意识决定人们的存在，相反，是人们的社会存在决定人们的意识。社会的物质生产力发展到一定阶段，便同它们一直在其中活动的现存生产关系或财产关系（这只是生产关系的法律用语）发生矛盾。于是这些关系便由生产力的发展形式变成生产力的桎梏。那时社会革命的时代就到来了。随着经济基础的变更，全部庞大的上层建筑也或慢或快地发生变革。"① 大家知道，这是历史唯物主义的经典表述。马克思把唯物主义对自然的认识推广到对人类社会历史的认识，确立起历史唯物主义的完备体系。它是迄今为止，科学思想中的最大成果。在那以后，世界历史的翻天覆地的变化，科学上一切新的重大发现，都证明马克思主义的历史动力学说是唯一科学的动力学说。

西方文献记载，古希腊某个神庙前有一句石刻铭文："认识你自己"。从苏格拉底到黑格尔、费尔巴哈的万千哲学家，历尽辛勤，多方寻求"认识自己"的奥秘，寻求人类历史动力的源泉。他们因为总是求助于人的本性，又总是在暗道摸索中没有最终发现前方的曙光。他们自称或者被人们称为历史唯心主义。"异化史观"的主张大抵也是这样。它改换的是外貌，信奉马克思主义词句，但没有改变唯心主义的实质。

马克思主义的历史学反对唯心论的"异化史观"，必定要从理论上加以辩驳。这当然是重要的。但站出反驳而且最有力量的是历史事实。那就是社会主义制度的诞生和存在。因为社会主义制度和奴隶制、封建制、资本主义制度一样，都不是什么人性、或人的天性、或人道主义的产物，而是生产力发展、生产力与生产关系的矛盾、阶级斗争的产物。要是抽象的人性、人的天性能够支配历史，那么在世界文明史上存在了长达数千年，至今还受到资产阶级拼命维护的残酷的人剥削人、人压迫人的社会制度，就压根儿不会在世界上出现，再大的天才哲学家也就无从发明异化这个概念，去纠缠一些人的头脑了。只要生产力的发展在人类生活

---

① 《马克思恩格斯全集》第 13 卷，人民出版社，1962 年，第 8—9 页。

中是不可阻挡的，资本主义灭亡、社会主义诞生并且向更高阶段发展就是不可阻挡的。历史不能从人性得到解释，相反地人性必须由历史来解释。用人性、人的异化解释历史，就像神学史观中用善和恶解释历史，儒家学说中用君子小人解释历史一样，没有、也不可能说明任何问题。它只是换一个"高深"的方法，表示那些研究者的认识确实经历了一场"复归"，从少壮又"复归"到了童年的某个时候。

异化论的主张者中有人提出，要"以人为中心"，建立新的历史唯物主义体系。其实这并不是新的发明。在国外，很早已经传出这种调子了。三四十年代，德国、比利时就分别有人宣传用异化论改造马克思主义的阶级斗争学说，主张以"人的斗争""人的革命"代替阶级斗争。法国存在主义哲学家萨特更是这种历史观的积极鼓吹者。他和我们的异化主张者一样，说马克思的历史观里缺少了"人"。他要建立"历史人学"。这个"历史人学"的内容，就是人的"异化—造反—再异化—再造反"，循环往复，以至于无穷。我国学术界"异化史观"的某种流行，究竟是自行发明的，还是从外国进口的，那都无关紧要。不过应当看出的是，它明显地带有双重性质。世界范围资本主义与社会主义两种制度的复杂斗争，必然要在人们的思想意识上各有倾向地反映出来。这是它的一般性。中国"文化大革命"的曲折到底是怎么回事，一些人思想上没有接受党的关于建国以来若干历史问题决议的说明，而要自己另求答案。这是它的特殊性。"以人为中心"的历史唯物主义体系会是个什么样子，现在不得而知。但可以预先肯定，那必定是与马克思主义相对立的，必定是要为历史唯物主义所否定的东西。

到底什么是人类历史前进的动力？资产阶级唯心主义历史学家与马克思主义历史学研究来研究去，争论来争论去，最后要说明的都是这个问题。真理只会愈辩愈明。每经过一场有意义的辩论，历史唯物主义旗帜上的这些字句就更加光华夺目：历史前进的动力，是生产力的发展，生产力与生产关系的矛盾，在阶级社会是表现这种矛盾的阶级斗争。异化问题的讨论，所带来的也必将是同一结果。

原载《哲学研究》1984 年第 4 期

第 2 辑

历史发展动力问题的再思考

沈嘉荣*

人类社会的历史，究竟是什么力量推动着它奔腾向前的？在前些年似乎已有了定论：阶级斗争是历史发展的动力，在封建社会里只有农民起义和农民战争才是历史发展的真正动力。尔后，通过真理标准问题的讨论，史学界的许多同志对上述"定论"发生了怀疑，明确地提出："推动社会历史前进的直接的主要动力是生产斗争"[1]，"生产斗争是历史发展的最终动力"[2]。去年，邓小平同志的南方谈话中，提出了"科学技术是第一生产力"，"革命是解放生产力，改革也是解放生产力"等观点，是对历史发展动力问题最精辟而简明的表述，历史的前进运动正是依靠这两个轮子——发展生产力与解放生产力。兹就两者的交互作用，略陈管见如下。

科学技术是第一生产力

马克思说过：在"生产力中也包括科学"[3]，在他看来，"科学是一种在历史上起推动作用的、革命的力量"[4]。邓小平同志创造性地将马克思主义原理向前推进了一步。1988 年 9 月 12 日，他在听取汇报后说："马克

* 沈嘉荣，1932—2001，男，江苏省社会科学院历史研究所研究员。

[1] 戴逸：《关于历史研究中阶级斗争理论问题的几点看法》，《社会科学研究》1979 年第 2 期。
[2] 刘泽华、王连升：《关于历史发展的动力问题》，《教学与研究》1979 年第 2 期。
[3] 《马克思恩格斯全集》第 46 卷（下册），人民出版社，1980 年，第 211 页。
[4] 《马克思恩格斯全集》第 19 卷，人民出版社，1963 年，第 375 页。

思讲过科学技术是生产力，这是非常正确的，现在看来这样说可能不够，恐怕是第一生产力。"以后又多次强调了这一观点。把科学技术的作用提高到"第一生产力"的地位，具有重大的理论意义和现实意义。

第一，把科技列为生产力三要素之首，便于测定生产力水平的优劣高下。以往通常地把"人"放在生产力三要素之首，用"人"来测定生产力的先进与落后就较为含糊，用"科技"来衡量，就强调了人的素质。生产力所反映的是物质生产中人对自然界的关系，即影响和改造自然，并从中获得物质资料的力量，因此，生产力水平的高低，不在于人的数量多寡，而在于劳动者的科学技术知识、经验、技能、技巧。正如邓小平同志在全国科学大会开幕式上所提出的："历史上的生产资料，都是同一定的科学技术相结合的；同样，历史上的劳动力，也都是掌握了一定的科学技术知识的劳动力。我们常说，人是生产力中最活跃的因素。这里讲的，是指有一定科学知识、生产经验和劳动技能来使用生产工具，实现物质资料生产的人。"手工劳动的时代，劳动者主要通过体力劳动从事生产，提高生产率则主要依靠延长劳动时间和提高劳动强度来实现，随着大机器生产的出现，劳动者在生产过程所发挥出的伟大的物质力量，已主要不是来自他的体力，而是愈来愈多地来自他对科学技术知识的掌握并在生产中的应用，正如马克思所指出的："随着大工业的发展，现实财富的创造较少地取决于劳动时间和已耗费的劳动量，较多地取决于在劳动时间内所运用的动因的力量，而这种动因自身——它们的巨大效率——又和生产它们所花费的直接劳动时间不成比例，相反地却取决于一般的科学水平和技术进步，或者说取决于科学在生产上的应用。"[1]

第二，科学技术水平是划分历史时代的重要标志。马克思说："手工磨产生的是封建主为首的社会，蒸汽磨产生的是工业资本家为首的社会。"[2]列宁也说过："蒸汽时代是资产阶级的时代，电的时代是社会主义的时代。"[3]从旧石器到新石器、青铜器到铁器，从手工磨到蒸汽磨到电气化，是人类社会不断进步的几个阶梯，反映了人类征服自然能力的不

[1] 《马克思恩格斯全集》第 46 卷（下册），第 217 页。
[2] 《马克思恩格斯选集》第 1 卷，人民出版社，1972 年，第 108 页。
[3] 《列宁全集》第 38 卷，人民出版社，1986 年，第 117 页。

断提高。由直接依靠人力、畜力、风力等自然力为动力的手工工具，发展到依靠蒸汽、电气等为动力的机械工具，进而发展到由人类控制下能自行活动的自动工具，这是古代社会、近代社会、现代社会的重要标志，是人类在历史的长河中，通过不断地科技创造发明、改革或更新生产设备，采用先进技术，节约消耗，提高劳动者的素质，开发新的资源，达到提高生产效率，增加产品数量，积累更多的物质财富。邓小平同志说过："经济发展得快一点，必须依靠科技和教育。我说科学技术是第一生产力。近一二十年来，世界科学技术发展得多快啊！高科技领域的一个突破，带动一批产业的发展。"① 当代高科技的发展，主要是第二次世界大战以后兴起的。

自 1946 年美国造出第一台电子计算机起，四十年来已形成一个庞大的技术群体，当代科技的特点是"五高"：高层次化、高系列化、高自动控制化、高代价、高冒险性。当代科技的发展，引起了生产力的新飞跃，据统计，20 世纪初，因科技革命，推动大工业劳动生产率的提高 5%—20%，70 年代，因科技革命推动大工业劳动生产率的提高 60%—80%，80 年代，全世界工业生产增加了 15 倍。高科技的发展，也引起了产业结构、劳动方式、劳动结构的深刻变化，由此推动经济管理体制的改革。人类逐步从繁重的体力劳动中解脱出来，整个生产设备生产过程智能化、自动化。如果说，宇航科技的发展，将开拓人类新的活动领域——外层空间，甚至别的星球，那么，海洋科技，将使人类的生产活动从地球表层进入到海洋深处。如果说 1543 年哥白尼提出的太阳中心说，引起思想革命，改变人们对宇宙的看法。这次高科技所引起的各种社会关系的变革和调整，对人类各个领域，包括人们的生活方式、价值观念、思维方式的重大影响则是空前的。

第三，科学技术水平是民族兴衰、国家强弱的主要标志。邓小平同志说："四个现代化，关键是科学技术的现代化。"只有科技现代化，才有国防现代化。当今世界的战争，是科技较量。1988 年 10 月 24 日，邓小平同志在北京正负电子对撞机工程竣工典礼上说："下一个世纪是高科

① 《邓小平文选》第 3 卷，人民出版社，1993 年，第 377 页。

技发展的世纪。……如果六十年代以来中国没有原子弹、氢弹，没有发射卫星，中国就不能叫有重要影响的大国，就没有现在这样的国际地位。这些东西反映一个民族的能力，也是一个民族、一个国家兴旺发达的标志。"这一观点的现实意义极为重大，就是要重视知识，重视人才，大力发展科学技术，坚定不移地贯彻以经济建设为中心。这也有利摆脱"左"的影响，如果人为地激化矛盾，以阶级斗争为纲，七八年来一次像"文化大革命"那样的大破坏，其后果就不堪设想。

革命和改革都是解放生产力

生产力是最活跃最革命的因素，它处在经常不断地发展变革的过程中，而生产关系，即体现这种生产关系的政治制度、经济制度一旦确立，则处于相对固定状态。当生产关系已不适应生产力发展，也就是束缚生产力的发展时，为了解除这种束缚，就要通过革命或改革以解放生产力。具体有三种情景：

一是革命。革命是阶级斗争的最高表现，是代表生产力发展要求的阶级，通过暴力手段，改变旧的生产关系，以新的更高的社会形态取代陈旧的社会形态。封建制取代奴隶制，资本主义制取代封建制以及社会主义取代资本主义制度，就是一场革命。就其手段来说，革命乃是暴力，"革命就是一部分人用枪杆、刺刀、大炮，即用非常权威的手段强迫另一部分人接受自己的意志"[1]。

二是暴动或起义。奴隶暴动、农民起义和工人起义，与严格科学意义上的革命既有共同点，又有差异。暴动或起义使用暴力手段，与革命是共同的，但其结局不是打碎陈旧的政治上层建筑。"从马克思主义观点来看，革命究竟是什么意思呢？这就是用暴力打碎陈旧的政治上层建筑，即打碎那由于和新的生产关系发生矛盾而到一定的时机就要瓦解的上层建筑。"[2]暴动或起义是在瓦解陈旧的政治上层建筑的物质条件尚未具备的条件下爆发的，或由于剥削苛重，或由于发生了自然灾害，使得奴隶、

---

① 《马克思恩格斯全集》第 18 卷，人民出版社，1964 年，第 344 页。
② 《列宁选集》第 1 卷，人民出版社，1972 年，第 616 页。

农民、工人难以维持温饱，从而铤而走险，斗争以减免赋税、增加工资，甚至以改朝换代为终结，统治集团内部调整政策或更换人物，迎来了又一个太平盛世，从而或多或少地解放了生产力，推动了历史的前进。

三是改革，是一个社会制度的自我完善和自我发展，通常是统治阶级运用现存政权，自上而下进行的。在中国古代史上，有成功的改革，也有不成功的改革。成功的改革，使统治阶级摆脱了政治经济危机，去弊兴利，赢得了政治上安定，经济上复苏的局面。战国时期的商鞅变法，奠定秦国富强的基础。著名的"文景之治""贞观之治""开元之治""康雍乾之治"，也都是通过改革带来的太平盛世。这种"盛世"，是以政治上安定（阶级矛盾相对缓和），生产发展，经济繁荣，国力强盛为标志的。由此可见，成功的改革，也或多或少起着解放生产力的作用。

发展生产力与解放生产力的相互关系

通过科学技术发展生产力，通过革命或改革以解放生产力，二者的关系如何？笔者认为：一、各自起作用的时间不同。发展生产力是每时每刻都在活动，都在对社会的存在和发展起着积极的推动作用。"任何一个民族，如果停止劳动，不用说一年，就是几个星期，也要灭亡，这是每一个小孩都知道的。"[1]可见，通过科技发展生产力，是对历史前进运动起经常作用的因素。解放生产力，是在生产关系不适应生产力发展的特定时期发生的问题，是对历史的前进运动在特定环境下起作用的因素。马克思说："在资产阶级社会的生产力正以在资产阶级关系范围内一般可能的速度蓬勃发展的时候，也就谈不到什么真正的革命。只有在现代生产力和资产阶级生产方式这两个要素互相矛盾的时候，这种革命才有可能。"[2]列宁具体地论述到革命形势时指出："在多数情况下，对于革命来说，仅仅是下层社会不愿意象原来那样生活下去是不够的。对于革命，还要求上层社会不能象先前那样统治和管理下去。"[3]"革命形势

① 《马克思恩格斯选集》第4卷，人民出版社，1972年，第368页。
② 《马克思恩格斯选集》第1卷，第488页。
③ 《列宁全集》第19卷，人民出版社，1959年，第213页。

的特征是什么呢？如果我们举出下面三个主要特征，大概是不会错的：
（1）统治阶级已经不可能照旧不变地维持自己的统治；'上层'的这种或
那种危机，统治阶级的在政治上的危机，给被压迫阶级不满和愤慨的进
发造成突破口。要使革命到来，单是'下层不愿'照旧生活下去通常是
不够的，还需要'上层不能'照旧生活下去。（2）被压迫阶级的贫困和
灾难超乎寻常地加剧。（3）由于上述原因，群众积极性大大提高，这些
群众在'和平'时期忍气吞声地受人掠夺，而在风暴时期，无论整个危
机的环境还是'上层'本身，都促使他们投身于独立的历史性行动。"①这
种革命形势的成熟，是特定环境下的产物。在这一情况下，生产经验的
积累，科技的发明创造、应用与推广，并非务必要通过阶级斗争来实现。
二、各自解决的问题不同。生产力解决人类征服大自然的能力问题；生
产关系是反映人际关系问题，即人们在组织生产中的地位、在生产资料
占有关系中的地位以及在分配中的地位等等。三、各自解决问题的方式
不同。据钱学森谈新技术革命的挑战和对策提出：科学革命是指人类认
识客观世界的飞跃，如哥白尼推翻地心说、建立日心说，牛顿力学，巴
甫洛夫学说，爱因斯坦相对论；技术革命是指人类改造客观世界在技术
上的飞跃，如蒸汽机、电力、原子能（核能），远古时期的石器创造，火
的利用，新的技术革命群有电子计算机、遗传工程、激光技术、核能核
技术、航天工程、海洋工程等等。社会革命是指社会制度的飞跃；产业
革命是指生产体系的组织结构和经济结构的飞跃。四、各自在历史发展
中的地位作用不同。生产力在历史发展中起主要的决定作用；生产劳动
是社会存在和发展的物质前提；生产力的发展是促进社会形态从旧质态
向新质态更替的物质基础；生产力的发展水平制约着社会生活的各个方
面，其中包括制约着阶级的产生、发展和消亡，制约着每一个历史时代
的思想意识、社会关系和政治设施等等。阶级斗争在历史发展中也起着
重要的推动作用：生产力的发展提供了社会形态更替的物质条件，通过
阶级斗争才能最终地实现社会形态从旧质态向新质态的更替；尤其是在
生产关系腐朽，成为生产力发展桎梏的时候，代表先进生产力的阶级，

---

① 《列宁选集》第2卷，人民出版社，1995年，第460—461页。

组织群众，运用暴力手段，推翻束缚生产力的生产关系从而解放了生产力。可见，发展生产力与解放生产力，二者的地位、作用、回答的问题各不相同。二者交互作用不能相互取代。发展生产力是解决人类征服大自然的问题，但并不直接解决人际关系问题；阶级斗争是围绕着解放生产力而进行的，但并不直接解决科学技术的应用与推广，物质财富的积累问题。

评扭曲了的"阶级观点"

在以往相当长的一段时间里，由于"左"的指导思想，在政治领域推行以阶级斗争为纲，在学术领域实际上也贯彻了这个"纲"。认为人类社会的历史就是阶级斗争史，阶级斗争是历史发展的唯一动力，等等。实质上，既偏离了马克思主义阶级斗争学说的唯物论，又偏离了马克思主义阶级斗争学说的辩证法。

一、离开了一定历史阶段的生产发展谈阶级存在和阶级斗争。

马克思主义奠基人在叙述阶级斗争理论时，明确地指出三点："无论是发现现代社会中有阶级存在或发现各阶级间的斗争，都不是我的功劳。在我以前很久，资产阶级的历史学家就已叙述过阶级斗争的历史发展，资产阶级的经济学家也对各个阶级作过经济上的分析。我的新贡献就是证明了下列几点：（1）阶级的存在仅仅同生产发展的一定历史阶段相联系；（2）阶级斗争必然要导致无产阶级专政；（3）这个专政不过是达到消灭一切阶级和进入无阶级社会的过渡。"[①]

对马克思主义的以上论述，列宁认为："在这一段话里，马克思极其鲜明地表达了两点：第一，他的学说同资产阶级最渊博的先进思想家的学说之间的主要的和根本的区别；第二，他的国家学说的实质。"[②]

这里，我们姑且就第一点来探讨。

马克思主义认为，阶级的产生是以生产力有所发展但又发展不足为条件，阶级的消亡又以生产力的高度发展为物质前提，"消灭阶级——这

---

① 《马克思恩格斯全集》第 28 卷，人民出版社，1973 年，第 509 页。
② 《列宁选集》第 3 卷，人民出版社，1972 年，第 198—199 页。

就是说，使全体公民在同整个社会的生产资料的关系上处于同等的地位，这就是说，全体公民都有利用公共的生产资料、公共的土地、公共的工厂等进行劳动的同等的权利"[1]。以生产资料的不同占有关系作为阶级划分的标准。而资产阶级思想家的阶级斗争学说，把阶级的产生归结为"征服民族"对"被征服民族"之间军事斗争的结果。完全割裂了同生产发展的一定历史阶段的联系。

在"左"的思潮泛滥时期，把阶级说成是一个政治范畴、思想范畴，认为社会主义改造完成以后，小生产还会每日每时地大批地产生资本主义和资产阶级，把党内思想分歧视作是社会阶级斗争的反映，把党内不同意见的争论，也看作是路线斗争，从所谓一小撮走资派，发展到党内形成了一个资产阶级，甚至把建国后自己培养出来的知识分子也按上一个资产阶级知识分子的头衔。人为地挑起矛盾，制造斗争，因而造成阶级斗争的一浪高过一浪的持续扩大化。

二、夸大上层建筑对经济基础，生产关系对生产力的反作用，否定或贬低生产力在历史发展中的主要的决定作用，因而热衷于搞生产关系的变革。在以阶级斗争为纲的历史时期，提出"政治思想路线的正确与否是决定一切的"。要粮有粮，要钢有钢。"阶级斗争，一抓就灵"，"不斗争就不能进步"，甚至批判唯生产力论。所谓"抓革命促生产"，意思是说，只要抓住"革命"，生产就被促上去了，生产是不用抓的。实践证明："文化大革命"促成生产大破坏。在这样的指导思想下，史学领域里，一部丰富多彩的中国通史，为儒法斗争史所取代；中国古代史为农民战争史所取代；中国近代史为两条路线斗争史所取代。

诚然，马克思、恩格斯、列宁、斯大林都讲过大量的关于阶级斗争是历史发展伟大的动力的话，但是，他们同时也讲过大量关于生产力在历史发展中最终的决定力量的话。例如，恩格斯在《国际社会主义和意大利社会主义》一文中提出："自从原始公社解体以来，组成为每个社会的各阶级之间的斗争，总是历史发展的伟大动力。"[2]但同时也高度估价了

---

[1]《列宁全集》第 20 卷，人民出版社，1958 年，第 139 页。
[2]《马克思恩格斯全集》第 22 卷，人民出版社，1963 年，第 560 页。

生产力的作用，他说："在这个时代里，蒸汽和风力，电力和印刷机，大炮和金矿的联合作用，在一年当中引起的变化和革命要多过以往整整一个世纪。"① 又如，列宁说过："在欧洲各国，特别是在法国，在封建制度即农奴制度崩溃时随之而来的汹涌澎湃的革命，日益明显地表明了阶级斗争是全部发展进程的基础和动力。"② 但同时也说过："大工业是向社会主义过渡的基础，而从生产力状况的观点来看，即按整个社会发展的主要标准来看，又是社会主义组织的基础"③，"不挽救重工业，不恢复重工业，我们就不能建成任何工业，而没有工业，我们就会灭亡而不成其为独立国家。这一点我们是很清楚的"④。恩格斯、列宁的这些话是不是自相矛盾呢？不！一是强调革命对解放生产力的作用，一是强调发展生产力的作用。两个作用既不能相互取代，亦不可偏废。解放生产力不能代替发展生产力，发展生产力不能代替解放生产力。在马恩时代，面临着欧洲无产阶级走上历史舞台，从资产阶级手中夺取政权的形势，较多地强调了阶级之间的斗争，预示着无产阶级反对资产阶级斗争将对解除社会化大生产的束缚所具有的伟大动力作用；同样，列宁在十月革命前后，面临夺取政权、巩固政权一系列错综复杂的斗争，把目光主要投向阶级斗争，亦是完全可以理解的。但他们始终没有忽视包括科学技术在内的生产力在历史发展中的作用。

"四人帮"横行之时，报刊上常常援引恩格斯一段话，作为批判所谓唯生产力论，从而夸大生产关系对生产力、上层建筑对经济基础作用的理论根据，其实乃是一种蓄意歪曲。不妨略加辨析。原文是："……根据唯物史观，历史过程中的决定性因素归根到底是现实生活的生产和再生产。无论马克思或我都从来没有肯定过比这更多的东西。如果有人在这里歪曲，说经济因素是唯一决定性的因素，那末他就是把这个命题变成毫无内容的、抽象的、荒诞的无稽的空话。经济状况是基础，但是对历史斗争的进程发生影响并且在许多情况下主要决定着这一斗争的形式

① 《马克思恩格斯全集》第 12 卷，人民出版社，1962 年，第 3 页。
② 《列宁全集》第 19 卷，第 7 页。
③ 《列宁全集》第 32 卷，人民出版社，1958 年，第 224 页。
④ 《列宁全集》第 33 卷，人民出版社，1957 年，第 385 页。

的，还有上层建筑的各种因素；阶级斗争的各种政治形式和这个斗争的成果——由胜利了的阶级在获胜以后建立的宪法等等，各种法权形式以及所有这些实际斗争在参加者头脑中的反映，政治的、法律的和哲学的理论，宗教的观点以及它们间教义体系的进一步发展。"①

　　这段话，根本没有提出上层建筑对经济基础、生产关系对生产力起主要的决定作用的意思，更没有批判所谓唯生产力论的意思。一、明确地提出，在历史发展进程中起决定作用的是经济因素，就是这封信的后半部分，反复强调指出："归根到底是经济运动作为必然的东西通过无穷无尽的偶然事件（……）向前发展"，"其中经济的前提和条件归根到底是决定性的"。二、为了反驳论敌歪曲"经济因素是唯一的决定性因素"，"常常不得不强调被他们否认的主要原则"。但恩格斯的强调是非常有分寸的，他说："政治等等的前提和条件，甚至那些存在于人们头脑中的传统，也起着一定的作用，虽然不是决定性的。"由此可见，恩格斯在肯定经济基础为主要的决定性作用的同时，又充分估计了上层建筑诸因素的一定作用。这是对唯物史观极为精辟的阐述。

　　三、夸大"斗"的作用，尤其是夸大历史上被压迫被剥削阶级对压迫者剥削者阶级的斗争，所谓"斗则进，不斗则退"。在这种思想指导下，史学工作者就一窝蜂地找"斗"的题材做文章，诸如奴隶暴动，农民起义，工人罢工，革命斗争，路线斗争，思想斗争，斗的时间愈久愈好，斗的规模愈大愈好，斗的空间愈广愈好，杀伤的人数愈多愈好。以这种扭曲了的阶级观点为导向，史学研究曾经走了一段弯路。

　　一是题材太窄，"斗"的题材可以做文章撰著作，但大家找"斗"的题材，就势必撇开丰富多彩的其他题材，使史学研究显得单调枯燥、简单乏味，远离生活，远离群众。

　　二是所谓"斗则进，不斗则退"，是不确切的。马克思主义者观察问题，总是以时间、地点、条件的转移，因此并不是笼统地提倡斗，还是反对斗。"斗"要看什么时间，什么场合，斗什么，怎样斗，从而才会

---

① 《马克思恩格斯选集》第4卷，第477页。

对历史进程产生何种影响。相反地，不分时间、场合，七斗八斗，乱斗一起，只会给社会带来动乱和灾难。衡量标准只有一条，即是否有利于解放生产力。马克思说，革命是历史的火车头，主要指的是无产阶级革命斗争，解决资本主义的生产资料私人占有制束缚社会化大生产的矛盾，从而来一个"飞跃"，社会制度的变革，生产力的大解放。暴力革命、农民起义，都是以战争形式出现的。战争的直接后果总是破坏，列宁说："……在革命时代，阶级斗争在一切国家总是不可避免地要采取国内战争的形式，而没有极严重的破坏，没有恐怖，没有为了战争利益而对形式上的民主的限制，国内战争是不可想象的。"[①] 又说："艰苦的战争不引起破坏是不可能的。作为社会主义革命必要条件和伴侣的国内战争不引起破坏也是不可能的。"[②] 革命战争的结果"就是旧东西死亡的无比复杂而痛苦的过程和新社会制度即千百万人生活方式的产生"[③]。由此弥补战争创伤，迅速恢复并发展了生产。但是，也有另一类战争，即暴乱、内乱，只能对社会生产力起破坏作用，如中国历史上的吴楚七国之乱、八王之乱、永嘉之乱、三藩之乱。这样的斗，不是进，只能是退。从秦始皇焚书坑儒到清代的"文字狱"，是封建统治阶级镇压人民，钳制舆论，摧毁文化的行为，这样的斗，也不是进，只能是开历史的倒车。像"文化大革命"那样的"斗"，也不是进，只能是退。

三是把推动历史前进的力量仅仅归结为被压迫被剥削的劳动群众，把帝王将相、才子佳人，视作为寄生虫、吸血鬼，废料一堆，历史的绊脚石。这种观点，违背了历史唯物主义，从而亦不符合历史事实。历史上的剥削制度以及剥削阶级的出现，是一种规律性的现象，不是谁的意愿所决定的。奴隶主阶级、封建地主阶级、资产阶级，在历史上相继都起过进步的或革命的作用，人类社会的物质文明或精神文明的殿堂里，有他们的一份劳绩。中国古代许多巨大水利工程的兴修，离开帝王将相能办成吗？我们只有站在历史的全方位观察和处理问题，如果站在奴隶的立场骂倒奴隶主，站在农民的立场上批臭地主阶级，这样，历史将是

---

① 《列宁全集》第 35 卷，人民出版社，1985 年，第 56 页。
② 《列宁全集》第 27 卷，人民出版社，1958 年，第 465 页。
③ 《列宁全集》第 26 卷，人民出版社，1959 年，第 100 页。

漆黑一团。现在，我们不妨读几段马克思主义奠基人的观点。恩格斯称拿破仑是"革命的代表，是革命原理的传播者，是旧的封建社会的摧毁人"①。列宁说："可以说，马克思的《资本论》是专门阐明这一真理的：资本主义社会的基本力量就是而且只能是资产阶级和无产阶级；资产阶级是资本主义社会的建设者，领导者，推动者；无产阶级是这个社会掘墓人，是唯一能够代替它的力量。"②"当时，在一百多年以前，创造历史的是一小撮贵族和资产阶级知识分子，工农群众则尚处于沉睡状态。因此，当时历史的进展也只能是极端缓慢的。……现在千百万人正在独立创造历史。"③可见，马克思主义者并没有把历史创造者仅仅归结为被压迫被剥削的劳苦大众。诚如恩格斯晚年所提出的一个精辟见解——"合力"论。恩格斯认为，影响社会变化的有诸多因素，这诸多因素的交互作用中形成为"一个总的平均数，一个总的合力"，其中起主要决定作用的则是生产力和经济基础。体现先进生产力的革命阶级在推动历史前进中起主导作用，而反动阶级在历史进程中起阻力作用，所以历史上往往有短暂的曲折甚至倒退。社会上各种力量都在起作用，"任何一个人的愿望都会受到任何另一个人的妨碍，而最后出现的结果就是谁都没有希望过的事物"。

原载《学海》1993 年第 1 期

---

① 《马克思恩格斯全集》第 2 卷，人民出版社，1957 年，第 636 页。
② 《列宁全集》第 36 卷，人民出版社，1985 年，第 179 页。
③ 《列宁全集》第 34 卷，人民出版社，1985 年，第 76 页。

关于历史发展动力问题讨论的若干倾向

侯惠勤 *

关于历史发展动力问题的讨论热潮，在近代以来的中国虽几度消长，其重要性却始终为世人所公认。这一讨论，从理论上看，关涉各种历史观的核心理念，尤其关涉对于历史唯物主义的准确把握；从实践上看，它同马克思主义在中国的传播、发展以及马克思主义在中国意识形态领域的地位密不可分。因此，尽管此一问题的讨论，总是以一定的学术语境为背景，但从来不是纯学术问题，而是历史观世界观价值观问题，具有鲜明的政治性。关注这一讨论，把握其中具有倾向性的问题，关系到对历史唯物主义基本思想的准确把握，更关系到马克思主义的理论创新、国家主流意识形态的建设和我国哲学社会科学的繁荣发展，因此必须放在中国特色社会主义建设事业的全局性高度来认识。我们认为，下述问题是在这一讨论中必须加以明确并力求形成共识的问题。

一、阶级斗争的观点是否马克思主义历史观的基本观点？

"文革"结束后，我党成功地实行了工作重心的战略转移，制定了"一个中心、两个基本点"的基本路线，开创了中国特色社会主义的伟大事业。这是一场深刻的社会变革，必然要涉及党的指导思想及其理论基础的创新。我们的改革开放是从否定"以阶级斗争为纲"开始的。这在当时是基于对当代中国社会主要矛盾及主要任务的正确把握，并不涉及

侯惠勤，1949—　，男，中国社会科学院马克思主义研究院党委书记、副院长、教授。

对于马克思主义历史观的重新审视。后来，阶级斗争的观点在马克思主义思想体系中的地位问题逐渐被提了出来，一些论者提出：既然阶级斗争在当代中国的作用式微，而从历史上看除了改朝换代，在大多数历史场景中其作用也很有限，那么，能够把阶级斗争的观点视为唯物史观的基本观点吗？新中国所经历过的将阶级斗争扩大化的"左"的失误，与我们把马克思主义阶级斗争理论视为唯物史观的基本观点是否有关？有人说，"马克思主义史学中被我们抛弃的，是关于阶级斗争是历史发展的唯一动力的观念。这种观念是法国史学家基佐、托克维尔提出来的，马克思并非始作俑者，他只是从他们那里接了过来。阶级斗争只是历史的动力之一，不是唯一的动力。正如一架大型客机有若干发动机一样，历史有多种动力，其中包括生态方面的、瘟疫方面的、人口方面的等等。但马克思没有把这些视为历史的动力而加以肯定。其实，历史上的瘟疫、人口的出生率和死亡率，对社会发展都有决定意义。"① 这类在今天相当流行的说法，是建立在对于马克思主义阶级斗争理论无知或曲解的前提之上的。

众所周知，马克思主义的阶级斗争观点是在唯物史观创立过程中奠立的，而不是从什么别人那里"接过来"的。从马克思主义的历史观看，其阶级斗争观点至少有三大价值。

一是奠定历史运动客观规律性的事实分析框架。没有人会否认历史事件的复杂多样、历史动力的纵横交错、历史过程的变幻莫测。正因为如此，这一领域历来是偶然性、相对性、主观性的地盘。然而如果止步于此，历史对于我们除了有"瞎子摸象"般的局部印象外，整体上必然是一团迷雾。历史唯物主义不同于其他历史观，它力图把历史作为科学认识的对象，奠立整理历史事实的客观视角，即抓住最具客观性（不以人的主观意志为转移）和决定意义的事实（社会质变的推动力），这就是阶级斗争。"马克思主义提供了一条指导性的线索，使我们能在这种看来扑朔迷离、一团混乱的状态中发现规律性。这条线索就是阶级斗争的理

---

① 风子：《谁是历史的发展动力》，http://www.no1190.net，2004 年 5 月 30 日。此网址现已失效。——编者注

论。"①因此，虽然在具体历史事件上不排斥其他的分析方法（马克思自己也是这样做的），但对于宏观历史的把握，阶级斗争无疑是主导性线索。可见，马克思主义的阶级斗争理论是唯物史观不可分割的组成部分。

二是奠立无产阶级领导权的政治基础。马克思主义视野中的阶级，并不简单地就是社会的各种利益集团。作为阶级，最为重要的是具有政治意识、即以领导权为核心的整体意志。因此，它不仅不同于一般的社会阶层，而且严格地说来，不具有争夺统治权意识的被统治者，都不能算作真正意义上的自由的阶级。"从马克思主义观点看来，否认或不了解领导权思想的阶级就不是阶级，或者还不是阶级，而是行会，或者是各种行会的总和。"②社会主义之所以能够从空想变成科学，从根本上说，就在于资本主义大工业的发展造就了可以组织成为阶级的现代无产者，而马克思主义则是这个阶级的阶级意识和世界观。对此，我们必须十分清醒。如果全面否定马克思主义阶级斗争理论，讲政治、讲共产党的领导作用、讲工人阶级的领导地位，就成了空话。

三是奠立了探寻历史发展方向的现实根据。以"后现代"为旗帜的思潮完全否定历史的方向性；以自由主义为旗帜的西方主导思潮，驻足于抽象的个性自由而迷失于"历史的终结"。唯有马克思主义把历史的合目的性问题转换为对现实的革命改造问题，从而奠立了寻求和确认历史方向性的现实根据。说到底，个性解放也罢，人的自由全面发展也好，离开了"消灭阶级"这一实际内容，就会成为空洞的口号和美妙的幻影。人类解放、共同富裕、社会和谐、公平正义等社会主义核心价值都是从消灭阶级这一根本要求中引申而来的，并成为工人阶级的解放要求与其他阶级的解放要求的最本质的区别。如果抛弃了马克思主义的阶级斗争理论，我们就丧失了辨别历史方向的根本坐标。正因为如此，马克思主义的阶级斗争理论是中国共产党人最早接受的马克思主义观点，也是马克思主义史学派得以形成并逐渐在学界占据主导地位的核心理念。例如，李大钊在《我的马克思主义观》中就把马克思的唯物史观和"阶级竞争

---

① 《列宁选集》第2卷，人民出版社，1995年，第426页。
② 《列宁全集》第20卷，人民出版社，1989年，第111页。

的学说"联系起来介绍，认为其发现了阶级竞争的根本法则，指明了以往被忽视的经济现象在社会学中的重要性，"这些都是不能掩盖的莫大功绩"①。在 20 世纪二三十年代的中国学界社会史大论战中，马克思学派在与非马克思学派展开论争时，把马克思主义学说的基本逻辑解释为，由经济解释社会分层，导出阶级分析方法，并以"经济"和"阶级"为核心概念解说人类历史。这一解释不仅迅速地扩大了马克思主义历史观的影响，而且在新中国成立后成为支配中国史学界的基本理论框架。同样，近年来马克思主义在学界影响力的削弱，正是与其阶级斗争理论不断受到诘难和扭曲相联系。可见，马克思主义的阶级斗争理论是马克思主义理论大厦的"承重墙"，若加以拆毁，整座大厦将轰然坍塌。当然，对于马克思主义阶级斗争理论"左"的、僵化的理解必须摒弃。

二、关于历史唯物主义"动力论"的传统表述究竟是苏联教科书的表述，还是马克思主义经典作家的表述？

苏联教科书的确存在着对马克思或其他经典作家思想的某些曲解，但绝非在所有重大问题上都同马克思背道而驰。众所周知，它关于历史动力的表述，主要依据的是马克思本人的一段经典表述："人们在自己生活的社会生产中发生一定的、必然的、不以他们的意志为转移的关系，即同他们的物质生产力的一定发展阶段相适合的生产关系。这些生产关系的总和构成社会的经济结构，即有法律的和政治的上层建筑竖立其上并有一定的社会意识形式与之相适应的现实基础。物质生活的生产方式制约着整个社会生产、政治生活和精神生活的过程。不是人们的意识决定人们的存在，相反，是人们的社会存在决定人们的意识。"② 不管其对于这段话的阐发有多少不足，但大体上符合马克思的原意则是无疑的。

尽管如此，当一些人对于马克思的上述思想不满时，"苏联教科书"还是成了替罪羊。有人说："这里所说的传统社会发展动力学说，是指与马克思唯物史观有一定关联，但更主要的还是指源自苏联模式教科书、

---

① 《李大钊选集》，人民出版社，1959 年，第 191 页。
② 《马克思恩格斯选集》第 2 卷，人民出版社，1995 年，第 32 页。

并在中国近几十年哲学社会科学中有着广泛影响的社会发展理论。作为一种传统的理论体系，传统社会发展动力学说对于近现代社会变革以及思想文化已经产生了深刻影响。"① 根据我们所掌握的材料，目前对于所谓的"传统社会发展动力学说"提出的批评大致有：第一，一元决定论分析框架本身具有先天性缺陷。一些论者提出，"构成整个解释体系的逻辑勾连是一种决定与被决定且层层递推的解释结构，在整个体系中，生产力处于基础地位，而从处于系统最远端、同时也是最次要地位的一般意识形态到生产力，则经过了层层还原，由此保证了生产力获得终极的解释能力。这种解释其哲学基础看来源于物质与意识之间并不对等的决定与反映关系"②。这样一种层层递推的解释框架，从学理上看是朴素唯物主义的独断论思维，从历史适用性看只适合于解释从农业社会到工业社会的过渡。它不能解释存在和意识的复杂关系，不能解释生活、生命过程的无限丰富性，不能解释社会各种独立要素之间的互动关系，尤其不能解释现代"多元"社会的现实和发展。

第二，对于自然生态环境天然排斥的社会中心论。在一些批评者看来，"传统社会发展动力说"中基础性的概念是生产力，而生产力即人们征服和改变自然界的能力，这就决定了其对自然生态环境的排斥。这在马克思《关于费尔巴哈的提纲》《德意志意识形态》等文献中关于人对环境的改变远远优越于（并且可以排斥掉）地理环境对人的影响的有关论述也可以得到某种印证。但是社会发展的严峻现实表明，要保持社会发展的可持续性，必须在社会发展动力学说中给自然环境对人类发展的决定性作用给予足够的关注。如果说，生产力是社会发展的决定性因素，那么，这种决定性因素就必须认真对待自然生态环境对它的直接制约，并且这种制约直接构成了生产力是否发挥作用并符合人的长远生存需要的条件。

第三，以政治权力和政治意识为核心的泛意识形态话语。在一些批评者看来，这套解释框架实际上是以二元对立社会为背景、以统治关系为

---

① 邹诗鹏：《传统社会发展动力学说的解释性难题及其反思》，《教学与研究》2003 年第 5 期。
② 同上。

基础建构的，因此，"生产关系""政治上层建筑""思想上层建筑（意识形态）"等核心概念，其实都是意识形态话语，描述的是一种不平等的社会等级结构，而马克思也正是为了阐述阶级社会的政治统治方式才展开其经济基础和上层建筑思想的。而在现代社会里，社会的整合与运作形式正在发生一场深刻变化，这一变化可以概括为从道统式的社会向法治型社会的转换（包括从民族-国家向公民社会的转换），在这一转换过程中，社会结构已经从要素间不允许跨越的单线式的梯次结构，转向一个具有复杂关系的网状系统，相应地国家的功能也发生了深刻变化。可见，传统的社会发展动力学说无法面对现代社会。

以上批评表明，目前关于历史动力问题的讨论中出现的对于传统的社会发展动力学说的诘难，锋芒所指决不限于"苏联教科书"，甚至不限于马克思关于历史动力问题的个别论断，而是涉及马克思主义关于社会结构和历史过程的根本观点。按照上述批评意见，我们起码要面临库恩所说的"范式"革命问题。

如果认为历史唯物主义在当代还适用，批评者所提出的上述问题在现行解释框架下也并非不能加以解释。比如说，强调生产力的决定性作用就必然置生态自然环境于视野之外吗？实际上，马克思所讲的生产力，决不仅指人对于自然的征服和控制，而是一个标示人类与自然关系的范畴。它是人与自然双向作用的成果，不仅表示自然在多大程度上是"属人的"，也表示人在多大程度是"自然的"，今天我们完全可以将其引申为标示人类与自然和谐程度的范畴。又比如，马克思的全部（广义）"政治"思想（包括政治经济学、政治上层建筑说和意识形态论），立足点是对于资本主义的超越，而决不是"不平等的等级社会结构"，因此，其关于消灭阶级、国家消亡等实现"事实平等"的思想，不仅超越了一般阶级社会，也超越了当今的所谓"公民社会"，怎么能说它不能解释当代呢？

三、什么是"话语体系的转换"？

在关于历史动力问题的讨论中，"话语体系的转换"是一个相当热门的话题。应该说，从纠正过去把学术问题政治化的"左"的错误，以及从繁荣学术、推进创新的意义上，提出"话语体系的转换"具有一定的积极意义。尤其对于高等学校的学科建设来说，向学术话语转换对于将马克思主义的指导地位深入地落实到各个学科领域是必要的。但是，把话语的转换视为突破马克思主义话语体系甚至是摒弃马克思主义的倾向，在历史动力问题的讨论中十分突出。合理的话语转换和否定马克思主义的话语转换的界限在哪里？我们认为主要有两条：

第一，如何评价传统的意识形态话语，包括用此话语体系所建构的学科、学派？正确的态度无疑是具体地分析、继承性创新。要做到这点，首先是不能把意识形态话语的形成完全归结为政治意志的操纵，因而将其完全同学术话语对立起来，而是要确认其是适应一定实践需要，具有特定历史背景的产物。恰恰在这一关键点上，许多讨论陷入了误区。例如，讨论中有一种很普遍的看法，即认为"长期以来，我们的史学界与政治社会共用一套话语，而这套话语是'充斥着二十世纪政治与文化方面的诉求'的意识形态话语。像'封建''封建社会''阶级''阶级社会''剥削''剥削社会''地主''地主阶级'等等，以及与这些术语相关连的许多社会历史理念、若干带有全局性的重大假设，都只有在特定的意识形态语境中才有意义，远非学术语言"。"更为重要的是，不但我们长期以来所使用的这套概念工具有很大问题，我们以这套概念工具为基础所提出的'问题'，问题尤大。譬如与'中国社会形态'密切相关的所谓'五朵金花'就是如此。现在看来，所谓'古史分期问题''近代史分期问题''农民战争（性质、作用、结局）问题''中国封建土地所有制形式问题''资本主义萌芽问题'，以及由这些'问题'所派生出来的所谓'中国封建社会长期延续问题''亚细亚生产方式问题'，包括后来提出的'历史主义及其与阶级观点的关系问题''历史发展动力问题''历史创造者问题'等，都是具有部分学术色彩的命题，而本质上却不是学术命题。在既定话语背景下，这些命题都有意义，而且都有重大意义。因为这些命题背后都有明确的非学术诉求，所以有关它们的讨论，动辄牵动整个意识形态领域，有时会直接演化为社会政治事件。但是，一旦脱离开既定语境，这些命题本身能否成立都是问题。……当话语系统一转换，许多原来的命题就可能顿时失去了存在的前提和根据，从而不攻自倒"①。

这种把意识形态话语与学术话语完全割裂并对立起来的做法，不仅导致学术思想史研究的虚无主义思潮泛滥，更导致了对于马克思主义指导下的中国社会主义历史的否定，即把社会主义实践歪曲为脱离人类文明大道的虚假历史而力图一笔勾销。这是比扩散政治话语的西方思潮更为危险的倾向。

事实上，许多批评者也清楚，话语的实质是对于历史和现实的把握，因此，话语体系的转换关键就是重新审视历史、更好把握现在。"如果'语言''话语'仅仅是一种'表达形式'，盛装'事实'的中性的容器和载体，那当然无足轻重，问题在于它们很可能就是内容本身、历史本身。客观历史一旦消逝，我们通常所谓的'历史'就已经变成了一种语言事实，在特定的语言之外，我们就再也找不到'历史'了。这也就是说，一旦人们使用了某种'话语'，那就进入了某种规定的情境之中，这时要想对历史作另一种把握，简直没有可能。"② 正因为如此，我们在讨论话语体系转换的问题时，必须十分强调正确对待历史，否则，就会从根本上颠覆现行的价值体系。

第二，在话语转换与创新中能否坚持马克思主义世界观、方法论的指导？坚持马克思主义的指导，是正确把握历史的前提。而坚持马克思主义的前提，是必须把它视为既一脉相承又与时俱进的统一科学体系。因此，割断历史必然割断马克思主义理论自身，把马克思主义视为"革命意识形态"就是一个时髦的做法。这种观点认为，"1949 年后，我们本来不该继续强调这一理论，在意识形态上本来应该完成从'打天下'到'坐天下'的调整，——认识到'马上打天下不能马上治天下'的道理：'打天下'可以使用'革命意识形态'，'治天下'则必须使用那些保守的而非激进的，建设的而非'破坏'的意识形态"③。按照这种逻辑，马克思主义在革命成功后的中国，除了被颠覆、推倒和摒弃，还能有其他的命运吗？

---

① 王学典：《近 20 年间中国大陆史学的几种主要趋势》，《山东社会科学》2002 年第 1 期。
② 同上。
③ 王学典：《意识形态与历史：近 50 年来农战史研究之检讨》，《史学月刊》2005 年第 7 期。

在话语体系转换中坚持马克思主义世界观、方法论指导，要注意两条，一是把马克思主义话语学术化过程中必须"同中述异"，二是不能完全学术化的马克思主义话语要坚持"异中求同"。马克思主义要在高等国民教育体系扎根，确实需要话语体系尽可能地学术化。马克思主义话语的学术化，就是要努力发掘自身的学术性资源、不断扩大自身的学术包容性。但是，为了防止在这一过程中发生"范式"转换即自身被消解，就必须用马克思主义解释框架对这些概念、范畴加以消化，这就是"同中述异"。

另一方面，马克思主义作为工人阶级世界观和社会主义的意识形态，其政治性话语不可能完全学术化，否则就丧失了自己的"身份特征"。也就是说，它必然具有排他性、批判性的一面。在今天，在话语体系学术化的大背景下，这种识别身份的独特性，一般地是通过"对话"而不是"大批判"的方式进行，这就要铺设对话的平台，以学术交流的方式实现。为了增强意识形态批判的效果，我们应当学会"异中求同"。

总之，马克思主义话语体系向学术话语的合理转换，必须防止意识形态话语同学术话语的割裂，把握好意识形态的"扩容"和意识形态的"身份"的统一关系。

四、历史唯物主义，还是生存论（或生活）哲学？

坚持马克思主义在意识形态的指导地位，最为尖锐的问题就是，理论上我们在今天还能坚持些什么？一种值得注意的现象是，从马克思主义理论三大组成部分，退守到马克思主义哲学，又从作为立场、观点、方法的马克思主义世界观退守到作为方法的马克思主义。如果说，前几年讨论时还有一个共识，即马克思主义的方法论（尤其是历史唯物论）具有普遍的指导意义的话，那么近年来则出现了"超越唯物史观"的动向①，也就是说，关于马克思主义理论的最后一点共识也正在面临挑战。

企图超越历史唯物主义的替代品，从还具有唯物主义倾向的范围

---

① 刘方现：《近年来围绕唯物史观的理论争鸣》，《历史教学》2005 年第 3 期。

（不包含各种纯粹唯心主义历史观）看，无非是"选择史观"和"生活史观"，而这两种历史观的哲学基础，其实就是"生活哲学"或"生存哲学"。这种哲学的立足点是人、人的生理性需要、人生存的自然地理条件、人自身的繁衍等，并以此为根据建构对于历史的解释性框架。从这一解释框架出发，它认为马克思主义的唯物史观的根本缺陷主要有四个方面：

第一，以劳动规律取代生存规律作为历史的根本规律。在"生活哲学"看来，"人，只有人本身，而不只是人的一种活动——劳动生产活动，才是创造和决定人类社会发展进程的根本因素，因而也才是我们研究人类社会发展史的根本出发点！……作为客观存在着的人或人类由自身的生理结构所决定，必然会产生'获取生活资料以维持生存和改善生活水平'的客观需要和目的，我们把这个直接代表着个人和人类的生存和追求、不以人的意志为转移的必然性规律称为生存规律！"[1]"仍由人的生理结构所决定，人类繁衍后代的问题又决定了人类另外一些有关目的和行为，成为人类社会形态变化发展的另一原因和动力！"[2] 因此，唯物史观的前提性错误就在于"把只存在于人类一定历史发展阶段上的人工劳动等同于与人类相伴始终的生存规律，致使至今为止只在人类历史约20%的时间内存在的劳动生产成为决定人类社会发展的决定性因素，是导致马克思得出生产决定一切的'生产中心论'并进一步得出物质生产力是人类社会发展的原动力的唯物主义历史观的错误结论的最根本的原因！"[3]

第二，以生产力取代自然地理因素作为历史发展的终极原因。在"生活哲学"看来，历史唯物主义用生产力自身的各种要素及其相互作用去解释历史的发展没有出路，因为生产力并不是决定人类生存的根本因素。"我们仔细分析了诺思的研究道路后发现，以生产力为基础探讨历史进步的原因是找不到出路的。唯物史观关于生产力和生产关系、经济基

---

[1] 亦文：《论辩证唯人主义的历史观——马克思唯物主义历史观批判》，http://historicalreview.jianwangzhan.com，2004年2月6日。此网址已失效。——编者注

[2] 同上。

[3] 同上。

础和上层建筑、社会存在和社会意识等概念及其逻辑关系存在着根本缺陷，用因果关系或相互作用都难以概括每对概念的关系。按照经济学的研究成果，它们可以用更加精确的'物质技术成果''组织''制度''文化环境'等概念来表述。它们的产生都有更为基础的'原因'，都是力图满足自身需要的'人'在客观环境下'理性选择'的结果。而在客观环境中，最根本的就是地理条件。"①

第三，以生产关系取代生活关系作为社会存在的基础。在"生活哲学"看来，遵循"生存规律"的人类历史，其社会组织形式是按"生存优化"的方式变化的，与生产的状况并没有直接的联系。"如果我们要把这些社会组织形式归结为某种关系从而以利于总结和表述这一切，那由它们产生的动因和性质——优化后代从而也就是人类自身生存的优化需要所决定，这些组织形式就只能是一种优化生存关系，而不可能是别的什么关系，更不可能是什么生产关系，因为它们的产生和发展与生产无任何关系可言！"尤为重要的是，人类一些根本性的生存方式一直没有实质性的改变，"因为这些由人类生存繁衍需要和规律所派生出来的种种社会组织和生存关系自始至终根本就没有变的可能，因为产生和决定这些关系的人的生理结构、优化繁衍需要和生存规律等从来没有发生过改变！只是随着人工劳动生产这个新事物从无到有地产生和发展，这种生存关系随之也必然会增加一些新的内容和表现形式而已，其本质不可能有任何变化！所以，所谓的生产关系从一开始就是马克思出于他的'生产中心论'的需要而抽象出来的一个不符合客观实际的错误概念！"②。

第四，以阶级斗争取代科学技术作为实现人类解放的根本手段。在"生活哲学"看来，历史唯物主义没有看到生活交往、生活方式是比生产关系更为根本的基础，因而误认为生产关系的改变就能导致人类的真正解放，即消灭阶级和进入每个人的自由全面发展社会，这就实际上陷入了空想。"由于在马克思那里生存规律等同于劳动生产，所以，他认为

---

① 许平中：《从"唯物史观"到"选择史观"》，http://www.xslx.com/ htm/ shgc/ sxzh/ 2004-02-03-15972.htm，2004 年 2 月 3 日。此网址已失效。——编者注

② 亦文：《论辩证唯人主义的历史观——马克思唯物主义历史观批判》，http://historicalreview.jianwangzhan.com，2004 年 2 月 6 日。此网址已失效。——编者注

劳动生产是决定一切的因素，消灭生产资料私有制就能消除不劳而获的剥削行为，因而认为消灭了生产资料私有制的社会主义制度就是可以消灭阶级社会的最佳社会制度。事实上，由于生存规律并不等于劳动生产，所以马克思的预言失灵了，以他的理论为指导、以计划经济为内容和标志的社会主义经济制度也在世界范围内彻底失败了。其实，生产资料私有制作为生活资料私有制的派生物，只是不劳而获得生活资料的手段之一而已，消灭了它，并不能消灭不劳而获的客观基础和所有手段，因而根本不可能彻底消灭不劳而获的目的和行为。"① 唯有通过科技的高度发展，从根本上改变人的生活方式和劳动方式，使人工劳动力完全解放出来，才能实现人类的解放。"改进劳动工具、提高劳动者的劳动技能、减轻劳动强度的人工生产客观发展趋势的最终结果，就是劳动工具智能化，劳动技能发展到声控——说句话即可的高度，劳动强度减低为零——人工劳动力完全由机器人所取代，从而实现不需人工劳动力却可以完全由人控制的高级天然生产。"② "所以，生活资料私有制，这个伴随着人工生产而产生的阶级社会的基础，终将随着科学技术的高度发展而自然走向消亡。而在科学技术发展到这个高度从而提供了消灭它的外部物质条件之前，任何人为消灭它的目的、企图和意志都是不可能成功的主观臆想。"③

我们并不认为上述的批评毫无价值，在唯物史观的大框架下，从各个方面拓展、丰富、创新马克思主义理论都是可以接受的。但是，如果根本推倒历史唯物主义，用"生存哲学"取代唯物史观，将会出现一些什么样的情况呢？第一，用自然法则取代社会法则，其结果是消解判断善恶是非的价值标准。既然生存至上，生存规律第一，那么，生存竞争法则就是根本的法则，这就是"物竞天择、适者生存"。因此，狼和羊没有区别，狼吃羊与羊吃草毫无二致，都是不同的"活法"，无所谓善恶。我们因此也就不难理解近来何以出现众多赞赏"狼性"的论调，甚至大

---

① 亦文：《论辩证唯人主义的历史观——马克思唯物主义历史观批判》，http://historicalreview. jianwangzhan.com，2004 年 2 月 6 日。此网址已失效。——编者注

② 同上。

③ 同上。

声疾呼把中华民族丧失殆尽的"狼性"重新寻找回来。第二，用生理本性取代社会本质，其结果是根本取消改造客观世界和完善人性、超越自我的历史性任务。既然人的生理性结构是历史之本，而这一结构又是直接受自然地理因素制约的，那么对于人类而言，就不存在改造客观世界的同时改造主观世界的可能与必要。历史就只能是渐进性改良，不存在任何质变、飞跃；人性就只能是自我实现，不存在自我超越和自我完善。果真如此，这可能是对于人类理智和能力的最大嘲弄。第三，用现象描述取代科学研究，其结果是感性主义和相对主义泛滥，使人类在历史领域重新陷入一团混乱。

原载《高校理论战线》2005 年第 10 期

从革命到改革：新时期关于历史动力问题讨论的再反思

刘后德*

近代以来的历史进程深刻地影响了中国马克思主义史学研究的样式。新时期伊始，在溯及马克思主义经典论述并回归经验理性的基础上，中国马克思主义史学由充满激情的研究状态逐渐过渡到稳定的职业化研究阶段。众多历史学家在着力澄清马克思主义理论的核心价值及其作用方式的过程中重新回归理性[①]，追求历史进步的目标导向开始向照应社会发展过程中的价值满足进行转变。

面对现代社会的转型，许多学者对革命史叙事的唯一正当性产生了怀疑。他们对现代化道路合法性的论证逐渐取代革命叙事，"或者说是'革命史叙事'已屈从于'现代化叙事'的逻辑制约之下，再也无法具有其至高无上的控制地位"[②]。不同历史阶段阶级斗争的具体作用开始得到重新审视，生产力发展、物质积累以及追求变革的历史得到更多挖掘，但他们在反思历史发展模式和内涵背后也存在非此即彼的观念偏向。此后，学界出现拥护革命或赞成改革的分野。这种观念认识上的变化在1979年前后的社会历史发展动力问题大讨论中即有较为集中的体现。讨论本身内含了从重视革命到肯定改革这一史学观念转向的诸多因子，也存有

---

* 刘后德，1985— ，男，山东大学文学院博士研究生辅导员。

① 尤学工：《重塑科学性："文化大革命"后中国马克思主义史学的转向》，《史学理论研究》2017年第3期。

② 杨念群：《中国历史学如何回应时代思潮（1978—2008）》，《天津社会科学》2009年第1期。类似观点还可参见阿里夫·德里克《革命之后的史学：中国近现代史研究中的当代危机》，《中国社会科学季刊》（香港）1995年春季卷，总第10期；阿里夫·德里克《欧洲中心霸权和民族主义之间的中国历史》，《近代史研究》2007年第2期等。

在否定极端阶级斗争理论的同时将阶级概念、阶级分析的方法和理论视角一概抛却的倾向。所以，讨论虽然意见不一、倾向不同①，却标志着史学界观念认识的转变以及马克思主义理论指导与史实明晰之间再平衡的开始。

以往述及此次历史动力问题讨论时，学者们多笼统地强调其解放思想的价值意义②，却对该问题所蕴含的类似"逆反"的观念缺乏反思③。有鉴于此，我们希望通过对这一问题的重新考察，进一步分析其间史学观念转变的得失，从而为更好地开展相关研究提供一些借鉴。

一、暴力革命的合法性

痛定思痛。在决心告别倚重阶级斗争模式，转而注重建设、积累和革新的背景下，史学界开始质疑革命方式的正当性和有效性，并且集中反思阶级斗争、农民战争的历史作用。

之前，史学研究一度片面强调阶级斗争、农民战争的作用，把它们

① 详见胡素卿《历史发展动力问题讨论综述》，《国内哲学动态》1980 年第 8 期；宋士堂、苏双碧等编《关于社会历史发展动力问题》（论文选辑），求实出版社，1982 年；梁友尧、谢宝耿编《中国史问题讨论及其观点》，山西人民出版社，1984 年；等等。

② 这方面的著述有肖黎主编：《中国历史学四十年（1949—1989）》，书目文献出版社，1989 年；周朝民、庄辉明、李向平编著：《中国史学四十年（1949—1989）》，广西人民出版社，1989 年；王学典：《二十世纪后半期中国史学主潮》，山东大学出版社，1996 年；罗志田主编：《20 世纪的中国：学术与社会（史学卷）》，山东人民出版社，2001 年；黄敏兰：《20 世纪百年学案·历史学卷》，陕西人民出版社，2002 年；许冠三：《新史学九十年》，岳麓书社，2003 年；张剑平：《新中国史学五十年》，学苑出版社，2006 年；李红岩：《马克思主义史学思想史》第 4 卷，中国社会科学出版社，2015 年；李振宏：《当代史学平议》，社会科学文献出版社，2015 年；林甘泉：《二十世纪的中国历史学》，《历史研究》1996 年第 2 期；戴逸：《世界之交中国历史学的回顾和展望》，《历史研究》1998 年第 6 期；王学典：《近五十年的中国历史学》，《历史研究》2004 年第 1 期；等等。

③ 目前此类反思以著名史学家王学典为代表。他认为，在新时期之初，史学领域就存在从废弃"以论带史"到皈依"史料即史学"、从否定"古为今用"到遁入"象牙塔"中、从解构"宏大叙事"到走向"碎片化"、从打破"闭关自守"到放逐"自主叙事"等与"文革"史学"对着干"的倾向，并强调"前 30 年史学思想遗产不应断然抛弃"。详见王学典《从反思文革史学走向反思改革史学——对若干史学关系再平衡的思考》，《中华读书报》2015 年 3 月 18 日。另外，李怀印在以"新启蒙""现代化"等概括这一时期的史学发展状况时，也主要从正面肯定其转型的必然性和普遍意义。详见李怀印《重构近代中国：中国历史写作中的想象与真实》，岁有生、王传奇译，中华书局，2013 年，第 176—242 页。

当作推进历史发展的唯一动力，以之解释一切。而在 1979 年前后的历史动力问题讨论中，这种动力作用的排他性和统治地位受到挑战。大多数学者认为，阶级斗争不是主导历史发展的唯一因素，也无法摆脱具体历史条件的限制；阶级斗争理论无法解释全部历史，农民战争也不可能涵盖整个封建社会的历史。① 如生产力和生产关系、经济基础和上层建筑的矛盾，作为社会的基本矛盾是长期而广泛存在的，阶级斗争并不能替代或取消社会的基本矛盾，而恰恰是体现并受制于这一矛盾的。相较于阶级斗争，生产力因素才是更为根本的动力存在。② 即使"最彻底的革命也既不能随意废弃已有的生产力，又不能离开原来生产力水平任意创造一种新的生产力"；而且，作为根本动力因素的生产力是"没有阶级性的，这种能力的提高，即使在阶级社会里，也不是都要通过阶级斗争"。③ 根据马克思主义经典论述，生产力才是最活跃最革命的历史进步要素，"阶级斗争本身也是依赖于生产力的发展"；而且，从实际历史看，阶级斗争与社会进步之间并不呈现正相关态势。④ 农民战争只是特定时期的非常手段，不能保证、也无法取代通过发展生产力实现社会进步的常态，单纯的阶级斗争无法解释社会历史发展的复杂原因。⑤

讨论过程中，与阶级斗争相对立的诸多概念大都围绕生产力要素产生。当时，许多学者倾向认为，农民战争所代表的阶级斗争并非历史发展过程中的常态或全部，也绝非历史发展所依靠的唯一或根本力量，更非目的本身；农民战争并非总是推动历史前进的最佳选择，封建统治阶级也绝非始终腐朽反动；生产力因素在推动社会进步方面起到更为根本的作用，生产力发展需要生产关系等上层建筑的不断改革完善，而社会生产力的提高最终是为实现每个社会成员的自由全面发展。

学界对历史动力问题的讨论，虽然立足史学研究的范畴，但其政治意味依然强烈。⑥ 那就是服从服务于全国工作重心转移的需要，停止"以

---

① 戴逸：《关于历史研究中阶级斗争理论问题的几点看法》，《社会科学研究》1979 年第 2 期。

② 金汶：《阶级斗争"任何时候"都是"纲"吗？》，《光明日报》1979 年 1 月 13 日。

③ 刘泽华、王连升：《关于历史发展的动力问题》，《教学与研究》1979 年第 2 期。

④ 戎笙：《只有农民战争才是封建社会发展的真正动力吗？》，《历史研究》1979 年第 4 期。

⑤ 罗荣渠：《略论历史发展的伟大动力与终极原因的内在联系》，《历史研究》1980 年第 5 期。

⑥ 侯惠勤：《关于历史发展动力问题讨论的若干倾向》，《高校理论战线》2005 年第 10 期。

阶级斗争为纲"的思想和做法，全力投入改革建设事业。因此，阶级斗争及其具体表现形式的农民战争，在推动历史进步的作用和效果方面的认知被大幅削弱。学者们往往将发展生产与阶级斗争对照论述，"人类社会的历史可以说就是在生产力和生产关系的矛盾运动中发展的"，我们当然不能"用变革生产关系的阶级斗争，取消或者代替发展生产力的斗争"。① 此时，作为关键或特定历史阶段迅速推动社会前进的主导力量，阶级斗争已经在整体批判的氛围中遭到排斥，它们在历史本体论意义上的位置出现大幅下滑。实事求是地讲，当时许多论述并没有充分的史实辨析作支撑，仍多抽象理论甚至"语录"的摘抄和演绎。所以，这样的讨论在破立之间的简单化处理中又有倒向另一极端的危险。

农民战争等暴力革命形式具有巨大的破坏作用，但生产力在历史发展过程中起到根本性的推动作用。有鉴于此，历史学家们开始对有利于解放和发展生产力、为其作用发挥创造条件的历史阶段及其表现形式给予积极肯定。"我们过去实际上过分迷信暴力，认为军队打到哪里，一个命令就可以把旧社会改造过来。而事实告诉我们……真正的不可抗拒的革命……都不是靠暴力完成的，也不是任何暴力所能完成的。这种革命……要求首先发展经济，同时发展文化教育，经过长期积累后自然完成。"② 生产力不发展、经济文化不进步，只依靠阶级间的暴力斗争，往往欲速则不达，不能从根本上夯实社会前进的基础。真正有效的革命有待于量变阶段的长期社会积累。生产力发展"是一个逐步的、渐进性的过程，是生产活动和科学技术积累的过程"；历史的前进"不是通过不断的暴力革命，不是通过一连串的突变来完成的"；"社会发展要有一个逐渐的积累过程"，需要"脚踏实地地进行建设"。③ 决定社会进步的生产力发展需要和平稳定的外部环境，避免盲目的阶级斗争仅仅是形势向好的开端，持续稳定、渐次完善局面下的生产力革命才能从根本上为社会进步提供源源不断的动力。换言之，阶级斗争的历史推动作用不是无条件的、绝对的，生产力的切实发展以及生产关系的恰当变革同样重要。社会形

---

① 戎笙：《只有农民战争才是封建社会发展的真正动力吗？》，《历史研究》1979 年第 4 期。
② 黎澍：《论历史的创造及其他》，湖南人民出版社，1988 年，第 147—148 页。
③ 戴逸：《关于历史研究中阶级斗争理论问题的几点看法》，《社会科学研究》1979 年第 2 期。

态的演进，"必须有一定的社会经济前提和物质基础"，而作为社会演进革命性力量的新经济因素，"是社会物质生产的经济规律起作用的产物，不是单纯的暴力的产物"；"如果在旧社会的母体中没有代表先进生产方式的新的社会经济因素出现并趋于成熟，单纯的革命暴力只能引起改朝换代，而不能造成真正的社会革命"。① 唯有夯实物质生产这一前提基础，暴力革命才能更好地发挥"助产婆"的作用。近代资产阶级革命的历史进程证明，"在一定的条件下，依靠暴力可以摧垮旧制度，但仅仅依靠暴力却不能建立起新制度"，革命的真正成功或价值兑现端赖于良好社会秩序条件下后续经济建设的稳固进展；如果"没有生产活动推动的更加高度发展的生产力，人们仅靠改变生产关系来建设社会主义社会，是不可能牢固地建立起来的"。② 这样的认识有利于史学界摆脱对革命的错误认识，逐步接受历史上一些有利于生产改善的局部改革，同时在马克思主义理论范畴内，为历史阐释从"不断革命"到现代化建设的顺利转换提供了必要的论证基础。由此形成的观念转变，为马克思主义史学的现代转型提供了必要条件，也使改革开放的价值合法性在学术研究层面被接受，新的研究范式及思维认同也随之形成。

许多学者还认识到，统治阶级在客观上有促进生产力发展、社会进步的作用，而且存在主动变革的事实。"承认阶级斗争是历史发展的强大动力，就必须如实地承认参与斗争的各个阶级，其中包括剥削阶级都对历史的发展产生影响。"③ 足够多的史实也证明，在实现社会根本进步的关键历史时期，统治阶级往往并不顺应这种历史趋势，积极主动的变革呼应更是严重缺失。如果推动生产力发展和社会进步的历史条件迟迟无法形成，此时促进革命的举动就显得尤为必要。

经此讨论，农民战争及阶级斗争的动力作用开始受到越来越多的质疑甚至否定，阶级分析方法也随之遭到越来越多人的摒弃。但大部分历史学者决然抛却"以阶级斗争为纲"的研究法则，却往往囿于对经验史

---

① 罗荣渠：《略论历史发展的伟大动力与终极原因的内在联系》，《历史研究》1980 年第 5 期。
② 蒋大椿：《历史的内容及其前进的动力》，《近代史研究》1981 年第 4 期。
③ 伍宗华、冉光荣：《历史发展动力问题的再探讨》，《四川大学学报》（哲学社会科学版）1979 年第 2 期。

实的分析认定，不能将马克思主义的理论引领作用有效融于文章的内在理路以增强其逻辑思辨力和表达效果。这就导致学者们在夹杂现实情感的学术清理中径直告别加诸暴力革命的赞誉，转而拥抱改革。史学界逐渐出现一种远离革命的宏大叙事，围绕社会历史的局部细节进行微观处理，沉迷微雕技艺不能自已，或者埋首考订清理①，甚至出现淡漠现实关切、"为学问而学问"的书斋化倾向等。所以，新时期马克思主义史学观念转向所隐含的某种偏颇值得注意，由马克思主义理论指引，注重宏大的整体性论述，可以为现实服务，前提是筑基于牢靠的史实、准确而专业的表达；基于史实清理而专注于问题考察，同样可以为现实服务，前提是须有宽广视界，保留本质切入的特征以及透彻阐释的力道。

"马克思的历史观不是从一个设定的起点开始顺次解释后来的事件，而是由后来所达到的阶段反过来解释前面的阶段，甚至由未来将要达到的阶段来解释现在的阶段，这就是他所谓'人体解剖是猴体解剖的一把钥匙'这一著名命题的真义。"②暴力的革命手段固然不必贯穿整个中国历史，但忽略或者削弱革命战争在推动历史发展过程中的作用，也是行不通的。在经历和认识了真正的革命以后，我们才会对之前不成熟或者初级的革命实践有更深刻的把握。

今天看来，如此扶得东来又倒西，这就不免以一种倾向掩盖了另一种倾向，甚至可以说，这是以偏制偏的另一种不良研究倾向。"滥用阶级分析方法，把阶级分析方法视为历史研究的唯一方法，是错误的。但是，弃置阶级分析方法、一提阶级分析方法便视为极左，同样是错误的。"③"没有'现实'就没有任何'历史'，'史学史''学术史'演变的最大动力、最活跃最积极的因素不是学术自身而是'外部现实'。"④现实中是否以阶级斗争为纲，与史学研究中是否运用阶级分析方法，或者历史上究竟存在怎样的阶级斗争，是不该混淆的两码事情，不能倒脏水连同

---

① 针对当时考据风行的状况，赵俪生曾提出加强思辨的主张。详见赵俪生《光考据不行，还需要思辨》，《文史哲》1982年第2期。

② 邓晓芒：《历史的本质》，《社会科学论坛》2012年第5期。

③ 李红岩：《马克思主义史学思想史》第4卷，中国社会科学出版社，2015年，第382页。

④ 王学典：《从反思文革史学走向反思改革史学——对若干史学关系再平衡的思考》，《中华读书报》2015年3月18日。

孩子也一起泼掉。实际上，阶级分析视角不失为把握历史脉络的锐利武器，暴力革命同样是民众推动社会进步的必要选项。特别是中国近代以来，暴力革命摧枯拉朽般的直接推动作用，保证了社会发展态势的进步导向。必要的宏观把握、合理范围内的阶级分析方法和阶级斗争的观察视角都是不可或缺的科学工具，不可随意弱化或者忽略它们。

二、改革的历史正当性

在争论阶级斗争是否为人类历史发展唯一动力的同时，有越来越多的学者认识到，在根本的革命性变革远未成形或者已然结束之时，改良或者更准确地说改革，对生产力发展、社会进步等方面的积极作用应予以肯定。尤其社会主义阶段，更要重视安定有序条件下稳步的生产积累，而非突出阶级斗争而自我虚耗、贻误发展时机，设法推进改革以最大程度释放生产活力当是更为重要的任务。我们不可本末倒置，主抓阶级斗争，而荒废了完善制度、发展生产、改善生活这样一条根本主线，制度本身的调节可以通过改革的办法实现，解决矛盾不应总是诉诸阶级斗争的办法。① 无论革命还是建设，最终目的都是为解放和发展生产力，不断提高生产生活水平。只有不断改革完善适合生产力发展的生产关系和上层建筑，大力开展生产实践活动，才能真正推动社会进步。②

众多历史学家旗帜鲜明地反对以阶级斗争为中心的研究方式，肯定各历史阶段发展生产、稳定积累的重要性。"中国民主革命和社会主义建设的真正完成，只能是一个随着生产力发展而不断前进的长期过程。"③ 我国现阶段所要解决的，主要是落后的生产力水平与现代化建设需求之间的巨大缺口。④ 也就是说，在社会主义条件下，我们的根本任务已经由解放生产力变为在新的生产关系中保护和发展生产力，不能偏离现代化建

① 邢贲思：《生产斗争比阶级斗争更根本》，《中国青年》1979 年第 2 期。
② 巢峰：《阶级斗争是阶级社会发展的基本动力吗？——兼论社会主义社会的阶级和阶级斗争》，《文汇报》1979 年 8 月 21 日。
③ 王小强：《农民与反封建》，《历史研究》1979 年第 10 期。
④ 田崇勤：《社会基本矛盾是社会发展的根本动力》，《安徽师大学报》（哲学社会科学版）1979 年第 4 期。

设这一历史主题，人为地进行阶级斗争。他们认为，过去片面强调阶级斗争、暴力革命，对于改良的历史评价有失公允。革命不是在任何时候都会发生，它不能保证"随叫随到"，当革命的条件尚未成熟时，改革自有其进步作用。[①] 近代中国的历史发展趋势表明，在资产阶级革命运动兴起之前，这样一个新陈代谢、层层递进、"不断扬弃和汲取"的"塔形"发展过程，"代表历史前进的步伐"。[②] 近代中国确实需要洋务派和改良派放眼世界、学习西方、冲击封建顽固势力，实行改革和发展资本主义，但当时这些学者对历史发展动力构成因素、形成机理、演变过程的理解，明显不够全面和深刻。事实上，革命和改革作为推动人类社会发展的两种不同形式而又相互补充的动力存在，它们是否足以解释社会历史发展的运行机制，在具体历史过程中的发生条件、发展轨迹和内部构成等，仍需进一步明确。

通过检讨"以阶级斗争为纲"的观念预设，"发展到对'暴力革命'的反思，再由对'暴力革命'的反思发展到对历史发展非正常道路的检讨，并由此导致了对'改良主义''保守主义'在历史上地位的重新估计"[③]。革命不意味着简单地推翻一切，其本身应包含积极建设从而确立历史新生的根本目的。如此标的指引下，当然需要人们对改良的宽容。当时"绝大多数论者都在竭力避免简单化和绝对化，力求对阶级斗争的历史作用作出比较实事求是的估计"，认为"并非一切阶级斗争都表现为暴力斗争，也并非一切暴力斗争都可以起新社会助产婆的作用"。[④] 这些观念认识上的转变，对当时在马克思主义的历史唯物论指导下更好地开展史学研究，更加科学地认识人类历史进程，更加自觉地投身于改革开放和社会主义现代化建设，确实起到了巨大的推动作用。

社会的有效发展有赖于民众切身需求的满足，单纯革命意志的淬炼或阶级斗争的依赖无法代替物质基础的充实。由此，推重革命、强调斗争的观念开始让位于对生产力发展及相应变革的肯定，革命代表进步与

① 戴逸：《关于历史研究中阶级斗争理论问题的几点看法》，《社会科学研究》1979年第2期。
② 陈旭麓：《中国近代史上的革命与改良》，《历史研究》1980年第6期。
③ 王学典：《近五十年中国历史学》，《历史研究》2004年第1期。
④ 黎澍：《一九七九年的中国历史学》，《中国历史学年鉴（1979）》，人民出版社，1981年，第7页。

改良近于反动的二元对立思维逐渐改善，更加注重落后向先进或者传统向现代的过渡；无产阶级与资产阶级、社会主义与资本主义的对抗设置，变为借鉴国外先进经验以不断实现自身发展的新叙事。历史学者肯定历史上以改革方式解决发展问题的做法，改变了过去历史叙事仅仅关注由一次次革命串联起历史进步的单调、失衡状况。在当时历史学人看来，不能再执意通过激烈的阶级斗争来实现社会的进步，不能再刻意追求纯之又纯的理想目标和方法手段，革命主导下的偏激模式有必要接受改革的矫正。于是，社会主义革命阶段疾风骤雨式的暴力革命的颂扬，开始转为对稳定统治下改良维新、不断损益渐进这一通常模式的认可。这种认识完全可以理解，遗憾的是革命与改革、激进与保守、传统与现代这些原本并不对应特定内涵的关系语词，随着社会形势的发展，竟然指向了某种特定的道德评判，甚至成为学术评价的标签。

　　不论革命条件成熟与否，确实都应该重视改革这样的适应性手段及其积累作用。无论从为同一历史层次生产力的进一步发展或者生产关系改善的持续推进提供基础，还是为未来社会实现根本突破蓄积能量，不同范围和样式的改革都必不可少。只要符合生产力发展的规律和历史潮流，点滴的革新进步都不应忽略。从中国近代史上改良派、革命派、顽固派等势力此消彼长的演化轨迹看，革命的历史作用也不容抹杀，而且革命与改革并不冲突，在不同阶段都发挥着重要作用。① 遗憾的是，这样有助于平衡认知的观点，在时代思潮面前一度被视为冥顽不化。客观地讲，我们不应天然地排斥某种历史延展的方式，无论温和与否，无论成本高低，它们都在相反相成的历史进程中互相配合，以不同的节律推动着社会的新陈代谢。包括革命与改革在内的社会运行机制相互补充，彼此不可替代。当然，这里的改革只能是泛指一定社会生产秩序下统治阶级的自我调整、动态适应。马克思曾说："人是全部人类活动和全部人类关系的本质、基础"，"历史什么事情也没有做，它'并不拥有任何无穷尽的丰富性'，它并'没有在任何战斗中作战'！创造这一切、拥有这一切

---

① 刘大年：《关于历史前进的动力问题——在太平天国学术讨论会上的发言》，《近代史研究》1979 年第 1 期；《中国近代历史运动的主题》，《近代史研究》1996 年第 6 期。

并为这一切而斗争的，不是'历史'，而正是人，现实的、活生生的人。'历史'不过是追求着自己目的的人的活动而已"。① 马克思历史观中的人本主义内涵，决定了认识整个历史过程的原则应合乎人的本质这一要求。也就是说，作为满足人类本质需求的手段，不论革命还是改革，都没有永远占据历史发展过程中心的理由，一切以是否顺应人类社会进步为转移。一切历史都是人在改造客观世界中不断改造主观世界的自我实现过程，是人最终实现自由全面发展的进步过程。

在人类社会的历史进程中，不论革命还是改革，它们都是实现历史进步的常规形式，都有着各自的作用、位置和表现形式。每一社会发展阶段的展开，包括革命和改革的步骤，都不可能环环相扣、严丝合缝，待一切准备停当才恰好切换到下一种模式。不论改革还是革命，都需要分析当时具体的历史条件，即使在生产力范畴之内，二者的发生和进展也都有进一步细化的空间。我们笼统地分析这两种历史展现形式，并且局限于非此即彼的二元对立框架内作结论，就会忽略具体历史过程中的丰富内容和呈现方式，也容易在此消彼长的情境中造成认知摇摆甚至混乱。有学者试图以"合力论"对不同形式和作用的历史发展的动力因素进行综合把握，但这样的有益尝试在当时史学界向改革转向的整体潮流面前，始终没能就"合力"性质种类的界定、具体运行的机制、模式等进行深入探索。所以，这种笼统地将各种动力因素糅合的做法，在需要鲜明导向的现实需要面前注定湮没无闻。

革命史叙事让位于现代化叙事，是不同学术发展阶段嬗替的产物，有着高下立判的研究效果吗？答案应当是否定的。不同的研究视角或者范式，都是为了更好地把握历史本身，不应相互排斥。任何研究方法或理论，不论由谁创立或曾为谁所用，只要有利于我们更准确地认识和理解人类历史，都应该吸收和运用。"人类社会处于阶级社会阶段的历史特点决定了历史学鲜明的意识形态属性和政治属性。"② 当前的历史学，依然需要接受政治领导和马克思主义指导，需要坚持服务于中国特色社会主

---

① 《马克思恩格斯全集》第 2 卷，人民出版社，1957 年，第 118 页。
② 王伟光：《以唯物史观为指导，加快构建中国特色马克思主义史学理论和史学学科创新体系》，《世界社会主义研究》2016 年第 1 期。

义建设的社会定位。阶级斗争扩大化和简单地用处理政治问题的方式解决学术问题的做法需要反对，同样地，无视阶级存在或一味逃避政治的"纯化"学术的做法也要拒绝。实事求是地讲，阶级这一概念分析工具以及阶级斗争的研究视角和线索提炼，对于我们深刻理解和把握纷繁复杂的历史进程，仍然有着不可替代的作用。

从长远看，马克思主义史学在完成"打天下"的阶段之后，理应积极主动地转型升级到"坐天下"的更高阶段①，在发展马克思主义相关理论的过程中更加自如和深入地接受其指导，以更科学的视角认识历史发展进程，在一个个具体学术问题的解决中筑牢其现代化研究范式的基础。新时期之初，以历史发展动力问题讨论为代表的史学研究，虽然打破了革命对历史叙事的垄断，认识到"对于人类社会大部分时间而言，革命不是常态，革命的理论和实践在剧烈推动着社会变革的同时，不可能不相应带来一些社会政治问题"②，并且着力破除阶级斗争理论在思想方法上的概念泛化、适时发掘改革形式在满足社会进步过程中的历史价值，但他们对革命概念和内容本身，依然缺乏有层次、有深度、有新意的诠释。相应地，他们对改革的合理界限缺乏有前瞻性和对比度的剖析。

从革命到改革的认识转变构成了马克思主义史学研究范式转换的重要一环，同时也是社会转型折射于学术的典型样本。但是，彼时历史学人还多局限在与"文革"的比照，尚无暇精进，也不能彻底挣脱意识形态束缚进行充分学术讨论。学者在就历史细部重新审查的过程中，最可称道的主要是其思想勇气和社会史意义。他们尽量把学理自洽与现实需要结合考虑，以避免重蹈极端化的学术实践。从新时期开始，马克思主义史学观念的转变就深刻参与到中国社会现代转型的思想进程中。学者们"崇尚某种抽象的中心象征符号，并以这种符号与理念作为一劳永逸地、整体地解决中国问题的基本处方"③的情怀仍然存在，但对人类历史

---

① 王学典指出："'打天下'可以使用'革命意识形态'，'治天下'则必须使用那些保守的而非激进的，建设的而非'破坏'的意识形态。"详见王学典《20世纪中国史学评论》，山东人民出版社，2002年，第383页。

② 黄道炫：《改革开放以来的中国革命史研究及其趋向》，《史学月刊》2012年第3期。

③ 萧功秦：《近代思想史上的"主义与问题"之争的再思考》，李世涛主编：《知识分子立场：激进与保守之间的动荡》，时代文艺出版社，1999年，第142页。

所形成的一种整体性认识和系统的理论构建，随着关键性概念的沦落，所呈现出的零散、漂浮状况却未能得到有效整合。这在相当程度上阻滞了历史研究的新一轮飞跃。

任何史学观念都是解释的、塑造的，但终归该是实践的。它不能脱离具体实践理性的检验而成为绝对化的教条。① 放弃理论指引、现实观照或者特定方法分析的史学研究，也必然会在庸碌辗转中陷于迷茫甚或谬误。史学与现实密切相关，理应与时俱进，乘势而为，但作为科学研究的史学则不能一味"变通"、随风起伏。所以，科学研究与现实需求会因时代不同各有侧重，但它们之间有必要维持一种动态的平衡。

三、结 语

不论是先前的革命强调还是之后的改革认同，其背后都存在现实的诉求。然而，从这样一种史学观念转变的历史过程看，如此指向鲜明的转变却在事实上更加强化了一种刻板的印象，即革命意味着激烈的斗争，改革就是平和的修补，渐进改革优于暴力革命。对于这样的史学观念转变，犹如钟摆从一端运动到另一端，它使得有些学者或者批判"告别革命"的观点②，或者开始试图调和这两种不同的认知存在③。或许他们的争论有形式与内容之间的错位，但随着观念转变的深入，史学界更多关注具体问题考察而失却对历史整体轮廓、抽象思辨的理论总结。因此，历史动力问题讨论隐含的由革命到改革的观念转变，从走出"文革"方面看，充满进步意义；但就学术长远发展而言，不经彻底批判的解构或重建，终致史学研究碎片化、空心化、经院化等倾向出现。40 年前从反思"文革"开始的中国马克思主义史学，行至今日，确实应该通过反思改革

---

① 胡适云："所有的主义和学理应是都该研究的……不应该把它们当成绝对的真理，或终极的教条。……我们应该利用它们来做帮助我们思想的工具，而绝对不能当成绝对真理来终止我们的思考和僵化我们的智慧。"胡适：《胡适口述自传》，唐德刚译，华文出版社，1992年，第 217 页。

② 沙健孙、龚书铎主编：《走什么路——关于中国近现代历史上的若干重大是非问题》，山东人民出版社，1997 年，第 50—94 页。

③ 牛方玉：《单向度历史视野的局限及其克服——关于中国近代史研究范式的演变与论争》，《山东大学学报》（哲学社会科学版）2013 年第 4 期。

开放以来的史学走向进行一次再定向再出发。①

不论是激进的社会改造还是平稳的变革举措，本应彼此结合，为着历史进步的共同目标努力。换言之，人类的历史征程应统一于马克思主义对革命的阐释，因为它是一种广阔而深刻的实践过程，是一种未来向度的、揭示发展的、不断进步的坚定状态，是人类社会矛盾性、统一性高度协调的一种形式。"对实践的唯物主义者即共产主义者来说，全部问题都在于使现存世界革命化，实际地反对并改变现存的事物。"②历史本体论意义上的认识进展应当是史学研究过程中实现观念进步的源泉，包括历史学在内的社会科学研究，"需要在思想和验证之间，在理论想象和严谨研究方法之间寻找到一个平衡"③。因此，今后史学研究依然需要在协调现实与历史、政治与学术、理论指导与历史实际等关系的过程中，继续进行从历史观、方法论到价值内容阐释等的全方位创新实践。

原载《山东大学学报》（哲学社会科学版）2018 年第 4 期

---

① 王学典：《从反思文革史学走向反思改革史学——对若干史学关系再平衡的思考》，《中华读书报》2015 年 3 月 18 日。
② 《马克思恩格斯选集》第 1 卷，人民出版社，1995 年，第 75 页。
③ 周雪光：《方法·思想·社会科学研究》，《读书》2001 年第 7 期。

关于"历史创造者问题"讨论的由来和发展

蒋大椿 *

历史分为自然史和人类史。历史创造者问题是对人类史而言的。人类历史创造者问题的讨论，主要围绕两个密切相关的论点而展开，一为"人民群众是历史的创造者"，二为"人民群众是历史的主人"。讨论的目的在于辨明，究竟应当如何准确地科学地理解人类历史的创造者。今将讨论涉及的有关问题，概述如次。

一、问题提出的由来和发展

明确提出人民群众是历史的创造者，最初是由 30 年代苏联哲学界根据《联共（布）党史》有关历史唯物主义理论的论述而推导出来的。人民群众是历史的主人，则是我国著名历史学家范文澜同志在 1949 年 5 月的一次演讲中首先提出来的。这些提法，当时对于驳斥唯心主义的英雄史观，曾经起过某种积极的作用。解放后，则被我国理论界公认为历史唯物主义的基本原理。这条基本原理大体有两种表述方式：其一，"历史唯物主义教导我们：只有人民群众才是物质财富和精神财富的创造者，是历史的真正主人"[①]。这里明确提出：只有人民群众才是历史的创造者。其二，"人民群众是历史的创造者，是推动社会前进的决定力量"。"历史唯物主义在肯定人民群众是历史的创造者这个前提之下，承认杰出人物

---

* 蒋大椿，1940—2015，男，中国社会科学院近代史研究所史学理论研究室主任、研究员。

① 人民出版社编辑部编：《历史科学中两条道路的斗争》，人民出版社，1958 年，第 286 页。

的活动对于推动历史的发展进程有重大的作用"①。"文化大革命"中，曾经提出究竟是英雄创造历史，还是奴隶创造历史？但这个问题，那时根本没有展开讨论的条件。直到十一届三中全会以前，"人民群众才是历史的创造者"似乎已经成为历史唯物主义的"常识"了。

党的十一届三中全会以来，随着思想解放运动的开展，人们开始重新思索历史客体的内容，也重新思索着历史过程中的主体。当人们更加全面地考察历史客体内容的时候，终于发现（实际上是承认），人类的历史，并非只是由人民群众创造出来的。

余霖同志在《文汇报》1980 年 4 月 25 日发表《历史是整个人类创造的——"奴隶创造历史论"质疑》一文，首先提出"把人类划成'创造历史的奴隶'和'不创造历史的英雄'的两分法，并不符合历史事实。"因为知识分子，以至剥削阶级也在创造历史。这种"'奴隶论'不仅未能胜任对'英雄论'的批判，而且在理论和实践上带来了混乱"。从理论上看，"在历史研究中，它提倡了一种简单化、概念化的研究方法"。在现实生活中，它"将人们置于一种盲目、落后、分散的状态，仅仅满足于'历史创造者'这个没有实际内容的'光荣头衔'，而不去自觉选择本阶级的领袖，注意培养各条战线上的专家"。这种"奴隶论"的主要错误，"是由于认识上的形而上学性"。按照恩格斯有关历史合力的论述，余霖认为，正确的提法应为"历史是整个人类创造的"。余霖的文章发表后，曾在《文汇报》上进行过一些讨论，但影响不大。

次年，蒋大椿在《近代史研究》1981 年第 4 期发表《历史的内容及其前进的动力》，提出人们关于历史内容的观念应当改变，指出人类历史"是由带着不同目的、按照不同方向活动的、活生生的人们的实践活动所创造出来的全部结果。描述人们的实践活动所创造出来的遵循着一定规律向前发展的实际过程，就是历史学的任务"。又在《近代史研究》1983 年第 2 期上发表《唯物史观与历史研究》一文，对"人民群众是历史的主人"和"人民群众是历史的创造者"两个提法，公开提出质疑，认为："这种提法在马克思的著作里是没有根据的。其他革命导师的著作，似

---

① 艾思奇主编：《辩证唯物主义历史唯物主义》，人民出版社，1961 年，第 354—356 页。

乎也不见这样的提法。人民群众只是社会主义新中国的主人。而在社会主义以前的实际历史过程中，人民的基本成分——劳动群众从来都是奴隶……并不是主人。因此，'人民群众是历史的主人'的提法，无论从理论上，还是从历史事实上，都没有根据。""还有一种提法更通行，叫'人民群众是历史的创造者'。如果指的是社会主义现实，这个提法基本上是可以的。但如用在历史上，又将其含义实际理解成只有人民群众才是历史的创造者……则很难说是完全正确的了。马克思坚决批驳英雄史观，但从来没有讲过只有人民群众才创造了历史。"蒋大椿的文章，没有专门论述历史创造者问题。但上述情况说明"历史创造者"问题，已经逐渐引起史学界的注意。

《历史研究》1984年第5期，著名历史学家黎澍同志发表《论历史的创造及其他》，郑重地指出："只讲英雄创造历史固然不对，提出只有人民群众才是历史的创造者也有片面性。"并指出，人民群众是历史主人的提法，也缺乏科学性。"历史是人人的历史。所有的人都参与了历史的创造。"故马克思恩格斯的提法是："人们自己创造了自己的历史。"黎澍的声望以及这篇文章论点的鲜明和笔锋的犀利，加之又发表在全国性的专门史学刊物上，故很快受到史学界和理论界的普遍关注。

1985年，讨论渐次展开。《理论月刊》第6期和第7期，连续发表艾力农《人民群众是历史的创造者——与黎澍同志商榷》和方文《坚持人民群众创造历史的科学原理》两文。《社会科学评论》第10期发表许俊达《谁是历史的创造者》，《北京大学学报》第6期发表春阳《也谈马列主义关于历史的创造者的提法》。上述文章都坚持人民群众是历史的创造者和人民群众是历史的主人的提法，对黎澍文章的观点提出批评和商榷。吴自稻、恽秉良的《也谈历史的创造者》(《文摘报》1985年7月7日)则认为，既不能说人民群众是历史的创造者是马克思主义关于历史创造者的全部思想，也不能认为它不是马克思主义观点，而应对之作全面的分析。吴江在《历史研究》第4期致信黎澍，他认为，这两个提法虽不够确切，却也并非谬见。信末则表示赞成寻找比较恰当的提法来代替原来的提法。有感于此，在揭明以上两个提法的非科学性之后，蒋大椿在《世界历史》第11期发表《关于历史创造者的理论考察》一文，试图由正面建设的角度，从三个层次来论述马克思主义体系关于历史创造者的完整认识。

在 1986 年，《历史研究》第 3 期同时发表与黎澍商榷的郭瑞祥《关于"人民群众是历史的创造者"》和黎澍进一步申述自己观点的《历史的创造者和创造历史的动力》两文。郭文提出将历史创造者分成广、狭两义，说狭义的历史创造者指在历史发展中起了决定性作用的人民群众，广义的历史创造者则指在历史活动中起了作用的所有的人。实际上是承认，人类历史的全部内容，并非都是人民群众创造的。7 月 30 日，《光明日报》发表黎澍同志的《再论历史的创造及其他》，文章进一步论述了"人民群众是历史的创造者"观点的三个错误。该报编者在按语中表示，愿就这个问题进一步展开讨论。《光明日报》的"史学"版，遂成了此后历史创造者问题讨论的中心。9 月 10 日发表的祝马鑫同志《略谈"人民群众是历史创造者"的含义》，提出从两个理论层次看历史创造者问题。10 月 8 日发表赵常林同志的《关于历史创造者的几点看法》，提出凡是参与历史创造活动的人就是历史创造者。继续坚持只提人民群众是历史创造者的，有《中国史研究》第 4 期发表的苏双碧同志《略论阶级分析和历史的创造者》。对黎澍观点表示赞同的，则有《山西师大学报》第 4 期发表的陈敏强、刘士义同志《关于人民群众是历史的创造者与历史的主人的思考》。

梳理一下 1986 年 12 月上旬以前讨论各方的基本观点，可以看到，批评"人民群众是历史创造者"提法不全面的一方，强调总提法应为历史是人们自己创造的，但同时基本上肯定人民群众在历史发展中起着决定性的作用；肯定"人民群众是历史创造者"提法的一方，认为人民群众在历史发展中起推动的决定性的作用，同时也逐步承认历史的内容并非全都是人民群众创造的。应当说，双方强调的侧重点有所不同，但实际是在逐步接近的。12 月 17 日，《光明日报》发表黎鸣同志《历史是创造者创造的》一文，提出"创造者创造历史，英雄创造历史"，一下又把问题宕了开去。看来问题还需要进一步探讨。

二、讨论各方的基本论点述要

以上按时间顺序纵向地介绍了这场讨论的由来和发展，下面将 1984

年黎澍同志文章发表、讨论正式开展以来各方的基本论点，分成若干问题，横向地介绍如次（为省篇幅，凡引文出自以上提到的诸篇，不再一一注明出处）。

（一）关于人类历史创造者的总提法

1. 人类历史是人们自己创造的

黎澍同志认为，长期以来作为历史唯物主义一条基本原理的"人民群众是历史的创造者"，作为人类历史创造者的总提法不能成立。理由是：第一，"这个说法起源于苏联哲学家对《苏联共产党（布）历史简明教程》一书中某些观点的引申和附会"，在马克思恩格斯著作中并无根据。第二，这个观点的"逻辑推理"是"错误"的，即"把物质条件的创造者和历史创造者完全等同起来"。但物质条件的创造是"历史的一个内容"，而非全部内容，故不能以物质条件创造者来代替历史创造者。论证人民群众是历史创造者的另一个理由，说人民群众是精神财富的创造者，根据是人民群众的社会实践是一切科学文化艺术的源泉。可"源泉"并不能代替精神财富的创造。第三，这个观点的另一个错误是"片面性"。英雄史观说"英雄是历史的创造者"，这一方就偏说："不，人民群众才是历史的创造者。"双方各执一词，结果都不符合事实。第四，这个观点由于命题不合理，所以便不能给历史以正确的说明。把一切历史都说成是人民群众创造的，即使他们承受了非分的光荣，也使他们承受了不应有的罪责。黎澍同志认为，一切历史都是具体的。英雄是自己创造自己的历史，不能创造一切历史；人民群众也是自己创造自己的历史，不能创造一切历史。历史是人人的历史。所有的人都参与了历史的创造。还是马克思恩格斯的提法正确："人们自己创造自己的历史"，并且"不能随心所欲，而必须受既定条件的制约"。

2. 坚持人民群众是历史创造者的提法

艾力农、方文、许俊达、春阳坚持这个提法的理由是，第一，"人民群众是历史的创造者"是历史唯物主义的一条基本原理。马克思、恩格斯已经有过"工人创造一切"和"历史活动是群众的事业"等著名论断，列宁曾指出创造历史的"人们即人民群众"，并将"一般居民"特别是

"劳动居民"称为"历史创造者"。中国的马克思主义者李大钊、李达、蔡和森、毛泽东也都有过"人民"或"劳动人民创造历史"的观点。可见这一提法并非袭自苏联理论界，在马克思主义著作中是有根据的。第二，创造者是指历史的推动者。并非所有的人都是历史的推动者，故不能说所有的人都是历史的创造者。只有推动历史发展的先进阶级、人民群众才是历史的创造者。阻碍历史发展的腐朽阶级及其反动代表的倒行逆施，不是创造历史，他们也就决不是历史的创造者。苏双碧具体概括了这个提法的含义：（1）人民群众是物质财富的生产者，这是社会赖以存在的基础；（2）杰出人物是人民群众所拥戴而产生的，任何一个杰出人物甚至历史上的反面人物都有自己的群众基础。人民群众作为"整体概念，包括人民群众以及被他们推举出来的杰出人物"；（3）人民群众的事业是历史演进的主要内容，在各种矛盾的斗争中，最终总是新的战胜旧的，先进取代落后，人民群众的主流是站在推动历史前进一边的；（4）人民群众是个综合体，是人群的含义而不是阶级的含义。人民群众不只是劳动人民，还应包括创造历史起过积极作用的各阶级的成员。

3. 从广狭两个含义或两个层次来理解历史创造者

郭瑞祥认为，历史创造者有广狭两种含义：广义历史创造者"是指那种在历史活动中起作用的力量"。在这个意义上，任何一个人只要参加了某一项历史活动，就可以说他是历史的创造者。狭义的历史创造者，"指那种在历史的发展中起决定性作用的力量"，"是指主宰历史命运、决定历史发展总的方向、面貌和进程，'创造者'就是'主宰者'"。从这个意义看，只有人民群众才是历史的创造者。郭瑞祥特别强调了后者。

吴自韬、恽秉良认为，对历史创造者问题应作层次分析。人们自己创造自己的历史，但人们之间创造历史的作用是有区别的，人民群众是创造历史的"根本动力"或"决定力量"。祝马鑫也认为，"人民群众是历史的创造者"和"人们自己创造自己的历史"，是从"不同的理论层次上回答人类创造历史的问题"。他认为，从理论层次上看，前者比后者更高。后一提法"讲的是具体历史……包含着历史的迂回、曲折等细节"。前一提法，"是从较高理论层次上讲的，它的正确含义是指人民群众在创造历史的活动中决定了历史的大趋势、大方向，而不是指历史的一切具体细节"。

4. 凡是参与历史创造活动的人，就是历史的创造者

赵常林同志不赞成黎澍同志提出的人民群众和英雄只是各自创造出了自己的历史，而强调各种历史创造活动之间的"相互制约"。认为黎澍同志从人民群众不是历史的唯一创造者，"走向根本反对人民群众是历史的创造者这一正确命题，则是不对的"。赵文说："凡是参与历史创造活动的人，就是历史的创造者。"人民群众参与了历史创造活动，是历史的创造者。英雄参与了历史的创造活动，也是历史的创造者。

5. 马克思主义体系关于人类历史创造者完整认识的三个层次

蒋大椿认为，马克思主义关于人类历史创造者的完整认识分为三个层次：第一，人类历史是在一定条件下和一定社会关系中活动的人们自己创造的。人们自己是人类历史的创造者，是资产阶级思想家首先提出来的，马克思恩格斯继承这一思想，并赋予更加深刻的内容，指出这里的人们是社会的人，他们的活动受一定历史条件的制约。第二，在承认人们自己创造历史的前提下，指出在历史创造者中，主体是人民群众。剥削阶级及其代表人物则从不同角度参与了历史创造活动。第三个层次，指出在人民的革命的历史的进程中，历史是人民群众自己创造的，同时又充分肯定英雄人物的重大作用。

6. 新英雄史观

黎鸣同志按照信息论的观点认为，"创造者创造历史，英雄创造历史"。"'创造'即是给出新的、综合的信息（包括自然信息和文化信息）选择。""人类历史是人类社会系统信息总量的增殖。谁为这种信息量的增殖做出了贡献，谁就是人类历史的创造者。这是一个新的英雄史观，一个与旧的政治英雄史观截然不同的新的英雄史观。""新的英雄是人类中新的文化信息的创造者，是突出了人的真正价值，也即人脑的思维价值的人性英雄；旧的英雄则多半是人类政治权力角斗场上的幸运儿，是突出了人类的生物本能的兽性英雄。"

（二）关于人民群众的历史创造作用

黎澍同志从人类历史创造者总提法的角度，论证只有人民群众是历

史的创造者这一论断的片面性及其错误所在，是正确的。但他的论述有一个疏忽，即没有区分从全部历史创造者总提法角度讲"人民群众是历史的创造者"，和从人民群众参与历史创造活动的角度而说"人民群众是历史的创造者"的不同。从前一个角度看，只提人民群众是历史的创造者不全面；从后一个角度看，说"人民群众是历史的创造者"则能够成立。黎澍同志由于从总体上正确地批评了只有人民群众是历史创造者的片面提法，进而一概地认定"人民群众是历史创造者观点完全错误"，这就连从人民群众参与历史创造活动因而是历史创造者的可以成立的观点也否定了。而实际上，黎澍同志是充分肯定了人民群众的历史创造作用的。他明确表示："并不否认人民群众相对于英雄人物而言在历史发展中起着决定性作用。"在肯定人民群众的决定性的历史创造作用这一点上，黎澍同志和反对他而坚持人民群众是历史的创造者提法的大多数同志在实质上并无根本分歧。

对历史上人民群众创造历史的决定性作用持怀疑态度的是陈敏强、刘士义同志。他们说："我们认为，要肯定在无产阶级革命胜利以前的历史上，劳动群众是历史发展的'根本动力''决定力量'，是值得研究的。"

否认人民群众历史创造作用的，是黎鸣同志。他认为创造就是给出新的信息，由此而确认，"单纯模仿、重复、循环的行为决不是创造。因为单纯模仿、重复、循环的操作不增加社会信息总量，相反，由于熵增原理，单纯的这类操作，反而造成系统信息总量的衰减，造成相对而言的社会倒退"。他认为，说人民群众是历史的创造者，就如同说上帝是历史的创造者一样虚妄。

（三）关于人民群众是历史的主人

否定这一提法的黎澍、蒋大椿同志认为，（1）主人一词的一种含义是指物的所有者，如物主。而历史是自然和社会发展的客观过程，不同于可以为任何人所有的事物。在这个意义上看，"历史的主人"提法缺乏科学性；（2）主人也指作品中的"主人公""主角"。一般地说人民群众是历史的主人，似乎所有的历史都是人民群众当主角，这显然与事实不符。因为不同的历史，有不同的主角；（3）从历史上人民群众的基本成分劳动群众所处的实际社会地位看，他们从来都是奴隶，而不是主人；（4）"主人"和"主体"是两个内涵不同的概念，不能用人民群众是创造历史的主体来证明"人民群众是历史的主人"可以成立。

坚持这一提法的艾力农、方文、许俊达、赵常林同志则认为，（1）人民群众是历史的主人，是指"人民群众是历史的主体"，实际上是指历史发展的根本动力是劳动群众的物质生产。人民群众是否在政治上当家作主和他们实际上是否是创造历史的主体，应加区别；（2）历史发展中，每一特定时代客观过程的内容、性质、结局，都和特定的阶级的活动、利益和意志有着内在的本质的联系。新兴地主阶级、资产阶级、无产阶级在一定历史时期内成为历史的主角或主人这一事实，正是人民群众是历史的主人的证明；（3）正因为劳动人民的生产实践是历史的最基本的内容，社会其他活动都是从生产活动派生出来的。历史发展通过革命实现，劳动人民又正是在革命中起了主要作用。所以，劳动人民是历史的主角或主人的提法也能够成立。

（四）关于历史创造者和历史动力的关系

坚持人民群众是历史创造者提法的许多同志认为，历史创造者是指历史的推动者，是指推动历史前进的先进阶级和人民群众，这就实际上把推动历史前进的动力和历史创造者等同起来。

黎澍和陈敏强、刘士义同志指出二者有区别。前者的范围广，后者的范围稍窄。陈敏强、刘士义同志认为，历史是由低级向高级发展的。凡是与这个上升的总方向大致相近的力量，是历史的动力。与上升的总方向背离的力量，则是历史前进的阻力，或称反动力。他们认为，历史创造者是指所有人，历史的动力则要从所有人中排除掉反动派。

在这场讨论中，还涉及一些关系稍远的问题以及若干枝节问题，限于篇幅，不再一一列出。

原载《文史知识》1987年第3期

近年来"历史创造者"问题讨论综述

王　正[*]

党的十一届三中全会以后，我国史学界关于"历史创造者"的讨论大体经过了三个发展阶段。第一阶段：1980 年，在批判林彪、"四人帮"宣扬的反动英雄史观的同时，有些同志也对"奴隶们创造历史"这一传统的观点提出了质疑，提出"把人类划成'创造历史的奴隶'和'不创造历史的英雄'的两分法，并不符合历史事实"。这些同志认为，正确的提法应该是"历史是整个人类创造的"。与此相对立的另一种观点，仍然坚持历史是"奴隶们创造的"，即人民群众创造，而不是"整个人类创造的"^①这一阶段，时间仅持续了几个月。在讨论中，持论双方的观点虽然针对性很强，但所涉及的问题比较单一，在一些重要问题的研究上未能深入下去，没有形成较大的学术影响。第二阶段：从 1983 年到 1986 年年底。蒋大椿在《近代史研究》1983 年第 2 期发表了《唯物史观与历史研究》。此文虽不是专门论述历史创造者问题，但作者已对"人民群众是历史的创造者"和"人民群众是历史的主人"的提法提出了自己的意见，从而再一次引起了学术界对历史创造者问题的关注。一年后，针对黎澍同志发表在《历史研究》1984 年第 5 期的《论历史的创造及其他》一文中的观点，学术界形成了一个关于历史创造者问题讨论的高潮。第三阶段的讨论从 1989 年开始，主要仍是围绕黎澍同志的观点展开的。董聚星、孙洪义等人赞同黎澍同志的观点，认为"人民群众是历史的创造者"的命题是不全面的，现在仍在发挥着消极作用。

* 　王正，生年不详，男，中国社会科学院科研局副局长、研究员。

① 　梁友尧、谢宝耿：《中国史问题讨论及其观点》，山西人民出版社，1984 年，第 3 页。

董聚星认为这一命题的片面性主要表现在这样几个方面：第一，它把创造历史过程中的个人和群众对立起来了。第二，它把创造历史过程中的领导者或领导阶级与被领导或被领导阶级的关系割裂了。因为"人民群众"这个概念除了作为与"个人"相对应的概念使用外，还常被人们作为同领导者、领导阶级相对立的概念使用。而领导者、领导阶级以及统治阶级在创造历史的过程中的作用是不能被否认的。第三，它把起历史推动作用的阶级、集团和人物作了主观的取舍，即把奴隶主阶级、地主阶级、资产阶级都排除在外。而这些阶级在其上升时期和新旧生产关系的变革时期，都对历史的发展起了推动、促进作用。第四，用作用的大与小、主与次代替了作用的有与无。在不同社会、不同历史时期，不仅不同的阶级、阶层、集团所起的作用会有不同，就是同一个阶级、同一个阶级中的不同人们，也会有很大差异。因此，看到创造历史过程中作用的主与次、大与小是必要的，在一定时期突出地强调这一点也是允许的。但是，作为科学，它必须忠于全部事实，必须全面地反映历史。所以，不能用有主有次、有大有小来回答谁是历史的创造者的问题，而应当用有与无来回答它。这就是说，只要对历史的创造过程起过作用的，不论其大与小、主与次，都要历史地予以承认。第五，它把特定历史时期的结论推演为所有历史时期的结论。这个命题如果能够适用于奴隶社会、封建社会和资本主义社会的话，那么在原始社会、社会主义和共产主义社会中就不是这样的了。而我们关于历史创造者问题的回答，要是不包括这些社会的话，那显然是不完全的。董聚星在依次分析了从原始社会到社会主义社会各个历史阶段中各种阶级、集团的历史作用后指出，生活在社会中的人们，在他们所处的不同历史条件下，在交互作用中从不同的方面以不同的力量，都对社会历史的发展起了或起过推动、促进作用，从而使人类历史得以不断前进。因此，只有"人们自己创造自己的历史"的结论才是对"谁是历史的创造者"问题的正确回答。①

孙洪义认为，"人民群众是历史的创造者"这一不正确的观点今天仍在发挥着消极作用，这主要表现在：1. 它是主张极端民主化的人的理论

---

① 董聚星：《人们自己创造自己的历史》，《内蒙古社会科学》（文史哲版）1989 年第 1 期。

依据。一些人片面鼓吹自由和民主，主张削弱党的领导，往往利用这个口号。2.由于片面理解这个口号，往往与深化改革的思想解放发生冲突。这个口号往往是平均主义、"大锅饭"的旧观念的思想来源，造成打击人才、鼓励庸人的不正常现象。3.发扬民主和健全法制是一个渐进的过程，如果片面理解这个口号便会造成理论上的失误。在一些落后地区、一些村民不修水利反而集资修庙拜佛，这正是对这个口号的莫大讽刺。孙洪义指出，"创造"一词有两种语义，一种是"创造"，另一种是"制造"。他认为，马克思、恩格斯、列宁在谈到杰出人物在创造历史中的作用时，用的是创造的语义，在讲人们自己创造自己的历史时，用的是制造的语义。创造是指历史发展中的主导作用，制造是指历史发展中的基础作用。历史是人们制造的，是由历史的创造者和制造者共同制造的。居于历史发展主导地位的人和集团是历史的创造者，居于基础地位的人民群众则是历史的制造者。孙洪义认为，把历史活动中的人们划分创造者和制造者是符合历史发展的实际的，是十分必要的。主要理由：1.在历史的发展过程中，前者起质变的作用，后者起量变的作用，二者是部分和整体的关系，是辩证的统一。2.居于历史发展的主导地位，起决定性作用的杰出人物是历史的创造者，但杰出人物不仅是一两个人，也包括由他们组成的集团。3.这些个人和集团可向两个方面发展历史：当他（他们）遵循客观规律促进历史发展的时候，就成为杰出人物，如革命的领袖和领袖集团；当他（他们）阻碍历史前进的时候，就成为反动人物和反动集团。历史的进程如何，只是这两种人（集团）对客观规律的理解和运用，人民群众对此是无能为力的。杰出人物和人民群众在历史发展中所起的作用是不同的，他们比人民群众更深刻地了解社会发展的客观规律并能创造性地运用客观规律。4.杰出人物产生于人民群众。总之，人民群众总是以历史制造者的身份参加历史活动的，历史发展的总的方向是由人民群众来决定的。方向是不可改变的，但具体进程却由历史的创造者来决定，这表现为他们的成功或失败。[1]

　　周溯源从另一个角度进行了阐述，他认为把剥削阶级排除在历史

---

[1]　孙洪义：《应当区分历史的创造者与制造者》，《河北学刊》1990年第2期。

创造者之外是失之偏颇的。对此，他做了如下分析：1. 人民群众是一个历史概念，在不同国家的不同历史时期有着不同的内容。地主阶级、资产阶级等剥削阶级在一定的时期中是属于人民群众的范畴。2. 剥削阶级推进历史前进也是客观事实。三大剥削制度的依次产生，有其历史必然性、合理性，都曾经是历史的进步，因而作为这三种生产方式的代表者——奴隶主阶级、地主阶级、资产阶级，无疑都曾经是历史前进的动力。3. 剥削阶级推进历史前进也有它自身的需要，是不得不为之的。他们如果不发展生产，不发展科技和艺术，就无法剥削劳动人民，最终也就不能管理社会和国家。①

对黎澍同志的观点持批评意见的人主要是从这样几个方面进行论述的：

1. "人民群众是历史的创造者"是马克思主义的基本原理，这是不容否认的。韦实在其文章中逐一列举了马克思、恩格斯、列宁涉及这一命题的一系列原文后指出，关于这个命题，马克思、恩格斯有非常切近的提法，列宁有几乎一字不差的表述，完全是马克思主义经典作家的意思，并非像黎澍同志所说的那样是苏联哲学家尤金等人首创的，而马克思、恩格斯则从未这样说过。他认为黎澍同志的论据是经不起检验的。②荔学良认为，我们今天所说的历史唯物主义或马克思主义，已不是单指马克思、恩格斯个人的思想，而是指由马克思、恩格斯开创，由后继的马克思主义者继承和发展的，经过实践检验后确证的无产阶级的科学思想体系。如果把马克思主义仅仅理解为马克思、恩格斯个人的思想而不允许后人的继承、充实与发展，那就会阻碍马克思主义的发展，影响马克思主义指导作用的发挥。黎澍同志想从对这一命题的历史考察上说明它不是马克思、恩格斯所提，从而否定之，是难以成立的。更何况马克思、恩格斯虽然没有直接提出这一命题，但它防包含的基本思想在他们的著作中到处可见。③

2. "人民群众是历史的创造者"与"人们自己创造自己的历史"是

---

① 周溯源：《略论剥削阶级对历史的创造》，《理论与现代化》1989 年第 5 期。
② 韦实：《"人民群众是历史的创造者"的原理不容否定》，《求是》1990 年第 15 期。
③ 荔学良：《关于历史创造者问题的思考》，《陕西社联通讯》1990 年第 6 期。

统一的而不是对立的。冯穗认为，"人们自己创造自己的历史"与"人民群众是历史的创造者"是两个不同层次的马克思主义命题，它们具有不同的含义，是相辅相成而不是相互排斥的。黎澍同志把两者绝对对立起来，进而否认人民群众是历史的创造者，在理论上是错误的，在实践上是有害的。冯穗指出，马克思关于"人们自己创造自己的历史"的提法，主要是强调人们创造历史活动受到既定历史条件的制约，作为一个独立的命题，它揭示了人类社会发展的特点。它所回答的，是历史的发展与人的主体能动性的关系问题，即从一般意义上阐明社会发展动力的承担者，不具体涉及不同人的不同作用。在历史的和现实的研究中，要科学地揭示创造历史的真实进程及其复杂性、曲折性，还必须在承认"人们自己创造自己的历史"的基础上，进一步区分不同人的不同作用，探讨谁是历史的创造者，谁是社会发展的决定力量。"人民群众是历史的创造者"正是从唯物史观的高度对这一问题所作的科学回答。[①]韦实对这个问题的阐述更为明确，他认为，的确人人都参与了历史活动，每个人都在历史上发挥了作用。而我们与黎澍同志的分歧，不在于是否承认人人都参与了历史活动，实质性的问题在于这些活动是什么样的活动，发挥的是什么作用，谁是历史的促进派，谁是反动派；谁的作用大，谁的作用小；谁起决定作用，谁起辅助作用。"人民群众是历史的创造者"正好区分并回答了这个问题，而黎澍同志的观点恰恰模糊了这些实质性的区别。如果用"历史是人人的历史，所有的人都参与了历史创造"来代替"人民群众是历史的创造者"，只能是模糊了唯物史观与一切旧的历史观的根本界限，抹煞了唯物史观的全部革命变革的价值，是从科学向混沌的倒退，从深刻向肤浅的倒退，是从马克思主义向马克思主义以前的倒退，因而也就不可能科学地说明历史与现实。[②]

3. 马克思主义的阶级斗争学说必须坚持。李振海在他的文章中指出，黎澍同志虽然说过是否应指马克思主义的阶级斗争学说"还可研究"，但意思是很清楚的，因为在黎澍同志看来，一方面，阶级斗争是资

---

① 冯穗：《也谈历史的创造者》，《高校理论战线》1991 年第 2 期。

② 韦实：《"人民群众是历史的创造者"的原理不容否定》，《求是》1990 年第 15 期。

产阶级历史学家发现的而不是马克思发现的；另一方面，恩格斯曾说过，马克思的科学贡献主要有两项，并没有提阶级斗争学说。李振海就此提出了如下意见：第一，历史上的阶级斗争虽然是资产阶级历史学家首先发现的，但是把阶级斗争观点发展成为科学的、完整的阶级斗争学说，却是马克思的功劳。如果我们只承认资产阶级历史学家关于阶级斗争的见解，而否认马克思主义的阶级斗争学说，在实践中就必然把承认阶级斗争局限在资产阶级关系的范围之内，从而否认无产阶级革命的历史作用，特别是否认无产阶级专政下的阶级斗争。第二，恩格斯的确说过马克思的科学贡献主要有两项，一是发现唯物史观，二是发现剩余价值。但是不要忘记，唯物史观本身就包括阶级斗争观点，或者说，马克思主义的阶级斗争学说是唯物史观的重要内容。关于这一点，恩格斯在《共产党宣言》1883 年德文版序言中，通过对唯物史观的表述，已作了清楚的说明。因此，由于恩格斯没有把阶级斗争学说单独列为一项，便否认马克思主义阶级斗争学说的存在，是站不住脚的。①

周德金在批驳那种主张用"历史是创造者创造的"所谓"新英雄史观"来代替"人民群众是历史的创造者"时指出，"人民群众是历史的创造者"从哲学的高度阐明了英雄人物同普通劳动者之间的辩证关系，既揭示了人民群众的历史决定作用，又肯定了杰出人物的重要历史作用，说明了只有从普通劳动群众的历史决定作用出发，才能科学地理解英雄人物的重要历史作用。所以，"人民群众是历史的创造者"的命题，对谁是社会历史的创造者作了明确而又科学的判断。②

原载《理论与现代化》1991 年第 12 期

---

① 李振海：《对阶级斗争问题的再研究与再认识》，《理论与现代化》1990 年第 5 期。
② 周德金：《评"新英雄史观"》，《黄冈师专学报》1991 年第 1 期。

关于"历史创造者"问题的讨论

王学典 *

　　历史创造者问题，是向来为人们普遍关注的重大史学理论问题。我国建国后，几乎所有重大史学论争，都环绕着这个问题展开。关于"历史主义"和"历史发展动力"问题的讨论——这两个当代史学史上的重大事件——主要就是为了回答历史创造者问题而发生的。前者，首次明确提出要"历史地"而不仅仅是"阶级地"看待历史创造者问题。后者，则企图重新认识封建社会历史的创造者问题。近年来，黎澍对这个问题的探索，既是前两场讨论的直接继续和深化，又为人们进一步思考提示了方向。

　　历史创造者问题讨论的核心，是剥削者、压迫者作为一个阶级，是否参与了历史的创造及其在这种创造中应占有的地位。对这个问题，一部分论者从抽象的善恶观念和"永恒正义"出发，侧重于道义的价值评判，结果，剥削阶级因其剥削而从历史创造者的行列中被排除出去；另一部分论者则主要以人类社会是一个自然的历史进程为理论前提，以生产力发展为根本标准，评判不同时期不同阶级的历史作用。我们发现，这里存在着伦理史观与唯物史观的冲突，而且这种冲突像一根红线把这几次讨论贯穿起来。

一

　　近代中国的历史学，在五四运动之后，开始受到马克思主义的根本

---

* 　王学典，1956—　，男，山东大学儒学高等研究院执行院长兼《文史哲》杂志主编。

改造。由于"中国的史书向来被称为'相斫书''帝王家谱'",所以,用马克思主义改造这种历史学,就很容易"误解为这个历史要反过来看"。① 李大钊曾说:在旧史学中,我们"所能找出来的,只是些上帝、皇天、圣人、王者,决找不到我们自己"②。但是,"历史的纯正的主位,是这些群众,绝不是几个伟人"③。可见,把帝王将相、剥削阶级排除在外的历史创造观,并不是 30 年代后期的"舶来品",而是在马克思主义改造中国的传统史学开始之时就萌芽了。

人们的历史认识总是容易沿着片面的路线延伸的。如果说,中国马克思主义历史学发端之时,对历史创造者问题的认识就存在着偏差,那么,在抗日战争时期马克思主义历史学大发展之后,在现实阶级斗争需要的强烈影响之下,这种认识上的偏差又得到了发展,这集中地表现在这一时期出现的"农民动力论"上。其主要论点是:(1)只有劳动人民才是创造整个人类历史的动力。(2)历史是劳动人民创造的,应该把剥削阶级颠倒的历史再颠倒过来。(3)在中国封建社会,地主阶级残酷的剥削和压迫造成农民极端的穷困和落后,是中国社会几千年来在经济、政治、文化上停滞不前的基本原因;而只有农民的阶级斗争、农民的起义和农民的战争,才是这一历史时期发展的真正动力,因为每一次较大的农民战争,都打击了当时的封建统治,或多或少地推动了生产力的发展。上述这些,尤其是第三点,就是相当长时间来支配着整个历史研究,特别是中国史研究的主要指导思想。"农民动力论"的根本缺陷,是无视在既定历史前提下封建制度和作为这个制度存在基础的封建剥削的历史必然性以及由此产生的历史正当性、合理性,无视它对生产力发展和人类文明史的发展所起的推动作用。这样,作为这个制度体现者的地主阶级及其代表人物帝王将相,当然从一开始就是历史的惰性力量、反动力量,就像它在近代应该作为革命的对象一样。

主要由于史学工作者受其生活的"反帝反封建""斗地主、分田地""土地革命"环境的影响,加上当时史学工作者理论水平的限制,他

① 黎澍:《再思集》,中国社会科学出版社,1985 年,第 270 页。
② 《李大钊选集》,人民出版社,1982 年,第 507 页。
③ 《李大钊史论集》,河北人民出版社,1984 年,第 116 页。

们很容易不假思索地接受这种带有明显偏差的历史认识，来指导自己的历史研究，因而对封建制度、地主阶级及其代表帝王将相在历史上的地位问题，不能给予正确的评价，而表现为一种被范文澜概括为"片面反封建"的倾向。早在1939年翦伯赞就指出当时马克思主义史学界在评价封建主的问题上出现了简单否定的现象。[1]这在范文澜所著的《中国通史简编》中有明显表现。[2]在当时其他史学家的论著中也不同程度地存在着。

建国前后，"笼统地'骂倒'一切剥削制度"，尤其是"见封建就反，见地主就骂"的现象就很流行了。艾思奇在当时曾连续撰文批评这种现象。[3]漆侠所撰《正确认识历史上的封建王朝和封建统治阶级》一文，更多地透露了这方面的信息。文中说："近来有一种论调，认为中国'三千年来的封建统治阶级中，没有一个好家伙，一句话说：朝朝代代都是坏蛋坐江山'。"[4]这足以说明当时"片面反封建"倾向的流行。

尽管如此，建国初期历史主义观点在史学界还是具有合法地位并产生了广泛影响的，史学界"片面反封建"倾向因而受到一定的控制。但是，在1958年前后，这种倾向却走向了极端。1958年提出"厚今薄古"的口号以及在这个口号指导下开始的"史学革命"，对中国历史科学造成了严重破坏。这种破坏集中表现在进一步搞乱了一些最基本的理论问题，特别是把如何看待封建社会的历史创造问题弄得混乱不堪。当时人们认为，"厚古薄今"和"厚今薄古"的对立是阶级观点的对立。说什么："厚古薄今"，就是"厚帝王将相薄劳动人民"，"歌颂剥削阶级"。[5]无疑，"厚今薄古"则是反过来，也就是"薄统治阶级历史厚人民群众历史的问题"。[6]而"厚劳动人民，薄帝王将相"，就是在"教材中把帝王将相的活动""概不加以叙述"。[7]只有在这种完全排除了帝王将相的"新的人民史体系"

[1]　《历史哲学教程》，新知书店，1946年，第66—67页。
[2]　《范文澜历史论文选集》，中国社会科学出版社，1979年，第20页。
[3]　《评关于社会发展问题的若干非历史观点》，《人民日报》1949年7月29日；《再评关于社会发展问题的若干非历史观点》，《学习》1949年10月第1卷第2期。
[4]　《新建设》1953年第7期。
[5]　《从学习陆定一同志的文章谈到历史教学问题》，《历史教学》1958年第12期。
[6]　《谈谈我们的中国古代史教材编写工作》，《历史教学》1959年第1期。
[7]　《打破王朝体系，讲述劳动人民的历史》，《历史教学》1958年第12期。

中①，才能"体现人民群众是历史的主人"②，可以看出，建国以来相当一段时间内，特别是 1958 年前后，在一些人的心目中，只有劳动人民才创造历史，剥削阶级、统治阶级不创造历史或只创造罪恶的、倒退的历史。

二

"片面反封建"理论的发展，导致了 60 年代初至"文化大革命"前夕围绕着"历史主义"原则展开的论战。从史学理论角度看，这场论战实质上是如何看待历史创造者，尤其是中国封建社会历史创造者的问题。以卓越的马克思主义史学理论家翦伯赞为代表的坚持"历史主义"的史学工作者，阐发了对历史创造者问题的看法，形成了建国后在这个问题上的第一次突破。

1964 年 2 月 25 日，《人民日报》的一篇述评文章指出，当时正在进行的"历史主义与阶级观点"的讨论，"是我国学术界几年来关于历史人物评价、关于剥削阶级和剥削制度的地位和作用，以及关于农民战争的性质和意义等问题的研究和讨论的概括和发展"。这场讨论的发生，是因为在这之前的"研究和讨论中，有些同志一方面过高估计了历史上农民战争领袖的觉悟程度"；"另一方面对历史上剥削阶级和剥削制度采取了简单化的否定态度"。翦伯赞在当时明确提出"历史主义"问题，就是要批评和纠正在这两个方面所存在的偏差，提醒人们以正确的态度和方法评判历史创造者问题。翦伯赞认为，当时的史学界在这个问题上缺乏"历史主义"；1958 年前后的"见封建就反，见地主就骂"的倾向，说明了在历史创造者问题上丧失了"历史主义"精神的"阶级观点"的盛行。长期以来，相当一部分史学工作者认为，把剥削阶级、帝王将相从历史创造者的队伍中排除出去，或者缩小、贬低他们在历史创造中的作用，这就是坚持了"阶级观点"。而这种"阶级观点"下面所掩盖的恰恰是伦理史观。针对这种历史观，翦伯赞则强调：评判历史的创造者，绝不能

---

① 《我们在编写"中国古代史讲义"中贯彻阶级斗争红线的一点体会》，《中山大学学报》1958 年第 4 期。
② 《打破王朝体系，讲述劳动人民的历史》，《历史教学》1958 年第 12 期。

从感情和抽象反剥削反压迫的正义感出发，也不应站在历史上被剥削、被压迫阶级的立场上来进行，而应严格按照无产阶级的历史观，从生产力的发展的角度去把握。这样，我们就会看到，"相继出现于历史的每一个生产方式或社会制度"——不管它是奴隶制度还是封建制度抑或是资本主义制度——"都是历史向前发展的一个步骤，都是生产力向上发展的结果，不能因为它们是剥削制度就一律骂倒"。① 恰恰相反，封建制度和封建王朝的出现与存在，就像恩格斯所充分肯定过的奴隶制度的出现和存在一样，意味着历史的巨大进步。在中国历史上，"一个跟着一个出现的王朝"，"是中国历史在其发展进程中的里程碑"，它们无论统治长短、作用大小，"总是在一个时期之内曾经向中国人民发号施令，曾经主宰过中国人民命运的政治首脑部"。② 那么，作为这些政治首脑部的司令官的帝王将相，在封建历史的创造中所起的作用是可以想见的了。"诚然，筑长城、治黄河、开运河都是当时劳动人民的劳动。秦始皇没有挑土，汉武帝没有筑堤，隋炀帝没有挖河，但是他们却是这些巨大工程的发动者、组织者，不承认他们动员和组织工作的作用是不对的。"③ 这些公共工程对中华民族的发展起了巨大作用，仅此而言，秦皇、汉武、隋炀帝当然也是中华民族历史的创造者。即使是"李后主、宋徽宗，也不能从文学艺术史上抹去他们的名字"④。尽管他们是政治上的昏君，却并不妨碍他们成为我国文学艺术史的创造者。

翦伯赞还特别强调脑力劳动者在历史创造中的地位。针对有人把历史上的发明说成是对劳动人民经验的简单总结的观点，他指出："历史上的发明，归根到底，虽然是劳动人民经验的总结，但是经验的积累不等于发明，要把积累起来的经验加以总结提高才能有所发明。不能把经验和总结经验等同起来，从而低估发明家对历史作出的贡献。"⑤ 发明是如此，比发明更远离物质生产领域的文学、艺术、思想等的创造，更是脑力劳动者对文明史的不可替代的贡献。

---

① 《目前史学研究中存在的几个问题》，《江海学刊》1962 年 6 月号。
② 《关于打破王朝体系问题》，《光明日报》1959 年 3 月 28 日。
③ 《目前历史教学中的几个问题》，《红旗》1959 年第 10 期。
④ 同上。
⑤ 《目前史学研究中存在的几个问题》，《江海学刊》1962 年 6 月号。

　　历史地看待劳动人民在历史创造中所处的实际地位，构成了历史主义论战中在历史创造者问题上的又一热点。长期以来，在"人民群众是历史的主人"这一提法的束缚下，我国史学界始终有一种错觉：好像在研究历史上的劳动人民，尤其是封建社会的农民时，只能肯定，不能批评，反之，就好像和无产阶级的历史观不相容。翦伯赞勇敢地冲破了这种束缚，指出：劳动人民在历史上实际居于被奴役的地位，而不是居于主人的地位。"在以往的阶级社会中，劳动人民从事任何劳动生产，都必须以各种被奴役被剥削的身份参加到一定的生产关系中去，在他们的对面是各种各样的剥削阶级。这些剥削阶级掌握着当时的社会经济命脉、政治权力，强制劳动人民按照他们的意图去实现那些对于他们来说是必要的劳动创造。"① 所以，在"整个阶级社会历史时期，以各种身份出现的劳动人民都是在被剥削被压迫的情况之下参加历史创造"的。② 他们创造历史的局限在于，还不像后来的无产阶级那样自觉，即使是在大规模的反抗斗争高涨、劳动人民在实际历史中居于"主角"地位时期，参加斗争的农民也只是"反对封建压迫、剥削，但没有，也不可能意识到把封建当作一个制度来反对；反对封建地主，但没有，也不可能意识到把地主当作一个阶级来反对；反对封建皇帝，但没有，也不可能意识到把皇权当作一个主义来反对"③。因此，"应该用历史观点对待这些历史上的劳动人民，不要依照现代无产阶级的样子去塑造他们的形象"，尤其是"不要把他们写得和解放了的工人阶级一样是当家作主的阶级"。④

　　农民战争史研究是建国后历史学领域最繁荣的一个学科，但在一些人看来，这个学科存在的价值似乎在于为"只有劳动人民才是历史真正的创造者"提供历史根据。翦伯赞是不同意这种看法的。他针锋相对地指出："在写农民战争的时候，不要忘记农民战争是发生在封建时代，不要忘记农民是小所有者，也不要忘记农民并不代表新的生产力。"⑤ 翦伯赞关于农民战争一系列理论问题的看法，尤其是他关于农民战争"三反三

---

① 《目前历史教学中的几个问题》，《红旗》1959 年第 10 期。
② 《对处理若干历史问题的初步意见》，《光明日报》1965 年 9 月 22 日。
③ 同上。
④ 同上。
⑤ 同上。

不反"的论断，都是建立在这"三个不要忘记"基础上的。"不要忘记农民并不代表新的生产力"这句话，看似普普通通，但有的人直到今天也并未在认识上解决这一问题。在他们的深层意识中，农民就是生产力的代表，社会历史前进方向的体现者，因而当然是历史的主人。翦伯赞对农民的缺点和局限性的论述，潜在着对农民大众是封建社会的主人、中国社会历史前进方向的体现者的某种怀疑，也可看作是他对当时占统治地位的关于历史创造者观点的某些动摇。

必须历史地看待历史的创造者，这一问题的提出，在当时具有巨大的理论意义，它是对中国马克思主义理论工作者在民主革命时期形成的历史创造观的第一次突破。但是，翦伯赞虽想解决封建社会历史的创造者问题，然"农民动力论"又紧紧地束缚着他。他在当时尚未意识到这一理论本身的缺陷，只是觉察到把这一理论贯彻到底之后所导出的结论和历史事实不符。提出历史主义问题，对翦伯赞来说，仅仅是想在维护这一理论的前提下，限制这一理论在实际运用中所可能产生的弊端。放弃和修正这一理论本身的思想在当时是不可能产生的。真正想对这一理论本身进行突破，开始于历史动力问题的讨论。

三

十一届三中全会以后的中国历史科学，选择"历史动力"问题作为自己的突破点，确非偶然。撇开现实政治原因不谈，单从学术渊源上讲，历史动力问题的讨论，是对此前农民战争史研究中占支配地位的"反攻倒算论"的否定，从某种意义上说，也就是对"让步政策论"否定的否定。这场讨论，是继历史主义论战之后，史学界在历史创造者问题上的又一次重大突破。

在建国之后的中国史教学和研究中，确如"反攻论"者所言，"让步论""是一种特别流行的理论"。它长期以来，"成为解释中国史上许多重大问题，特别是农民战争的历史作用问题的一张'万灵膏'"[①]。实际上，它是

---

① 《应该怎样估价让步政策》，《光明日报》1965 年 9 月 22 日。

在对"农民动力论"作注经式的解释时提出来的。①因为史学工作者在运用这一理论去接触具体的历史时,普遍遇到了难以跨越的困难:大规模的农民起义直接带来的不是社会生产力的发展而是新王朝的重建。历史的进步,经济的繁荣,往往是在这些新王朝将近一个世纪的统治下取得的,是作为新帝王将相的政绩而载入史册的。这样,摆在建国初史学工作者面前的就有两条非此即彼的出路:要么认为新封建王朝的重建本身即是历史前进的体现——这就等于承认封建统治阶级对历史的创造作用,要么就认为"农民动力论"和历史实际有距离而需要加以修正。正是在人们感到左右为难的时候,翦伯赞强调提出的"让步论"②把大家解脱了出来,被史学工作者普遍接受。在他之后,许多同志又对这种解释加以阐发③,使它发展为一个完整的理论。人们主要是突出了这样一点:统治阶级实施的让步,是在革命压力下百般无奈的结果,"是农民打出来的,逼出来的"④,不是统治阶级主动、自觉实行的。这样,通过"让步论",既从根本上坚持了"农民动力论",又顾及了具体的历史实际,而不会有美化帝王将相之嫌。很明显,"让步论"的主张者在提出自己的论点时,有一个在他们的头脑中占绝对统治地位的理论前提,这"就是只承认农民要求发展生产,而不承认剥削阶级从自身利益出发,也可以采取有利于发展生产的措施"⑤;剥削阶级、统治阶级本来完全是一股历史的惰性力量,是历史前进的绊脚石。如果说,他们对历史的发展也起了一定作用的话,那也是在革命农民的武装威胁之下实现的。但无论怎么说,承认让步政策存在本身,也就等于委婉地肯定了剥削阶级毕竟参与了历史的创造。

"让步论"者的上述解释,是违背"农民动力论"的本义的,"让步论"是他们强加给作者的。既然如此,在当时的政治氛围中,他们的"让步论"被"纠正"也就是必然的了。1965年发表的《应该怎样估价让步政策》一文,首先指出"让步论"对"农民动力论"的歪曲之处,进而对"农民动力论"作出了全新的解释。在作者看来,承认有让步政策

① 这里我们主要指建国以后的情况。
② 《论中国古代的农民战争》,《学习》1951年第3卷第10期。
③ 漆侠等:《秦汉农民战争史》,生活·读书·新知三联书店,1962年,第267页。
④ 严北溟:《对"让步政策"也要"一分为二"》,《文汇报》1965年12月16日。
⑤ 戴逸:《关于历史研究中阶级斗争理论问题的几点看法》,《社会科学研究》1979年第2期。

的存在，"历史发展动力"就从一个"变成了两个，既是农民阶级，又是地主阶级；既是农民战争，又是封建王朝"等等。另一位论者指出，除了农民以外，任何其他阶级或阶层均不可成为封建社会发展的动力，"在农民革命与推动历史发展之间，决不需要一个什么起决定作用的中介环节——地主阶级当权派的'让步政策'。"提出"让步政策"的结果，"历史发展的动力，就从农民阶级转移到了地主阶级身上"。[①]"让步论"就这样从一个具体的农民战争史研究中的理论问题被升华到历史发展动力的高度，变成一种关于中国封建社会的历史观了。从反对这种"历史观"出发，人们提出了"反攻倒算论"。[②]并由此展开了一场大论战。但后来论战很快变成了对"让步论"的讨伐与批判，这种讨伐与批判直到"文化大革命"中期还在大张旗鼓地进行。

　　"反攻论"和"让步论"的对立，显然是如何看待中国封建社会历史创造者的对立。还在这两种观点的论战刚刚开始之时，一位"让步论"者就指出：这场论战"实际涉及剥削阶级的历史作用问题，也涉及历史上剥削阶级个别人物的评价问题"[③]。而在"反攻论"者看来，主张"让步论"的结果，就会把"一部以革命农民为主人翁的封建社会史"，"说成是'圣君贤相'的历史"[④]，"是抹杀农民战争的历史作用，美化帝王将相"[⑤]；"是想从各个方面把帝王将相臆造成为历史的创造者"[⑥]。物极必反，当"反攻论"者把自己的论点推向极端之后，他们迎来了历史动力问题的讨论。在历史创造者问题上，历史发展动力问题的讨论，实际上是对"反攻倒算论"的反驳。

　　最初揭开历史发展动力问题讨论序幕的三篇文章[⑦]，有两篇对"让步

---

① 《"让步政策"论的错误在哪里？》《光明日报》1966 年 1 月 26 日。
② 《应该怎样估价让步政策》，《光明日报》1965 年 9 月 22 日。
③ 严北溟：《对"让步政策"也要"一分为二"》，《文汇报》1965 年 12 月 16 日。
④ 西北大学历史系编：《"让步政策"批判集》，（未注出版单位），1973 年 8 月，第 5 页、47 页、67 页。
⑤ 同上。
⑥ 同上。
⑦ 刘泽华等：《关于历史发展动力问题》，《教学与研究》1979 年 2 期；戴逸：《关于历史研究中阶级斗争理论问题的几点看法》，《社会科学研究》1979 年第 2 期；戎笙：《只有农民战争才是封建社会发展的真正动力吗？》，《历史研究》1979 年第 4 期。

论"重新进行了评价①，其中一篇专门批评了"反攻论"，并直接触及了作为"反攻论"指导思想的"农民动力论"②。这篇文章的作者说："并不是每一次较大规模的农民战争之后，生产力都有显著发展。相反，差不多有同等数量的例子说明，很多次大规模的农民战争之后，社会生产力长期处于停滞衰落的状态"。后来发表的一些讨论文章，主要是围绕着这些论点展开的。不管这些论点今天看来有多少值得推敲之处，但作者显然已经清醒地认识到，"反攻论"的失误是"农民动力论"的缺陷所致。因此，必须首先在一些最基本的理论问题上正本清源。

经过一段时间的讨论和近年来的重新思考，愈来愈多的史学工作者接受了下面两点意见：（一）关于中国农民战争的历史作用问题，也就是关于中国封建社会的历史创造者问题，将近半个世纪来占统治地位的基本观点，确确实实需要用历史实际重新检验。（二）"让步论"同"反攻论"一样，"总是不肯承认历史上的统治阶级会干出什么好事，干了什么好事，也一定要记到农民战争的账上"③。而实际上，封建统治阶级和其他剥削阶级一样，也是封建历史的创造者。

四

历史发展动力问题的讨论，企图回答中国封建社会历史的创造者问题。但是，这场讨论未能深入地进行下去，没有能够明确回答它所提出的问题。黎澍承其余绪，对这一问题又作了进一步研究。④

很明显，历史发展动力问题和历史创造者问题是一个二位一体的问题，但和前者比起来，后者更根本。因为谁是历史的创造者，"谁"当然就是推动这个"历史"发展的力量。不弄清"历史创造者"这个最基本的理论问题，"动力"问题就永远扯不清楚。此其一。其二，人们在企图

---

① 戴逸：《关于历史研究中阶级斗争理论问题的几点看法》，《社会科学研究》1979 年第 2 期；戎笙：《只有农民战争才是封建社会发展的真正动力吗？》，《历史研究》1979 年第 4 期。

② 戎笙：《只有农民战争才是封建社会发展的真正动力吗？》，《历史研究》1979 年第 4 期。

③ 金景芳等：《生产力与生产关系的矛盾是社会历史发展的根本动力》，《吉林大学社会科学学报》1980 年第 4 期。

④ 对解决这个问题做出重要贡献的还有蒋大椿同志。参见《唯物史观与历史研究》，《近代史研究》1983 年第 2 期；《关于历史创造者问题的理论考察》，《世界历史》1985 年第 11 期。

回答"谁是封建社会历史的创造者"时，"人民群众是历史的创造者"这个更为一般的命题仍然潜在地支配着他们。尽管他们也勇敢地肯定了封建统治阶级不须农民武装的威胁也能参与历史的创造，但这基本上仍然是在"人民群众创造历史并不否认个人在历史上的作用"的逻辑下得出的。正如蒋大椿所言，这个逻辑本身存在着难以克服的缺陷。其三，"人民群众是历史的创造者""人民群众是历史的主人"等提法，本身是不是马克思主义的？它们由以导出的理论前提是什么？这更是当时没有被想到的问题。而这些则是全部问题的基础。和这个基础相比，动力问题的讨论只不过是具体结论而已。所以，不回答这个一般问题，封建历史的创造者这个个别问题就得不到透彻的说明。

黎澍的贡献，就在于他剖析了这个"一般"问题而引发了更深入的思考。主要由黎澍实现的当代中国史学理论发展史上的第三次重大突破，集中地表现在，他明确地概括出以下几点结论：（1）人民群众在历史上实际"居于被奴役的地位，而不是居于主人的地位"。（2）人民群众仅仅是历史的物质条件的创造者，不是全部历史的创造者。（3）"历史是人人的历史，所有的人都参与了历史的创造"。①

这些"鲜明"而"犀利"②的论点提出之后，触动了史学界乃至整个社会科学领域。无疑，这将会在整个中国历史科学理论发展史上产生多方面的影响。它意味着在历史创造者问题上，唯物史观正在向自身复归，是对多年来流行的伦理史观的克服与超越。唯物史观传入中国以后，也像马克思主义其他一些原理传入中国以后所遭遇的命运一样，在东方的文化背景下面，被它的某些接受主体选择、变换、重新创造，以至于发生了被扭曲与走样的现象。结果，在一些人的头脑里，无产阶级历史观被伦理史观悄无声息地取代了。从"等贵贱，均贫富"的善良愿望出发，认为剥削和压迫不会推动历史前进，只会造成历史的曲折与灾难，于是乎把剥削阶级、统治阶级，特别是封建地主阶级从历史创造者的队伍中

---

① 《论历史的创造及其他》，《历史研究》1984 年第 5 期。参见《再论历史的创造及其他》，《光明日报》1986 年 7 月 30 日；《历史的创造者和创造历史的动力》，《历史研究》1986 年第 3 期。
② 蒋大椿：《关于"历史创造者问题"讨论的由来和发展》，《文史知识》1987 年第 3 期。

驱逐了出去。

我们知道，"马克思了解古代奴隶主、中世纪封建主等等的历史必然，因而了解他们的历史正当性，承认他们在一定限度的历史时期是人类发展的杠杆；因而马克思也承认剥削，即占有他人劳动产品的暂时的历史正当性"①。可以说，只有首先看到剥削和压迫是既定前提下历史进步的必然形式，看到它的不可避免性、历史正当性，承认剥削阶级曾经是"人类发展的杠杆"，是人类文明史的理所当然的创造者，才算是领悟了唯物史观的底蕴，才算是在历史创造者问题上坚持了唯物史观。而剥削阶级及其代表人物在历史创造中的应有地位长期以来之所以无法得到人们的认可，一个重要的原因就是受到了伦理史观的支配，离开了生产力标准。正是在这种意义上，我们说，当黎澍指出："不能说，所有的历史全都是物质资料生产者、劳动群众、各国人民创造的，而非物质资料生产者、非劳动群众、各国统治者是不参与历史创造的。"这就在从历史主义原则讨论开始的唯物史观向自身复归的进程中，迈出了十分重要的一步。

与此同时，还必须指出：黎澍文章中的一些论点，尤其是基础论点，是很不彻底的，以至于不能最终解决历史创造者问题。在黎澍看来，物质资料生产的历史是劳动者创造的，除此之外的历史则是非劳动者创造的。这是他的基础论点。撇开剥削阶级谈论文明时代生产历史的创造，是黎澍这个论点的缺陷所在。第一，唯物史观的确认为，"直接的物质的生活资料的生产"，构成为全部历史的"基础"。②但唯物史观的创始人从未说过这种生产的历史仅仅是由某一个阶级单独创造的。相反，他们一再强调这种生产是在阶级对抗中进行的；"到目前为止，生产力就是由于这种阶级对抗的规律而发展起来的"③。把生产的历史仅仅说成是劳动群众单独创造的，那就等于撇开阶级对抗而谈论文明时代生产力的发展。第二，生产力由以发展的"阶级对抗"，不是指通常意义上的"阶级斗争"，而主要是指阶级剥削和阶级压迫本身。在马克思恩格斯看来，在既定的

① 《马克思恩格斯全集》第 21 卷，人民出版社，1965 年，第 557—558 页。
② 《马克思恩格斯选集》第 3 卷，人民出版社，1972 年，第 574 页。
③ 《马克思恩格斯全集》第 4 卷，人民出版社，1958 年，第 104 页。

生产力水平上，没有剥削和压迫，就根本不可能有生产本身。而一旦承认剥削与压迫是生产发展的必要的社会形式，那就等于说剥削阶级也同样参与了生产历史的创造。第三，剥削阶级对生产历史的创造作用可以从两个方面来说明。首先，私有制社会里的生产不是在和剥削者无关的情况下而是在剥削者的利益推动下一步步地发展起来的。正是在这种意义上，恩格斯强调，对财富的"卑劣的贪欲是文明时代从它存在第一日起直至今天的动力"[1]。其次，剥削阶级的一些阶层和集团还以组织者、管理者的身份直接进入了物质资料的具体生产过程，直接参与了生产历史的创造。马克思因此说，资本家利润的一部分事实上"能够作为工资分离出来"[2]。这都说明生产的历史是在劳动阶级与剥削阶级所结成的对抗关系中共同创造出来的。

承认不承认剥削者也曾参与了生产历史的创造，我们认为这对解决历史创造者问题具有非同一般的意义。很久以来，人们就有了这样一种观念：剥削阶级都是不劳而获的寄生阶级、吸血鬼，因而在生产发展中是多余的，是绊脚石，如果没有剥削阶级，历史的发展肯定比这快得多。只有劳动人民才是历史的真正创造者的思想就是由此脱胎出来的。长期以来，人们之所以把剥削者全部排除在历史创造之外也是以此为思想基础的。

在黎澍终止思维的地方继续前进，在深刻反省我们以往对唯物史观理解的基础上重新认识唯物史观，这是彻底解决历史创造者问题的关键所在。

原载《文史哲》1988 年第 1 期

---

[1] 《马克思恩格斯选集》第 4 卷，第 173 页。
[2] 《马克思恩格斯全集》第 25 卷，人民出版社，1974 年，第 431 页。

关于历史创造者问题的新思考

周溯源 *

几千年前，标志古希腊文明的阿波罗庙宇上镌刻了"认识你自己"的神谕，表达了人类对自身命运的关怀和需要认识自己的渴望。人猿相揖别之后，人类长期奋斗，已认识了无数个必然王国。但是迄今仍有许多问题没有得到科学的解答。例如，人类的历史是谁创造的？谁是历史的主人？见仁见智，分歧甚大。多少年来，人类一直在寻找自己的位置、权利和价值。无数磨难使人类逐渐聪明起来，对世界、对自我的认识不断明晰深刻，反思的步伐日益加快。我国史学界、思想界自1984年以来就"谁是历史的创造者"和"谁是历史的主人"再次进行了热烈的讨论。这场讨论意义深远。在此笔者也发表一点看法，参与这场讨论。

一、怎样理解"历史""创造历史""历史创造者"?

要搞清"谁是历史的创造者"，必须起码遵循两条原则：第一，尊重历史事实本身；第二，确定"历史"和"创造历史"的含义。因为统一概念是讨论问题的前提。

"历史"，本身是一个中性词。汉语词典释义为：（1）自然界和人类社会的发展过程，也指某种事物的发展过程和个人的经历。（2）过去的事实。（3）过去事实的记载。（4）指历史学科。① "历史不过是追求着自

---

* 周溯源，1955—　，男，《求是》杂志社编辑。

① 《现代汉语词典》，商务印书馆，1985年，第700页。

己的目的的人的活动而已"①。在《德意志意识形态》中，马克思、恩格斯又说："历史不外是各个世代的依次更替。"② 由此可见，"历史"就是指人类文化的痕迹，就是人们为实现自己的目的而进行过的活动。这便是"历史"本身的含义，或者说是对"历史"应有的理解。

"创造"，在汉语中是个褒义词。即："想出新方法、建立新理论、做出新的成绩或东西。"③ 但在英文"make"和俄文"Делать"中，原义为"制造"，不过是个中性词。那么把"创造"与"历史"联系起来如何理解呢？

恩格斯在《路德维希·费尔巴哈和德国古典哲学的终结》中说："人们通过每一个人追求他自己的、自觉期望的目的而创造自己的历史，却不管这种历史的结局如何，而这许多按不同方向活动的愿望及其对外部世界的各种各样影响所产生的结果，就是历史。"④ 显然，这里对"创造历史"的理解，没有任何褒义的色彩，创造历史就是在社会上为一定目的进行着的活动。

列宁在《当前的主要任务》一文中说：在漫长的剥削制度社会里，"创造历史的是一小撮贵族和资产阶级知识分子，工农群众则尚处于沉睡状态"⑤。这段话赋予"创造历史"的含义是"推动历史前进"，与恩格斯在上面一段话中的理解不一样。

如果遵循恩格斯的理解，把"创造历史"理解为"在社会上为一定目的进行着的活动"，那么凡是在社会上为一定目的进行活动的人便是"历史的创造者"，因而人人都是历史的创造者。不同的人创造不同的历史，同一个人在不同的阶段创造不同的历史。

如果遵循列宁的理解，把"创造历史"理解为"推动历史前进"，那么"历史的创造者"就是"历史的推进者""历史的促进派"。并非所有的人都是历史的推进者，因而不能说所有的人都参加了历史的创造。那些妨碍或延缓历史客观发展进程的阶级、集团和个人就不能算历史的创造

---

① 《神圣家族》，《马克思恩格斯全集》第2卷，人民出版社，1957年，第118—119页。
② 《马克思恩格斯全集》第3卷，人民出版社，1960年，第51—52页。
③ 《现代汉语词典》，第167页。
④ 《马克思恩格斯选集》第4卷，人民出版社，1972年，第243—244页。
⑤ 《列宁全集》第34卷，人民出版社，1985年，第76页。

者。很长时间以来，我们一直是遵循这种理解，并且只承认人民群众是历史的创造者，而英雄创造历史的观点、英雄与人民群众共同创造历史的观点，则被视为非马克思主义观点而受到抵制和批评。

然而，马克思、恩格斯在不同的场合也有与此恰好相反的论断。例如，马克思说："在古代的罗马，阶级斗争只是在享有特权的少数人内部进行，只是在自由富人与自由穷人之间进行，而从事生产的广大民众，即奴隶，则不过为这些斗士充当消极的舞台台柱。"[①]恩格斯在《卡尔·马克思》一文中介绍马克思的历史观时说得更明白："人类的大多数总是注定要从事艰苦的劳动和过着悲惨的生活。……历史的进步整个说来只是极少数特权者的事，广大群众则不得不为自己谋取微薄的生活资料，而且还必须为特权者不断增殖财富。"[②]总之，在马克思主义经典著作中既包含人民群众是历史创造者的原理，也确实表述过人人创造历史、剥削阶级创造历史、英雄创造历史、英雄与人民群众共同创造历史的观念。这是有据可查的事实。

依据上面的分析，笔者主张区分两个概念：即"历史的创造者"与"历史的推进者"。"历史的创造者"应按中性词理解，适用于每一个人；"历史的推进者"是褒义词，并不包括每一个人。这样可以澄清因概念不一引起的混乱，消除因理解不一引起的分歧。

二、事实上"历史"是怎样被"创造"的？

人类社会的历史，是由人类的社会实践形成的。每个社会成员都参与社会实践，但因其地位不同、工作不同、能力不同，所起的作用也就不同。说"人人都是历史的创造者"并没有完全解决问题，历史科学还要指出谁是促进派，谁是反动派；谁的作用大，谁的作用小；谁是历史的主人；历史发展的动力是什么？等等，从而确定歌颂与鞭挞的对象，用以指导现实与未来，改造世界，促使人类更快地向理想境界迈进。下面笔者试对人民群众、英雄、权力的作用予以考察。

---

① 《马克思恩格斯选集》第 1 卷，人民出版社，1972 年，第 599—600 页。
② 《马克思恩格斯选集》第 3 卷，人民出版社，1972 年，第 41—42 页。

1. 人民群众对历史的创造

我们熟知，人民群众创造历史的伟大作用表现在三个方面：他们是社会物质财富的创造者，社会精神财富的创造者和社会变革的决定力量。如果没有人民群众，社会就无法向前发展，甚至连存在的基础都成了问题。但人民群众创造历史的作用，是受社会历史条件诸方面制约的。

第一，受社会政治制度的制约。

在不同的政治制度下，人民群众创造历史的作用大不相同。生活在剥削制度社会里，人民群众是消极地、被动地、不自觉地创造着历史的。剥削制度社会是严重异化了的社会形态，人民群众在精神方面受压抑，在物质方面受剥削，常常饥寒交迫，其主体能动性的发挥受到很大限制，创造历史的本质力量是以扭曲了的方式表现出来的，人们既不能支配自己的创造物，也无法掌握自己的命运，创造的物质财富只是为杰出人物、统治者的历史活动提供物质手段和舞台而已。因此，人民群众是以消极、被动的方式极不情愿地创造物质资料和精神产品进而创造历史的。奴隶的大量逃亡和毁坏工具，工人捣毁机器、罢工、消极怠工等就是例证。当剥削和压迫发展到使人民群众无法忍受的程度，便爆发了革命。革命期间人民群众虽然可以扬眉吐气，但革命的结果总是不遂自己意愿，到头来还得接受新的剥削和压迫。

第二，受社会经济基础、生产力水平的制约。

马克思在分析法国小生产的特点时指出："他们不能代表自己，一定要别人来代表他们。他们的代表一定要同时是他们的主宰，是高高站在他们上面的权威，是不受限制的政府权力，这种权力保护他们不受其他阶级侵犯，并从上面赐给他们雨水和阳光。"[1] 我国曾经是一个小生产的汪洋大海，与法国的小生产相比有过之而无不及。在小生产的经济条件下，人民群众必然产生一种依赖思想，往往自觉或不自觉地把自己的命运交给高高在上的权威，把希望寄托在"圣主""明君""清官"和包打天下的英雄豪杰身上，盼望有一个"好皇帝"来赐给自己幸福的生活。这种在小生产经济基础上滋生的依赖性，势必影响人民群众发挥潜力，主动积

---

[1]《马克思恩格斯选集》第 1 卷，第 603 页。

极地创造历史。

第三，受社会精神条件的制约。

马克思所说的"一切已死的先辈们的传统"，恩格斯所说的"人们头脑中的传统"，就是不可忽视的精神条件。这种传统，有进步的也有落后的。落后的传统"是一种巨大的阻力，是历史的惰性力"，其作用"是消极的"。①这些落后传统，自然要感染人民群众。比如在今天的社会主义条件下，尽管共产党、共青团和各级人民政府倡导移风易俗，建设精神文明，但仍然有人继续包办婚姻、买卖妇女、近亲结婚、早婚早育、多生子女；铺张浪费、挥霍赌博、卖淫嫖妓、酗酒械斗、建坟修祠等丑恶现象仍屡禁不绝。这些陈规陋习，莫不影响人民群众对历史的创造。

第四，受自身觉悟水平和素质的制约。

由于历代统治阶级、剥削阶级轻视劳动、轻视劳动人民和"天命观"、宿命论的影响，人民群众也往往看不起自己，觉得自己在世界上不过是个"蚁民"，相信"骑马坐轿是修来的福，推车挑土是命里该然"，"死生有命，富贵在天"，于是安分守己，听天由命，对统治阶级的剥削、压迫逆来顺受。一些明智正直的知识分子，虽然愤恨社会的不公正，同情劳动人民的悲惨境遇，有时也可能作些斗争，但不坚决，往往抱着"达则兼济天下，穷则独善一身"的思想，一旦受挫，便"苟全性命于乱世，不求闻达于诸侯"，退隐山林匿居。有的知识分子追求一种"清高"，名之曰"不为五斗米折腰"，如陶渊明；有的追求个性的独立与自由，"安能摧眉折腰事权贵，使我不得开心颜"，如李白。当然，这类人不愿与贪官污吏同流合污是可敬的，但仅止于此，放弃同黑暗现象斗争，过着"采菊东篱下，悠然见南山"，"与世无争，与人无犯"的隐士生活，却又是不足取的。也有的知识分子信奉"不在其位，不谋其政"的处世哲学，"姜太公钓鱼，愿者上钩"，守株待兔般地等着别人荐引，"三顾茅庐"，这种消极等待的做法也使他们虚耗了青春，坐失一次次效力社会和人民的良机。

日本思想家池田大作说："政治的善恶好坏，固然取决于政治家的优

---

① 《马克思恩格斯选集》第 3 卷，第 402 页。

劣，但广大群众的理智、教养、道德也是决定性因素。"① 我们过去习惯于把社会政治的好坏完全归咎于统治者，很少或者几乎不反省平民百姓对政治的责任，这是不全面的。殊不知统治的好坏也是以百姓的接受为前提，以百姓的素质为前提的。你能忍受暴政，暴政当然肆行、人民群众的"顺民思想"在一定程度上容许了统治集团为所欲为。以中国封建社会的长期停滞为例，难道责任仅在皇帝吗？是谁给了皇帝专横的权力呢？责任在外国列强吗？是什么造成列强能够侵入中华并横行无忌呢？所以，对历史负有责任的不只是统治集团，还包括人民群众。"天下兴亡，匹夫有责"。顾炎武在三百年前就看到了这一点。

历史上有成就的杰出领袖或改革家，他们每每要在两条战线上进行斗争，既要反对反动统治阶级，又要从事艰苦细致的启蒙教民工作，与群众的落后意识及传统习惯进行斗争。革命的首要任务就是唤起民众。只有当人民群众响应、支持社会变革时，才能由原来的阻力转化为动力，社会的变革才能成功。而许多进步的改革家失败了，除了守旧势力的打击以外，正是因为没有得到群众的理解和支持。某些丑角、平庸之辈、阴谋家之所以能够上台，也正是利用了群众一时的迷信和不觉悟。马克思说路易·波拿巴复辟帝制得以成功，正是得到了法国保守农民的支持。古代英雄西门豹治邺曾发感慨："民可以乐成，难以虑始。"这"难以虑始"，正是群众的保守弱点。鲁迅对笔下的祥林嫂、阿Q、闰土、孔乙己，"哀其不幸，怒其不争"，这"不争"正是群众的被动缺点。因之他提出要改造国民性。给人们传播自由火种的苏格拉底却在人们的欢呼声中被处死，给人们带来真理的布鲁诺却被人们以真理的名义烧死。科学知识是力量，而愚昧无知也是力量，有时是更可怕的力量。

第五，历史有其自身发展规律，并不全按人民群众的意愿前进，或者说，人民群众的意志并非全都不可抗拒。

传统的观点不仅认为人民群众是历史的主人，并且往往笼统地讲人民群众的意志不可抗拒。似乎历史完全是按照人民群众的意志决定的，其实未必尽然。人民希望统治者施仁政，但在剥削社会里，人民"享受"

---

① ［日］池田大作：《青春寄语》，吉林人民出版社，1986 年，第 137 页。

的往往是暴政。人民希望天下太平，安居乐业，但统治者之间争权夺利，攻城略地，迫使人民充当他们的战争工具，演出了多少《新婚别》《垂老别》《无家别》，血洒疆场，抛尸荒野！人民希望"等贵贱，均贫富"，但社会的贵贱贫富总是存在。"富者田连阡陌，贫者无立锥之地"；"朱门酒肉臭，路有冻死骨"。人民希望社会公平，在法律面前人人平等，但是封建社会等级森严，"刑不上大夫，礼不下庶人"，"错斩崔宁"寻常事，处处可闻"窦娥冤"。人民希望有圣君贤相，清官临政，而现实中却千载难逢，于是只好寄意于文艺作品，让清官包公、江湖侠客在舞台上活动，以画饼充饥，望梅止渴。在奴隶社会，奴隶不过是奴隶主会说话的工具，没有人身自由；在封建社会，农民是地主耕田的牛马，提供地租的劳动力；在资本主义社会初期，工人只是资本家赚钱的机器，可以随意被处罚和解雇。在这样的状态下，人民意志得到尊重、实现的比例究竟有多大呢？人民要求做人的愿望，要求安居乐业、过幸福生活的愿望，免不了被统治者漠视、愚弄或践踏。

第六，人民群众在反动派控制下创造的历史，有时也可能不推动历史前进。

当人民群众的力量被独裁者、反动派控制时，他们不可能为自己谋福利，为社会谋进步，有时被迫自己摧残自己。在历史上，与农民起义军拼死厮杀的并不都是反动地主，而大多数是起义军的阶级弟兄。仅有东条英机，没有日本人民，能侵略中国吗？只有希特勒，没有德国人民，法西斯能横扫欧洲吗？美国总统罗斯福在 1944 年 8 月 26 日给陆军部长的一份备忘录里说："必须让全体德国人民明白，他们整个民族都参与了反对现代文明一切公道的无法无天的阴谋。"由此可见，人民群众的力量是伟大的，但这个力量又是无固定方向的。可以被调动起来建设两个文明，也可用来破坏两个文明；可以用来创造人间奇迹，也可用来自相残杀。因此，人民尽管是主力军，是主体，如果没有掌握自己的命运，却听命于统治者，仍难免会陷于悲剧的境地。

虽然人民群众创造历史有如此多的制约因素，但其创造历史的作用仍然是第一位的，无与伦比的。连资产阶级历史学家也承认这一点。今天我们认识、分析人民群众创造历史的制约因素，正是为着克服它，避免它，超越它。人民群众的力量是伟大的，但最怕受压抑。应当创造高度民主、高度自由的社会环境，让每个普通群众都能充分发挥自己的才干，社会的进步才能真正做到"一天等于二十年"。

2. 英雄个人对历史的创造

历史上的英雄，一般是指在一定历史发展阶段中，对社会发展起过重大促进作用的伟大人物，分为思想方面的英雄和行动方面的英雄。前者指思想家、科学家、文学艺术家；后者指政治家、帝王将相、领袖人物。在谈论创造历史这个问题时，我们更多的是指行动方面的英雄。即是指那些在决定某一问题或事件上，起着压倒一切的影响；如果没有他们的行动，后果将会完全两样。一般说来，英雄人物指正面人物。至于反动阶级的头子，由于他们对历史的发展起阻碍作用，当然不能算伟大或杰出人物，但是其消极作用不可忽视。英雄个人创造历史的作用大致表现在如下几个方面：

第一，英雄人物是实现一定历史任务的主要发起者、倡导者。他们能较早地认识社会历史发展的必然性，能够反映人民群众的要求，是时代意志的代表。他们站得高，看得远，愿望比一般人强烈，性格比一般人坚强。他们为人民群众指明斗争方向、道路和解决历史任务的可行方案。他们把群众实践的自发性上升到自觉性，从而成为群众实践的引导者。

第二，英雄人物是重大历史事件的决策者、指挥者和组织者。"历史上，任何一个阶级，如果不推举出自己善于组织运动和领导运动的政治领袖和先进代表，就不可能取得统治地位"[1]。杰出人物宛如导演，在历史舞台上导演一幕幕威武雄壮的历史话剧。当然，也会出现一些蹩脚的导演，他们把群众的实践引入错误和失败的途径，自己也成为历史舞台上匆匆来去的过客，受到历史的嘲笑。

第三，英雄人物具有团结的作用。领袖是群众团结的核心和旗帜。群众正是在这面旗帜下，在这个核心周围，团结起来进行斗争的。没有或者失去这个核心、这面旗帜，群众就会涣散，陷于分裂。汤因比曾打过一个比方，如果把群众比作一大块面团，那么英雄个人则是其中的酵母。

---

[1] 《列宁选集》第1卷，人民出版社，1972年，第210页。

第四，英雄人物不能改变历史发展的基本趋势，但能影响历史的外貌，加速或延缓历史的进程。英雄人物的伟大不仅在于他们善于尊重群众的首创精神，及时发现、支持群众中正确的东西，更可贵的是他们善于识别、判断生活中错误的东西，提出自己正确的主张，在关键时刻力排众议，砥柱中流，显出超人的智慧和胆略。如列宁 1917 年提出的《四月提纲》，1918 年力主签订布勒斯特和约；毛泽东在遵义会议期间同王明"左"倾路线的斗争；邓小平 1978 年支持实践是检验真理的唯一标准的讨论，批评"两个凡是"的错误，等等，便是突出的例证。英雄人物对历史的影响还与其性格有关。个性太弱，势必寡断；个性太强，势必专横。斯大林的粗暴，使列宁临终前的担忧变成了现实。

第五，英雄人物创造历史具有多面性、多层次性。有的在阶级斗争中是屠杀人民的罪人，但在民族斗争中却是英雄。如岳飞，既是农民起义军的镇压者，又是抗金战场的旗手。左宗棠一方面参加了对太平军的镇压，另一方面在抗击沙俄、收复新疆的战争中立下了赫赫功劳。一些政治上先进的人物，道德上却有不足之处。郁达夫是一位伟大的爱国作家，文学成就极高，在生命的最后时刻，舍己为人，慷慨就义。但他"不惜千金买阿姣"，不拘小节，却是人所共知的。当陈独秀已做过五四运动的旗手并成为马克思主义者时，他在道德上仍然不无瑕疵。也有的人物在政治上保守，但学术上很有成就，中国的如王国维，俄国的如托尔斯泰。

第六，英雄人物的天才作用往往是无法替代的。这在科学和文学艺术领域表现突出。试想：多少个普通的科学家可以完成一个牛顿或爱因斯坦的工作呢？多少个有才能的作家能代替一个莎士比亚、歌德或列夫·托尔斯泰呢？多少个才华横溢的杂文家能代替一个鲁迅呢？多少个小说家能够联合写出曹雪芹的《红楼梦》呢？显然不能。在政治领域亦可列举大量例子。恩格斯指出马克思的作用："我们之所以有今天，都应归功于他；现代运动当前所取得的一切成就，都应归功于他的理论的和实践的活动；没有他，我们至今还会在黑暗中徘徊。"[1] 邓小平评价毛泽东

---

[1] 《马克思恩格斯选集》第 4 卷，第 437—438 页。

时也说过类似的话。

第七，英雄人物是历史和人民不可缺少的。历史在其发展过程中，虽然遵循着本身固有的规律，但也确实存在可能加以选择的不同发展道路。这正是英雄人物的活动具有重大意义的前提。每当历史面临选择去向的关头，一个伟人的积极参与可能会发生决定性作用。马克思、恩格斯在谈到法国革命时期的拿破仑战争时曾经指出："拿破仑能够在一刹那间决定整个大陆的命运，并且能够在自己的决定中显示出英明果断。"① 第二次世界大战结束时，许多国家面临着去向选择。罗马尼亚、保加利亚、南斯拉夫、波兰等国共产党人领导人民武装夺取了全国政权，建立了社会主义制度，而意大利共产党领导人陶里亚蒂、法国共产党领导人多列士却做了另一种选择：交出人民武装，到资产阶级政府做官。在同一背景下，两种选择，两种结果。

在群众看来，谁救了他们，谁就是英雄。每逢社会上发生尖锐危机：必须有所行动的时候，人们总是希望有个强有力的英雄人物站出来，砥柱中流，解决社会危机，从而拯救群众。危机越严重，群众对英雄的希望就越强烈。无论表达这种希望的方式是公开的呼唤，还是默默的祈祷。

综上所述，英雄的作用是很大的。那种否认英雄也是历史的创造者的观点，不免陷入自相矛盾。如果英雄属于人民群众，是人民中的一分子，那么英雄与人民群众属于同一范畴，说人民群众创造历史，也就包含了英雄创造历史，说英雄创造历史与说人民群众创造历史，也就不矛盾。如果英雄不属于人民群众，是与人民群众相区别的另一范畴，那么，既然承认英雄在历史进程中发挥重要作用，就应该承认英雄创造历史。换言之，英雄发挥重要作用之日，就是英雄创造历史之时。既然人民群众是历史的创造者，英雄也是创造者，英雄与人民共同参与了历史的创造。只有英雄而无人民的历史，或者只有人民而无英雄的历史，都不能成其为历史——只能是杜撰的历史。因此，无论从哪个角度讲，英雄也是历史的创造者之一，推进者之一。

一个民族如缺少英雄，则是这个民族的悲剧。马克思曾引证爱尔维

① 《马克思恩格斯选集》第 1 卷，第 450 页。

修的话说:"每一个社会时代都需要有自己的伟大人物,如果没有这样的人物,它就要创造出这样的人物来。"[①]恩格斯也有类似的说法。他指出,历史"每当需要有这样一个人的时候,他就会出现:如恺撒、奥古斯特、克伦威尔等等"[②]。可惜历史未必尽然。例如,在 20 世纪 30 年代的德国,为什么不曾产生一个伟大人物来迎合时势的需要把德国的一切反法西斯力量组成一个统一战线呢? 有了这个统一战线,就能阻止希特勒上台,从而避免日后的浩劫。谁能否认当时确有这种时势需要呢? 谁又能否认当时在应付这种需要上的失败呢? 事实上当时这样的人物没有产生。伟大人物并非可以召之即来的,只有在当时的文化已经有了准备,客观条件已经成熟时才有可能产生。

3. 权力对历史的创造

上文得出人民群众和英雄都是历史的创造者的结论后,只说明了问题的一半,还有一半没有说明,即生活中究竟是什么力量推动人们创造历史。考察后发现,一是人们的各种需要,二是外界的挑战,三是权力。

心理学家马斯洛把人的需要分成五个层次:生存的需要,安全的需要,归属的需要,尊重的需要,实现自我价值的需要。这种种需要是人们从事各种社会活动即创造历史的内在动力,或者叫"内驱力";而权力,是政治上的强制力量,是人们从事各种社会活动即创造历史的外在动力,或者叫"外推力"。外界的挑战也是一种"外推力"。下面只就权力的作用作一考察。

第一,握有权力的首脑人物在历史上的作用是惊人的。

在奴隶制和封建制社会,国家政治生活的权力主体只有一个——帝王,以及由它派生出的整个官僚体系。在这个体系中,君王的意志就是法律,"命为制,令为诏",形成以帝王为顶峰、以权力为标志的封建等级制度。官员对帝王、下属对上司,是层层人身依附关系。在家长制的宗法社会,"普天之下,莫非王土;率土之滨,莫非王臣","朕即国家"。帝王掌握着生杀予夺大权,"顺我者昌,逆我者亡"。君要臣死,臣不得

---

① 《马克思恩格斯选集》第 1 卷,第 450 页。
② 《马克思恩格斯书信选集》,人民出版社,1962 年,第 518 页。

不死，死前还要"谢恩"。治理百姓叫"牧民"，像管理牛羊一样。帝王可把一个民族引向和平繁荣，也可引向战争、动乱与贫穷。所以孔子不得不承认他们"一言以兴邦，一言以丧邦"。法国近代大思想家伏尔泰也得出过类似结论："国家的繁荣昌盛仅仅系于一个人的性格，这就是君主国的命运。"① 就是在今天这个高唱民主的时代，少数当权者仍然是人民群众命运的主宰者。"无论是苏联，还是美国，……各个智囊团都在制订战略计划，这种计划的制订者就像魔术师一样，支配着千百万人的命运"②。

第二，在专制制度下当权者只是根据自己的利益和意志作决策，人民总是处于被支配和服从的地位。

这样的例子，在历史上俯拾即是。"春秋无义战"，那么频繁的诸侯割据称雄的战争，有多少百姓赞成呢？隋炀帝想乘船到南方游玩，于是下令修大运河。秦始皇修阿房宫、骊山陵，明王朝修十三陵，耗费了人民的无量金钱与血汗。古埃及国王修金字塔，迫使数十万奴隶在烈日下劳作，搬运成吨重的大石头，这些显然不是人民的意愿。中国晚清腐败，与帝国主义签订了一系列卖国条约，只要能保住皇冠，人民算什么？辛亥革命推翻了帝制，但袁世凯却要做皇帝，尽管举国反对，然而他毕竟复辟了帝制，一度使历史车轮倒转。法国路易十六说得最坦率："我死之后，哪管他洪浪滔天！"这个自白表明了某些独裁者的心理特征。他们自行其是，同时强迫或诱使人民群众按他们的意志行事。古代智者曾对此有形象的比方："君子之德风，小人之德草，草上之风，必偃。"③ 便是典型的写照。

第三，权力受到的制约。

谁要想改造世界，谁就得夺取政权。有了权力，就可以调动千军万马，开拓疆土，征服外域；就可以移山填海，建功立业。它可以使山河锦绣，国泰民康，也可使尸横遍野，满目疮痍。权力的作用很大，却不是无限的，仍然受到种种制约。首先受到当权者自身素质的制约。社会治理得好坏与他们贤愚有关。李世民是开明之君，懂得"得民心者得天下，失民

---

① ［法］伏尔泰：《路易十四时代》，商务印书馆，1982年，第233页。
② ［苏］戈尔巴乔夫：《改革与新思维》中文版，新华出版社，1988年，第287页。
③ 《论语·颜渊》。

心者失天下"，于是纳谏勤政，轻徭薄赋，开创了"路不拾遗，夜不闭户"的"贞观之治"。明太祖朱元璋也是一个杰出人物，他当政后奖励垦荒、移民屯田、抑制豪强、严惩贪污，使社会经济得到迅速恢复和发展。有部分统治者懂得"民为邦本，本固邦宁"，注意与民休养生息，赋役有度，从而使社会安定，国祚长久。也有部分统治者昏聩残暴，或穷兵黩武，或横征暴敛，最终激怒民众，使载舟之柔水变为覆舟之怒涛。

其次受到人民群众的制约。统治者希望百姓驯服，但是哪里有压迫，哪里就有反抗。秦始皇梦想其王朝万世一系，然而"坑灰未冷山东乱"，至二世便亡。袁世凯费尽心机爬上皇帝宝座，也只能做83天皇帝，很快众叛亲离，在讨伐声中惊恐而死。蒋介石对日寇侵略抱不抵抗主义，"攘外"定要"先安内"，致西安被囚，终于服从抗战。拿破仑曾经横扫欧洲，登阿尔卑斯山认为自己比山还高，但到头来战争使他成了亡国奴，最后困死孤岛。

人民群众对当权者的制约力，是一个变量，由小到大。在封建专制社会里，人民群众的主体意识尚在沉睡之中，对历史的创造没有多少主动性和积极性，对当权者的制约力微弱。进入资本主义社会以后，人们提出了"天赋人权，主权在民"的口号，主体意识开始觉醒，越往后，主体意识越强，对历史的创造也愈来愈积极和主动，于是便形成对当权者较大的制约力。这种制约力表现在社会制度的改革，由帝制变为共和制，议会代替独裁，民主代替专制，法治代替人治。总之，社会越往前发展，人民群众对当权者的制约力越大。

以上论述了权力的作用，笔者并非提倡权力拜物教，但也不可否认权力的巨大作用。不然，为什么中国老百姓在几千年的封建社会里，总是盼望有一个"好皇帝"呢？为什么西方世界每隔几年便要花大量财力、物力、时间，竞选议员、州长、总统呢？还不是因为那些掌权人物对历史进程起着设计师的作用。当我们弄清这一点以后，就不应当再满足于"人民群众是历史的创造者""人民群众是历史的主人"这些原则口号，而应注意认真选择那些真正能代表人民利益的、德才兼备的人物作自己的领导者，担任导演的角色。要求他们为人民掌好权，监督他，制约他，防止他被权力腐蚀和以权谋私，保证历史按照人民群众的意志来创造。

这便是我们认识权力作用的目的和意义所在。

三、谁是历史的主人？

过去一直宣传，人民群众是历史的主人，而对"历史的主人"的理解又很含糊、牵强，以致迄今争论不休。这里的"主人"，不能理解为"物主"，即理解成"历史的所有者"，也不能理解为"东道主"，而应是"在历史上当家作主"，"主宰历史的发展"即"苍茫大地主沉浮"的意思。这是特定的内涵。

按照这种理解，不难发现，自从人类告别原始社会，进入阶级社会，即进入剥削制度社会以后，人民群众为剥削制度所压迫和奴役，没有劳动的自由，没有人身的自由，没有言论的自由，甚至没有思想的自由，根本无法掌握自己的命运，何谈当家作主，主宰历史的命运呢？哪怕是三尺孩童当皇帝，也一样被奉为"天子"，被呼"万岁"，祝他"万寿无疆"。当然，人民群众也有部分时间在部分地区做过主，那就是起义和造反的时候，所谓"革命是被压迫者和被剥削者的盛大节日"[1]，就是这个意思。起义如失败了，只能遭到残酷的反攻倒算。即使胜利了，人民群众的好景也不长，新王朝代替了旧王朝，新的锁链又套到了身上。所以鲁迅痛苦地指出："中国人向来就没有争到过'人'的价格，至多不过是奴隶，到现在还如此。"[2] 他还说：专制使人变成死相。他用自己那支天才的笔，描写了一群被中国封建专制压弯了的灵魂，一群在地狱中痛苦挣扎的带着死相的活人。《共产党宣言》之所以号召"全世界无产者，联合起来"，就是要人民大众挣脱身上的锁链，做历史的主人。如果说人民群众已是历史的主人，欧仁·鲍狄埃就不会在《国际歌》中高唱："不要说我们一钱不值，我们要做天下的主人！"就不必呼唤："旧世界打个落花流水，奴隶们起来，起来！"毛泽东当年领导工人运动，就不会提出"先前是牛马，现在要做人"的口号。因此，只能说"人民群众应该是历史的主人"，不能说"人民群众事实上是历史的主人"。人民群众当家作主，是我们的理想，我

---

[1] 《列宁选集》第 1 卷，第 601 页。
[2] 《鲁迅全集》第 1 卷，人民文学出版社，1981 年，第 311 页。

们的奋斗目标，是历史发展的必然。我们建立的社会主义制度，就是设想让人民群众当家作主的社会。但在社会主义初级阶段，还有许多妨碍人民群众当家作主的因素存在，需要我们做提高干部素质、健全法制、加强民主建设的工作。而人民群众完全当家作主，只有到没有剥削和压迫、高度自由、高度民主的社会主义发达阶段和共产主义社会时才有可能。

历史上的主人是从哪里来的呢？一部分是靠世袭上台的，一部分是靠起义或政变登位的。一部分是从人民中拼搏奋斗分化出去的。很多地主是由普通农民发家致富变成的，很多资本家是由普通工人、小业主发迹而成的。富了，发了，升了，就逐步离开了劳苦大众的队伍，成为统治者，当上"历史的主人"。曾代理过鲁国宰相的孔子，"幼也贱"；秦末农民起义领袖、后为张楚国王的陈胜，原是个长工；明太祖朱元璋，早年是个贫寒的僧侣；等等。由此可见，人民群众的队伍是"主人"的发源地、输送站，同时也是收容站。有的主人破产了，有的主人失败了，有的主人遇难了，于是不得不回到人民群众的队伍中。历史主人的队伍处于动态之中，人民群众的队伍也处于动态之中，不断地分化出去，不断地回收进来。

四、人人都有创造历史的权利

每个人来到世界上，都要对社会发生作用，有正向的作用，推动历史发展；有反向的作用，阻碍历史进步；也有横向的作用，使历史进展发生摇摆、波动。这些不同方向的力形成历史运动的合力。在这合力中，虽然并非每种力都是历史前进的动力，但是每个人都可以选择做动力的方向，都有充当动力的权利。换言之，人人都有创造历史的权利。

如果只承认人民群众是历史的创造者，而否认英雄的创造作用，就容易形成一种偏见，盲目地崇拜群众运动，崇拜自发性，漠视、误解或敌视英雄的作用，随时可能把杰出人物视为异己力量，扣上"反动权威""精神贵族"等帽子，加以批判打倒，扼杀他们创造历史的主动性、创造性，甚至从肉体上消灭他们，从而剥夺了他们创造历史的权利。在1957年的反右斗争中，不是伤害了一大批知识分子么？"文化大革命"

更是登峰造极，只讲工农兵是主人，是动力，猛批知识分子，提出了"知识越多越反动"的口号，整得知识分子抬不起头，结果埋没了大批精英。作家们被剥夺了创作的权利，学者们被剥夺了研究的权利，艺术家们被剥夺了表演的权利，青年们被剥夺了受高等教育的权利，教授被剥夺了讲台，以致在文化领域、教育领域出现许多空白，历史发生可怕的停滞与倒退。

如果只承认英雄是历史的创造者，否认人民群众的主体作用，就会形成另一种偏见，盲目地崇拜英雄，拜倒在英雄脚下，把一切希望寄托在英雄、救世主身上，束缚人民群众的手脚，使他们消极等待。英雄可能带来若干福音，但人民如长期没有思想武装，对英雄无法制约，也会招致莫大的灾难。这种灾难很可能远远大于福音。这种可怕的现象，历史上不是经常发生么？

我们应建立这样的观念：

如同判断一个人不看他的声明而看他的行动一样，判断一个人是否创造历史，不看他是"英雄"还是"群众"，是脑力劳动者还是体力劳动者，是居庙堂之高还是处乡村之远，而是看他在做什么。如果是在为社会创造物质财富或精神财富（包括间接创造），他的贡献大于或等于索取（指那些应该正常工作的人），他就是在推动历史前进，就是历史的创造者，是历史的促进派；反之，则不是。这是科学合理而又简单明了的标准。

如同时间的部分大于时间的整体一样，我们应注重每个个人的创造作用，比只宣传人民群众的整体创造作用更有实际意义。"应当意识到真正推动历史的不是特定的阶级和集团，而是人类的每一分子"①。如果没有每个个人的创造，人民群众的整体创造也就无从谈起。

很早以前，人们就看到伟大的英雄人物既不是天生的，也不是高不可攀。孟子说："人皆可以为尧舜。"古典经济学家亚当·斯密认为，"个人之间天赋才能的差异，实际上远没有我们所设想的那么大；这些十分不同的、看来是使从事各神职业的成年人彼此有所区别的才赋，与其说是分工的原因，不如说是分工的结果"。马克思很赞成这个观点，曾加以引用，

---

① ［日］池田大作：《青春寄语》，第83页。

并补充说："搬运夫和哲学家之间的原始差别要比家犬和猎犬之间的差别小得多，他们之间的鸿沟是分工掘成的。"① 在普列汉诺夫看来，"'伟大'这个概念是相对的。在道义方面说，每一个如《圣经》上所说愿意'为朋友舍命'的人都是伟大的"②。现代美国资产阶级学者悉尼·胡克也提出了类似的观点，他说："任何人只要他能把工作做好，对于公众的福利有着独特的贡献，他便是一位英雄。"③ 即使是主张英雄史观的梁启超，预测随着民德以进，英雄的作用将递次减弱，断言"二十世纪以后将无英雄，何以故？人人皆英雄故"④。今天如果继续认为跟英雄联系在一起的崇高和荣誉只能到那不顾人的流血和苦难的事业中去寻找，那便是十足的陈腐和有害了。一个民主社会应该绝不是只让少数人有机会取得英雄的地位，而宁可把那句"人人皆可为英雄"的口号作为规范的理想。我国教育家陶行知讲得最简洁："处处是创造之地，天天是创造之时，人人是创造之人。"

人人都有创造历史的权利。

人人都可做历史的促进派。

只要他珍惜自己的权利，只要他愿意这样做。

这便是本文经过漫长的跋涉所必然到达的目的地。

五、结　语

本文洋洋万言，但概括起来只有五句话：

（1）过去关于"历史创造者"的争论，一部分是因对它的含义理解不一引起的，一部分是因对经典著作的论述把握不全而引起的，还有一部分是对"历史的动力""历史的主人""历史的推进者"有不同的认定对象而引起的。也就是说，半是误会，半是分歧。然而，就历史和现实本身来讲，我们应承认"人人都是历史的创造者"，但这并不等于说"人人都是历史的推进者"。把"历史的创造者"与"历史的推进者"两个概念

---

① 《马克思恩格斯全集》第 4 卷，人民出版社，1958 年，第 160 页。

② ［俄］普列汉诺夫：《论个人在历史上的作用问题》，生活·读书·新知三联书店，1961 年，第 40 页。

③ ［美］悉尼·胡克：《历史中的英雄》，上海人民出版社，1964 年，第 166 页。

④ 《饮冰室合集》第 3 册，中华书局，1989 年。

区别开来，事情就会清楚得多。

（2）英雄人物不仅创造历史，而且在历史上起重大作用。但最终的决定力量是人民群众。人民群众是历史的主体、社会的基石，他们应该是历史的主人。但是在剥削制度的社会里，他们大部分时间是处在被奴役的状态，并没有当家作主。这种状态已在世界范围内部分地开始改变。人类正在向人民群众真正当家作主的社会境界不断迈进。社会高度民主和自由，是人民群众做了主人的基本标志。

（3）人人都有创造历史的权利。人人都有责任把社会推向前进。不论他是劳心者，还是劳力者；是首脑领袖，还是平民布衣；是英雄豪杰，还是普通一兵。每个人都应珍惜自己的权利，充分运用自己的权利。国家既要重点保护杰出人物创造历史的权利，尽可能地为他们创造较好的条件，因为他们起着骨干带头作用；也要尊重每个普通个人创造历史的权利，因为普通个人也可通过艰苦的努力做出较大成绩而成为杰出人物。伟大来自平凡，没有平凡也就没有伟大。每个人创造历史的权利都应得到法律的保护。

（4）在创造历史的过程中，权力起着制约作用。人民群众总是接受权力的指挥，不接受这种权力的指挥，就得接受那种权力的指挥。人民群众应该认真选择能代表自己意志的人物做领导，让德才兼备的精英人物掌握权力，并建立一套完善的制衡制度，防止执政者被权力腐蚀，并随时将腐败者撤换下来。

（5）在创造历史的征途上，有人能力强，有人能力弱；有人贡献大，有人贡献小；有人起正作用，有人起负作用。而这一切都可以转化，每个人都应在社会的坐标系上找到适合自己的坐标点，满怀信心地划出有自己个性的闪光的轨迹——既完善了自我，又推进了历史。

原载《历史研究》1989 年第 3 期

第 4 辑

黎澍为什么要讨论历史创造者问题

黄敏兰 *

在 20 世纪后期，以黎澍为首的一些学者对"人民群众是历史创造者"的理论公开提出质疑，在中国思想界掀起了一场意义深远的大讨论。这场讨论并未取得令人满意的结果，却早已陷入沉寂。讨论为什么没有结果，对这一问题还有没有继续研究的必要？这些都是值得探讨的。

首要的问题：弄清研究的出发点

讨论任何一个问题，首先需要把出发点搞清楚，也就是论者究竟是从哪个角度谈论问题。然而以往的许多讨论却很少做这项基本工作，从而偏离了学术讨论的轨道，以致各自所持的原则不同，话语不同。往往是众说纷纭，莫衷一是，甚至难以形成对话。

历史创造者问题的讨论主要是由黎澍引起的。那么，黎澍为什么要发起这场讨论呢？有人认为，黎澍是要通过辨析这项命题，正本清源，拨乱反正，促进思想解放。这当然是显而易见的。也有人认为，黎澍是标新立异，甚至是背离了马克思主义。这种看法恐怕离事实太远。然而，无论是赞同者还是批评者，似乎都未能理解黎澍的根本意图。大多数人都只注意黎澍的具体论述，争论的问题也多围绕那些具体的结论，如究竟谁创造历史，如何创造历史，却没有注意到最能反映黎澍主导思想的

* 黄敏兰，1953—2016，女，中国社会科学院近代史研究所副研究员。

一段话，表现在对黎澍的这段话几乎没有什么反映。黎澍在《历史创造者讨论中的几个问题》中指出："检验真理的标准是实践。检验历史观的标准是历史，亦即以往的、已完成的实践。真理在实践中发现谬误，应当根据实践中产生的新认识加以修正，才能使真理成其为真理，经不起修正的真理即是谬误，应当坚决抛弃。所谓永恒真理是不存在的。历史观是研究历史的指南，必须在历史的研究中加以验证，才能给历史以正确的说明。不研究历史，专门研究历史观，无从得到验证，势必流于空疏。现在通行的唯物史观体系，由于长期缺乏历史的验证。缺乏富有辩证法思想的说明，而又似乎无可改进，已经成了'永恒真理'了。反过来，我们的马克思主义历史学也由于对诸如'人民群众是历史创造者'一类公式不加考察，不注意验证，而乐于为公式作注脚，没有表现历史本身的丰富和生动的内容，以致在一些青年中间引起所谓'危机'感，其难以令人信服是很明显的。"①

从这段话可以清楚地看出，黎澍写这一系列文章，不仅仅在于说明某一流行的说法并不是唯物史观的原理，而是要明确历史学以至整个学术研究和讨论的出发点，究竟应当是领袖的言论，还是史实。也许可以这样理解：黎澍是要通过分析历史创造者问题来解决学术研究中的一个重要的原则和方法问题。因此，讨论历史创造者问题是手段，而改变思想史和学术研究的方法，寻找理论研究的立足点才是最终目的。黎澍的这一创意具有十分重要的理论意义。

长期以来，我们习惯于这样的思维方式：静止地、片面地以马克思主义为指导。在历史学领域，则是坚定不移地奉行"以唯物史观为指导原则"的信念，从来不曾以与时俱进的眼光怀疑过某些马克思主义理论论点的正确性，也从未考虑过要以实践来验证马克思主义原理的适用性乃至正确性。所以长期以来，我们在口头上坚持论从史出，实际上却是以论代史；口头上是群众史观，实际上却完全是伟人史观，也就是唯领袖之命是从。

黎澍断然否定这种错误的、反常的做法，具有思想史上的开创意义，

---

① 王学典编、黎澍著：《历史文化》，重庆出版社，2001年，第41—42页。

学术史上的革命意义。然而遗憾的是，大多数论者仅注意了黎澍的结论，却忽视了黎澍的方法。

黎澍的这一主导思想还可从他的另一段话得到证实。他在《把马克思主义从庸俗化的教条束缚下解放出来——答王学典》一文中指出："我认为重新认识唯物史观，不仅是彻底解决历史创造者问题的关键所在，而且是把社会科学从庸俗化的教条束缚下解放出来，恢复马克思主义本身所固有的活力的关键。社会科学必须具备这种活力，才能为社会主义的胜利发展开辟道路。"① 可见，黎澍并不满足于解决一两个具体的问题，而是要从根本上解决社会科学（包括历史学）的研究方法和指导原则的问题。

从当时讨论的情况看，黎澍致力从历史学的角度出发谈论问题，所以他辨析历史上人们创造历史的具体活动与马克思等人所讲的创造历史的前提有着根本的区别，并认真分析不同的概念，即历史学的概念和其他领域的概念。而当时许多人忽视了历史学自身的性质，不能注意到方法论的重要性，仍习惯于从领袖的言论出发讨论问题。在讨论时仅重申那些众所周知的大道理，很少研究具体史实。所以不仅与黎澍不能形成对话，而且由于是从理论出发，造成了对事实和概念解释的任意性，也造成了结论的混乱。

当然，关于历史创造者问题的讨论，思想意义是十分重要的。在当时，能否对这个问题进行讨论，标志着思想解放的程度。黎澍在答祝伟坡的文章中所谈的第一个问题就是"历史的创造问题是可以讨论的吗？"。这个问题的另一意义是：被认为是唯物史观原理的神圣理论是可以质疑的吗？在当时，这无疑是对传统思维方式的极大挑战。通过讨论，最终解决了这一问题。从此，更多的禁区被打破，人们的思想日益开放。

黎澍提出的第二个目标，即"重新认识唯物史观"，重新认识马克思主义理论，是要从史实出发，从历史学的实践出发，验证唯物史观，验证马克思主义。这是黎澍的根本目标。这一点在当时是很难让人理解和让人接受的。即使是对第一个问题，即"历史的创造问题是可以讨论的

---

① 王学典编、黎澍著：《历史文化》，第 51 页。

吗"的接受，也是经过了极大的努力。然而时至今日，人们的思想已经比十几年前有了长足的进步。

蒋大椿在最近提出一个重要的观点。他说："从当代社会和科学发展水平来看，唯物史观确实存在着相当多而且是严重的理论缺陷。"他认为，唯物史观强调生产力和生产关系的物质性，而忽视了作为社会主体的人及其实践活动。他提出在某些方面要超越马克思。① 蒋大椿的理论可以说是黎澍思想的进一步发展。

坚持论从史出的理论和方法

正因为黎澍不是单纯地解决某一具体问题，而是要解决学术研究的方法问题，所以他注重于学科的理论。在他的系列文章中，有一套较系统的史学理论，包括历史学的对象和目的，历史学的特征，历史学的概念，历史研究的出发点等等。黎澍的史学理论是他具体论述历史创造者问题的基础。

1. 历史研究的出发点及对象

黎澍的史学理论中最重要的就是历史研究的出发点。

历史研究的出发点实际上是与历史学研究的对象问题有关的。长期以来，中国历史学不注意历史学的对象问题，结果就如黎澍所说："历史研究往往从本本出发，以马克思主义的一般原理代替对具体历史事实的具体分析。当时人们还自豪地把这一主观主义的方法命名为'以论代史'，也就是说以主观规定的框架来剪裁历史事实。"他指出："历史研究的对象只能是具体的历史事实本身。所以历史的研究和一切科学研究一样，必须从研究对象的实际出发，而不能从理论原则出发。不能用引证马克思主义理论的现成结论，代替对历史的具体分析和研究。马克思主义理论是历史的产物，它也要随着历史的发展而发展，因而绝不能把历史事实加以剪裁拼凑使之适合它的某些现成结论，成为现成结论的注脚。"②

---

① 蒋大椿：《当代中国史学思潮与马克思主义历史观的发展》，《历史研究》2001 年第 4 期。
② 王学典编、黎澍著：《历史文化》，第 213—214 页。

是从领袖的理论出发，还是从史实出发，有着根本的不同。首先是理论与实践的关系不同。结论应当是从客观史实中总结出来的，而不是从先验的理论中推论出来的。

其次是理论的性质不同。领袖的理论有些是政治性的。政治理论具有强烈的主观目的性，不一定能反映历史的全部真相。例如毛泽东在《论联合政府》中提出："人民，只有人民，才是创造世界历史的动力。"[①]许多人把这一说法当作是"人民群众创造历史"的理论依据之一。然而，黎澍认为，这句话是毛泽东"在1945年第二次世界大战进入胜利发展阶段之际，作为鼓舞人民反法西斯斗志的口号"[②]。也就是说，它并非是毛泽东全面研究历史得出的结论。历史事实是，人民在反法西斯斗争中发挥了巨大的作用，而领导人民的各同盟国的政治家、军事家，如罗斯福、丘吉尔等人，也创造了不朽的功绩。离开他们的努力和领导，人民是无法取得胜利的。

领袖的有关理论有些属于历史哲学。如马克思、恩格斯关于人们创造历史的前提的论述就是如此。历史哲学与历史学不同，具有高度的抽象性。而历史学的要求是具体考察历史现象。黎澍对于历史学的这一特性十分重视。他多次强调，历史是具体的。他认为"人民群众是历史的创造者"之类的命题把无所不包的历史看作是一个独一无二的力量创造的。这是不对的。[③]历史是具体的，由此，历史的创造者也是具体的。黎澍说："历史不可能是由一个创造者创造的。即就人类史而言，内容既是具体的，创造者必定也只能是具体的。世界历史范围很广，有各民族、各国家、各地区之不同，各民族、各国家、各地区的历史又有不同的门类，诸如政治史、经济史、军事史、文化史。不同的历史有不同的创造者。不能一般地说，有一个共同的或唯一的创造者，所有的历史都是这个'唯一者'创造的。"[④]黎澍的这段话精辟地道出了历史学的特征和要求，说明人们创造历史有各种具体的、不同的表现。人类历史从来不是

---

① 《毛泽东选集》第3卷，人民出版社，1953年，第1031页。
② 王学典编、黎澍著：《历史文化》，第44页。
③ 同上书，第22页。
④ 同上书，第45页。

单一的和划一的。在不同地区、不同领域以及不同时代，人们创造历史的条件都不同。所以人创造出来的历史也就各不相同。怎么可能有一个囊括一切的公式来概括丰富多样的历史活动呢？怎么可能有一个万应不变的大道理来说明复杂的创造历史的原因呢？不仅是在历史创造者问题上，历史研究中任何一个方面任何一个领域，都不应也不可能有一种一以贯之的大道理。历史的决定因素，应具体研究。正如黎澍所说的，"实际上，都能决定，又都不能决定；有时候决定，有时候不决定；这个地方决定，那个地方不决定。一定要实事求是，按客观规律讲，是什么就是什么，不能用一个框框，一个公式去套"①。

2. 历史学的任务

历史创造者问题不仅牵涉到历史学的对象问题，还与历史学的任务和目的密切相关。黎澍说过："历史学的第一个任务，应当是先把历史事实考求清楚。"②为了发展历史学，促进学术研究，就得搞清史实，面对客观，尊重客观。这样，就会发现，的确是人人都创造了历史。而为了政治的需要，例如站在某些人的立场，维护某些人的利益，以及捍卫某些领袖人物的权威理论，就可能不顾具体史实，而主观性地、片面地夸大某些人的历史作用。以往之所以强调"人民群众创造历史"，就是由历史学不明确自身的任务造成的。黎澍批评说："就过去多年的实际情况看，要求历史'为无产阶级政治服务'，其结果往往是任意歪曲历史，使之服从某种并不见得正确的政治宣传的需要。"③最典型的例子就是以往的农民战争史研究，常常为了突出"农民阶级"的丰功伟绩，而不顾史实，极力夸大历史上农民起义的作用，甚至掩盖他们的一些不光彩的行动，如抢劫平民、生活腐化和杀人放火等等。目的不过是为了证明"人民是创造历史的动力"这一原理的正确性。对这种不好的学风，不少学者（包括黎澍）已提出了尖锐的批评。把历史研究为政治服务简单化，给正常的史学研究设置了极大的障碍。除了歪曲史实，遗漏史实，使人难以认识历史真相外，还有一大弊端，就是给研究造成了混乱。对历史创造者

---

① 王学典编、黎澍著：《历史文化》，第 207 页。
② 蒋大椿：《闪光的思想，无尽的怀念——回忆黎澍先生》，《史学理论研究》1998 年第 4 期。
③ 王学典编、黎澍著：《历史文化》，第 213 页。

的诸多概念纠缠不清的原因，就是由此造成的。例如关于什么是创造，什么是英雄和什么是群众等等，由于一些人赋予这些概念以政治的含义，而背离了历史学客观性的要求，与黎澍所论相差甚远，以致难以形成对话（这些问题，都将在下面具体讨论）。

3. 历史学的方法

讨论还涉及研究方法的问题。这与历史研究的出发点，即对象有关。对象决定了方法的采用。过去一些人只是用简单的逻辑推理方法，即从马克思、恩格斯等人的某些理论中推论出他所需要的结论。这种做法早在几十年前就已十分普遍了，例如哲学家孙定国说："马克思主义既然指出决定社会发展的主要力量是物质资料生产方式，阶级社会的发展动力是阶级斗争，这就会自然而然地进一步得出人民群众是历史的创造者，是历史发展的决定力量的结论。既然社会发展的历史，是生产发展的历史，是生产方式也就是生产力和生产关系发展的历史，那么，它就不可能不是物质资料生产者本身的历史，就不可能不是劳动群众的历史。"① 有了这种推理，对史实的具体研究就没有必要了。这种简单的推理的确省事，而且绝对保险，因为它是从领袖的理论推论出来的。所以这种方法十分流行，几十年后的讨论中仍有不少人沿用此法。

历史学发展到 20 世纪 80 年代，是不应允许这种简单的做法继续存在了。黎澍指出，"人民群众是历史的创造者"这个错误的命题完全是由错误的逻辑推理制造的。其推理的逻辑如下："人们创造历史必须先具备为生存所必需的物质条件；以劳动者为主体的人民群众是这些物质条件的创造者；所以，人民群众是历史的创造者。"黎澍指出："这个推理错误就在于把物质条件创造者和历史创造者完全等同起来。根据唯物史观关于物质资料生产的作用的原理认为物质条件既是不可缺少的，也是对历史的创造起决定作用的，所以得出结论说，物质条件的创造者即是历史的创造者。实际上创造物质条件无非是历史的一个内容。这个内容固然有决定历史面貌和发展水平的作用，但是不能等同或者包括全部历史

---

① 孙定国：《人民群众和个人在历史上的作用》，《历史教学》1958 年第 2 期。

内容。如果说全部历史就是这点内容，那就未免太贫乏了。"①黎澍主张从史实出发，用历史学的方法研究具体的历史事实。由于人们创造历史的情况是多方面的，丰富多彩的，所以研究的范围也应是广泛的。应用具体研究的方法揭示人们创造历史的各个方面，从中总结出各自的规律。而不是用一个简单的公式来概括这些丰富的历史活动。

4. 历史学的概念

概念是理论的支点。黎澍说："概念清楚和一致是讨论得以正常进行的条件。"②历史学需要有自己的概念，讨论历史问题应当用历史学自己的概念。历史学的概念应当是根据历史事实总结出来的，然而以往关于历史创造者问题的诸多概念，有些是从流行的说法中随意拿来的，有些是从领袖的某些口号式的提法中摘取的，还有些是根据政治的需要生造出来的。这些概念并没有经过历史学的验证而广泛流行，严重干扰了学术研究的正常进行。黎澍从实际出发，辨析概念，区分历史学的概念与其他概念的不同。

何谓"创造"？黎澍说："'创造'一词本意为'制造'，别无精义。不过我们既已习用'创造'来表达制造，于是便有人为'创造'作出颇为精微的解释来。有说对历史发展起决定作用才叫创造的，有说推动历史前进才叫创造的，都是从中文'创造'一词中体会出来的意义，不是马克思和恩格斯原著中的本义。"③据黎澍的看法，"创造"本是一个中性词，不含褒贬之意，与"制造"意义相同。但一些人却给它加上了诸如"推动历史前进"之类的褒义，从而使问题复杂化。按照历史学的要求，对历史事实的描述应当是客观的。例如希特勒发动侵略战争，是逆历史潮流而动的行为。但是他的这些活动构成了历史事实，就可以说他是创造了（即制造了）历史。不承认这种史实，那么人民反侵略的历史作用又从何谈起呢？如果因为是反动的，就不能算作是创造历史，那么历史就只有光明的一面，而没有黑暗的一面，就是极不完全的了。应当承认，希特勒、墨索里尼和罗斯福、斯大林还有各国的人民都创造了历史。把

---

① 王学典编、黎澍著：《历史文化》，第20—21页。
② 同上书，第31页。
③ 同上书，第33页。

创造历史理解为推动历史前进，具有强烈的主观随意性，它旨在证明人民群众是推动历史前进的强大动力，而这种主观的做法是不符合历史学要求的。历史学的任务首先是要弄清事实、确定事实，其次才是价值判断、意义评价等等工作。后者必须建立在前者的基础之上，它不能取代前者，更不能本末倒置。然而正因为那些流行的理论以价值评价代替了事实判断，才给讨论造成了极大的混乱。

其次是谁创造历史。有关历史创造者的概念可分为两大类。一类以"英雄"为主，包括伟人、杰出人物、个人、统治者、知识分子、领袖、少数人等。另一类有人民群众、奴隶等。一方面，各组中的概念相互矛盾，极不统一；另一方面，两组概念既对立，又交叉，造成了混乱。例如有把知识分子算作英雄，又把他们中的优秀分子算作人民的，也有把部分统治者算作人民的（这都是政治目的导致的结果）。还有，两组概念虽然对立，却在语义上难以对应。例如英雄和奴隶并不能对应。

英雄是个十分含混的词。究竟什么人能够称得上是英雄。一般是把统治者算作英雄，而实际上统治者中只有少数人可称得上是英雄。也有把杰出人物或知识分子算作英雄，而知识分子并非都是杰出人物，也不都是英雄，即使杰出人物也不一定是英雄。英雄应是那种受人民崇拜和敬仰的特殊人物。有时候一些并未对历史有重要贡献的人会被人们当作英雄，而一些确实对历史有重要影响的人却并不被人当作英雄。

有人认为，奴隶指的是以劳动群众为主体的人民群众。这是十分牵强的。"奴隶"这个词只应按其特定的内涵来理解，即古代社会中与自由人对立的那一社会阶层。以往对"人民"的解释更是混乱。有的仅把人民与劳动人民等同，有的把进步知识分子也算作人民，如李白、杜甫、曹雪芹。还有的竟把统治者也算作"人民"。原因是他们从所谓的社会发展史出发，生造出一个公式，认为在某一社会的上升时期，统治者是新兴的阶级，代表着社会发展的方向，因而可以算作是人民的一部分。因此说人民群众是一个历史范畴。历史上的一些新兴的剥削阶级也应属于人民群众。所以秦始皇、刘邦、李斯、萧何等等也成了人民。这种概念上的混乱足以证明传统理论的贫乏。难怪有人提出质疑，可不可以说，秦汉时期的阶级关系是人民群众统治人民群众？

黎澍指出："人民群众是'人民'和'群众'的复合词，作为人民来说与统治阶级相对立，作为群众来说与少数集团或极少数个别人物相对立。"① 这表明他重视概念的对应问题。他还具体分析了英雄、奴隶等词。

避免概念混乱的唯一方法就是摈弃以往那些带有主观性、政治性、随意性色彩的概念。一切从史实出发，客观地表述。黎澍就是从历史事实出发，提出人人创造历史。他说："历史是人人的历史，所有的人都参与了历史的创造。"② 他还认为，可以用"人们"这一词说明问题。据我理解，"人人"和"人们"都不含任何政治的或主观的色彩，而且足以反映历史的真相。当然，这种名词是较一般性的，可以作为第一级词汇。次一级概念是稍微具体的，如人民（这里的"人民"是相对于统治者的人民，而不是那种包含了统治者，即所谓推动历史前进的"人民"）、统治者或杰出人物、重要历史人物，更具体的还有贵族或平民、奴隶或奴隶主、科学家、政治家、艺术家等等。这些概念因为有具体的和确定的含义而不至于引起误解。例如，用"重要历史人物"这一概念来代替以往所谓的"英雄"或"个人"或"杰出人物"可以避免误解和混乱。因为它既反映了史实，又不包含任何多余的意义。例如对希特勒，说他是英雄，显然不行，说他是杰出人物也不对，说他是个人，也并不确切。而说他是"重要历史人物"就比较适合。又如，传统理论尽管歌颂人民是真正的英雄，但在具体论述时，却多把人民排除于"个人"和"英雄"类人物之外，当作他们的对立面。但人民或普通人中却有些人能对历史起到重要作用，甚至可以改变历史。例如，1955 年 12 月 1 日，美国亚拉巴马州蒙哥马利市一位普通的黑人妇女罗莎·帕克斯在公共汽车上拒不服从种族隔离和种族歧视的规定，拒绝给白人让座，被关入监狱。这件事引起全市乃至全美黑人的抗议活动，最终促成美国种族歧视和种族隔离政策的改变。罗莎·帕克斯的事迹被写进多种历史书籍，甚至中小学的教科书。她也成为家喻户晓的人物，其地位并不亚于美国总统。可见，从史实出发，"重要历史人物"这个词无论对于正面人物还是反面人

---

① 王学典编、黎澍著：《历史文化》，第 20—21 页。
② 同上书，第 3 页。

物，统治者或人民，社会精英还是普通人物，只要是影响了历史的人物，都是恰当的。

上述表明，在具体的结论背后，有着多么重要和丰富的史学理论。不注意黎澍的主导思想，不注意黎澍的整个史学理论体系，是造成讨论难以深入的重要原因。因为讨论的出发点不同，造成了对话的困难。黎澍曾不无遗憾地说，当时有些人根本没有读懂他的文章。他说："与人辩论，不能读懂并尽可能准确地理解别人的文章，是一种很不好的风气。"不过他又说："真正读懂别人的文章，有时也并不是件很容易的事。"① 或许因为当时的形势，黎澍不能十分集中和明确地表述他的主导思想，这也造成了人们理解上的困难。

原载《探索与争鸣》2008 年第 7 期

---

① 蒋大椿：《闪光的思想，无尽的怀念——回忆黎澍先生》，《史学理论研究》1998 年第 4 期。

人民群众是历史的创造者新论

李景源 *

自 20 世纪 60 年代以来进行的"历史发展动力"问题的讨论，主要是围绕历史创造者问题而展开的。与此相关的"人民群众是否是历史的主人？"的问题，也成为讨论的核心内容。"人民群众是历史的创造者"这一命题是唯物史观的基本原理，包括民众是推动历史进步的主导力量、民心是解释历史的重要基础、民主是打破历史周期率的重要武器等等，都是它的子命题。

一、民众是推动历史进步的主导力量

1984 年，历史学家黎澍在《历史研究》上发表了《历史的创造及其他》一文，认为"人民群众是历史的创造者"这个提法不能成立，其理由是：这种提法源于苏联，在马恩著作中并无根据；赞成这一提法的人是犯了逻辑推理的错误，即"把物质条件的创造者和历史的创造者完全等同起来"，用人民群众的社会实践是一切科学文化艺术的"源泉"来代替精神财富的创造；群众史观与英雄史观一样具有片面性，"这两种说法都离开了创造历史的前提，仿佛历史是按照英雄或人民群众随心所欲地创造的"，都没有脱离唯心主义的窠臼。正确的提法是恩格斯的"人们自己创造自己的历史"，并且"不能随心所欲，而必须受既定条件制约"。[1]黎澍的观点一石激起千层浪，有关历史创造者的讨论由史学界迅速波及

---

* 李景源，1945— ，男，中国社会科学院哲学研究所所长、研究员。
① 黎澍：《论历史的创造及其他》，《历史研究》1984 年第 5 期。

整个理论界，发表的文章虽然观点各异，从历史观来看，其核心问题仍是如何理解"历史的人民性"问题，它既是捍卫和发展唯物史观的着力点，也是我们重温这场争论的意义所在。

这场争论尽管已经过去，但黎澍提出的问题仍然给人们留下了许多困惑，这些困惑往往引起人们对原有理论的怀疑。所以，正视和破解人们心中的困惑才能赋予理论以新的生命和生长点。由黎澍问题转化而来的困惑之一是：在马克思主义经典著作中究竟有没有"人民群众是历史创造者"的思想？我们认为，把握人类历史发展的根本动因，是马克思和恩格斯对传统历史观进行变革的理论初衷，唯物史观就是对历史发展根本动因的阐述。由于人民群众是历史创造者的问题涉及历史的本质和历史发展的主体，必然成为新历史观的创立者马克思和恩格斯最为关注的核心问题。我们和"质疑"者的分歧仅仅在于，怎样从马恩著作中寻找根据，即是从个别词句上还是从整个体系上去寻找根据？我们认为，理论不是简单的词句和教条，书本上的词句只是理论的躯壳，贯穿于理论体系的立场与方法，才是理论的生命，避免寻章摘句的教条主义的有效方法是从体系上把握马克思主义的精神实质。

人们可能会问：马克思和恩格斯是怎样层层深入地揭示了"历史的人民性"这一本质的呢？首先，我们应该从马克思和恩格斯关于物质生活资料的生产是一切历史的前提的观点中来把握人民群众是历史创造者的思想，即人类要生存，首先要吃、穿、住、行。提供人类生活所需的物质资料，正是由广大民众生产的，民众是人类社会赖以存在和发展的物质资料的主要生产者。正如恩格斯所说："自从阶级产生以来，从来没有过一个时期社会可以没有劳动阶级。这个阶级的名称、社会地位有过变化，农奴代替了奴隶，后来本身又被自由工人所代替……无论不从事生产的社会上层发生什么变化，没有一个生产者阶级，社会就不能生存。可见，这个阶级在任何情况下都是必要的。"[①]

其次，我们应该从马克思和恩格斯关于历史事变的个人动机与群众动机关系的论述中来理解人民群众在人类历史发展中的作用。恩格斯指

---

① 《马克思恩格斯全集》第25卷，人民出版社，2001年，第534页。

出，在历史上活动的许多单个愿望在大多数场合下所得到的完全不是预期的结果，往往是恰恰相反的结果，因而个别的动机对全部结果来说往往只具有从属的意义。因此，要探索历史事变的真实的原因，应当注意的"与其说是个别人物、即使是非常杰出的人物的动机，不如说是使广大群众、使整个整个的民族，以及在每一民族中间又是整个整个阶级行动起来的动机；而且也不是短暂的爆发和转瞬即逝的火光，而是持久的、引起重大历史变迁的行动。……这是可以引导我们去探索那些在整个历史中以及个别时期和个别国家的历史中起支配作用的规律的唯一途径"[1]。这一论断对于我们自觉地把握人类历史发展的走向，具有极为重要的方法论意义。

最后，我们应该从马克思和恩格斯关于思想动因和经济动因关系的论述中进一步认识人民群众在历史发展中的地位和作用。经典作家多次指出，由于人们已经习惯于以他们的思想而不是他们的需要来解释历史的活动，因而传统的历史理论，至多是考察了人们历史活动的思想动机，却没有考究产生这些动机的原因，没有看出物质生产发展要求是这种动机的根源。所以，恩格斯又说，当我们考察了个别人的动机和群体动机的不同历史意义之后，"又产生了一个新的问题：在这些动机背后隐藏着的又是什么样的动力？在行动者的头脑中以这些动机的形式出现的历史原因又是什么？"就是说，探究隐藏在人们动机背后"构成历史的真正的最后动力的动力"，[2] 就显得更为重要。很显然，使人们行动起来的一切，都必然要经过他们的头脑即形成活动的思想动机。但是，人们的思想动机归根到底是由人们物质生活资料生产的实践所决定的。只要承认物质生产实践在人类社会发展中的决定作用，就必然承认人民群众在社会历史发展中的主导作用。

由黎澍问题所引发的困惑之二是：怎样理解民众是精神财富的创造者？在质疑"人民群众是历史的创造者"的声浪中，主要的指责都集中在"人民群众是精神财富的创造者"这个命题上。有人认为，不能说所

---

[1]《马克思恩格斯选集》第 4 卷，人民出版社，2012 年，第 255 页。

[2] 同上书，第 254 页。

有历史都是物质资料生产者创造的，物质生产仅仅是创造历史的前提，至多是搭建了历史剧的舞台，它本身还不是戏，演戏的并不是人民群众。还有人说，源泉并不等于创造；历史上一些精神财富的创造，连源泉也不是来自人民群众；"李煜的词来自宫廷生活和亡国之恨，一些著名的美术作品来自湖光山色的自然界。如果说，李煜和唐寅也要先吃饭，然后才能填词和画画，从而将他们的词、画说成是人民群众创造的，那就未免太牵强了，也决不是唯物史观的原意"①。上述说法听起来振振有词，似乎主张人民群众是历史的创造者，就必然否认文化精英在人类精神文化发展中的地位和作用。其实，我们和质疑者的分歧，既不在于否认李煜的诗词和唐寅的绘画作品，也不在于比拼人民群众和文化精英在历史上各自创造了多少作品，正如他们所说这决不是唯物史观的原意。真正的分歧在于，历史研究还要不要探讨历史发展的根本动力和根本规律？研究人文科学（包括文学和艺术）要不要关注它们产生的历史条件？所有这些其实都是有关事物发展的必然性研究，偶然性是必然性的表现形式，历史上伟大的文学家和艺术家以其特有的风格和才情创作出千古名篇，但是，"个人的性格只有在社会关系所容许的那个时候、地方和程度内，才能成为社会发展的'因素'"②。唯物史观关于社会存在决定社会意识的原理对于理解人民群众和文化精英创造精神财富的关系问题具有重要的方法论意义。恩格斯曾专门论述过哲学和宗教作为更远离物质经济基础的意识形式与社会生活的本质联系，他指出，尽管"观念同自己的物质存在条件的联系，越来越错综复杂，越来越被一些中间环节弄模糊了。但是这一联系是存在着的。从 15 世纪中叶起的整个文艺复兴时期，在本质上是城市的从而是市民阶级的产物，同样，从那时起重新觉醒的哲学也是如此"③。恩格斯这里着重强调的是文艺复兴时期出现的文学、艺术和哲学等精神产品与城市市民阶级的内在联系，对两者之间必然性的揭示是在承认文化精英个性化创作贡献基础上的深层探索，也是在更高层面

---

① 张岱年、敏泽主编：《回读百年》第 5 卷（上），大象出版社，2009 年，第 320 页。
② 《普列汉诺夫哲学著作选集》第 2 卷，生活·读书·新知三联书店，1962 年，第 359—360 页。
③ 《马克思恩格斯选集》第 4 卷，第 260 页。

揭示了文化精英创作所赖以形成的时代条件。

　　近年来，社会文化史应运而生，特别是对基层社会历史、普通民众历史、日常生活历史、民间文化历史的研究方兴未艾，通过生活方式的变迁阐明社会意识和民族文化心理的发展演变取得重要成果。研究表明，广大民众与精神文化的关系，并非如质疑者所言只是为观念文化创造提供物质前提，他们本身就是社会生活的主体，芸芸众生的穿衣吃饭、婚丧嫁娶、社会风习本身就构成了社会观念文化史的本体。比较而言，载入史册的官修正史所关注的大事变如改朝换代之类的历史事件，大多转瞬即逝如潮汐般很快过去，留不下多少踪迹，但社会底层民众的历史记忆却并不因此而发生根本改变。有的研究者指出，在精英思想世界之外，还有一个更为广阔的民众观念世界，后者具有精英思想不可替代的独特价值。首先，民众观念直接来源于人们的生活实际，是生活经验的总结，最切近于人们的生存需要，因而构成了人们（也包括文化精英）精神文化的内核。其次，民众观念是活在民众生活当中、支配人们日常言论行为的观念，它是最普遍、最一般、最基本的思想观念，因而是决定社会心理乃至上层知识精英思想的重要因素。最后，从思想观念的完整运动过程来看，首先有分散、无序、经验水平的民众观念，然后从中孕育形成理性、概括的精英思想，再升华为被社会所普遍认可的主流思想和主导理念，最后影响于整个社会，回归于普通民众的观念之中。民众观念是精英思想孕育产生的基础、土壤和来源，也是精英思想影响于社会、扎根于社会的归宿。因而，民众观念作为社会思想自身运动过程的首尾两头，是不可或缺的必要环节。① 从民众观念与精英思想的互动来看，源泉固然不等于创造，然而缺少了底层民众观念的支撑，精英文化就成了无源之水、无本之木。

　　由黎澍的质疑所引发的困惑之三是：能否让英雄史观与民众史观并存？从表面上看，对"人民群众是历史的创造者"这一命题的质疑者摆出不偏不倚的姿态，声言只讲英雄创造历史固然不对，只讲人民群众是

---

① 李长莉：《关注民众观念世界——对思想史研究对象及方法的思考》，《光明日报》2003 年 1 月 15 日。

历史的创造者也有片面性，但内心深处却想把二者调和起来，使两个命题平分秋色，各打五十大板，其目的在于兜售英雄史观的合理性。所以，他们在否定两个命题之后又立即表示："事实是英雄创造自己的历史，不能创造一切历史；人民群众也一样，尽管在历史上作用很大，但不能创造一切历史。"① 他们反复强调："不能说，所有的历史全都是物质资料生产者、劳动群众、各国人民创造的，而非物质资料生产者、非劳动群众、各国统治者是不参与历史创造的。"② 他们的手法是先把马克思主义经典作家提出的"人们自己创造自己的历史"引申为帝王将相和人民群众"各自创造各自的历史"，然后再推销"在承认人民群众是自己历史创造者的同时，也承认人民群众以外的社会历史力量也是自己历史的创造者"的观点，他们认为，只要有了这两个承认，"那么，争论双方就没有太大分歧了"。为此，他们还举例说，从秦到汉的历史，不仅有陈涉、吴广为代表的农民阶级和刘邦、项羽的起义队伍参与创造，秦二世、李斯、赵高为代表的地主阶级当权集团以及六国旧贵族的残余势力也参与了这段历史的创造活动。如果只提人民群众是历史的创造者，就是把人民群众和英雄人物对立起来了。③

其实，这种"各有各的历史"观才会导致把人民群众和杰出的个人割裂开来、对立起来。我们在上面所提到的否认人民群众是精神文化创造者的思路正是根源于这里的"各有各的历史"观念。按照质疑者的思路，要把完整的历史或如他们所言"一切历史"区分为人民群众自己创造的历史和帝王将相创造的历史。研究人民群众的历史就要研究物质资料生产的历史；研究政治、军事、教育、艺术和宗教的历史，就不能离开帝王将相和其他剥削阶级上层人物的活动。④ 在他们看来，这两个互不相干的历史是由两个相互分离的主体创造的。英雄人物创造的历史和人民群众创造的历史可以并存，英雄史观和民众史观自然也可以并存。"并列史观"其实是羞羞答答的英雄史观。我们不仅要问，研究政治史、军

---

① 张岱年、敏泽主编：《回读百年》第 5 卷（上），第 280—332 页。
② 同上书，第 291 页。
③ 同上书，第 332—335 页。
④ 同上书，第 286 页。

事史、教育史等等，可以绕开人民群众及其作用孤立地研究帝王将相在历史上的作用吗？难道说，在解放战争期间，中国人民前仆后继的革命斗争，只是创造了人民群众自己胜利的历史，而没有同时创造蒋介石反动派失败的历史，后者失败的历史只是他们自己创造的吗？很显然，这种"并列史观"将统一的历史分割为互不相干的两块，就必然为神秘主义留下地盘，导致不可知论。

综上所述，人类历史的主体是人民群众，他们是历史进步的主导力量。反对者认为，提出人民群众是历史的创造者，就是把无所不包的历史看作是一个独一无二的力量创造的，这是以偏概全。其实，马克思主义提出这一命题时，从来没有否认杰出个人在历史上的作用，也从来不否认还有其他因素是推动历史前进的动力。那么，提出"人民群众是历史的创造者"的用意何在？它的本质内涵是什么？在历史观层面它的独特价值在哪里呢？首先，这个命题的实质在于，它认为物质生活资料的生产活动是人类最基本的实践活动，是决定其他一切活动的活动。因此，人类历史首先应当是直接从事生产实践的人民群众的历史，就此而言，人民群众与其他参与历史创造的人们相比，他们所起的作用是历史的原创力，即原初动力或基础动力的作用。其次，推动人们创造历史的思想动机归根到底是由人们物质生活资料生产的实践所决定的。因此，考察人们历史活动的思想动机，从根本上说主要是考察人民群众的动机，就观念层面而言，人民群众的思想动机是推动历史前进的根本动因。最后，人民群众是推动历史进步的最终决定力量，即帝王将相等少数人物固然能推动或延缓历史前进的脚步，但最终决定历史格局或决定历史发展趋势的力量则是人民群众。

二、民心是天下兴亡的晴雨表

何为民心？民心是指广大民众在特定历史时期形成的共同心理意向，它是人们能动地把握现实的特殊方式，本质上是一种价值取向，即人们从自身需要出发对事物价值做出的评判和选择（拥护或否定）。民心向背讲的是人们依据价值评价而形成的对社会现实的情感和态度，它往往成为激发人们为改变现实而行动起来的精神动因。民心向背虽然是一种主观心理层面的东西，但它一经形成并有了明确指向（即民心所向）以后，就会通过人们的激情和意志，推动人们行动起来（民变），短时间内就能转化为改变整个社会、震撼整个时代的物质力量。

心态史学有一条重要定律，即得民心者得天下，失民心者失天下。如何理解民心在人类发展史上的作用并把握民心演变的规律性是坚持唯物史观的重要课题。过去一直笼统地把心态史学视为唯心史观。其实，揭示并承认民心向背与天下得失的因果关系，并不就是唯心史观。唯心史观的失误不在于它承认理想、意志等主观因素的历史作用，而在于它忽视和否认最终决定人们行为动机的物质动因，否定主观动机与社会物质动因之间的联系。在承认主观动机方面，它们又往往只承认帝王将相等孤家寡人的思想动机决定历史进退，却看不到或有意抹杀广大民众心理诉求对推动历史变迁的重大意义。正如列宁所指出的，以往的历史理论有两个主要缺点，"第一，以往的历史理论至多只是考察了人们的历史活动的思想动机，而没有研究产生这些动机的原因，没有探索社会关系体系发展的客观规律性，没有把物质生产的发展程度看作这些关系的根源；第二，以往的理论从来忽视居民群众的活动，只有历史唯物主义才第一次使我们能以自然科学的精确性去研究群众生活的社会条件以及这些条件的变更。"[1] 由此可见，如何理解民心向背决定历史走向这一原理才是不同历史观的分野所在。

毫无疑问，历代史学家都把民心向背作为天下兴亡的晴雨表，但其哲学根据何在，却很少有人问津。其实，这个问题首先涉及人们的价值选择与历史发展的必然性的关系，因而是一个涉及价值观与历史观关系的重大理论问题。只有切入这一问题，我们才能一步步解开"其兴也勃，其亡也忽"的历史周期率之谜。下面，我们想从三个方面展开对这一问题的解析。

第一个问题，人们的价值选择能否外在于历史发展的必然性？之所以提出这个问题，是因为国内外学术界对两者的关系还存在许多模糊

---

① 《列宁选集》第 2 卷，人民出版社，2012 年，第 425 页。

认识。例如，国内有些人一方面承认历史决定论，另一方面又主张用选择论补充历史决定论。这种主张看起来好像很辩证、很公允。其实，这种主张必然导致从历史必然性之外寻找价值选择的根据，到头来会像卡尔·波普尔那样否定历史决定论的原则。

唯物史观把社会历史理解为现实的人的活动，从人的活动中探索出隐藏在人的目的背后的"物质动因"，并以此为基础来说明社会历史发展的规律性及其作用方式。历史发展的必然性是世代相续的人们活动之间的历史联系，是现实条件同人的活动及其结果之间的本质联系，是活动的目的、手段和结果、直接后果和间接后果之间的内在联系。历史必然性不同于自然必然性，它是在人类社会实践活动中形成的，并在以社会的人为主体的活动中起支配作用的必然性，这种必然性虽然也不能由人事先预制或随意取消，但它却不能离开人的实践而孤立地存在。① 现实的人的活动都是有目的的，历史不过是追求着自己目的的人的活动而已。客观世界不能满足人，人决心以自己的行动改变世界。目的作为"理想的意图"，是人们依据自身的需要对客观现实的某种可能性做出的价值判断和选择。这种判断和选择在事物由可能向现实转化过程中起着不可或缺的作用。因此，人们的价值评价和价值选择，在实践过程中构成历史发展因果链条中的必要因素，或者说，价值因素是内在于历史必然性的东西。"凡是现实的都是合理的，凡是合理的都是现实的"，黑格尔的这句名言猜测到了理性（科学理性与价值理性）与必然性之间的内在联系。按照恩格斯的理解，现实的并不等于现存的，现实的属性仅仅属于那同时是必然的东西，"现实性在其展开过程中表现为必然性"，而我们称之为"必然"的东西，一是指它合于客观世界固有本性之理，二是指它合于人的社会需要即人的社会本性之理。马克思曾说："动物只是按照它所属的那个种的尺度和需要来建造，而人懂得按照任何一个种的尺度来进行生产，并且懂得处处都把内在的尺度运用于对象；因此，人也按照美的规律来构造。"② 很显然，历史必然性作为现实性的展开过程，乃是客观

---

① 《刘奔文集》，中国社会科学出版社，2008 年，第 140—141 页。
② 《马克思恩格斯全集》第 3 卷，人民出版社，2002 年，第 274 页。

世界的普遍尺度与人的价值尺度辩证的、历史的统一过程。从这个意义上说，价值关系本身就是一种合乎规律的关系。

历史必然性即社会历史规律，大致可以分为三类，一是体现社会发展趋势的必然性，如生产关系必须适合生产力发展要求的规律；二是体现人本身发展趋势的必然性，如马克思的社会发展"三形态"理论就是以人本身发展为核心而展开的必然性；三是体现社会发展与人的发展的相互关系的必然性，如环境的改变和人本身的改变趋于一致的必然性等。生产力的发展、生产关系的进步，最终是以人本身的自由而全面的发展为归宿的。正如马克思所言："生产力和社会关系——这二者是社会的个人发展的不同方面"①，"这个历史随着人们的生产力以及人们的社会关系的愈益发展而愈益成为人类的历史"②。人本身的发展是历史必然性的最根本的内容，以人为本是历史必然性所固有的。当然，历史的发展也经常表现出对人的否定，如近代以来的殖民主义、军国主义、霸权主义所奉行的弱肉强食原则，对弱小民族进行种族灭绝等倒行逆施，也具有一定的历史必然性，但这只是历史的、暂时的、必将被取代的必然性。人类社会不同于生物界，从根本趋势上说，人道的原则（对人本身肯定的原则）不断地战胜邪恶的原则（与资本的本性相联系的弱肉强食原则）是人间的正道。

如上所述，民心向背在人类全部政治生活中最终具有决定意义，揭开这一谜团的正是绝大多数人的价值选择同历史必然性的本质联系。人们不必到历史必然性之外去寻找价值选择的根据，因为历史必然性本身就具有客观的价值取向。历史周期率的重演反复地证明着民心向背与历史必然性的一致性。我们要追问的第二个问题是：民心因何而变化，抗战胜利后，民心骤变是如何发生的，决定民心向背的东西到底是什么？很显然，正是民生状况的剧变导致了民心向背的骤变，人心之厚薄取决于民生之荣枯，这是千古不变的法则。

民生是民众生活的总称，民心则是民众对当下生存状况的感受和对

---

① 《马克思恩格斯全集》第31卷，人民出版社，1998年，第101页。
② 《马克思恩格斯全集》第47卷，人民出版社，2004年，第440页。

未来的希望。民生包括生活的方方面面，它既包括民众生存相关的物质条件，也包括与民众发展相关的各种社会保障。民生不仅表示人与物的关系，更涉及人与人的关系。因此，民生幸福与否不仅与民生的物质基础相关，也与民众精神需求的满足和政治参与的状况有关，是一个极为复杂的社会心理现象。人类的一切活动都与民生有关，维护和增进民生是政府的唯一职责，政府对民生贡献之大小，取决于满足民生需求的程度和方式。很显然，就政府与民众的关系而言，民生就是最大的政治，基本民生的托底保障是避免历史周期率重演的底线。历史的方向与人民的愿望是一致的，谁代表了人民，谁就代表了历史前进的方向。

中国近代史的主题是对外坚持反抗侵略，对内铲除封建制度，实现民族独立、人民解放。这一时代主题是大势所趋、也是民心所向。是促进还是阻挠这一问题的解决，是评价近代各个政治集团、历史人物和历史事件的根本标准。以唯物史观为指导的中国共产党人坚信，人民是历史的创造者，是历史的真正主人。没有人民主体力量的觉醒，中国无法从沉沦中崛起。在深刻体认中国近代历史走向的基础上，中国共产党把一切为了人民、一切依靠人民作为根本宗旨贯彻于政治、经济和文化各方面的政策之中。在抗战胜利后，高举反帝反封建反官僚资本主义的革命旗帜，不仅普遍地彻底地解决了农民的土地问题，而且代表了城市各阶级各阶层人民的利益，赢得了人民的衷心拥戴。1949年1月，当55位各民主党派领袖和无党派民主人士发表联合声明，宣布接受共产党的领导，表明中国历史翻开了新的一页。中国共产党因扎根于人民之中、以人民为靠山而具有无穷的力量，它的领导地位的取得，是历史的必然，人民的选择，而这也是共产党人尊重历史规律、自觉选择人民价值观的结果。

唯物史观揭示的真理与价值内在统一的原理，能否破解黑格尔提出的历史目的论或"理性机巧说"？如何理解马克思提出的"历史上报应的规律"？这是我们在思考"民心向背决定天下兴亡"命题时碰到的第三个问题。

在马克思主义哲学产生以前，历史领域始终为唯心主义所支配，即使是坚定的唯物主义者，只要一进入历史领域，都会陷入唯心主义幻想不能自拔。在社会历史领域，任何事情的发生都不是没有自觉的意图、没有预期的目的的。让哲学家们不解的是，许多单个行动的目的是预期的，行动所产生的直接结果或间接结果却并不是预期的。面对许多英雄人物从历史巨人变为侏儒、从君临天下变为阶下囚的可悲下场，聪明的哲学家往往用神秘的天意加以解释。德国哲学家黑格尔针对这种历史现象提出了历史目的论和"理性机巧"说。由于他把精神、理性看作某种独立的东西，看成是历史过程的决定力量，所以他把历史看作是精神或理念显现的过程，个人的自觉活动不过是充当理性自我实现的工具。历史就是精神或理性假借英雄人物追逐个人私欲而达到自己的目的，这就是"理性的机巧"。理性一方面假借非理性（私欲、情欲），另一方面又否定非理性，以达到普遍理性的目的。追问历史上的英雄人物的命运究竟是由什么决定的，这是许多历史哲学家挥之不去的心结。"理性机巧论"是一种辩证的历史观，这种朴素的否定性的辩证法早就被明末的王夫之猜测到了，他（早于黑格尔150年）在《读通鉴论》《宋论》等著作中指出，具有大欲的英雄人物是"天意"的工具，他们所成就的大业都是"天假其私以行其大公"的例证，待其使命终了，就被天理所抛弃。所以，他警告那些好大喜功的神武人物不要做天理的被动工具，而要做天理的掌握者，即"独握天枢"的斗士。王夫之和黑格尔从历史人物的成功和失败中发现了个人私欲与历史必然性的对立统一关系，但由于历史观的局限，他们尚未认识到历史的主体是广大民众，而把历史必然性理解为"天理"或"天意"，得出了"历史目的论"的结论。针对黑格尔的"理性的机巧"和历史目的论，马克思和恩格斯指出："历史什么事情也没有做，……创造这一切、拥有这一切并为这一切而斗争的，不是'历史'，而正是人，现实的、活生生的人。'历史'并不是把人当作达到自己目的的工具来利用的某种特殊的人格。历史不过是追求着自己目的的人的活动而已。"[①] 他们还批评说："天命，天命的目的，这是当前用以说明历史进程的一个响亮字眼。其实这个字眼不说明任何问题。"[②]

---

① 《马克思恩格斯全集》第 2 卷，人民出版社，1957 年，第 118—119 页。
② 《马克思恩格斯选集》第 1 卷，人民出版社，2012 年，第 230 页。

王夫之、黑格尔所说的"天意""天理"并不是某种"无人身"的理性，而是作为历史主体的人民群众的意愿，"天视自我民视，天听自我民听"的古训表明，天意即民意，只有人民群众才是主宰天下、决定英雄人物历史违顺的主体力量。其实，在历史创造中真正起作用的主要不是个别人物的私心和情欲，而正是推动亿万民众积极行动起来的动机。

历史的必然性作为在人的活动中产生并发挥作用的必然性，其本身就包含有客观的价值取向即价值的必然性。从历史的长时段来看，历史必然性与价值必然性的统一，使人类历史表现出一种总的趋势，即正义原则必然战胜邪恶原则，真善美必然战胜假恶丑。正是基于这种根本趋势，马克思提出了"历史上报应"的规律这一命题。他说："人类历史上存在着某种类似报应的东西。历史报应的规律就是，锻造报应的工具的，并不是被压迫者，而是压迫者本身。"[1]"善有善报，恶有恶报"并不全是宗教迷信，而是历史必然性的曲折反应，属于历史本身的否定性的辩证法。辩证法在其合理形态上，引起了一切剥削阶级及其辩护者的恼怒和恐慌，因为辩证法对每一种历史行程都是从不断的运动中，因而也是从它的暂时性方面去理解的。它在对现存事物的肯定的理解中同时包含着对现存事物的否定的理解。因此，辩证法既是一种辩证历史观，也是一种辩证价值观。

三、民主是打破历史周期率的利器

1945年7月1日，黄炎培等六位国民参政员，应中共中央之邀，飞赴延安访问。7月4日下午，毛泽东在百忙中邀请黄炎培到家中作客，整整长谈了一个下午。毛泽东问黄炎培，来延安考察有什么感想？他敞开心扉、坦诚地说："我生六十多年，耳闻的不说，所亲眼看到的，真所谓，'其兴也勃焉，其亡也忽焉'。一人、一家、一团体、一地方乃至一国，不少单位都没有能跳出这周期率的支配力。……一部历史，'政怠宦成'的也有，'人亡政息'的也有，'求荣取辱'的也有。总之，没

---

[1] 《马克思恩格斯全集》第16卷，人民出版社，2007年，第334页。

有能够跳出这个周期率。中共诸君从过去到现在，我略略了解了的，就是希望找出一条新路，来跳出这个周期率的支配。"黄炎培这一席耿耿诤言，掷地有声。毛泽东高兴地答道："我们已经找到了新路，我们能跳出这周期率。这条新路，就是民主。只有让人民来监督政府，政府才不敢松懈；只有人人起来负责，才不会人亡政息。"在这一问一答中，黄炎培提出历代兴亡的周期性循环问题，提出如何跳出周期率的支配力问题，其用意是希望中国共产党能够找到一条新路，真正打破治乱兴亡的循环。毛泽东从历史观的高度给予了回答，即支配历史变迁的主导力量是人民群众，我们只有依靠创造历史的主体，才能真正打破"其兴也勃焉，其亡也忽焉"的历史周期率，这一回答可谓高屋建瓴。这一见解正是黄炎培所期盼的，所以，他对毛泽东说："这话是对的，只有把大政方针决之于公众，个人功业欲才不会发生。只有把每个地方的事，公之于每个地方的人，才能使得地得人，人人得事。把民主来打破这周期率，怕是有效的。"①

两位政治家的对话揭开了民主政治建设的新篇章。时至今日，中国在民主政治建设的道路上走过了六十多年的历程，取得了巨大的成就，也经历了许多曲折和失误。抚今追昔，从唯物史观的高度来总结当代中国民主政治建设的实践经验，对其重大的理论问题进行清理，是十分必要的。

第一，人民当家作主与党的领导的关系

人民当家作主与党的领导的关系，是中国特色社会主义民主政治建设中的核心问题。中国式的民主，在理论上能不能站住脚，在实践中能不能行得通，都与能否正确地认识和处理坚持共产党领导与发展人民民主的关系密切相关。

有人说，民主是没有"领导"的，只要有共产党或其他什么组织的领导，就谈不上民主。还有人说，如果没有触及共产党的领导地位，就谈不上政治体制改革。总之，在这些人看来，人民当家作主与党的领导是对立的。很显然，这种对立论不仅无视民主政治的本质和规律，而且

---

① 卢之超：《毛泽东与民主人士》，华文出版社，1993年，第261—262页。

还触及历史观的大问题。马克思主义关于人民群众是历史的创造者的命题内涵是极为丰富的，要具体把握它，就要明晰与这一命题相关的理论问题，如在历史发展的合力中，群众的主导作用是如何发挥的，要不要形成自己的组织？在民主政治建设中，不同层次的政治主体的作用力如何做到不是相互抵消而是相得益彰？这些问题上升到历史观的层面就是群众、阶级、政党、领袖的关系。列宁说："群众是划分为阶级的；……在通常情况下，在多数场合，至少在现代的文明国家内，阶级是由政党来领导的；政党通常是由最有威信、最有影响、最有经验、被选出担任最重要职务而被称为领袖的人们所组成的比较稳定的集团来主持的。"① 可见，要科学地把握人民群众在社会历史中的作用，首先要对群众进行阶级分析，并通过这种分析阐明群众中究竟哪些阶级是新的生产力和生产关系的代表者，是革命和建设的领导阶级。否则，就会把人民群众创造历史的真实关系遮蔽，变为一个空洞的概念。其次，阶级通常是由政党来领导的。一个阶级要作为整体来行动，就必须形成自觉的组织。政党是阶级组织中最严密、最高级的形式，它有集中代表本阶级利益的政治纲领，并成为本阶级的实际组织者和领导者。与有产阶级具有自发的阶级意识不同，无产阶级的阶级意识不是自发产生和发展的，它要求先进思想的启发和引导，需要在共产党领导下的革命实践中逐步培育和发展，即无产阶级的阶级意识是通过共产党实现的。在相当长的历史时期内，离开了共产党的领导，工人阶级的阶级意识就会松懈甚至瓦解。最后，无产阶级实现民主的途径与资产阶级不同，资产阶级可以通过富人间的议事规则实现民主，无产阶级只能通过共产党领导实现阶级的聚集夺取政权，进而实现阶级的民主。无产阶级的解放不能通过个体行为，一个无产者可以通过个体行为变成有产者，无产阶级的解放却只能是整体的解放，这个整体解放的保证就是用马克思主义武装起来的共产党。②

综上所述，无产阶级与其政党是一个相互依赖、相互作用的有机整体。一方面，人民群众在历史运动中需要先进的阶级及其政党的领导，

① 《列宁选集》第 4 卷，人民出版社，2012 年，第 151 页。
② 房宁：《民主政治十论》，中华书局，2009 年，第 204 页。

显示出群众、阶级对政党的正确领导的客观要求。另一方面，是政党对群众、阶级的代表、依靠和服从的关系。群众、阶级之所以需要政党，是因为政党能够代表和维护他们的利益。毛泽东说："我们的责任，是向人民负责。……人民要解放，就把权力委托给能够代表他们的、能够忠实为他们办事的人，这就是我们共产党人。我们当了人民的代表，必须代表得好。"[1] 总之，政党是民众自愿组成的政治组织，它的功能是使群众组织化。政党是民主政治建设中的题中应有之义，现代的民主政治都是政党政治，否认政党的地位和作用，无异于取消了民主政治建设本身。

与人民群众的血肉联系是共产党的最大政治优势，是社会主义社会政治建设的本质和灵魂。改革开放以来，党的历史方位发生了深刻变化，共产党已经从领导人民为夺取政权而奋斗的党，转变为领导全国政权并长期执政的党；从在外部封锁条件下领导国家建设，到在改革开放条件下领导国家建设，即从领导计划经济的党转变为领导市场经济的党。历史方位的变化，不仅使共产党的自身建设面临新的考验，而且对原有的党群关系、对社会主义民主政治建设提出了新的挑战。在市场经济条件下，执政的共产党如何保持自身的先进性，总是与在市场经济条件下党群关系的新变化密不可分，即在市场经济条件下如何保证广大人民群众当家作主这一点紧密相关，这是共产党打破历史周期率所面临的最大历史课题。

要以唯物史观为指导，深入研究市场经济体制对党群关系所产生的重大影响。党群关系问题实质上是执政的共产党与其社会基础的关系问题。经济体制改革和市场经济的发展，部分地改变了社会主义的经济基础，使社会主义民主政治建设面临新的形势。其一，改革开放以来，社会利益的分化与利益格局的深刻调整，是一个具有本质属性的重要变动。随着所有制结构的调整，改变了计划体制时期利益主体单一化的格局，社会内部的不同利益主体得到前所未有的、多元化的发展。社会资源的分配主要由政府行政调配转向主要由市场调节，利益实现机制日益多样化，整个社会的利益关系空前地复杂化了，处于社会变革中的党群关系

---

① 《毛泽东选集》第 4 卷，人民出版社，1991 年，第 1128 页。

较之改革前具有了复杂化的趋势。其二，民众的主体意识提升，利益表达、参政意识和维权活动的自觉性增强。所谓主体意识，即公正意识、权利意识和平等意识。民众主体意识的增强使党群关系由单向型转向互动型，即民众由受教育者向平等主体转变。其三，群众性的自治组织日益涌现，公民社会与国家的分离和互动局面初步形成。各类群众自治组织，包括政治社团、第三部门在内的公民社会正在对民主政治建设产生重要的影响。公民社会的发展使得在国家权力层面的民主建设之外形成了一种新形态的民主，即非国家形态民主，它是发生在公民社会和自治活动领域中的重要民主形式。很显然，改革开放以来中国社会结构的深刻变动、人们的生产交往关系、价值观念发生的重大变化，对社会主义民主政治建设产生了积极的影响。由经济体制改革引发的全面的改革，本质上都是人的解放、人的自主能力的发挥。正如邓小平所言："调动积极性是最大的民主。"①改革开放的历史进程以直接和间接的形式为广大人民群众成为社会的主人创造着相应的历史条件，使人民群众当家作主由虚到实、由形式到内容、由名义到实质，而民众主人翁地位的增强也为执政党提高自身建设的自觉性和水平创造了前提。

当然，市场经济与社会主义民主政治的关系具有二重性。它既有增强人们民主权利意识的一面，也有与社会主义民主的平等原则相抵触的一面。市场经济的一般属性会导致社会分化和社会差别扩大，导致经济资源和社会权利向少数社会成员集聚，形成所谓的"强势群体"和"弱势群体"。经济不平等是瓦解政治平等的基础，市场经济带来的经济地位上的差别，必然要在政治领域里产生影响，对人民群众的经济、社会平等地位造成冲击②，直接瓦解党的社会基础。问题是，建立市场经济体制是中国现阶段发展社会生产力的必然选择，坚持共产主义信念的共产党要在市场经济条件下巩固和扩大群众基础，就必须做到以下几点：其一，必须摆正自己和人民的位置。要把自己看作人民的工具，而不是把人民作为自己的工具。毛泽东曾经讲过，我们的权力是人民给的，共产党只

---

① 《邓小平文选》第 3 卷，人民出版社，1993 年，第 242 页。

② 房宁：《民主政治十论》，第 87 页。

有牢牢记住人民是自己的靠山，才能把保持人民群众的主人翁地位放在心上。其二，在新形势下，共产党要积极带领人民实现民主权利。民主意味着权利，要坚持以公民权利为本，摆正公民权利和国家权力的关系。公民权利是实现国家权力的目的，实现党的执政权和设置政府权力的目的不是为了限制权利，而是为了保障权利、服务权利、发展权利。总之，要实现和发展人民的民主权利，就要树立马克思主义的群众史观，在对待历史发展和人民群众的关系上，必须坚持尊重社会发展规律与尊重人民历史主体地位的一致性，坚持为崇高理想奋斗与为最广大人民谋利益的一致性，坚持完成各项工作与实现人民根本利益的一致性，这是在市场经济条件下，逐步实现人民当家作主的根本保证。

第二，关于人民当家作主与依法治国的关系

人民当家作主是社会主义民主政治的本质特征，依法治国是共产党领导人民治理国家的基本理念和方略。《中共中央关于全面推进依法治国若干重大问题的决定》中明确指出："依法治国，是坚持和发展中国特色社会主义的本质要求和重要保障，是实现国家治理体系和治理能力现代化的必然要求。"要改革和完善党的领导体制和执政方式，最根本的就是把人民当家作主与依法治国有机统一起来。从哲学层面怎样理解这两者的统一，有一系列理论问题需要探索。

要推进依法治国，首先要明了民主与法制的本质联系。民主是法制的基础，法制是民主的保障，两者密不可分。从民主对法制的规范来看，社会主义民主是社会主义法制的灵魂和基础。其一，社会主义民主是社会主义法制产生的依据。只有人民掌握了国家政权，并选择了民主的政权组织形式，才有可能通过国家机关制定体现自己意志的法律，实行社会主义法制。一切权力属于人民，这是我国国家制度的核心内容和根本准则，也是我国推行依法治国的根本出发点和归宿。其二，社会主义民主规定社会主义法制的性质和任务。社会主义民主从根本上说是人民当家作主的政治制度，社会主义法制必然把保障和实现人民的民主权利，特别是保障人民管理国家的权利，作为自己的职责。其三，社会主义民主是社会主义法制力量的源泉。法律的威力是"流"，不是"源"，它植根于民主制度。只有当法律真正反映人民意志，受到人民的真诚拥护与遵守时，它才在事实上具有并发挥法制的威力。实践证明，民主制度越发展、越健全，则法制的威力越大。因此，依法治国，建设社会主义法制国家，始终要以发展社会主义民主作为宗旨和使命。从法制对民主的功能来看，社会主义法制是社会主义民主的体现和保障。其一，人民当家作主、掌握国家主权这一事实，需要用法的形式确定下来，使其合法化。同时，还要以法的形式确定适合人民当家作主的政权组织形式（包括国体和政体）。其二，社会主义法制将人民民主具体化为国家机关的职权和公民的各种权利，并为其实现规定了程序、原则和方法。其三，社会主义法制通过制裁违法犯罪行为体现和保障人民民主。总之，社会主义民主与社会主义法制是密切结合、不可分割的，离开民主，法制就会变为专制，民主就会落空。离开法制，民主不可能存在和发展，离开社会主义法制的民主也决不是社会主义民主，代之而起的将是无政府主义的泛滥甚至动乱的出现。必须正确地认识和处理民主和法制的关系，把民主建设和法制建设结合起来，逐步通过民主法制化和法制民主化的途径，促进民主和法制的共同发展。

要推进依法治国的过程，还要在理论上划清人治与法治的界限。所谓人治，又称个人之治。人治论主张圣君贤相的道德教化，推崇个人权威，拥护个人掌握最高权力，法律的立、改、废由个人决定，把个人意志作为治国的依据。当法律与最高领导人发生矛盾时，人治论主张个人至上、权大于法。与人治思想不同，法治的本意是依法治国，不是单纯把法看作治国的工具而是看作治国的依据。依法治国的实质是法律主治或法的统治。换言之，人民掌握最高权力，而法律则体现最高权力。人民主权原则即人民当家作主原则是法治的灵魂，依法治国最能体现和保障人民当家作主权利的落实。只有站在人民主权的立场上，才能把握依法治国的主体与对象。一切权力属于人民，这是我国国家制度的核心内容和根本准则，也是我国推行依法治国的根本出发点和归宿。既然国家是人民的，人民就是依法治国的当然主体。这种主体地位不能授权给任何人或单位，否则，就会使社会主义国家变质，成为改头换面的人治。由此可见，法律是人民意志的体现，正是人民主权原则赋予了法律所具有的至上和至尊的地位，揭示了"依法治国"方略与人民根本利益的一致性。

要推进依法治国的进程，还要自觉地把实质民主与程序民主统一起来。邓小平很早就认识到国家政权与法、民主政治与法、政治体制改革与法的内在联系，他在思考政治体制改革时，总是把民主与法制统一起来。他一方面注意发挥民主的实质性功能，强调没有民主就没有社会主义，民主是思想解放的重要条件，调动积极性是最大的民主。另一方面，他又十分关心民主的形式问题、程序问题、法制化问题。他深深地懂得，社会主义民主是随着法制建设的完备而不断扩大的，只有把人民当家作主的各项权利制度化、法律化，才能彻底铲除封建专制主义及其赖以生存的社会基础。法制国家的含义是法治政治，解决领导体制上以党代政，以党代法的问题，必须走民主制度化、法制化的道路，把社会主义民主纳入法治的程序。邓小平说："要通过改革，处理好法治与人治的关系，处理好党和政府的关系。"① 邓小平关于要使民主法治化的思想十分丰富，重温这些论述，对于社会主义民主法制化建设有重要指导意义。其一，强调制度与个人相比，更具有根本性。他说："我们过去发生的各种错误，固然与某些领导人的思想作风有关，但是组织制度、工作制度方面的问题更重要"，"不是说个人没有责任，而是说领导制度、组织制度问题更带有根本性、全局性、稳定性和长期性。这种制度问题，关系到党和国家是否改变颜色，必须引起全党的高度重视"。② 其二，邓小平对治国理政以及领导制度中存在的人治现象及其危害性作了深刻的剖析，他说："我有一个观点，如果一个党、一个国家把希望寄托在一两个人的威望上，并不很健康。那样，只要这个人一有变动，就会出现不稳定。"③ 他还说："我历来不主张夸大一个人的作用，这样是危险的，难以为继的。"④ 其三，为了保证国家的稳定和长治久安，必须用法治代替人治。邓小平指出，在人治条件下，"往往把领导人说的话当作'法'，不赞成领导人说的话就叫作'违法'，领导人的话改变了，'法'也就跟着改变。"在这种不讲法治、只讲人治的体制下，人民主权必然受到损害，所以，

---

① 《邓小平文选》第 3 卷，第 177 页。
② 《邓小平文选》第 2 卷，人民出版社，1994 年，第 333 页。
③ 《邓小平文选》第 3 卷，第 372 页。
④ 同上书，第 325 页。

他明确地指出："为了保障人民民主，必须加强法制。必须使民主制度化、法律化，使这种制度和法律不因领导人的改变而改变，不因领导人的看法和注意力的改变而改变。"① 其四，邓小平鲜明地提出依法治国四项原则，即："有法可依，有法必依，执法必严，违法必究。"总之，在邓小平看来，民主和法制好比人的两只手，缺少任何一只手都不行。要加强民主，就要加强法制。"我们的民主制度还有不完善的地方，要制定一系列的法律、法令和条例，使民主制度化、法律化。社会主义民主和社会主义法制是不可分的。不要社会主义法制的民主，不要党的领导的民主，不要纪律和秩序的民主，绝不是社会主义民主"②。

原载《理论学刊》2015 年第 4 期

---

① 《邓小平文选》第 2 卷，第 146—147 页。
② 同上书，第 359—360 页。

九、"文化热"与"国学热"的论争

从 1980 年代中期掀动的"文化热"到 1990 年代兴起的"国学热",虽然两个"热"讨论的具体问题和价值趋向不尽相同,但贯穿着同一个主题,即传统文化与现代化的关系,聚焦于前者是后者的"包袱"还是"财富",或者既是"包袱"又是"财富"。这两个"热"的讨论是 21 世纪开始提出继承发扬中华文化优秀传统、对传统文化进行创造性转换和创新性发展的思想铺垫。这里选编的文献分为 4 辑:第 1 辑,1980 年代"文化热"的情形、讨论的主要问题以及台湾的评论;第 2 辑,1990 年代"国学热"的情形、涉及的争论以及评析;第 3 辑,在两个"热"中有较大影响的三位学者李泽厚、庞朴、汤一介的观点和文章;第 4 辑,三位在两个"热"中产生较大影响的海外学者杜维明、林毓生、余英时的观点,他们讨论的问题都涉及对韦伯《新教伦理和资本主义精神》的回应。

八十年代的中国文化书院（节选）

陈越光 *

第三章 "文化热"（上）

"文化"一词，中国典籍中最早见之于西汉刘向的《说苑》，指以文德来行使教化。文化而成为热潮，在中国 20 世纪先后出现两次，第一次是"五四"前后的新文化运动，它以反传统的伦理革命和白话文运动为标志；第二次就是八十年代的"文化热"。今天，如果在百度上搜索"八十年代文化热"，相关论文数以万计，可见，当时之热 30 年后还保持着相当温度。

八十年代"文化热"于何时成为热潮？ 1985 年。

"文化：中国与世界"丛书主编甘阳，在 1987 年 6 月出版的"文化：中国与世界"（第一辑）中发表《八十年代文化讨论的几个问题》，指出："1985 年以来，所谓的'文化'问题已经明显地一跃而成为当代中国的'显学'。从目前的阵阵'中国文化热'和'中西比较风'来看，有理由推测：八十年代中后期，一场关于中国文化的大讨论很可能会蓬勃兴起。"[①]

为什么是 1985 年？其起源又在何时？

这一点甘阳并未论及。1988 年 1 月出版的《中国文化热》，大概是第

---

* 陈越光，1952— ，男，中国文化书院院长。

① 甘阳：《八十年代文化讨论的几个问题》，见《中国文化研究年鉴（1989 年）》，1990 年，第 93 页。

一本关于"文化热"的专著。该书认为"八十年代的中国文化热"，"发端于中国文化史研究的重新崛起"，具体则是"1982 年 6 月和 12 月，在上海复旦大学举行了两次'中国文化史研究学者座谈会'"①，但是"文化讨论在我国真正'热'起来，是从 1984 年开始的"。尤其在"1985 年上半年，中国文化书院筹委会和九州知识信息中心在北京举办了第一期'中国文化讲习班'，由中外著名学者冯友兰、梁漱溟、张岱年、任继愈、李泽厚、杜维明等人主讲。演讲集中在'中国传统文化的性质、意义和基本精神''中国传统文化的价值和前途'等宏观课题上。在此以后，中国近现代文化史的研究、中西文化比较研究、中国传统文化与现代化关系的讨论，南北呼应，此起彼伏，比及全国"②。八十年代时为中国文化书院院务委员会副主席的王守常，在 1994 年出版的《文化的回顾与展望》一书中撰文《中国文化书院与八十年代"文化热"》，他判定"文化热"的源头比吴修艺又早了半年，是 1981 年的两次学术讨论会："一是 10 月 15 日至 21 日在杭州召开的'全国宋明理学讨论会'，一是紧随其后，10 月 27 日至 11 月 2 日在桂林召开的'中外哲学史比较讨论会'。这两次讨论会是'文革'以来规模最大的学术讨论会。"③王守常同样指出："但到 1985 年初'文化热'骤然升温，其最明显特征即是，有关'文化'问题讨论迅速成为全社会各阶层人士关注的热点问题。而造就这种声势的原因，与中国文化书院在北京举办的'中国传统文化讲习班'不无关系。"④对于中国文化书院对"文化热"的推动，其实在当时就被认可，早在 1986 年，《学习与探索》发表的文章就指出："在文化学研究热潮中，中国文化书院主办的'中国文化讲习班'影响最广。"⑤从这些当事人在当时（或近于当时）的论述可知，判定八十年代的"文化热"于 1985 年成为热潮，是这一年缘起于学术界的"文化热"转向了社会，中国文化书院起了重要的推动作用。

---

①　吴修艺：《中国文化热》，上海人民出版社，1988 年，第 1 页。
②　同上书，第 21—22 页。
③　王守常：《中国文化书院与八十年代"文化热"》，载《文化的回顾与展望》，北京大学出版社，1994 年，第 41 页。
④　同上。
⑤　刘伟：《当代文化研究的宏观思考》，《学习与探索》1986 年第 2 期。

八十年代"文化热"是怎样形成的？可以说有五股热源向当时的"文化热"提供热能：

一是"论述"。学者们的各种新观点、新论述，往往不胫而走，引领风潮，如金观涛的"超稳定结构"、李泽厚的"西体中用"、严家其的"三个法庭说"、庞朴的"文化结构三层次说"、王元化的"新启蒙"等等，都引起广泛讨论。

二是团体。尤其一些八十年代作为新生事物出现的民间文化团体，如被称为"'文化热'中北京地区形成三个主要文化团体：中国文化书院，'文化：中国与世界'编委会，二十一世纪研究院"①，这些文化团体成为各种会议和文化活动的积极组织者。

三是会议。会议之多是当时学术繁荣的一大标志，也是"文化热"的一大推手，以1985、1986年为例，在当时比较有影响的文化会议和讲座，在1985年一年中有中日文化交流史研究会学术年会、中国文化书院举办的中国传统文化讲习班、中华孔子研究所成立大学暨第一届学术讨论会、老子学术思想讨论会、金岳霖学术思想讨论会、现代科学与文化讲习班、中国人民大学文化讨论会、纪念熊十力诞生一百周年学术讨论会等十余次，而1986年一年中猛增至三十余次，有首届国际中国文化学术讨论会、文化建设与发展问题座谈会、老舍学术讨论会、传统文化与现代化讨论会、上海文化发展战略讨论会、东西文化和中国现代化讲习班、中国社会主义文化建设中继承与交流问题座谈会、中国传统文化思想学术讨论会、对"文革"的历史反思讨论会、鲁迅与中外文化学术讨论会、跨世纪的中国学术讨论会、全国文化事业发展战略讨论会等等。②

四是交流。不分政府学术机构还是民间文化团体，无论国内还是国外学者，各种讲学、聚会，来往交流频率空前之高，仅中国文化书院1987年下半年的不完全统计，就接待了新加坡、美国、日本、澳大利

---

① 王守常：《中国文化书院与八十年代"文化热"》，载《文化的回顾与展望》，第41页。二十一世纪研究院是"走向未来"丛书编委会组建的实体机构，于1989年年初建立，当时有全国性影响的三大民间文化团体应为："走向未来"丛书编委会、中国文化书院、"文化：中国与世界"编委会，王守常是把二十一世纪研究院视同为"走向未来"丛书编委会了。
② 《中国文化研究年鉴（1989年）》，第327—363页。

亚、意大利和中国台湾、香港地区的 32 位来访学者。①

五是规划。1985 年被认为是"文化热"大兴之年，是因为这一年它由文化界、学术界范围内的讨论走向了社会。走向社会的热流即时分流，一股热流由历史情怀而转向现实的关注，并以大众传播的手段呈现，出现如《河荡》及对其争论的文化现象，引向政治体制改革的讨论；另一股则从"1985 年 3 月，由上海率先开展文化发展战略的研讨活动，以后逐渐波及北京、广州、武汉等地区"②，形成了《关于上海文化发展战略的汇报提纲》《广州文化发展战略构想（1986 年—2000 年）》等一批地区性文化规划蓝图，以"企业文化""社区文化""饮食文化""环保文化"等方兴未艾地跨越了世纪。

在这"论述""团体""会议""交流""规划"五股热源中，第一股主要是学者个人的作用力，第五股主要是地方政府的作用力，而二、三、四股都需要社团的作用。所以，今日学者如只从当时发表的论文和言论中分析八十年代"文化热"，是不能把握全貌的。

从本章和第四章，我们可以看到中国文化书院在八十年代"文化热"中的作为，也可以从一个个案，了解一个民间文化团体是怎样和一个时代的文化运动互动发展的。

原载《八十年代的中国文化书院》，生活·读书·新知三联书店，2018 年

---

① "来访学者名录"，见中国文化书院《1988 年院务工作报告》，1988 年 1 月。
② 吴修艺：《中国文化热》，第 42 页。

八十年代中国文化讨论五题（节选）

甘　阳[*]

（一）今日文化讨论有必要首先区分这样几个不同范畴：前现代化的文化系统（或形态）；现代化的文化系统；后现代化的文化系统。

不存在抽象的"中国文化"，只有具体的、历史的中国文化。尽管时下对"五四"颇多议论，但仍必须明确："五四"以前的中国文化是前现代形态的中国文化；"五四"则开创了中国文化由前现代形态向现代形态转折的历史起点。八十年代中国文化讨论的根本任务，是要决定性地完成这个历史转折，真正建立中国现代文化系统，也就是说，彻底实现"中国文化的现代化"。

今日发达国家许多有识之士较为关心"后现代文化"的问题，这是因为他们早已完成了现代化。但是，八十年代中国文化讨论的主题，却不应是"后现代文化"而必须紧扣"现代文化"。原因十分简单：中国还没有实现现代化。这并不是要主张急功近利，毫不考虑"后现代文化"，而是要强调：我们必须大踏步进入现代文化形态，才能真正敞开后现代文化的种种可能，否则，主观上想登高望远，客观上却多半仍只是滑落于"前现代文化"的井底之中。

（二）"前现代文化"与"现代文化"是不同质的范畴，二者是有矛盾、有冲突的，我把这称为"文化的冲突"。任何国家要进入现代化，都不可避免地会遭遇这种冲突。因此，问题不在于否认或回避这种冲突，而在于正确认识这种冲突。

---

* 甘阳，1952—　，男，中山大学逸仙讲座教授、清华大学新雅书院院长。

文化讨论的一大障碍是人们习惯于把"前现代化"看成纯粹的贬义词，而又把"现代化"当成十足的褒义词，这就难免引起巨大的情感纠纷而阻碍理智分析。其实，这二者的区别并不是优劣高低的价值判断，而是价值中立的社会学分析。现代化并非什么都好，相反，它必然具有自身内在的难题和弊病，前现代化也非一切都坏，而是往往具有现代化反而有所失落的某些价值。"文化冲突"的深刻性和复杂性就在于，它并不是"文明与愚昧的冲突"，而恰恰是"文明与文明的冲突"，因而更多地是黑格尔所说那种悲剧性的不可解决的历史二律背反冲突。建立现代文化系统的全部困难正在于此。

（三）前现代文化与现代文化之所以矛盾冲突，是因为从前现代社会到现代社会的社会变迁中，社会结构和人际关系发生了根本变化，导致社会的价值取向发生根本变化，从而必然造成文化系统的重大变迁（文化的核心在于一套价值标准）。社会学分析表明，这种社会结构变化（社会学所谓"结构分析"）的最基本表现是，在现代化过程中，家庭与人的各种社会活动（经济的、政治的等等）日益分离了开来；由此直接导致人际关系的重大变化：前现代社会的人际关系是以所谓"第一级关系"（自然血缘关系、亲属关系，即儒家所谓"亲亲尊尊"）为基础；现代化社会人际关系则以所谓"第二级关系"（工作关系、法律关系）为基础（韦伯把"职业"概念作为核心概念，实际正是突出了这点）。这种变化极为深刻地导致了社会价值标准的重大变化。从上面已可看出，前现代社会的基本结构是以伦理关系（在中国即是"五伦"）为根基的，因此其价值标准也就必然首先是一种伦理标准（在中国是以"孝"为核心的一套"礼"），这样，其文化系统也就主要是一种伦理系统（以修身为本即可治国平天下）。但是，现代化社会的基本结构则是以职业分工关系为根基的，因此其价值标准也就首先是一种职业能力标准（能否胜任某项工作），其文化系统则主要是一种知识系统（所谓"知识就是力量"），这种知识系统并非只是自然知识，而且是社会知识系统尤其是法律知识系统。

可以说，前现代文化是伦理本位的，现代文化则是知识本位的。所谓从前现代文化转向现代文化，实际即是要从伦理本位的文化系统转到知识本位的文化系统。这在实践上表现为从人治（圣人治国）转向法治

（专家治国），在理论上则表现为从人生哲学转向知识分析。近代西方哲学以"知识论转向"为标志，正是这种"文化转向"的最深刻反映。康德完成这种转向后又力主"扬弃知识为信仰留地盘"，则是这种"文化冲突"（二律背反）的最高哲学表述。

伦理本位的文化必然是更富人情味的，知识本位的文化则必须削弱人情味，著名的帕森斯模式变量（社会学一般以此作为划分现代与前现代的标准）即说明了这种矛盾。也因此，现代人几乎必然怀有一种若有所失的失落感。文化冲突的悲剧意味即在于此。换言之，现代化必然要求付出代价，而且是很高的代价。

（四）中国是前现代化文化最发达的国家，尤其是儒学那种"道之以德、齐之以礼"的伟大伦理政治，"必也使无讼乎"的美好人治理想。"父为子隐、子为父隐、直在其中"的浓厚人情味，堪称为世界上最完善、最成功的伦理系统，也确足以使中外学子一唱三叹，难以忘怀。然而，所有这些，恰恰又必然使中国成为建立现代文化系统最艰难的国家，因为中国前现代文化系统中这些最优秀、最有价值的东西恰恰是与一个现代文化系统两相牴牾、直接冲突的。这对于中国学人来说是极其痛苦的现实，但是，在这痛苦中正孕育着中国文化新的伟大、新的光荣！

（五）"后现代文化"或许是审美本位的？

原载《哲学研究》1986年第5期

中西体用之争概述

北久矢 *

　　"中学为体，西学为用"是 19 世纪末、20 世纪初最流行的口号，当时就有人对其维护中学、贬抑西学的保守实质和割裂体用、调和折中的思想方法提出过尖锐的批评。自中国走向"现代化"之始，中西体用之争从来没有停止过。到了 80 年代，在随着改革、开放潮流而兴起的"文化热"中，这场延续了百年之久的老论争又掀起了一个新高潮。在对"中体西用"的批评中，黎澍率先提出了一种与之针锋相对的新理论，即"西体中用"，李泽厚继而论之甚详。80 年代中西体用之争，除了继续对"中体西用"进行历史和现实的分析、评论之外，主要是围绕着"西体中用"论的实质、理论根据、思维特征和概念内涵等问题展开的。

"西体中用"论的基本特点

　　何谓"西体中用"？李泽厚回答说，"所谓'西体'就是现代化，就是马克思主义，它是社会存在的本体和本体意识。它们虽然都来自西方，却是全人类和整个世界发展的共同方向。所谓'中用'，就是说这个由马克思主义指导的现代化进程仍然必须通过结合中国的实际（其中也包括中国传统意识形态的实际）才能真正实现"。又说，"西体中用"规定的中国"未来的道路应是社会存在的本体（生产方式、上层建筑和日常现实生活）和本体意识（科技思想、意识形态）的现代化（它源自西方，如马克思主义）和中国的实际（包括儒学作为中国文化心理的客观存在这个实际）相

---

* 　北久矢，作者情况不详。

结合"。概而言之，"西体中用"就是"现代化为体，民族化为用"。

很明显，李泽厚一反清末"中体西用"论者以科技为"用"的观点，在他看来，科技不是"用"，而是属于"体"的范畴；也一反以观念形态、政治体制、三纲五常为"体"的观点。在他看来，"体"有两重含义，一是社会存在的本体（即社会存在），二是本体意识（即社会意识）；前者为工艺社会结构，后者为文化心理结构，两者都有一个现代化的问题。"现代化并不等于西方化"，但在"发展现代大工业生产方面，现代化也就是西方化"。

也很明显，关于"中用"李泽厚也规定其意义有二，一是把"西体"运用于中国，二是中国传统文化和"中国学"应作为实现"西体"（现代化）的途径和方式。他强调地指出，在把"西体""西学"运用中国时，"首先不要使'西学'被中国本有的顽强的'体'和'学'——从封建小生产方式、农民革命战争到上层孔孟之道的种种国粹所俘虏、改造和同化掉。相反，要用现代化的'西体'——从科技、生产力、经营管理制度到本体意识（包括马克思主义和各种其他重要思想、理论、学说、观念）来努力改造'中学'，转换中国传统的文化心理结构，有意识地改变这个积淀"。

对"西体中用"论的评论

汪澍白认为，"西体中用"论是一种崭新的体用观，它旗帜鲜明，支持开放和改革。虽然它仍将中西文化关系纳入"体用"范畴，似有不尽恰切之处，但"提倡开放，又要求结合中国国情，方向对头"。此论的肯定者中有人提出一些补充或修正的意见。例如金春峰说，"西体的主要部分是商品经济，发展商品经济，就必然与传统的体制观念发生一系列的矛盾冲突"。

就近一年来发表的文章看，不赞成"西体中用"论者居多。但评论角度不尽一致，意见也颇分歧。

一种观点认为，"西体中用"论实质上就是"全盘西化"论。默明哲说，"'西体中用'可以倒称为'中用西体'，也就是在中国搞'全盘西化'"。此论认为"应当把西方资本主义的商品经济和整个上层建筑通通搬到中国来"；而"中国传统文化是中国现代化的严重障碍"，所以当前要"摆脱中国文化的传统形态""要根本改造和彻底重建中国文化"。王俊义、房德邻也持相似观点。

另一种观点则认为，"西体中用"论虽有西化的思想倾向，但还不等于"全盘西化"论。方克立就认为，李泽厚对区别于前后现代化社会的"现代化"概念所作的规定，一强调它源自西方，二强调它是以"个人竞争、优胜劣败"为特征的，这就叫人很容易理解为资本主义的现代化。但是，他也曾作出这样的概括，即"西体者，社会主义现代化是也；而所谓'中用'，就是怎样结合实际运用于中国，这也就是马克思主义的中国化"。由此可见，"这种理论虽有若干混乱和不明晰之处，但同明确主张走资本主义道路的'全盘西化'论毕竟还是有所区别的"。

在对"西体"和"西学为体"的评论上，一种意见认为，"西学为体"的提法失之笼统。张岱年说，"'西学'的范围很广，在现代西方国家占主导地位的还是资产阶级思想体系，如果抽象讲'西学为体'，难免引起误解。而且，在中国真正发挥作用的是与中国革命实际相结合的马克思主义，这个与中国革命实际相结合的马克思主义也不能说仅仅是'西学'"。

另一种意见认为，"西学为体"实际上就是主张走西方资本主义的道路，把马克思主义也"包括"到"西学"中去的提法是不合适的。默明哲说，从总体上看，西学"是当代资本主义社会、资产阶级经济、政治在观念形态上的反映，因而不能'嫁接'到我们社会主义的土壤上"。之所以不能把马克思主义也包括到"西学"中去，是因为第一，"一般人所说的'西学'，是指西方资本主义中占统治地位的社会学说和自然科学"；第二，"马克思主义虽产生于西方，但它又是西方资产阶级所不能容忍的。马克思主义与资产阶级的社会学说""不可能同时拿来，共同作为依据"；第三，"马克思主义既不同于中国传统的封建文化，又不同于西方的资本主义，它是在否定资本主义文化基础上形成的新型文化"。

还有一种意见认为，"西体中用"不能作为我国社会主义新文化建设的指导方针，因为它既不能概括19世纪末以来中西文化交融的历史，也不能预测21世纪中国文化发展的前景。"我国目前的物质基础、生产方式、上层建筑、意识形态，与其说是'西体'，毋宁说是'中西结合体'。"有人还指出，李泽厚使用概念混乱不清。方克立就说，他有时把"科技"（作为客观存在的生产力）和"科技理论"（他所谓的"本体意识"）混淆在一起；他通常把马克思主义作为"本体意识"的一种包括在"西体"中，但有时又说"马列主义是学而不是体"。

在对"中用"和"中学为用"的评论上，一种意见认为，李泽厚所说的"中用"，实际上就是"中用西体"，这就完全改变了体用关系的本来含义，等于取消了体用关系。

还有一种意见认为，把中国本土文化仅仅看作是"用"和"形式"，就是否定民族文化的主体性。张岱年质问道："我们常说，'社会主义的内容，民族的形式'，这固然是对的，但是，民族的东西是否仅仅作为外在形式而保留呢？""今日如果标举所谓'西学为体，中学为用'，就是忽视了民族的主体性。"朱宗震也认为，"'西学为体，中学为用'的文化心态，它难以使东西文化发挥其特有的优势，在再创造的前提下复兴"。

不少文章还对"西体中用"论割裂体用的思维模式提出批评。方克立认为，"'西体中用'论，在思维结构上和'中体西用'论并无二致，都没有超出中西对立、体用二元的思维模式"。郭齐勇也认为，"尽管李泽厚的'体'与张之洞的'体'不同，然而思维框架却是一致的。中西文化互为体用之说，很难避免割裂体用，甚至可能重踏'全盘西化'或'本位文化'的覆辙"。王俊义、房德邻不无讥讽地说，"所谓'西体中用'的提法，岂不是像严复曾批判'中体西用'如同'牛体马用'一样可笑"。

"体""用"范畴正义及其价值评估

中国传统哲学中的体用范畴，方克立认为其基本含义有二：一是指本体（实体）及其作用、功能、属性的关系，二是指本体（本质）和现象的关系。由胡瑗、李颙等人所阐明的传统文化体用观，以及清末的"中体西用"论，都是以"体"为内在的精神指导原则，以"用"为外在的应事方术和具体措施。这是同哲学上以本体（本质）和现象言体用的观点一脉相承的。张岱年认为，其基本含义也有二："一是体指实体，用指作用；二是体指原则，用指应用。清末洋务派提出的'中学为体，西学为用'，其所谓体用都属于'学'的范围，应是体用的第二种含义。所谓体指文化的最高指导原则，所谓用指实现原则的具体措施。"通过对"体""用"范畴的考察，通过对"中体西用"论和"西体中用"论所共有的中西对立、体用二元的思维模式的反思，有人提出这对范畴在今天是否还有使用价值这样的问题；如果有，应该怎样说明社会主义文化的"体"与"用"，以及怎样用"体用"模式来解决古今、中西文化关系的问题。在这个问题上，也存在着较大的意见分歧。

　　一种意见认为，只要明确"体""用"范畴的含义，或对它们重新加以解释，这对范畴在今天不仅可以继续使用，而且有重要的现实意义。李泽厚就认为，"对'体''用''中''西'重新作番研讨，有重要的现实价值和理论价值"。张岱年也认为，明确文化的"体"与"用"很重要。但我们不应以中西分体用，而应是"今中为体，古洋为用"。"今中为体，就是以社会主义思想体系为体，其中包含对于中国固有的优秀传统的批判继承的问题；古洋为用，就是在科学技术方面尽力学习西方，同时在艺术方面兼采民族形式。"此外，还有"马克思主义为体，兼学中西"，"中西为体，西中为用"以及"中国本位的中西互为体用论"等提法。

　　另一种意见则认为，简单的"体用"模式已不能说明今日复杂的古今、中西文化关系问题，传统哲学中的"体""用"范畴，很难用来确切表述中国社会主义新文化建设的指导方针。方克立认为，"在今天，必须抛弃中西对立、体用二元的僵固思维范式，排除盲目的华夏优越感和崇洋媚外等狭隘感情因素，以开放的胸襟，从中国社会主义现代化建设的实际需要出发，批判地借鉴和吸取古今中外一切有价值的文化成果，经过辩证的综合和扬弃，努力创造出一种'以马克思主义为指导的，批判继承历史传统而又充分体现时代精神的，立足本国而又面向世界的'高度发达的社会主义新文化"。张立文也认为，今天在中西文化的挑战和回应中，"重复张之洞的'中体西用'不行，后来倡导的'西体中用'亦不行，即使是中西互为体用，进而中西非体非用、即体即用也是不行的。中国传统文化主体性要超越这四种'体用'观，不要拘泥于中西文化如何配搭、分量主次，要以开放的通识，迎着未来"。

原载《哲学动态》1988 年第 4 期

哲学与历史之镜

——10 年哲学发展的简要回顾（节选）

包霄林　李景瑞*

四、中国能够走向世界吗？——关于传统文化与现代化的讨论

中国传统哲学的研究一向是默默无闻的领域，然而 1985 年开始的"文化热"却一下子把它推到了前台。

与近 70 年前的文化讨论不同，今天的"文化热"是在中国正要步入世界、走向"四化"、发展社会主义商品经济的大背景下发生的。在现实的改革中，人们越来越感到观念变革的重要；而在对外开放中引入的世界性文化研究的冲击波，更促使了文化比较研究的开展。人们看到，这场文化讨论，绝不仅仅限于哲学界，它已经广泛地渗透到史学、文学、社会学、民族学、经济学、政治学等各个领域之中。

1985 年 3 月和 1986 年 1 月，中国文化书院两次在北京举办中国文化讲习班和研讨班，其"级别"之高、规模之大是空前的，中国哲学界的泰斗梁漱溟、冯友兰、张岱年、任继愈、李泽厚等，及海外十几位华裔教授应邀讲学，围绕中国文化的基本精神、价值与前途，展开了全面的论述和讨论。在此前后，上海、杭州、湖北、曲阜、深圳、青岛、香港等地，也都纷纷举办各种文化讲习班、研讨会。探讨中国传统文化，进行中西方文化比较，一时间成了学术界的热门话题。与此同时，文学界也兴起了一股文化寻根热：许多作家远离尘嚣，到文化发源地去体验

---

* 包霄林，1956—　，男，曾任《光明日报》评论部主任、高级编辑；李景瑞，1947—　，男，曾任《光明日报》副总编辑、高级编辑。

生活，描写各自熟悉的山川、河流、森林、大海；有的作家则有声有色地描述中国的"国粹"：辫子、小脚……真可谓"各领头上一方天"。

讨论传统文化，其着眼点不外乎今天的现代化。"文化热"的核心和实质无非是中国传统文化向何处去，中国向何处去这个严肃的问题。在这个大目标下，讨论中有几种观点：

1. 儒学复兴说。这种观点（以某些海外华人学者为代表）认为，传统文化（主要指儒学）有许多是值得保留和发扬光大的地方；由于世界现代化的多元化趋向，由于亚洲"四小龙"的崛起，儒家学说仍具有现代功能；马克斯·韦伯在《新教伦理与资本主义精神》中所说的儒家文化缺少现代化的动力，缺少发达商品经济的社会学基础等思想，需要重新加以分析。"儒学的第三期复兴"是这派学者的主要论点。

2. 批判继承说。上了年纪的学者中许多人持这种观点，他们不赞成对传统文化过多地否定。如张岱年在《光明日报》上撰文认为，传统文化并非如有人所说的那样泯灭人性，毋宁说它是有助于人的自我实现的，因为传统文化一般来说是强调人性的培养和人格的锤炼的。他发问道：传统文化中有关社会秩序、文明伦理方面的内容对于今天的中国难道不会有所裨益吗？

3. 彻底重建说。这种观点的持有者是一批血气方刚的中青年。他们发现，随着改革的深入，观念的更新与国民心理的再造已经成为当务之急，成为改革能否成功的重要前提。他们著书立说，组织出版各种文化丛书，介绍国外各种新的学术思想，主张彻底改造传统文化，因此享有"百科全书派"或"启蒙派"的美名。

4. 西体中用说。此种观点（如李泽厚）认为，"体"就是社会存在的本体，是生产方式、现实生活，现代文明是全世界共同走的道路；我国的社会本体意识包括科学技术和马克思主义理论都是从西方来的，它们和中国的实际相结合，可以为世界文化做出贡献。

1988 年，在中国大陆以及海外，由于电视节目《河殇》的播出，把本来曾一度降温的"文化热"再一次推向了高潮。《河殇》向人们展示了这样一幅图景：以龙、长城和黄河为象征的中国传统的"巨大文化遗产，已经变成了巨大的文化包袱，巨大的文化优越感变成了巨大的文化负罪感，这不能不说是中国现代化进程中的一个严重心理障碍"，而今天，黄河之神终于走出了它那壅塞的河道，看见了蔚蓝色大海的恢宏。《河殇》认为，中国传统文化崇尚权威（龙），颂扬集体（长城），造就了封闭（黄色的土地与黄色文明）；而在现代化进程中的今天，中国的文化应该解放人的个性，将自己汇入世界文明的大海，这将是一个伟大而又痛苦的历程。

对于《河殇》，赞成的呼声极高，批评的意见尖锐。百年未决的中西文化孰优孰劣之争，在这里又一次以尖锐的形式反映了出来。人们看到，《河殇》中体现出来的民主意识、人和人的主体意识、改革开放的意识等，都是十分强烈的。正是从这个角度上，甚至许多对《河殇》中的一些具体观点并不大赞同的人，也不能不承认它的积极意义。然而，批评者的意见不容忽视。他们认为，对于祖国的传统文化，不能一概否定，妄自菲薄。有人这样指出，《河殇》的"题意可以概括为三点：（1）悲观情调多于乐观情调；（2）消极因素多于积极因素；（3）落后成分多于先进成分"，"无论从历史上、思想上、理论上以至现实上，都是不对的"①。

对《河殇》的关注即使是在远隔重洋的地球另一端也表现了出来。据报道，美国加州大学伯克利分校250名中国大陆留学生中106人接受了民意调查，其中99%的人认为这部片子是"富于启发性的""积极的"，而1%的人则认为它是"反动的"。饶有意味的是，一些世界著名的华裔科学家如李政道等认为，作为中华儿女，我们不能轻易地摈弃传统。美国的一家中文报纸《中报》发表文章认为，作为一个现代科学家，充满了西方的世界观与方法论，按理说最能摆脱传统文化的影响，然而竟有如此的思想，实在令人费解。也许是长期生活于西方的富足生活之中的缘故吧，反而对古老的东方文化产生了眷恋，不如中国学者们对于祖国的贫穷、落后、愚昧有切肤之感……

看来，传统文化与现代化的讨论还将进行下去；前些年的讨论或许仅仅是一个序幕。经过几年的讨论，学者们需要进行反思，而实际上有的学者已经在进行反思。如王元化在最近发表的一篇文章中认为，长期

---

① 匡亚明，《光明日报》1988年11月20日。

以来对待传统文化最简练的说法就是批判继承，而批判继承最简练的说法就是取其精华去其糟粕，"这个说法经过不断简化和滥用，已变成一种机械理论。照这种理论看来，知识结构只是各种不同成分的混合与拼凑，而不是有着内在联系的整体，各部分之间没有相互渗透和相互作用，没有完整的系统或整体，因而可以进行任意分割和任意取舍"。也正是基于这种认识，他认为对传统文化"批判得愈深，才愈能区别精华与糟粕"，"对旧传统不能突破就不能诞生新文化"。① 类似这样的新思路，或许会对今后的传统文化与现代化的讨论带来积极的影响。

综观几年来传统文化的大讨论，围绕着传统与现代化，学者们一直在致力于这样的主题：人的解放与人的主体性的弘扬。在西方的文明进程中，"人"早已在文艺复兴后改成了大写，与"上帝"平行。中国的革命和现代化建设也是为了大写的"人"。无论如何，通过文化讨论，人们对自身的解放将会有一个更为清楚的认识。

　　节选自《哲学与历史之镜——10 年哲学发展的简要回顾》，原载《光明日报》1988 年 12 月 26 日

---

① 王元化：《论传统与反传统》，《人民日报》1988 年 11 月 28 日。

如何评价传统文化

——近年来关于中国文化问题研究综述

王　和[*]

自"文化热"兴起以来，对于中国传统文化的评价一直是讨论的焦点。一九八八年见诸报刊的文章，大致有三种评价。

一、偏于肯定的评价

景戎华认为：中国传统文化具有强大的应变机能，这种应变机能来自它的多元性（民族、居住区域、原始崇拜，地理和自然条件、文化素质和文化条件等因素的多元），这已为近年来许多重大考古发现所证实。中国文化的这种多元特征，使其在与异质文化的交往中始终能够保持一种开放的心态，而这正是它能不断实现自我调整、自我超越的源头活水。中国传统文化从多元走向一元并定于一元，文化本身便凝滞了，这是中国封建社会在明代以后彻底成熟必然出现的文化现象。但是，这并不意味中国文化的多元特征已经丧失、文化自身再不会有新质出现，只是该时期封闭性压倒了开放性，一元性掩盖了多元性。一旦文化的开放因子在新的条件下膨胀起来，这种多元的特征又会显现出活力，重新恢复生机。事实上近百年的中国历史正是一部这种活力慢慢苏醒、逐渐恢复生机的历史。可以断言，这一强大的应变能力在未来的发展中既不会被"西化"掉，也不会消逝在所谓"儒家第三期发展"的前景之中。[①]

---

[*]　王和，1948—　，男，编审，《历史研究》《中国社会科学文摘》副主编。

[①]　景戎华：《中国传统文化"封闭说"驳议——兼谈中国文化"危机说"》，《北方论丛》1988年第5期。

杨安仑认为：延续性、丰富性、复杂性乃是中国传统文化的最一般性质和特点。而其具体性质则主要表现为三点：①中国传统文化贯穿了一种不可抗拒的自强不息的理性，它一方面成为中国传统文化发展变化的生机和活力，另一方面则成为中华民族性格的一部分。正是这种自强不息的自觉理性，推动中国传统文化出现了几次大的高潮，也推动我们这个民族不断进取。②中国传统文化是以人为本位、按照中华民族特定的伦理观念和道德情感来建构的文化。③中国传统文化具有极强的亲和力与消化力。另一方面，落后性和保守性也是中国传统文化的一个重要特征，如等级观念、权力意识、奴性心理等等。①

二、偏于否定的评价

张文儒认为：从改革与开放的现实看，传统文化中有许多不能适应当前变革要求的东西。尤其是由于它植根于久远的封建文化与半封建文化，带有强烈的封建性、狭隘性和保守性，主要表现于：①重人事，轻科学；②重善恶，轻功利；③重经验，轻理性；④重结构，轻个体。从根本上说，中国旧有的文化模式是植根于一种隔绝、闭塞的小生产的环境里，延续两千年的封建社会使之强化。它带着强烈的保守性逐代流传，与变革着的现实格格不入。如果不能充分地估计中国传统文化模式的这一致命弊端，将会使它成为一种严重阻力，给我们今天的现代化建设设置一道无形的心理障碍。社会现代化取决于人的现代化，人们文化心理素质的适时转换必定会反转来作为强大的动力推动新的生产力的发展与社会进步。②

俞吾金认为：当代中国文化正处在痛苦的转折过程中，主要表现为：①政治本位与经济本位的冲突；②统一性与多样化的冲突；③真理与价值的冲突；④历史评价与道德评价的冲突；⑤总体与个体的冲突；⑥理与欲的冲突；⑦发展科学技术与遏制科学主义的冲突；⑧意识中反传统与潜意识中维护传统的冲突。要清醒地认识到，当代中国文化面临的更

---

① 杨安仑：《关于中国传统文化的性质》，《求索》1988 年第 2 期。
② 张文儒：《改革与传统文化模式的转换》，《晋阳学刊》1988 年第 3 期。

新的模式上的转换，而不仅仅是某些观念上的变化。在对待传统文化上，人们常使用"吸取精华剔除糟粕"这样的话。其实这句话在很多场合下都成了套语。重要的并不是把传统机械地割分为精华和糟粕，而是对整个传统的结构和功能做出认真的反思，是对政治伦理为本位的旧文化模式与以经济建设为本位的新文化模式的总体上的差异和转换做出深入探究。今天我们实行改革，发展社会主义商品经济和建设社会主义民主政治，就必然要与传统文化的一系列重大观念实行决裂。当代中国文化只有沿着改革、开放和现代化的轨道向前发展，才能获得强大的生命力，倒退和复古是没有出路的。①

赵晓雷认为，中国传统文化的原著特征是和谐，"和"是我国传统文化所崇尚的最高境界，对中国社会的发展产生着历史的和现实的深刻影响。传统文化的"和谐"特征反映在社会心理、民族性格上，表现为中国人注重节制，讲究持中，满足于自己的心满意足，对于他们来说，每一件事情都是给定的，人人各有其位分。"不为祸始、不为福先""出头的椽子先烂"等成语，正是这种"全生"人生观在国民性上的通俗写照。从根本上说："中体西用"思想便是"和谐"文化的产物，它反映着那种大一统、封闭式的社会格局的要求，而与现代多元开放的社会发展形成冲突。今天仍有人还想再来一次"中体西用"，对中西文化取半推半就态度；也有人在外来文化的严峻挑战前产生了"失落"感，唯恐世风日下国将不国，而倾向于保存传统文化，说明他们并未摆脱传统文化的思维方式和观念屏障。但是，文化的发展是一种自然历史的过程，社会的发展以及由这种发展所引起的价值观念、道德观念、民族心理、生活方式乃至整个文化的变化，从根本上说是不可逆转的。②

三、持中的评价

邵汉明、王艳坤认为：中国传统文化决非单一的文化，而是一个多成分多层次的有机复合体。仅就结晶为理性形态的传统文化而言，其理

---

① 俞吾金：《论当代中国文化的内在冲突》，《复旦学报》（社会科学版）1988年第3期。
② 赵晓雷：《中国传统文化"和谐"特征的反思》，《天津社会科学》1988年第5期。

论特征大体可以概括为人本主义、理想主义和直觉主义三个方面，人本主义和理想主义是中国传统文化在内容上表现的主要特征，直觉主义则是其方法论特征。传统文化在理论上的特殊性要求我们，在重新认识和反思传统的时候，既不能全盘继承，也不能全盘抛弃。传统文化在理论上的复杂性则要求我们，在对传统的取舍和选择上决不能再走僵化的二分法的老路。

事实上，中国传统文化之精华与糟粕是常常交织在一起的，而且，从历史性的角度看，其优点长处常常变成缺点不足，反之亦然。从中国文化这种特殊性和复杂性出发，我们不仅应批判和继承传统，还应反思和超越传统。这需要明确文化的历史性和现实性、文化的普遍性和特殊性、文化的民族性和世界性等几重关系。①

原载《人民日报》（海外版）1989 年 5 月 27 日

---

① 邵汉明、王艳坤：《关于中国传统文化的整体反思与超越》，《学习与探索》1988 年第 4 期。

1980 年代的启蒙：三种思潮与李泽厚

——台湾对大陆 1980 年代"文化热"的评述

陈卫平 *

1980 年代随着中国大陆致力于现代化建设，在思想学术领域出现了所谓的"文化热"。实际上这是试图从文化层面来反思中国现代化步履艰难的缘由。刘述先在评述 1980 年代"文化热"时，以"思想危机还是现实危机"的论题点出了这层意思。他认为这样的反思主要价值在于思想启蒙，即打破了原先僵硬的教条式的意识形态的"一潭死水"。[1] 从哲学方面来说，台湾学界 [2] 对大陆 1980 年代思想启蒙主要关注于三种思潮和李泽厚。

刘述先首先把 1980 年代的思想启蒙归纳为这样三种思潮："第一个是以汤一介发起的中国文化书院为代表的潮流，第二个是'走向未来'丛书为代表的思潮，第三个是更年轻的像甘阳等一批人。"他认为中国文化书院主张重新检视传统文化，不能片面抹杀传统文化，如汤一介重提"天人合一""知行合一""情景合一"的价值，和海外新儒家探讨的问题可能较接近。"走向未来"丛书的思潮，包括金观涛、刘青峰夫妇和包遵信等人，金观涛的《兴盛与危机》用系统论、控制论解释中国历史，提出"超稳定结构"，有一些新的角度，但其"理论效力（validity）如何"是令人怀疑的，"讲得最不足的，就是意识形态那一部分，原因相信是因

---

* 陈卫平，1951— ，男，华东师范大学哲学系教授。
[1] 刘述先：《思想危机还是现实危机》，载《大陆与海外》，允晨文化实业股份有限公司，1989 年。
[2] 这里所说的台湾学术界较为广义，包括一些与台湾学术关系密切的定居国外和香港的学者。

为他们不是专门搞中国哲学的"，包遵信的看法较为"西化"，"他论及新儒家时，仍是把梁漱溟、牟宗三及国内和海外的学者的看法拼凑成一负面的图画，我认为他是把大陆一些'封建'的东西归咎于儒家思想，然后加以挞伐"，其思想不是很严密。甘阳等也编丛书，如"现代西方学术文库"，他们激进地要"斩断传统"，他们介绍西方思想，但"还没法用西方的眼光来看西方"，即对西方思想有误解，譬如甘阳《从理性的批判到文化的批判》，把卡西勒当成是海德格尔的先驱，其实卡西勒继承的是理性主义传统，而海德格尔继承的是尼采，往非理性主义方向走；之所以有如此的误解，很可能是为了强调"任何传统都要经过我们解释才能活，既然过去的传统对我们没有什么好处，都要不得，为什么不把它整个丢掉，另造一个呢？"①

其他台湾学者在评论 1980 年代大陆哲学状况时，主要关注的也是刘述先所提到的这三个思潮。当然，评论的重点各有所不同。熊自健在《"中国文化书院"的组织与活动》一文中，详细介绍了该书院的宗旨与组织、学术活动、学术成就等，认为其意义是"延续了中国民间兴学的传统与中国知识分子追求学统独立的精神"，"充分流露出中国知识分子在文化传承上的担当"；然而，"它与中国古代的书院相比，它少了些中国古代书院那种传道的热情与悲愿，而具有较多批判继承以谋求中国文化现代化的用意"。②

傅伟勋把金观涛夫妇看作"大陆学术界的前卫象征"，因为他们"已无马列教条的束缚痕迹，反而冲破整个马克思主义而重新追求科学真理与文化价值的学术意向"；认为他们运用控制论、信息论、系统论重新探索历史和世界文明的演化规律，"这种思想灵感的发挥与开创性的理论突破尝试是很少见的"，对其的学术质疑主要是：建立贯通自然科学与社会科学的统一方法论是否可能？研究历史，是对历史事实的一种科学说明还是一种诠释学的探讨？认为他们以文化结构与科技结构的内在关联来探讨中国近代科学落后的原因，"是具有突破性的学术创获"，但对解决

---

① 刘述先：《思想危机还是现实危机》，载《大陆与海外》。
② 熊自健：《当代中国思潮述评》，文津出版社，1992 年，第 247—248 页。

如何融合西方现代科学的文化价值与中国传统的文化体系，则心有余而力不足。① 这同刘述先认为他们中国哲学功底薄弱是相似的。

但傅伟勋并不像刘述先那样，认为甘阳误解西方哲学，激进地反传统，而是认为甘阳"对现代欧洲哲学有相当深厚的知识与了解"，他受海德格尔到伽达默尔等人的诠释学的影响以"未来型时间观"来诠释传统，因而"所谓'批判的继承'，也就并不只是在'过去已经存在'的东西中挑挑拣拣，而是要对它们的整体进行根本的改造，彻底的重建"，这样的"新传统观、新文化观，既不偏向墨守成规的传统主义，亦避免了'全盘西化'的偏激论调，与我多年来所主张的'批判的继承与创造的发展''中国本位的中西互为体用论'等等看法似很接近"，其问题是"还无法更进一步——分就宗教、形上学、人性论、人伦道德、艺术、科技、政治社会思想、教育乃至其他有关传统文化的各种学科或层面，细予讨论如何'批判继承并创造地发展'中国文化之种种"。②

扬人对甘阳与"文化丛书"派的学术评价颇低。他专文介绍了甘阳"文化丛书"派的兴起、成员以及主要工作，指出他们"试图以思想和学术影响社会"，"他们的工作主要集中在以下两个方面：其一是按照他们自己的理解所作的全盘西化的翻译介绍工作，或者说介绍运动；其二是反对传统的文化宣传（而非学术研究）"。扬人指出，在他们翻译的著作中，"绝大多数是奥、德非理性主义，以及西方左派的作品"，也有极少数的科学哲学著作；这反映了他们的思想倾向和目的，因为"他们反传统的思想都是建立在中国文化传统欠缺某种因素这一基础上的"，而西方非理性主义和西方左派的思想正是中国文化传统所欠缺的，这用他们自己的话来说，就是"力图通过研究这些西方当代大思想家对西方近现代文化的反省和检讨，来更全面地把握当代西方文化的内在机制和根本矛盾，从而也就是间接地反思中国文化的未来走向"；然而，他们所做的全盘西化的反传统的工作，"实际上并没有进入学术领域，严格说只能称它是一场文化宣传运动"；于是，他们对西方思想有很多误解：如刘述先已

---

① 傅伟勋：《"走向未来"的金观涛与刘青峰》《大陆学者的文化再探讨评析》，《"文化中国"与中国文化》，东大图书股份有限公司，1988 年，第 229—253、357—362 页。

② 傅伟勋：《大陆学者的文化再探讨评析》，《"文化中国"与中国文化》，第 362—366 页。

指出的甘阳把卡西勒看作海德格尔先驱，是常识性的错误；再如他们以德国非理性思想和西方左派为中国文化的未来，实际上这些思想中不同程度地存在着厌恶和恐惧西方近代社会文明的倾向，因而左派意识形态式地批判西方社会现实的乌托邦，在德国大学里占有优势，但在绝大多数西方国家中却被冷落，"以甘阳为代表的文化丛书派，寻求西方近代化的道路，寻求启蒙，然而，在世界上已讨论了半个世纪之久的意识形态和乌托邦问题之后，在绝大多数人已认为这个时代是意识形态和乌托邦结束的时代之时，却仍然像 20 年代的中国知识分子一样走向了德国和西方左派，这又是一个未加思索的误解"[①]。

傅伟勋说：李泽厚"在后文革时期的大陆哲学思想界，最具独创性且对年轻一代最有号召力"[②]。黄克武从动态的角度来评介李泽厚，把李泽厚在 1980 年代的思想和 1990 年代以《告别革命》为代表的思想联系起来考察，表现了"从肯定'革命性的转化思想'转变到推崇'改革性的调适思想'的典范性的变迁"，回顾中国 20 世纪初，"梁启超在 1903 年前后也经历了一个从拥抱革命到告别革命的心路历程，从转化转向调适，梁、李两人前后辉映，形成 20 世纪中国思想史上很有意义的现象"。[③]这一现象的很有意义之处，也许在于 19 世纪末 20 世纪初的思想启蒙和 1980 年代的思想启蒙表现了不同的历史走向：前者并未朝着梁启超告别革命的路子走去，而是迈向激进的革命；后者则从激进的批判转向改良的调适。

原载《社会科学》2005 年第 7 期

---

① 扬人：《甘阳与"文化丛书派"》，《中国大陆研究》1992 年第 35 卷第 7 期。

② 傅伟勋：《李泽厚的荆棘之路》，《"文化中国"与中国文化》，第 199 页。

③ 黄克武：《论李泽厚思想的新动向》，《"中研院"近代史研究所集刊》1996 年第 25 期。

第 2 辑

"第二次文化热"悄然升温

呼延华 *

1993—1994 年的学术界颇耐人寻味，《东方》《战略与管理》《原学》《原道》《中国书评》《今日先锋》《中国社会科学季刊》等严肃学术刊物如雨后春笋，纷纷面世；中国社会科学青年研究中心、中国文化研究所、战略与管理研究会、中国社会科学研究所等半官方或民间学术研究机构也先后成立；近年来一直不甚景气的北京三联书店，学术著作的印数又有大幅回升。这些社会文化发展的表象告诉人们，始于 80 年代的文化热并没有断层。经过学人深刻的反思，以上述杂志的创刊和学术研究机构的成立为标志，中国社会科学和人文科学发展的第二次热潮正在悄然兴起。

与受中西文化碰撞冲击的 80 年代中期的文化热呈现出狂热和躁动相比，这次文化热具有不同的特点。

其一，学术研究的民间色彩越来越浓厚。这种民间色彩集中表现为由企业的经济力量资助创办刊物，资助学术研讨。

以"确认文化比政治更永久，学术乃天下之公器，只求其是，不标其异"为宗旨，对中国文化给以沉甸甸的深刻关怀的《中国文化》，以此得益良多，由于企业家的资助，这本大型学术刊物长期以来，不求闻达，为自由的学术和学术的自由而奋力地耕耘着。杂志主编刘梦溪先生说："企业家资助学术研究，民间资助文化建设，这并非偶然，而是新的社会

* 呼延华，1974—　，男，《光明日报》记者、编辑，中国人民大学书报资料中心副主任兼副总编辑。

历史环境中，有远见的企业家和有远见的学者历史性的会合。"

由企业家资助成立的中国社会科学研究所，在成立不到一年的时间里相继推出了《中国书评》《中国社会科学季刊》两本严肃学术刊物，并组织出版了历史学论文集——《甲午百年祭——多元视野下的中日战争》，给人一种"今日先锋"的感觉。该所所长邓正来先生认为，民间办研究所、办杂志主要是在承认知识多元化的前提下，为学术研究提供多元的机制和空间，这对政府组织的文化建设是一种有益的补充。

过去，中国的学者是不被允许接受外来的资金援助进行学术研究和学术讨论的；而今，国外的一些基金会也被接纳进来，这种多元促学的范围越来越大，由日本资助的《学人》就是一个明显的例子。"这表明一个社会的变化，这也是与社会的开放程度相关联的，是一种健康的、合理的现象。"青年学者梁治平先生如是说。

其二，卓有见地的各界前辈学者与学有所长的青年学者共同携手，纷纷呼吁建立一种学术规范，对严重违犯学术纪律、亵渎知识神圣权威的抄袭和剽窃行为予以挞伐和痛击。

几年来，学者个人的学术研究虽一直在默默地进行，学术争鸣与对话却处于尴尬的境地，争论双方各有自己的一套规范，谁也不懂对方所言，争论起来，要么钻牛角尖，要么吵得一塌糊涂。"要建立这样一种规范，使学术交流与对话成为可能。"梁治平说。

刘梦溪先生在一次学术研讨会上忧虑地说："学术失范是一个令人痛心的问题，必须建立一种基本的学术规范，以匡正学术空气和引导学术研究向健康的方向发展。"

以"确立学术自尊心"为办刊宗旨的《中国书评》，首开先河，创刊号上刊登《评〈南极政治与法律〉》一文，以严格的学术态度，利用表格逐一列出《南极政治与法律》一书与澳大利亚西部大学教授 F. M. Aubum 所著的《南极法律与政治》一书的雷同之处。并以犀利的文笔、翔实的材料对后者的抄袭和剽窃行为予以无情的鞭答。

纵览 '93—'94 创刊的十多种学术刊物，大部以遵守学术规范为准则，语言的规范性、材料引据的翔实可靠性、理性批判的宽容精神等基本的学术规范成为这些高水平的严肃刊物选登文章的唯一标准。

其三，学术争鸣与探讨显得冷静；宽容成为学术美德；理性地接受他人的批判意见成为大家共同认可的学术态度；承认学术的相对独立性。

《中国文化》杂志自创刊以来，"不唯上、不唯书、不泥古、不趋时，既不做传统观念的奴隶，又不做流行观念的牺牲品"，一直为提倡独立自由的学术研究执着地奋斗着。

从近两年创刊的《东方》《战略与管理》《中国社会科学季刊》等学术刊物上，基本上看不到伪学术、非学术、口号式的学术文章，八十年代所特有的那种狂热的、盲目的简单否定已成为历史；重学理、重理性的批判与对话已成为一种规范。

中国人民大学一位博士生说："从近来参加的一些学术活动中，我深深体验到，大家有了彼此的宽容，虽然有时听到的还只是溢美之词，少有反对的声音，缺乏思想的尖锐交锋，但毕竟都在尊重知识的客观性；那种乱扣帽子，假、大、空的政治语言，以政治教条为学术评价标准的现象虽然还有，但不像以前那样泛滥成灾。"

这一切都表明，"当前的学术界，正在形成一个健康的学术环境，经过反思，眼下的中国学人冷静了许多，也学会了宽容，这是我们的进步"。人民大学哲学系李德顺先生这样认为。

任何一种文化现象都有其深刻的社会背景，文化的发展离不开社会土壤，这次文化的悄然升温仍有其复杂的社会历史内涵。

邓正来先生认为，学术、文化发展有其自身内在的逻辑规律，这次由企业经济力量参与而带来的文化升温，是与社会的开放程度相适应的。知识的本质是多元的。

深刻的文化震荡源于深刻的社会变革。这次文化趋热虽然在社会良性的发展背景下带来了某些健康的文化现象，但这种现象能保持多久，能在多大程度上促进学术的国际交流与对话，对民族文化的重建有多大的历史作用，还需拭目以待。

原载《中华读书报》1995 年 2 月 15 日

国粹·复古·文化

——评一种值得注意的思想倾向

罗　卜*

　　近读陈国谦先生《关于环境问题的哲学思考》（载《哲学研究》1994年第5期）一文，颇有感触。陈文在涉及中西文化比较问题时，尽管"照着说"与"接着说"的多为时贤之论，但笔者却以为其中大有可推敲辨析之处。陈文的论点可以归结为以下两个方面：

　　一、主客二分是西方文化的特色；主客混沌（或天人合一）是中国文化的特色。主客二分唤起了人征服自然的能动性。这既是西方科技发达的文化根源，又是当代西方文明走向衰落的文化症结。天人合一则导致人与自然的和谐。这既是中国科技不发达的文化根源，又是中国文化在当代走向世界的根据。主客二分导致人与自然关系的恶化，而天人合一的生命直觉却能使中国文化摆正人在宇宙中的地位，使精于器（科技）而疏于道（天理人伦）的西方文化得以拯救。西方文明之器与中国文化之道相结合，是人类文明健康发展的必由之路。

　　二、马克思主义哲学作为西方文化主客二分的产物，是崇尚对立的斗争哲学。它只适于破坏旧世界的革命，而无助于当代人类的生存和发展。中国古代哲学是崇尚统一的调和哲学。在物质文明与精神文明的分裂困扰着人类时，中国的调和哲学能够成为当代人类文明的精神向导。因此，"斗争哲学"必须让位于"调和哲学"。

　　这些观点并不是一位环境科学工作者林中散步的孤独遐想。至迟在

---

*　罗卜，中国社会科学院哲学所，其他情况不详。

19世纪末张之洞的《劝学篇》中，我们就能看到中体西用观所映射的关于东方文化的神话。这个神话告诉我们，西方文化重器轻道，物质文明发达，而精神文明却落后于中国。中国文化重道轻器，只要立足于天理人伦之本，并吸收西方"船坚炮利"之器，就可以重温汉唐旧梦。尽管洋务运动的失败已在实践上证伪了这个神话，以陈独秀、李大钊为代表的早期马克思主义者也从理论上清算了这个神话，但这个神话的传人延绵不绝。20世纪以来，西方卷入了两次世界大战，西方文明中出现的物欲的无限扩张和精神上的漂泊感之间的巨大反差，使一些西方人把目光转向东方神秘主义，并在中国古代哲学中找到了他们用以批判西方文明的语言。这种来自西方的秋波，使窘于经济和政治落后的国粹论者找到了精神自慰的方法所在。他们从韦伯把资本主义兴起归因于新教伦理的文化决定论中受到鼓舞，热衷于用观念文化来理解东西方的差异，打出中国文化牌。80年代以来，时起时落的文化热以及目前行情看涨的国学热，使东方文化的神话再度复活；而"苏东事变"以来，马克思主义在相当一部分人的信仰中的失色，则为这一神话推波助澜。

然而，神话毕竟是神话。

人类文化发育史所遵循的共同规律表明：无论是东方文化，还是西方文化，都是具体的、历史的、多样的。在特定历史时期，某种思潮可以成为主宰大众文化的主流，但绝不可能有万古不变的单一文化图景。文化在一定意义上就是文化史，而文化史本身就是多重因素彼此交融的产物。任何文化都是共性与个性的统一。有鉴于此，笔者认为，所谓西方文化是主客二分文化，中国文化是主客混沌（或天人合一）文化，是一种任意的虚构。

首先，让我们看看西方文化主客二分的虚构。这涉及两个问题：主客二分是否可以涵盖西方文化的特色？主客二分是否必然导致人与自然的对抗？

人类的文明史表明，人猿相揖别的精神特征在于：人把自己同自然界区分开来。尽管这是非常原始的理性萌芽，但却构成了人类精神发展史的起点。而从概念上将主观与客观、主体与客体区别开来，则是哲学思想发生的重要标志，是人类认识史上的巨大飞跃。无论是东方哲学，还是西方哲学，都曾以寻找世界的统一性为主题。这种本体论的哲学使命，正是以主观、客观世界的划分为前提的。先秦管仲学派的"水"以及宋钘、尹文的"精气"，古希腊米利都学派的"水""气""无限者"等等，都是早期哲人探索宇宙统一性的产物。关于主体、客体的区分，与西方哲学一样，中国古代哲学也经历了不断深化的过程。最初是从具体的主客关系来规定主体、客体的。如孔子"己所不欲，勿施于人"中的"己"与"人"，又如《中庸》中的"成己"与"成物"。稍后在宋钘、尹文哲学中出现了"所以知"之"此"和"所知"之"彼"的区分，在先秦子学的集大成者荀子的思想中，则有"可以知"的"物之理"与"以知"的"人之性"之分。这表明战国时期的思想家已从认识论的角度，把主体与认识对象区分开来。宋明理学中又有心与物之分，王夫之又深入研究了"能知"与"所知"的辩证关系。这就足以说明，在把握主客关系问题上，东西方哲学及文化并没有本质的区别。国粹论的一个可疑的做法就是：把近代从培根开始的科学主义精神当作主客二分的文化模式，以表征西方文化。培根式的乐观主义理性精神，把人的主观能动性提高到可以征服自然并支配自然的高度。这种对主体性的高扬，促使主客关系成为近代哲学的主题。但问题在于：近代理性主义文化的崛起并不是自发的、孤立的现象。它与资本主义经济条件的萌芽有着内在的历史联系。看不到这一点，把一个次生的因素看作是决定性因素，这无疑是一种观念文化决定论；把一个近代理性主义文化的一支看作是西方文化特征的泛称，也是对文化史的一种任意而粗鲁的肢解。这样做，不仅难以说明包括基督教在内的各种因素在西方文化史中的地位，而且还会伸延出一些难以自圆其说的问题：18 至 19 世纪出现的浪漫主义文化运动曾对欧洲的知识界尤其是德国唯心主义哲学有着深刻的影响，这种批判科学与文明，要求回归自然的思潮算不算近代西方文化的要素？它之所以没有成为主宰近代工业文明的主流，是观念文化所能说明的吗？再者，中国春秋时期就有子产的"天道远，人道迩"之说，战国时又有荀子的人定胜天、"制天命而用之"之说，唐代又有柳宗元的"天人不相预"和刘禹锡的"天人交相胜"之说，所有这些绵绵相续的天人相分思想，之所以没有导致中国出现西方那样的近代科技和近代工业，仅仅是因为中国人没有来个"灵魂深处闹革命",没有推倒"天人合一"观吗？

撇开文化决定论在思想史上的困境不谈,仅就"主客二分"推出人与自然关系恶化而论,也有理论的漏洞。主客之分,并不等于人与自然之分。构成主体性的要素是人的各种规定性中最重要的一种规定性,而构成客体的要素,则泛指一切相对主体性而言具有对象性意义的东西。它不仅包括自然的存在,还包括社会的存在。当思想作为反思的对象时,也具有不以特定范围内的主体为转移的客体性。因此,把"主客二分"等同于人与自然二分,是不确切的。况且,"主客二分"的科学主义态度,并不直接就是导致人与自然关系恶化的文化症结。实际上,当资本家的发财欲使他掠夺性地向自然索取资源时,我们视之为祸首的"主客二分"论在相当大的程度上还局限于哲人的书斋里,很难找到先聆听"主客二分"文化,再活学活用地征服自然者。换一个说法,我们可以反问:主客混沌或天人合一就可以避免生态环境的恶化吗？过度的放牧引起的草原沙化,过度的垦殖引起的山林水土流失,在亚洲、非洲、美洲都存在。中国古代黄河流域的生态恶化史,有多少是可以直接或间接地归咎为主客二分文化的？在所谓天人合一的文化古国,那些急于脱贫的人何曾想到天人和谐的祖训而放慢对自然的掠夺性开发了？在某种意义上,我们可不可以这样说,正由于主客不分,人们没有充分理解自然客体的内在性质,而以一种动物性的盲目方式毁了自己的家园？那种刀耕火种的生产方式,何曾不可以称之为一种对自然的原始的依赖？

国粹论者用"天人合一"补救西方"主客二分"之偏弊的做法,也存在着逻辑上的混乱,即把"天人合一"等同于"主客合一",或等同于"人与自然的和谐"。在中国古代哲学史中,"天人"与"主客"、"自然和人"虽有部分重叠,但并不是一回事。"天"在中国古代哲学中往往被神秘化、伦理化了,"人"也往往被剥夺了主体性,或被唯心地注解了。儒家的"天人合一"论的直接目的是维护封建制度的神圣性,是要以"顺乎天而应乎人"作为经世的标准。无论是孟子的"尽心""知性""知天",还是《易传》的"天生神物,圣人则之"。无论是董仲舒的"人副天数",还是程颢的"天地万物一体之仁",都是以天人感应或伦理本质上的天人同构为共性的。这实质上是把封建人伦放大到天命的高度,"天人合一"

强调的是封建人伦的客观必然性、永恒性，与"人和自然的统一"无涉。在老庄道学中，一切自然而然的属性归于"天"，而"有为"的能动性归于"人"。《秋水》云："牛马四足，是谓天；落马首，穿牛鼻，是谓人。"问题是老庄的天人合一是建立在回溯人的自然属性之上的。所谓"任其性命之情"（《庄子·骈拇》），是以天化人，即"无以人灭天，无以故灭命"（《庄子·秋水》）。人的能动性仅在于主动地放弃人的能动性，损之又损，以至无为，使其"有人之形，无人之情"。正如荀子所批判的那样：道家"错人而思天，则失万物之情"（《天论》）。综上所述，"天人合一"与现代文明所需要的"人与自然的和谐"不是一回事。西方人站在当代文明的高度，可能从中国古代哲学中找到某些可以借鉴的因素，可能从中国"天人合一"论的保守性中得到某种启迪，以反省西方近代文明对"发展"的盲目崇拜，仅此而已。而且，即使西方人真的如国粹论者一厢情愿地所想象的那样，要从中国传统文化中寻找什么法宝了，有一点是令人沮丧的：西方文化中不缺"人与自然统一"的观念！西方人不必舍近求远！

在古希腊，犬儒主义已把自然状态看作生活的最高境界。为此，他们鄙弃一切文明的财富和价值观念。17世纪的斯宾诺莎要人们"运用普遍的自然规律和法则去理解一切事物性质"，赞美"自然的力量和作品"，把生命的价值寄托在对永恒的沉思上。18至19世纪的浪漫主义运动，或者从对封建专制的否定走向对近代文明的批判，或者从对工业文明的抗拒走向对近代文明的批判，他们以卢梭为旗帜，用"回归自然"的口号表达了重建人类文明的理想。卢梭的《社会契约论》成为资产阶级政治学的经典，而他对科学的忧虑却丝毫没有影响科技的发展。这一点足以表明，并不是西方人没有发现这些"法宝"，而只是因为，浪漫主义对文明的批判偏于道德感伤主义，因而有一种诗意的迂腐。

把马克思主义辩证法等同于"仇必仇到底"的斗争哲学，这本该是不值一提的谬论。但由于这涉及歪曲马克思主义哲学的原则问题，笔者不得不复述十几年前的老话。

马克思主义辩证法以对立统一规律为核心。这个规律表明，在任何事物内部，矛盾的双方都是既相互排斥、相互斗争，又相互依存、相互转化。矛盾的斗争性和统一性是一个矛盾的二重性质,不可能有离开矛盾同一性的斗争性。反之亦然。在矛盾斗争的形式、范围和性质上,矛盾斗争性的表现千差万别,不可能用一种斗争形式统括作为哲学概念的"斗争性"。而且,矛盾的斗争性在性质上是可以变化的。在一定条件下,对抗性矛盾和非对抗性矛盾可以彼此转化。把矛盾的斗争性归结为"一切对着干",这是"四人帮"及其御用文人对马克思主义哲学的歪曲。而无论从马克思主义哲学的创始人还是后继者的论著中,都找不到"仇必仇到底""将矛盾斗争绝对化,以破坏统一体存在"的论据。相反,在自然观中,恩格斯批判过那种只讲斗争的达尔文主义者;在社会观中,列宁批判过那种标榜"无产阶级斗争哲学"的高调。有一点还需说明,当"斗争哲学"成为野蛮的政治迫害的理论根据时,一些人绝不是先学了"斗争哲学",然后才去掺和一场空前残酷的内斗的。历史上高唱儒学之仁的时代,统治者残酷地排斥异己的现象史不绝书,这也不是"斗争哲学"影响下的文化观使然。现在又有人把马克思主义归结为"斗争哲学",实际上就是想用"调和哲学"取代马克思主义。

这不是危言耸听。只要我们把现实生活中的文化复古热、神秘主义热与马克思主义之冷联系起来,就不难发觉这一冷一热之间的微妙关系。

时下知识界对传统文化的关注,有复杂的动机和背景,不可一概而论。以往曾有过打着"马列"旗号全盘否认传统文化的极左思潮,对民族精神文化造成了难以平复的创伤。这种文化的失落将贻害几代人。"苏东事变"以后,马克思主义走向低潮,全盘西化论、民族虚无主义、神秘主义在丧魂落魄的人中间广有市场。信仰的塌方带来的世纪末的精神瘟疫,则以穷奢极欲的生活方式蔓延开来。在这种严重的精神危机面前,发掘典籍文化,弘扬民族传统文化,重塑民族精神,匡扶正气,确是文化建设的当务之急。但是,如果我们天真地以为仅仅从"国学"中就可以找到立国之本或重建民族精神的支柱,而马克思主义作为外来文化可以置之一边,那就未免太迂腐了。仅举一例:大谈伦理纲常的程朱理学诞生于中国封建社会走向反动的时期,其存天理、灭人欲的观点对以理杀人的血腥历史有不可推诿的责任。这种虚伪的东西如果被抽象地作为国粹而参与构造我们的民族精神,就不是什么新招,而是一种复古了。毋庸讳言，一些人从先秦的神秘主义中寻找理解当代文明的钥匙，一些人宣扬中国需要孔夫子、董仲舒，需要重构与马克思主义并列的中国哲学新体系，正是利用了这种迂腐的文化改造观。这些人的所作所为，就不是简单地用"我祖上也曾阔过"这种阿 Q 精神所能解释的了。不排除有人企图以"国学"这一可疑的概念，来达到摒社会主义新文化于中国文化之外的目的。有学者曾一针见血地指出，某些搞哲学的人像芭蕾舞演员，脚跟不着地，转得快，围着一己之利打圈子。这种说法虽很尖刻，但确实值得哲学工作者引以为戒。

原载《哲学研究》1994 年第 6 期

要注意研究 90 年代出现的文化保守主义思潮

方克立*

今年 2 月，我在给友人的一封信中提到：在 90 年代的"国学热"中，确实有人企图用孔夫子的儒学来抵制、排斥、否定和取代马克思主义，但不能把情况估计得过于严重，好像已经出现一股了不得的国粹主义、复古主义思潮。在"国学热"中，大多数学者还是力图用马克思主义观点来分析、认识中国传统文化，弘扬民族文化之精华，批判继承，综合创新，创造有中国特色的社会主义新文化。我不同意把"国学热"和国粹主义、复古主义思潮简单地画等号。值得注意的倒是 90 年代文化研究和文化讨论的所谓"话语转换"，即一些人所说的"放弃激进的社会 / 政治批判话语，转而采取文化上的保守主义话语"[1]。在今天，"文化保守主义"确乎已成为一种值得注意的思潮，但它关心的主要不是中国传统文化，而是要反思整个中国近代史。[2]

我这样说有什么根据？今天想着重谈谈我对 90 年代出现的文化保守主义思潮的认识。

一、当今中国是否存在一股文化保守主义思潮？

我想首先用一些人文学者的实际感受来回答这个问题。我带来一本杂志，其中有两篇文章，题目分别是《文化崩溃时代的逃亡与归依——九十年

---

* 　方克立，1938—2020，男，中国社会科学院研究生院院长、教授。

[1] 　《东方杂志》1994 年第 5、6 期。

[2] 　参阅《高校理论战线》1995 年第 5 期。

代文化的新保守主义精神》和《新保守精神：价值转型的表征》。

前一篇文章说：

"我发现自 90 年代开始，文化上新保守主义精神不作宣告地悄然形成了。……新文化保守主义的主要特征概括起来大致有如下三点：一是放弃激进的批判精神，实行温和而稳定的话语实践；二是放弃对共同处境的忧患、焦虑和怀疑，转变为对个人境遇的关怀和思考；三是放弃对终极价值、目标信仰的追求和提供，而是关注具体的局部问题的解决。显然，这是一次文化气质的大转型，对这一巨大的转变我们已有了明确的感知。"①

后一篇文章说：

"进入 90 年代，中国大陆的文化发生了深刻的转型。人们都已注意到的一个文化现实是：一种新保守精神正在崛起，它已超越了 80 年代我们所熟悉的文化话语，在新的话境中发挥着越来越大的影响。……这种文化思潮既包含着对 80 年代以来文化运作的反思，又有对'五四'以来激进话语的反思；而它的发展也与目前'冷战后'的新世界格局有密切的联系，可以说是这一格局的一种文化反应。'新保守精神'已涉及了文化的各个领域，在不同的文化空间中获得了不同的表现形式。"②

这是两位生活在国内的人文学者的体认和感受。我还想介绍一位现执教于英国伦敦大学东方学院的中国学者远在异国他乡的观察和评论。这位学者在阅读了近年来国内文化讨论的一些文章后说：

"读完这些讨论，有一个局面已相当清楚：一个强大的新保守主义思潮正在中国知识界翻卷起来。新保守主义首先表现在对 80 年代文化热的忏悔自罪心情。……对 80 年代文化精神高扬的清算是新保守主义的一个共同倾向，不管讨论者是否自觉到这一点。新保守思潮表征之二是回归传统文化，'倾听压抑太久遗忘太久的人文主义传统的声音'。……从国内出版物的情况看，新国学的确已成为近年学术的中坚，文化关注点的确在转向。新保守主义潮流的最重要表征是自我唾弃精英地位或责任，

---

① 《中国文化研究》1994 年夏之卷。

② 同上。

转而与民间文化——俗文化认同。”①

根据上述资料，说在当今中国存在着一股文化保守主义思潮，大概不至于被认为是一种虚构。它是许多学者“明确地感知”到的一种当代文化现象。

其次，我们不能忽视这样一个现实：文化保守主义已是一些学者和刊物公开亮明的旗帜，有人呼唤在大陆形成“新儒家群体”或新保守主义学派。

《原道》辑刊在第一辑的“编后”中写道：“××博士的自由主义、×××博士的解构主义与《原道》同人的‘保守主义’在理论层面是相冲突的，但在现实层面，它们可以也必须互相制约补充。”② 这就是说，“保守主义”是《原道》同人公开亮明的旗帜和学术宗旨，这与该刊第一辑中一些主干文章的思想倾向确是一致的。首篇《李泽厚答问》结尾一段话颇有意味：

“问：……您信仰什么思想？

答：唔，什么都有一点吧。

问：如果把您称为新儒家，您愿意吗？

答：愿意。但不是现在港台那种新儒家。

问：……什么时候您能谈谈，如果大陆形成有异于港台地区的新儒家群体，那它将表现出一些怎样的特征？

答：这很值得探讨，但现在还有些为时过早吧！”③

这段问答说明，在今天，不仅像李泽厚这样知名的学者表示愿意被称为“新儒家”，而且有人呼唤在大陆形成“有异于港台地区的新儒家群体”。而事实上，早就有人打出“大陆新儒家”的旗号了。

1992年6月，某大学的一位资深教授在四川德阳召开的“儒学及其现代意义”国际学术研讨会上提交了一篇论文，题曰《我的现代新儒学观》，公开“揭举大陆新儒学的旗帜”。1994年11月，在湖南岳阳召开的“国际‘儒家文化与当代文化走向’学术讨论会”上，他埋怨人们对他不

---

① 赵毅衡：《“后学”与中国新保守主义》，《二十一世纪》1995年2月号。
② 《原道》第一辑，中国社会科学出版社，1994年，第386页。
③ 同上书，第3页。

重视，并作了一个很有意思的发言。他说他"发现"了"仁"是孔子思想的核心和基石。"五四以来，全盘西化论者，不论是全盘英美化派或全盘苏化派，都一味批孔。特别是后者，把这个光辉思想当作唯心论、天才论批判。即使真正尊孔的孔教派和现代新儒家的前辈、时贤，也没有特别看重这句话，竟让我这个无名之辈再发现了这块儒学的奠基石。从此，豁然贯通，形成系统的观点，自行摸进了新儒学的大门。我期待学界前辈或成名学者揭举大陆新儒学的旗帜，白等了好几年。'蜀中无大将，廖化作先锋'，我只得在'天下有道，丘不与易'的精神指导下，冒天下之大不韪，1992 年 6 月在德阳'儒学及其现代意义国际学术研讨会'上申明我服膺现代新儒学，并阐述了我的观点。"

公开揭举"大陆新儒学"旗帜的不仅有资深教授，也有青年学者。首都某大学的一位青年法学家著文说："中国大陆新儒家的出现为势所必然。……没有大陆学人的传承和创新，没有在海外新儒家的薪火延续的基础上开出大陆新儒家，第三期儒学发展只能是半途失落的旧鸟之梦。"他认为"中国大陆新儒家的形成标志不在于对传统儒学作系统的哲学文化诠释，此项工作实际上已由海外新儒家基本完成，而在于对传统儒学作创造性的政治法律转换"，因此"法学者肩负着推进中国大陆新儒家崛起的义不容辞的历史责任"。

"大陆新儒家"的呼唤，是文化保守主义已逐渐形成气候的一个重要标志，在 80 年代是听不到这种声音的。那时虽然也有个别大陆学者强烈认同新儒学，但其文章只能拿到港台报刊去发表，而在大陆发表不出来。90 年代情况有了很大变化，在中国大陆自觉不自觉地站在文化保守主义立场的学者已不只是个别人。他们中有的是一种自觉的文化选择和"策略改变"，有的则主要是在学理上肯定"多元的文化保守主义"在文化研究与文化建设方面"显示出对于激进主义的优越性"，情况很不一样。

二、90 年代文化保守主义的主要特征或表现

1. 反思和批判激进主义。从反思 80 年代"文化热"中的激进主义到反省"五四"以来以至整个中国近代思想史中的激进主义，从批判文

化激进主义到批判政治激进主义；反省、反思整个中国近代史，否定近代以来的历次中国人民革命，认为太平天国革命、辛亥革命和中国共产党领导的人民革命都是政治激进主义的产物，反帝反封建的人民革命阻碍了中国现代化的进程；中国应该走改良和"君主立宪"的道路。如李泽厚说："我认为，辛亥革命是搞糟了，是激进主义思潮的结果。清朝的确是已经腐朽的王朝，但是这个形式存在仍有很大意义，宁可慢慢来，通过当时立宪派所主张的改良来逼着它迈上现代化和'救亡'的道路；而一下子痛快地把它搞掉，反而糟了，必然军阀混战。所以，自辛亥革命以后，就是不断革命：'二次革命''护国、护法''大革命'，最后就是1949年的革命，并且此后毛泽东还要不断革命。直到现在，'革命'还是一个好名词、褒词，而'改良'则成为一个贬词。现在应该把这个观念明确地倒过来：'革命'在中国并不一定是好事情。"① 有的论者指责三元里人民的抗英斗争和鸦片战争后广州人民的反入城斗争也是激进主义，是一种"狭隘的传统型的爱国主义"，"它不利于促进中外经济、文化交流，不但与世界历史发展潮流背道而驰，也不利于中国自身的进步"，把阻碍中国开放、现代化的罪名加在抗英人民的头上。

在这种反思和批判激进主义思潮的影响下，在中国近现代史研究领域出现了不少翻案文章：褒扬曾国藩，贬低洪秀全和太平天国革命；褒扬洋务派和改良派，贬低资产阶级革命派；甚至褒扬袁世凯，贬低孙中山。一篇文章指责孙中山制定的《临时政府约法》和改总统制为责任内阁制，"是造成民初社会动乱、阁潮迭起、府院之争连绵不断的一个重要原因"，而表扬袁世凯推行的政治、经济、教育、外交政策，"正反映了当时社会历史发展的总趋势"。

在文化上批判激进主义主要是否定"五四"新文化运动，否定在思想领域批判封建主义和资产阶级意识形态的必要性，有的文章实际上是把马克思主义当作激进主义来批判。20世纪的中国文化运动被看作是一直受激进主义所主导的，因此具有"反文化"的性质。20世纪的文化史

---

① 李泽厚、王德胜：《关于文化现状、道德重建的对话》(上、下)，《东方杂志》1994年第5、6期。

成了一部反文化思潮占绝对统治地位的历史，成了一部"反文化史"。反文化思潮有两个突出表现：一是"经久不息的全盘否定传统倾向"，二是"持续的激烈反知识分子倾向"。20世纪被描绘为中国文化和知识分子最为悲哀的世纪。

2. 和中国近现代文化保守主义一样，当代文化保守主义也表现出一种回归传统的倾向。在弘扬民族文化口号下，有人打出了"复兴儒学"和"大陆新儒家"的旗帜，宣称"21世纪是儒学的世纪"，主张以儒学为主体、为本位来融合中西文化，再造"国学"的辉煌。

80年代末，就有大陆学者著文论述"中国大陆复兴儒学的现实意义及其面临的问题"。这位作者认为，中国大陆当前最大的问题是复兴儒学的问题，因为"在当今的中国大陆，一种外来的异族文化——马列主义——在国家权力的保护下取得了'国教'的独尊地位，而这种异族文化既不能安立中华民族的民族生命，又不能表现中华民族的民族精神，这使中华民族近百年来生命无处安立、精神彻底丧失的局面发展到了最高极点"。因此，"儒学理应取代马列主义，恢复其历史上固有的崇高地位，成为当今中国大陆代表中华民族民族生命与民族精神的正统思想"。① 可见，"复兴儒学"的口号在中国大陆一提出来，就具有极强的针对性，具有极大的政治尖锐性。

对"国学热"应该进行具体分析。许多严肃的学者认真研究、清理中国传统文化，挖掘和弘扬优秀文化遗产，寻找中华民族的民族精神，对国人特别是对青少年进行爱国主义和历史文化知识的教育，这是应该充分肯定的。但是也有人借"国学热"搞复古怀旧，宣扬封建迷信，宣传唯心主义和神秘主义。借"国粹"来生财创收的更是大有人在。过分张扬"国学"的结果是在文化保守主义的氛围下出现了不少消极的社会文化现象。有人这样描述1993年的中国文化界：

"在文学界，《白鹿原》和《废都》成为1993年最重要的文学现象，……前者创造了一个现代的儒教圣人朱先生，以及他的俗家弟子白嘉轩，拜倒在传统文化脚下，期冀着在理想化了的儒家学说中栖息疲惫

① 蒋庆：《中国大陆复兴儒学的现实意义及其面临的问题》，《鹅湖》1989年总第170、171期。

而脆弱的心灵；后者则是在历史转折、文化失范之际，放浪形骸，纵情女色，逃避现实，精神自戕，却也仍然是对中国传统文化的支脉，从魏晋的放诞名士到明清的无行文人的有意识的效仿。在更广泛的社会生活中，复古主义和传统文化的回潮，更是全方位的和多元化的。从大众传媒中的评书艺人说'杨家将''岳家军''三侠五义''小八义'，电视台连篇累牍地播放'唐明皇''杨贵妃''康熙''雍正''乾隆''慈禧'等宫廷戏，到著名影星刘晓庆、巩俐等纷纷出演'武则天'，到久盛不衰的'易经'热，蜂拥而上的白话今译经、史、子、集……；从大量的仿古建筑，以'皇家花园''行宫'等命名住宅区，到所谓的宫廷秘传的占卜术、生男生女术，和以古代佳丽命名的美容护肤用品，乃至古代的房中术、推背图，以整理古籍为名出版的明清艳情小说……称本世纪以来，怀旧和复古思潮，于今为烈，大约不是妄断。从世纪初对传统文化的叛逆和决裂，到世界末对传统文化的认同和回归，岂不令人感慨系之！"[①]

这段集中放大的描述不免有些夸张，但它所指出的 90 年代"回归传统"的文化倾向，确实是值得人们深长思之的。

3. 在反思中国近代思想史时，一方面批判激进主义，另一方面则表现出对近现代文化保守主义的过分偏袒和衷爱。这也显示了当代文化保守主义的渊源所自和思想承继关系。

"中体西用"是中国近现代文化保守主义的基本主张和最有代表性的口号。一篇文章提出要"为中体西用正名"，认为"中体西用语意明确，远非逻辑所能驳倒"。"在挑战应战的发展模式中，还有什么命题比中体西用更准确地把握了时代课题并作出正确决策？"中体西用"是近代史留给我们的理论遗产"，我们"应该在中体西用的命题下驻足深思"，用这个命题来"继往开来"，"统一现代化的建设与传统文化的创造"。

《学衡》派因其反对"五四"新文化运动而成为中国现代文化保守主义的一个重要派别，过去的研究者多数站在"五四"启蒙立场上，对其批评否定较多，而对其人文价值肯定不够，今天重新研究、全面评价是有必要的。但是"重估《学衡》"成为一时之风尚，好像只有它所标举

---

① 沉风、志忠：《跨世纪之交：文学的困惑与选择》,《文学评论》1994 年第 6 期。

的"昌明国粹，融会新知"才代表了中国学术文化发展的正确方向，以此肯定文化保守主义的价值，这又走向另一偏了。对中国现代文化保守主义的表彰和推崇更主要的表现在对港台新儒家的态度上，大陆有的研究者拜倒在钱穆、牟宗三等新儒家的脚下，以能拜谒他们、"忝列其门墙"为荣，并且完全站在港台新儒家的立场上，赞扬其"壁立千仞的人格"，肯定其"崇高而内在的学术文化价值"，认为新儒家"在处理儒学与现代化的关系中有全面的高成就的贡献"，而批评"大陆马列派"的新儒学研究"实在是很不相应的"。有的人不仅认同港台新儒学，而且主张让港台新儒学"反哺大陆"，在大陆全面复兴儒学。作为中国现代文化保守主义的主流派，现代新儒家的影响远甚于其他文化派别，中国当代文化保守主义者愿意被称为"新儒学"，申言要"开出大陆新儒家"，这决不是偶然的。

在批判激进主义、表彰文化保守主义的氛围下，90 年代出现了李泽厚所说的"思想家淡出，学术家凸显"的现象。"鲁迅、胡适、陈独秀等退居二线，王国维、陈寅恪、吴宓等则被抬上了天。"[1] 后者大都具有文化保守主义的思想倾向。

4. 和近现代文化保守主义一脉相承，宣扬唯心主义的历史观和世界观。最突出的表现就是宣传过分夸大精神、观念形态作用的文化决定论。《原道》第一辑刊有一篇题为《无本者竭，有本者昌——湘军、太平军与文化传统》的文章，其基本观点是：曾国藩指挥的湘军认同儒家文化，代表中国文化传统，所以能取得这场战争的胜利。它将这场战争提升为"保卫文化认同感之战"，这一提升，就使湘军立于不败之地。而洪秀全领导的太平天国，用西方基督教来动员群众，背离了中国文化传统，为渊驱鱼，为丛驱雀，结果必然失败。这篇文章立足于儒家正统观念，把曾国藩所说的"无本者竭，有本者昌"说成是"文化发展的一般规律"[2]，并以此去剪裁和歪曲历史。无独有偶，该刊同期还有一篇题为《政治与经济：以文化为旗帜——台湾"中华文化复兴运动"评述》的文章，说

---

① 《李泽厚答问》，《原道》第一辑，第 1 页。
② 辛岩：《无本者竭，有本者昌——湘军、太平军与文化传统》，《原道》第一辑，第 33—61 页。

国民党在大陆时期，背离了儒家的仁政、王道，“尧舜三王周公孔子所传之道。未尝一日得行于天地之间”，因此必然失败。“只是一败再败，退居一隅，痛定思痛，才终有所悟而回心向道”，“效法先王力行仁政”，所以取得了今天的成功。“得道者昌，逆道者亡”，这就是“台湾中华文化复兴运动带来的最重要的启示”。这篇文章的立论很明确：“以文化价值作为政治运作的轴心。”① 这是典型的文化决定论命题。

文化保守主义者所要“保守”的传统文化之“本”、先圣所传之“道”到底是什么？它与董仲舒所说的“天不变道亦不变”之“道”有什么区别？一位儒学复兴论者在论述儒学和马列主义的区别与对立时写道：“儒学是天道的体现。我们知道，儒学是千百年来中国古代的圣哲们一代又一代对天道体认的总汇。这些古代的圣哲们在个人生命的痛苦与民族生命的危机中用自己的整个身心性命顶上去证悟天道——人生宇宙的最高实在，然后这些证悟所得自然而然地从他们心中流出来形成了语言文字，即儒学。……儒学是人类生命对神圣天道的体证，是人类精神对形上本源的把握，……儒学建立在天道上的基本精神具有神圣性、普遍性、永恒性。”“马列主义是一种意识形态，……不是见天道的东西，……不是从神圣本源中产生出来的普遍真理，因此，马列主义没有神圣性、普遍性与永恒性。”② 这个神圣天道，这个超越的形上本源，和董仲舒所说的“天不变道亦不变”之“道”没有什么实质的区别。

5. 文化保守主义作为一种批判现代化的理论，与“后现代主义”有某些表现的契合之处。中国当代文化保守主义对西方后现代思潮亦情有独钟，热衷于到这些最新时髦学说中去寻找理论根据和语言表达方式。一时间，“人人都‘话语’，个个谈‘解构’，‘文本’不离口，‘颠覆’不离手”，后现代主义成为90年代中国文化界，特别是文学艺术界的一股风潮。前引现执教于英国的那位评论者困惑地写道：“以后结构主义、后现代主义、后殖民主义为主的西方晚近文化研究潮流，一直被其反对者指责为‘太激进’，而从未被指为‘保守’。笔者感到非常惊奇的是，近

① 澄之：《政治与经济：以文化为旗帜——台湾“中华文化复兴运动”述评》，《原道》第一辑，第372—385页。
② 蒋庆：《中国大陆复兴儒学的现实意义及其面临的问题》，《鹅湖》1989年总第170、171期。

年（具体说，1993、1994这两年）在中国知识界出现的新保守主义潮流，却常常引用这些理论作根据，或作佐证。"①中国新保守主义的理论根据却是来自西方的激进学说，他认为这种文化现象很值得研究。

6. 文化保守主义区别于"社会政治的保守主义"，它可以和政治上的保守势力相结合，也可以和其他政治倾向相结合。中国近现代的一些文化保守主义者，文化取向是保守的，而政治上可以很进步、很革命。如国粹派领袖章太炎同时又是倡导反清革命的光复会和同盟会的主要领导人之一，现代新儒家的精神领袖熊十力早年也曾投身于辛亥革命和护法运动。文化保守主义也可以和自由主义结盟。如当今十分活跃的海外新儒家杜维明、余英时等人，文化上持保守主义立场，政治上都是自由主义者。老一辈新儒家中的徐复观，"以传统主义卫道，以自由主义论政"，也是文化上的保守主义和政治上的自由主义相结合。中国大陆的文化保守主义者中，有人非常欣赏丹尼尔·贝尔所设计的"文化上的保守主义、政治上的自由主义、经济上的社会主义"三者的结合，认为这样一个结合可以摆脱保守–激进两极的紧张关系，显示了人类未来的合理前景。也有人指出，文化保守主义和政治上的新权威主义有不解之缘。如有人在总结台湾"中华文化复兴运动"的经验时，认为好的文化理想"需要一个有力的'好的'中央政府来保障它的实现"，"因此，新权威主义不仅无法回避，我们也必须承认它的某种合理性"。当今中国的文化保守主义思潮到底代表什么政治力量？它的阶级基础是什么？这还需要认真研究。一位评论者写道："文化上的新保守主义精神体现的是'中产阶级'的品格和欲望，然而它却在'第三世界'的中国全面实现了。这究竟是个奇迹呢？还是历史的玩笑呢？"②

7. 主张以大众文化来消解主流意识形态。前引评论已指出："新保守主义潮流的最主要表征是自我唾弃精英地位或责任，转而与民间文化——俗文化认同。""放弃对共同处境的忧患、焦虑和怀疑，转变为对个人境遇的关怀和思考；……放弃对终极价值、目标信仰的追求和提供，

---

① 赵毅衡：《"后学"与中国新保守主义》，《二十一世纪》1995年2月号。
② 孟繁华：《文化崩溃时代的逃亡与归依——九十年代文化的新保守主义精神》，《中国文化研究》1994年夏之卷。

而是关注具体的局部问题的解决。"还有这样一种生活态度:"管它什么意义不意义,现在活得好就是了;最真实的实在就是我当下、即刻的感受或享受,管它历史、价值干什么?"①有的论者肯定其"在当前的积极性、正面性的功能"就是"有从客观上瓦解、解构正统意识形态的作用"。"我们应当正视大众文化在当代中国文化变革中所起的那种潜移默化的消解作用——消解主流文化的意识形态"。"大众文化不考虑文化批判,唱卡拉OK的人根本不去考虑要改变什么东西,但这种态度却反而能改变一些东西,这就是……对正统体制、对政教合一的中心体制的有效的侵蚀和解构。"②正因为大众文化有消解、瓦解正统意识形态的作用,所以有人积极主张知识分子文化和大众文化"合谋"、结成联盟,提倡学术民间化,"疏离"主流意识形态。

三、怎样认识和对待今日的文化保守主义思潮?

1. 要认真研究90年代文化保守主义思潮产生的国内国际背景、思想理论渊源和现实表现形态。

新保守主义思潮的产生首先与片面地总结80年代"文化热"的经验教训有直接关系。它是作为80年代的"全盘西化"、"新启蒙"、激进反传统和民族虚无主义思潮的对立物而出现的,"放弃激进的社会/政治批判话语,转而采取文化上的保守主义话语",表现为回归传统、反对近现代社会变革、主张渐进改良、疏离主流文化的意识形态等等。这种"话语等换"对于一些人是自觉的"策略改变",对于另一些人则是由于认识的片面性和简单逆反思维方式所造成的。

已有论者指出,90年代新保守主义思潮的产生与"冷战后"的新世界格局有密切联系,是这一格局的一种文化反应。在某些西方思想家看来,苏东巨变标志着共产主义思想体系的失败,未来的世界冲突将不再是意识形态的冲突,而是不同的文明或文化集团之间的冲突。在马克思主义仍然是主导意识形态的中国,出现强调本民族文化传统、提倡复兴

① 李泽厚、王德胜:《关于文化现状、道德重建的对话》,《东方杂志》1994年第5、6期。
② 同上。

儒学、否定革命、疏离和淡化主流意识形态的文化保守主义思潮，决不是偶然的，而是有着深刻的国际背景，有些甚至是国内外互相配合的。如李泽厚说："现在海外也好，海内也好，都在对政治激进主义进行再认识。"[①] 这是确实的。1988年9月，海外新儒家代表人物、美国普林斯顿大学教授余英时在香港中文大学作了一次题为《中国近代思想史中的激进与保守》的讲演，认为一部中国近代思想史就是一个思想不断激进化的过程，"基本上中国近百年来是以'变'：变革、变动、革命作为基本价值的"，过分微弱的保守力量几乎没有起到制衡的作用，中国为此付出了极大的代价，"文革"就是这种思想不断激进化的最高峰。这篇演说在海内外均造成较大影响，此后谴责激进主义、呼唤保守主义逐渐形成一股潮流。1992年4月，有人在香港《二十一世纪》杂志撰文与余英时商榷，接着余又发表《再论中国现代思想中的激进与保守》一文。《二十一世纪》杂志就此展开了一场历时半年多的关于激进与保守的讨论，先后发表了近十位海内外学者的文章，主调就是批判激进主义。这一时期港台、海外的其他报刊也发表了不少批判激进主义、表扬保守主义的文章。大约一年以后，同类文章开始在中国大陆的报刊上出现。在有些文章中，批判激进主义已不仅是一种文化反省，而且成为政治声讨，成为要求改写中国近现代历史的一种强烈的呼声。李泽厚这几年一直在国外，他的思想显然受到余英时的影响。

　　文化保守主义并不是中国的特产，也不是到今天才有的。在西方，文化保守主义是伴随着西方的现代化运动——18世纪的启蒙运动而出现的，代表人物有德国的哈曼、谢林、赫尔德，英国的柏克、卡莱尔等人。随着西方资本主义向非西方地区的扩展，文化保守主义思潮也在这些地区活跃起来，并且带有浓厚的民族主义色彩。其典型代表人物有印度的辨喜、泰戈尔，日本的冈仓觉三、西田几多郎等人。中国近现代思想史上也出现了文化保守主义思潮，主要有19世纪初以康有为为代表的"孔教派"，以章太炎、刘师培为代表的"国粹派"，20年代以梅光迪、吴宓为代表的"学衡派"，以杜亚泉、章士钊等人为代表的"东方文化派"，

---

① 李泽厚、王德胜：《关于文化现状、道德重建的对话》，《东方杂志》1994年第5、6期。

30 年代以陶希圣等十教授为代表的"中国本位文化派"等；而作为 20 世纪中国文化保守主义之主流派的，则是产生于 20 年代初、至今已有三代人薪火相传、延续了 70 余年的现代新儒家学派，其主要代表人物有梁漱溟、熊十力、冯友兰、唐君毅、牟宗三、杜维明等人。90 年代的文化保守主义思潮是中国近现代文化保守主义的直接继承和发展。因此，我们要研究中国当代文化保守主义对近现代文化保守主义如国粹派、学衡派、现代新儒家的思想继承关系。应该看到，对待文化上的古今中西问题，他们确有独到见解，但实质上都是"中体西用"派。我们还要研究中国文化保守主义和从哈曼、柏克发端的西方文化保守主义思潮的区别和联系，同时与其他东方国家的文化保守主义思想进行比较研究。

更重要的是要研究中国当代文化保守主义的各种现实表现形态及其可能的影响和作用。我在前面谈了一些粗浅的看法，因接触资料有限，思考很不深入，不一定完全符合实际。这方面的研究应该有人具体地系统地去做。

2. 就一种思潮来说，其产生背景、思想实质、实际作用与影响都具有客观性和必然性；但就个案来说，情况却非常复杂。因此，对具体情况要作具体分析。

"国学热"的兴起与新保守主义的推波助澜是分不开的。但在"国学热"中，许多学者的头脑还是清醒的，大力弘扬民族优秀文化而不赞成"复兴儒学"，更反对利用"易经""气功"等来搞封建迷信和神秘主义。

反思和批判激进主义如果不是以否定革命和反对马克思主义为目的，从正面积极理解，对于我们清理"左"的思想根源、克服急性病和思想方法的片面性很有好处。

有的学者站在文化保守主义的立场上，对"全盘西化论"和民族虚无主义进行了尖锐的批判，有的讲得相当中肯，表现了炽热的爱国情怀。这还是应该充分肯定的。

在当今中国的新文化保守主义运动中，有的学者（以及有的刊物）呼吁建立学术规范，强调国学基本功的训练，提倡坐冷板凳的治学精神；重视人文关怀，肯定道德和宗教的价值，以克服社会转型期人文价值失落的危机，等等，都有一些合理因素，值得重视。

也要看到文化保守主义和当今中国的其他思想派别，既有对立紧张的一面，也有互动联结的一面。

站在文化保守主义立场上的学者情况复杂，动机各异，不可一概而论。特别要注意研究那些80年代的激进人物，为什么90年代又转到文化保守主义的立场上来，并结合近现代史上康有为、严复等人的思想经历，总结这一转变的规律和经验教训。

3. 要形成各种思想自由平等地讨论、对话、争鸣的良好的学术环境。

客观上存在着不同甚至相反的思想观点，不能只提倡宽容，同时要提倡坦诚地正面思想交锋，但不要搞过去那种大批判。大批判叫人反感，反而帮了批判对象的忙。也不要一听到不同意见，就指责对方"搞大批判"。这是一些人不让相反观点的人讲话的惯用手法。只准一些人成天讲"消解、解构正统意识形态"，而不准马克思主义者对他们主张的意识形态稍作讨论和批评，这是不公平的。"在真理面前人人平等"并不是对资产阶级有利的口号，而是掌握了真理的人最赞成的口号。要相信真理战胜错误是真理发展的规律，错误的思想只能用"百家争鸣"的方法来克服。

在所谓"后冷战"时代，不同意识形态之间的分歧和斗争并没有消灭。文化选择和意识形态斗争既有区别也有联系。鼓吹"淡化"意识形态的人实际上仍有其明确的"意识形态的企图"，这只要看某些人批判激进主义的情绪和语言是多么"激进"就十分清楚了。

这样看问题是不是将学术政治化？事实上，不论在80年代，还是90年代，有些人谈文化的目的并不在文化、学术本身，而是借文化谈政治，或是从文化问题直接引申出政治结论。我们如果看不到这一点，那就太书呆子气了。文化研究和文化讨论中有学术层面的问题，也有学术和政治结合在一起或混淆在一起的问题，我们只有如实地去认识才有可能将这两个层面的问题真正厘清。

我认为，90年代出现的当代文化保守主义思潮，它在学术的层面可能会有一些积极的价值，但在政治思想层面，它对一个多世纪以来中国人民反帝反封建的革命斗争持基本否定的态度，埋怨革命阻碍了中国现代化的进程，散布一种世纪末情绪，其对社会主义精神文明建设的冲击和消解作用不容忽视。对于这种有深刻背景和渊源的、还在继续发展中的文化思潮，我们应该重视并进行认真研究。

原载《高校理论战线》1996 年第 2 期

"马克思主义和儒学"学术研讨会述要

乔清举 *

1995 年 12 月 4—6 日，中央党校科研部、中央党校中特理论研究中心精神文明课题组与孔子基金会学术委员会联合召开了"马克思主义和儒学"学术研讨会。肖前、齐振海、张岱年、朱伯崑等来自马克思主义领域和中国哲学领域的 50 余位专家学者参加了会议。大家围绕着"如何以马克思主义为指导，批判地继承儒学""如何总结'五四'以来批判儒学的经验教训"和"如何理解中国特色的社会主义与中国传统文化的关系"三个题目，进行了 3 天的热烈研讨和对话。与会学者一致认为，这是一个非常有意义的题目，值得深入研究。马克思主义是我们的意识形态和指导思想，儒学则是长达两三千年传统社会的意识形态，至今还在人们的心目中有着一定的影响。如何处理二者的关系，对于世纪之交的中国的未来发展，对于有中国特色的社会主义及其精神文明建设，都是非常重要的。这个问题解决不好，马克思主义就得不到发展，儒学也不能得到很好的研究。

一、马克思主义与儒学的关系的历史回顾与反思

（一）回顾与反思。与会学者对这一问题进行了相当深入的研讨。周继旨（南京大学哲学系教授）指出，研究马克思主义与儒学的关系，双方都应跳出自己专业的范围和局限，从更高的角度来看二者之间的关系，

---

* 乔清举，1966—　，男，中共中央党校哲学部教授。

对二者进行双向的反思。这个提议得到了与会学者的赞成。许全兴（中共中央党校哲学部教授）指出，的确，应该采取双向反思的态度。既要反思马克思主义者对待儒学态度；也要反思历史上捍卫儒学的人们对于马克思主义的态度。马克思主义作为一种外来文化，传播到中国迄今已经有100多年的历史了，这期间始终存在着与本土文化的关系问题。大致说来，这种关系可以分五个阶段来讲。第一个阶段是20世纪之前。严复、王韬都接触过马克思主义的东西，他们是以中国传统的思想来认同和理解马克思主义的，如严复称欧洲共产党为"均贫富党"，梁启超甚至把王莽改制称为社会主义；孙中山也提出，社会主义中国古已有之。在这个阶段，马克思主义与儒学并没有冲突。第二个阶段是1917—1937年间，二者处于冲突阶段，相互简单否定的阶段。陈独秀、李大钊引进了马克思主义，创立了中国共产党。当时的北洋军阀和国民党把共产党视为洪水猛兽，一些人认为五四运动把传统的东西连根拔掉了；梁启超在《五十年中国的进化论》中也说，马克思主义在与儒学争席。这些人，无论动机如何，对马克思主义均采取排斥的态度。这一时期马克思主义者对于传统文化基本上也采取否定和排斥的态度。陈独秀以及李大钊、瞿秋白都认为，儒学与马克思主义是冲突的。明确地提出二者间关系的是德国人塔尔海马，他在《现代世界观》（李达译）一书的最后一章讲到孔、老、名、墨四家时，提出了一个有趣的问题：马克思主义能否从中国传统中吸收东西，结论是没有必要。这个结论现在看来是偏颇的。产生这个结论的原因很复杂，一方面五四新文化运动简单否定传统的做法还在起着作用，不仅马克思主义者，就连非马克思主义者如胡适也是很极端的。胡适主张整理国故，用科学的态度、正确的方法，还历史本来的面目，"化神奇为腐朽，化神妙为平常"。吴稚辉也说国学是和小老婆相依为命的，要把线装书扔到茅坑里去。陈独秀也是受这一思潮的影响。把中国文化比作"粪"，说胡适是往粪里找香水。这个时期马克思主义者的态度有理由，也有偏颇。总之，是过于强调了时代性、阶级性，忽视了民族性、普适性的一面。第三个阶段是从1937年到1957年，对传统文化，承认其中有可以吸收和融合的东西。这与毛泽东有关。毛泽东同志有深厚的中国传统文化素养，很自然地主张把马克思主义与中国文化结合起来，继承孔夫子、孙中山，吸取精华，剔除糟粕。这是很了不起的。俄国马克思主义者强调马克思主义与实际相结合，但文化上的结合却没有谈。毛泽东主张把马克思主义与传统文化结合起来，突破了俄国人的马克思主义观。1918 年毛泽东是尊孔的，到过北京又回到湖南创办《湘江评论》时，才开始反孔。1926 年毛泽东在广州农民运动讲习所讲课时还说过，洪秀全用天主教反对孔教，不合中国国情，所以被曾国藩扑灭了。毛泽东思想中吸收了许多传统的东西，不限于一些语言上的吸收。《实践论》《矛盾论》是马克思主义、中国革命实践与中国传统哲学相结合的产物。其他如在政治斗争的处理上，七大讲对国民党的方针是：不开第一枪，礼尚往来，退避三舍；60 年代周恩来讲中国对外的四个方针，除了上面三条外，又加上了"不强加于人"一条。周恩来说这些哲学思想，并非马克思主义的，而是中国固有的。又如，"自力更生"与《易传》中的自强不息精神的关系就很密切。马克思主义更强调全世界无产者的联合，苏联以前一直把自力更生当作民粹主义来批判。这一阶段，对待传统文化的态度是正确的。1956 年我党提倡双百方针，八大也提出了继承中国传统文化进行创新的问题。1957 年在北大召开的中国哲学史讨论会上，理论工作者对于苏联的左的做法提出了批评，指出马克思主义是欧洲文化的产物，不包括中国文化，应把中国文化的优秀思想吸收进来，丰富和发展马克思主义。60 年代编写马克思主义哲学教科书时，特意把中国哲学作为正确的东西编进来。第四个阶段是 1957 年到 1976年"文革"结束。这一时期总的来说，左的东西比较多，比较厉害，大批判多，否定的东西多，最终导致了批林批孔、破四旧等运动。但这一时期毛泽东也发表了一些文章，主张中国文化中有正确的东西。在对陆定一《教育必须与生产劳动相结合》这篇文章的批语中提出中国古代的教育思想中有民主性的东西，不能全盘否定；60 年代也提出过孔夫子的东西不能丢。第五个阶段是"文革"结束后至今。这一时期，总的倾向、主流是正确的，既看到了对立的一面，又看到了可以吸收融合的一面。至于具体内容，当然可以有不同的看法。二三十年代，张申府提出过罗素、孔夫子、马克思三位一体的说法，他认为，三者的结合在《新理学》中得到了实现。冯友兰在 30 年代也吸收过马克思主义来构造体系。总结这几个阶段，可以得出以下几点启示：第一，要有一个科学的文化观，既要看到文化的时代性、阶级性，又要看到普适性、人类性的一面；第二，马克思主义要在中国扎根，必须吸收中国传统文化，必须中国化；第三，对于中国文化中精华与糟粕的鉴定，要做具体的分析，要根据现实需要；第四，吸收和抛弃最终取决于活着的人；第五，马克思主义与中国传统文化，既对立，又统一，不能只看到其中的一个方面。

与会学者在充分肯定"五四"在引进新的文化观念，实现中国文化的现代转型方面的贡献的同时，也对"五四"提出了反思。刘宏章（中共中央党校哲学部教授）指出，毛主席过去也曾批评过"五四"时期好的就一切都好，坏的就一切都坏的简单化做法，认为这是资产阶级的形式主义的做法。"五四"情结有两个模式，一是"文化决定论"，认为中国的落后，都是由于文化，尤其是儒家文化造成的。因此，解决文化问题、伦理问题是解决一切社会问题的前提，文化问题解决了，一切问题就都解决了。所谓改造民族劣根性的提法就是从此来的；毛主席认为意识形态决定一切的想法，也是从此来的。一是传统文化与新文化的绝对对立，后来进一步演变为马克思主义与中国传统文化的对立。王树人（中国社会科学院哲学研究所研究员）也指出，"五四"有两种外来思潮，即"西方文化中心论"和"苏俄中心论"，这两股思潮对待传统文化，都是采取简单否定的态度。这种民族虚无主义的做法，一直延续到"文革"时期。

李存山（中国社会科学院《中国社会科学》编辑部编审），在马克思主义和儒学的关系上，要破除夷夏之辨。现代新儒家就具有强烈的夷夏之辨的倾向。儒学和马克思主义分别代表了中国历史上不同阶段的指导思想。儒学在明清之际面临着转型的问题，鸦片战争之后，儒学没有担当起指导中华民族的历史使命，所以，中华民族先进的知识分子为了挽救民族的危亡和实现民族文化的转型，引进了马克思主义。马克思主义成功地指导了中国的革命。今天，马克思主义有一个如何适应中国的社会主义建设的课题，但是，马克思主义的地位是无以取代的。也不能把马克思主义看作集大成，认为它无所不包。

李登贵（中国社会科学院哲学研究所《哲学研究》编辑部副编审）

指出，反思马克思主义和儒学的关系，首先要注意区分二者的内在逻辑演化与外在流变史，以保持历史尺度和价值尺度的统一。如果对马克思主义只作外在流变史的事实判断，对儒学只做内在逻辑上的价值判断，这种双重标准无助于我们了解马克思主义与儒学的真实关系，相反，会把非马克思主义的东西当作马克思主义来对待。因为用这种假马克思主义的革命原则指导儒学的研究，只能背离马克思主义。

（二）批判与继承。朱伯崑先生（北京大学哲学系教授）回忆了六七十年代编写中国哲学史的教训。当时是把传统文化作为马克思主义的注脚，用黑体大字引一段马克思主义哲学的语录，再引一段中国哲学的原文，结果中国哲学史实际上成了用中国哲学作注脚的马克思主义哲学读本，失去了存在的意义。刘宏章具体分析了批判地继承长期得不到贯彻执行的原因。他指出，过去对于批判地继承做了片面的、错误的理解，主张"破字当头，立在其中"，批判成了目的，抛弃了继承。对于批判地继承的标准也认识不够，长期以来把"民主性的精华"和"封建性的糟粕"作为判断传统文化的标准，但这只是一个政治标准，并非唯一的标准。对于继承的理论依据也没有解决。封建时代的东西为什么可以继承？冯先生的"抽象继承法"恐怕就是要解决这个问题，冯先生因此受到了批判，使抽象的东西成了禁区。再有是对以马克思主义为指导作了简单化的理解，把马克思主义者的话句句当作真理。毛主席说阶级社会的各种思想，"无不打上阶级的烙印"，可是，荀子的"天行有常"这句话，就很难说有什么阶级性。哲学是唯物唯心的斗争史，于是哲学家便都被贴上标签，不容忍也有介乎二者间的哲学家。过去把马克思主义的指导泛化，推广到一切领域，这种做法恐怕值得商榷。其实马克思主义的指导应主要是在政治领域，其他领域就不必。一个非党员研究中国哲学，有什么理论依据一定要他以马克思主义为指导呢？王国轩（中华书局编审）、陈亚军（中央民族大学哲学系副教授）同志指出，过去一些有很高学术成就的著作，如王国维的《观堂集林》并不是以马克思主义为指导的。所以，应该明确地区分意识形态和民间学术，允许民间学术工作者建构与马克思主义不同的理论体系。

齐振海（北京师范大学哲学系教授）指出，如果不很好地继承中国传统文化，就不能使马克思主义中国化，这是可以同意的。但是，继承、弘扬都是指优秀文化说的，不等于照搬，不等于不批判。儒学是封建的东西，这并不等于每句话都如此，但作为方法，不能排斥。"五四"不批判儒学，不树立马克思主义，革命就不会成功。马克思主义是最科学的理论，还是应该提倡的。包括夫妻关系，也都应该以马克思主义为指导。过去虽然有简单化的倾向，但阶级分析的方法不能丢。靠"己所不欲，勿施于人"治天下的想法是很幼稚的。

（三）文化的超越性与活力。随着对批判和继承的问题的讨论，大家的话题逐渐转入文化有没有超时代的东西，继承究竟何以可能的问题。一些学者指出，人类有普遍的人性，文化也有其普适性和超时代性。这是儒学的活力所在，也正是继承得以可能的基础。周继旨说，儒学和三纲五常之间不能直接画等号。一个影响了中国几千年并且还在影响着中国的文化传统，不能认为仅仅只有时代性和阶级性，不能仅仅用人民的愚昧无知来解释。儒学之所以有长久的影响力，是因为有共同的人性为基础。在人性问题上的偏颇，是导致了许多问题的根源。所谓共同人性，是从价值观上考虑的，指人在求真、求善、求美三个方面的趋同性，这是人类生存的必要基础。王树人也指出，对人类文化史做一番思考，奴隶社会、封建社会、资本主义社会这三个阶段，是不是后一个阶段都比前一个阶段先进呢？一般来说是这样的。但是后一阶段完全抛弃前一个阶段的做法，应该受到批判。任何文化都包含有超时代的东西，否则就接不上头，就无法继承。刘长林（中国社会科学院哲学研究所研究员）也说，文化应作为全人类共同拥有的东西，对于全人类共同拥有的东西，是可以继承的。一般和个别是辩证地统一的。文化以及人性等都是以具体的、个别的形态存在的，但具体和个别中包含着一般，一般存在于个别之中。否认具体和否认一般，同样是不符合辩证法的。吕绍纲（吉林大学哲学系教授）具体分析了儒家哲学，主要是孔子哲学中具有生命力，仍然可以继承的内容。他指出，孔子的"中"的辩证法讲无可无不可，时中，这与黑格尔的辩证法是相通的。孔子的"仁"的思想，主张"仁者爱人"，这也是可以继承的。孔子的因革与损益结合的历史观，把历史看作一个发展的过程，也是很正确，也是可以继承的。

也有一些学者不同意上述看法。李登贵指出，马克思主义和儒学的关系应该是批判性的否定关系，不应把严肃的学术研究简单化为从历史的故纸堆中摘录出几段道德箴言，并依此发一段迂腐的感叹。马克思主义要求要把儒学的思想作为一个多样性又不失统一性的整体来对待，在具体的、历史的、阶级的分析方法中，找到儒学与历史的真实对应关系，以总结其价值观、历史观、方法论以及认识论意义上的经验教训。恰恰是在这种历史的分析中，才有可能找到"超"阶级、"超"历史的意义。相反，任何试图用永恒人性、终极关怀和普遍利益为着眼点的超阶级、超历史的阐述，往往只能以大而无当的抽象的阔谈而告终。陈瑛（中国社会科学院哲学研究所研究员）指出，儒学有许多弊病，如强调血缘、宗族等，理论比较零乱、不系统等。不能说儒学充满了生命力，它的生命力要用马克思主义来概括。

肖前（中国人民大学哲学系教授）指出，儒学的确还有生命力。儒学是农业社会的产物，中国还没有摆脱农业社会，所以儒学还有生命力。小平同志多次谈到我国在制度上受封建残余的影响还很多，所以要肃清封建主义的残余影响，促进社会主义民主和法制的建设。马克思主义在当前出现了很多麻烦，出现麻烦的都是农民国家，农民的政治影响还很大。

关于儒学的活力问题，朱伯崑先生也发表了见解。他指出，生命力是合乎时代的政治、经济、文化的需要，否则就成了展览品了。传统文化中的确有永恒的东西，如《管子》中的管理哲学，首先注重人与人的关系，与西方管理思想注重对物的管理，甚至把人当作物来管理不同。人与人的关系问题，就是永恒的。农业社会产生的东西，并非只对农业社会有效，其中包含的启发性和智慧具有永恒性。儒学要有生命力，还必须不断地结合人类文明以及现代科技的成果，对之进行改造、发展和创新，搬出老一套是没人接受的。周继旨、刘宏章都认为，把儒学定位于农业社会的产物，认为随着工业社会的到来就应消失的观点，是形而上学的，缺乏辩证法的简单化做法。笔者认为，儒学的活力问题可以从现实和理论两个角度来考虑。从现实上看，孝敬老人、赡养父母、尊重老师、重视教育、爱护儿童等，都是传统文化，尤其是儒家的观念，至今还深深地影响着人们的日常行为,恐怕这就是它的活力所在。从理论上看,黑格尔说过,哲学史不是死人的战场,每一种哲学都表达了真理的部分内容。那么,它所表达的部分真理,应该说就是它的活力所在。当然,这种真理需要人们去发掘。把过去都看成死的,那就没有历史可言了。

二、马克思主义与儒学相结合

大部分与会学者认为,马克思主义要在中国扎下根,要想充满活力,继续发挥对现实的指导作用,就不仅要与中国的实际相结合,而且也要与中国的传统文化相结合。由此进一步引发了马克思主义与儒学是否有共同点,二者究竟如何结合等问题。也有一些同志对马克思主义与儒学相结合的说法提出了异议。部分学者还分析了毛泽东对马克思主义与中国传统文化相结合的具体做法。

(一)二者的异同。马克思主义理论与中国传统文化,尤其是与儒家思想是否有共同点?一些学者对此作出了肯定的回答。刘宏章说,马克思主义与儒学过去只讲异,不讲同。贺麟先生曾讲过知行合一与理论联系实际有共同之处,受到了批判。其实马克思主义与儒学还是有很多相同之处的。如二者讲世界统一于物质(气),都主张宇宙是发展运动的,运动是有规律的,运动的原因是物质内部的对立统一等(一阴一阳之谓道),都主张人性是可以改造的,其他如社会主义和共产主义与大同理想,都反对私有制。也有相通之处。

也有学者对这一看法表示了不同意见。李书垒(中共中央党校文史部教授)说,在谈相似性是要有高度的警惕性。古代的国有与现在的国有并不一样,相似并不等于相同。毛泽东时代意识形态领域里公开提出反儒,毛泽东宁肯用在野的法家来反对儒家。法家主张用强有力的手段控制社会和资源,与毛泽东所设想的公有制非常相似。在本质上,马克思主义作为对工业文明的批判理论与农业文明的儒家是不同的,不能用农业改造工业,农业文明的儒学对工业文明有批判和反对作用,但无法适应工业文明。李登贵说,把马克思主义与儒学等同,是既不懂马克思主义,也不懂儒学。"天下为公"与公有制的"公"并不相同。有的学者不愿对孔子作历史的评价和阶级的定位，认为只要和地主阶级沾了边，就会有损于儒学价值的重新发现，于是把儒学打扮成为唯物辩证法的古代雏形，把孔子装扮成辩证唯物主义的祖师。这样的良苦用心，不过是把儒学变成了古代的极左思潮——在一个地主阶级的合理性、必然性尚未过时的时代，就宣扬工人阶级的思想的超前思潮。

（二）结合及其定位。大部分学者还是肯定马克思主义可以与传统文化相结合的。马克思主义创始人的视野中没有中国传统文化，而中国文化中恰恰有西方文化不能取代的因素，因此，总结、弘扬儒学，丰富和发展马克思主义是中国马克思主义者的义务。

葛荣晋（中国人民大学哲学系教授）指出，马克思主义与儒学是可以结合的，结合的动力在于现实社会实践的需要，不在于理论自身；结合点的选择也应由社会实践决定。结合不是拼盘，而是一个整纲：不是外在的联合，而是内在的整合：不是引马入儒和援儒入马，而是双向互动的。结合的结果是中国化的马克思主义，结合的过程是马克思主义的中国化的过程。也有学者具体指出了结合之点。刘长林说，马克思主义理论本质上是革命的理论，是"造反有理"；儒学的一般本质则是使社会趋向于和平、协同、进步和发展，不使社会矛盾激化。就人类社会来说，和平是主要的、持久的，而革命则是有条件的、暂时的。把过去、现在与未来联系起来，是儒家的创造。马克思主义和儒学的结合点，在于后者吸收前者关于和平与发展的思想。刘宏章也认为，马克思主义与儒学，是合则两立，离则两伤。

李存山指出，儒学的核心思想是主张入世，崇尚道德，追求社会和谐，以及民本、经世济民的价值取向；重视民生、强调自强不息的价值取向。这些是马克思主义在中国生根和发展的文化土壤，不肯定这些方面，就是自毁马克思主义。同时，马克思主义的核心思想历史唯物论中，又具有儒学所不具备或与其道德绝对主义相冲突的东西。马克思主义在中国最具有发展前途的哲学内容就是唯物史观把儒家的绝对道德本体转化为随社会生产力的发展而发展的社会上层建筑，即将道德之"体"还原为社会之"用"，否则，中国政治、经济与文化的改革与发展，中国的现代化都是不可能的。

也有一些学者对于马克思主义与儒学的结合持慎重的态度，如主张不提"结合"而提"配合",认为结合应有主次,强调应保持马克思主义的主导地位,结合不是马克思主义的儒学化或者儒学的马克思主义化。默明哲(当代中国出版社副编审)提出,马克思主义对待儒学,应该是把它消化掉,吸收到自己体系内,保持自己的生命力。最后归结到一点,大家认识到,马克思主义与儒学的结合,在于在社会实践基础上的创造。

也有一些学者根本不同意马克思主义与儒学可以结合的提法。李登贵说,马克思主义与儒学不是平起平坐的结合关系,认为儒学可以丰富、发展马克思主义的观点,是以马克思主义应该是真理大全的观点为前提的,这本身就把马克思主义作为杂货店来看待了。固然,马克思主义是有体系的,也有许多具体的政治、经济方略,但从最本质的辩证精神上看,体系本身不过是一种历史观或方法论的载体。如果我们舍本逐末,执着于体系,而忽略其方法论,这样的马克思主义难免走向神化。因此,马克思主义与儒学之间,应该是批判性的否定关系,不能因为没有谈到一些具体问题,就用其他东西来补充。

(三)结合的典型分析。一些学者指出,毛泽东思想是马克思主义与中国传统文化相结合的产物。这种结合,不只是吸收了语言、词汇方面的东西,限于中国的风格和气派,而且还有儒家的本质的、深层的东西。具体分析毛泽东同志对马克思主义与传统文化,尤其是儒家思想的结合,对于我们今天探讨这一问题,具有重要的启发意义。王国轩指出,为人民服务、大公无私本质上都属于儒家思想,和民本、天下为公有密切的关系。毛泽东吸收了儒家的思想,丰富了马克思主义,使这个学科有了很大的发展。田广清(辽宁省委党校副教授)也谈到,毛泽东思想有两个源头,一个是马克思主义,一个是中国传统文化。毛泽东思想的一些内容,其实是对传统文化的继承与发展。如实事求是与经世致用、理论联系实际与知行统一、群众路线与民本、任人唯贤与尊贤、批评与自我批评与修身等,前者都是后者的继承和发展。

三、中国特色的社会主义与中国传统文化

与会学者一致肯定这个题目具有现实意义的理论价值,值得深入研

究。就讨论的状况来看，学者们对这个问题的视角各不相同，见解亦可谓"各抒己见"。

张岱年先生说，这个题目出得好。中国人民为什么接受马克思主义？这是有基础的。历史上中国也有唯物论和辩证法，因此接受起来就不困难。中国也有社会主义的大同思想，所以接受社会主义也不困难。我们今天一定要发扬传统文化的优秀部分，建设有中国特色的社会主义。中国历史上注重和谐，"和为贵"，我们现在也讲团结友爱，互助合作。"和"是在不同的基础上的统一，非常深刻。团结—批评—团结就是和的体现。事实上，中国历史上也充满了斗争，窝里斗也没有得到解决。尽管如此，我们仍要解决矛盾，提倡和谐。有两句话，一是胸有成竹，一是目无全牛。前者是指建设有中国特色的社会主义文化的目标的确定性，后者则是指不要把马克思主义与儒学当成一个整体，要加以分析。

石训（河南省委党校教授，副校长）也指出，中国特色的社会主义在文化层次上究竟如何，这个问题解决好了，就能促进社会主义建设，反之，就会妨碍社会主义现代化建设的进程。陈亚军说，"中国特色的社会主义"概念中，"社会主义"主要是指经济政治制度而言的，"中国特色"则是指中国的文化传统而言的，特别是指其中属于观念形态的独具特色的价值体系（群体与个体相统一）和人生境界而言的。就二者的关系而言，应该是"和而不同"。具体地说，在经济基础方面，建立社会主义市场经济，其中"社会主义"指在市场经济建设的过程中，贯彻新的群体公平的原则。这个原则只有在传统中找到逻辑生长点，才能得以实现。在政治法律制度方面，建立社会主义的民主和法制。其中"社会主义"指在民主的基础上贯彻新的个体自由原则。这个原则，也应当在传统中找到逻辑生长点，才能成为现实。至于在作为意识形态的思想文化领域，我们的主要任务是建设中华民族文化。这种文化应当是传统的自由的现代中国的文化。这种文化是以平民文化为主体，以精英文化为主导。平民是文化的历史主体，精英是文化的现实主体。

李登贵说，讨论马克思主义与儒学的关系，目的在于为建设有中国特色的社会主义服务；儒学研究的热点，就是为批判现实服务。现实的问题不能仅仅归结为"人欲横流，道德沦丧"这样表象的问题，不能把政治经济学批判淡化为伦理学批判。事实上，在这种过激的非意识形态化的语言背后，我们不能不看到为不合理的现实做辩护的倾向，也就是对政治经济上的不合理的现实保持世故的缄默，而在伦理学领域大打"太极拳"，似乎是人民大众的道德沦丧比国家政治经济体制的腐败的危害性更大。这种研究将不可避免走向为不合理的现实作辩护的结局。

乔清举（中共中央党校哲学部副教授）认为，中国特色的社会主义是符合中国国情的社会主义。所谓国情，不仅包括中国当前的政治、经济和文化，而且还包括中国的传统文化，这也是一个巨大的国情。现在的中国是历史地形成的，具有深刻的文化与历史的内涵。这种文化与历史的内涵，不仅影响着中国特色的社会主义文化建设、社会主义精神文明建设，而且还影响着中国特色的社会主义本身。也就是说，文化传统对于制度的形成及其内涵有结构性的规定作用。由此言之，中国特色的社会主义，是马克思主义在中国的新发展；同时在某种意义上也可以说是中国的文化传统在经过马克思主义的批判与否定之后，在新的历史条件下的继续。我们知道，马克思主义的创始人在对自由放任时期的资本主义进行深刻的揭露和批判的基础上，提出了公有制、计划经济和按劳分配的社会主义三大原则。社会主义国家，无论是苏联还是东欧，都是按照这三大原则建国的，我们中国也不例外。实践证明，这种体制对于恢复经济秩序，统一调动资源实现某一有限的目标是十分有利的；但对于国家的长期的、综合的发展来说，却并非最有效的体制。我国最早认识到了这一问题，并着手进行了改革。经过长期的探索，我国的建设大纲最后定位于邓小平同志的"建设有中国特色的社会主义的理论"。中国特色的社会主义在经济制度上，是建立社会主义市场经济；在所有制上，是建立以公有制为主，多种经济成分共同发展的体制；在分配制度上，实行以按劳分配为主，效率优先、兼顾公平的原则。改革的实践突破了马克思主义创始人关于社会主义的具体设想。这种突破，不仅仅是采用了西方资本主义国家的一些做法；同时也是向传统的靠近和复归。中国特色的社会主义理论与毛泽东同志的新民主主义理论具有继承性，毛泽东同志的新民主主义理论与孙中山先生的三民主义又有一些继承性，三民主义理论中的国家控制大工业、大银行，同时容许民间私有经济发展的设想，与中国历史上几千年来实行的一方面国家控制粮、盐、铁等重要资源，同时又放任民间自由经商和贸易，"不与民争利"的传统有一些相似之处。这些相似之处的存在，归根结底是由于中国幅员辽阔，气候条件复杂，政权需要不断地抗旱防涝、治水赈灾等客观条件所致。

这次会议也存在着一些认识上的或技术上的问题，不解决就很难深入。一是双方学者存在着一些根本性的分歧，缺乏对话和研讨的共同基础。如对于儒学究竟是什么，是封建的意识形态，还是可继承的文化遗产；马克思主义的指导应不应该有界限，是不是一切领域都要用马克思主义为指导等问题，都没有一致的认识，双方在这些根本性问题上，还存在着分歧与争论。二是在语言方面，如"结合""继承""弘扬""精华""糟粕""活力"等，都要有一个统一的定义。学者们的分歧，有时往往是语言上的，而不是认识上的。

总的来说，与会学者们都充分肯定了这次会议的意义。大家深感研究马克思主义的学者与研究儒学的学者进行对话与研讨，在国内还没有举行过，这次会议是一个良好的开端，以后可以继续举办一些类似的会议，加深相互间的理解，推进国内学术研究的发展，促进社会主义文化和精神文明的建设。

原载《孔子研究》1996 年第 1 期

主体迷失与价值错位

——对当前文化研究的批判性反思

俞吾金*

在人人都在谈文化，从而各种文化见解纷然杂陈的情况下，哲学在当前和今后很长一段时间内的历史使命是什么呢？我以为，哲学的当务之急不是以随波逐流的方式去参与这种时髦，例如去建立文化哲学的新体系或去译介各种新的文化思潮等等，而是要致力于对当前文化研究中普遍存在的实质性的见解作出批判性的反思和清理。否则，我们在文化研究上谈得越多，可能离真理就越远。

在当前的文化研究中，各种不同见解的并存和冲突是显而易见的，不少人把这种状态称为"多元文化状态"，这当然是无可厚非的，从某种意义上说，从过去的"一元文化状态"走向目前的"多元文化状态"乃是一种历史的进步，然而仅仅停留在这一点上却是不够的。承认"多元文化状态"的存在，以宽容和开放的心理对待不同的文化见解是必要的，但这并不等于说，每一种文化见解的存在都是合理的，也并不等于说，每一种文化见解都无权对其他的文化见解作出批判性的思考。事实上，缺乏这种批判性的思考，不但"多元文化状态"会蜕变为一种单纯的外观，而且整个文化研究也会丧失其活力。

一

只要我们认真地检视各种不同的文化见解和思潮的话，就会发现，

---

* 俞吾金，1948—2014，男，复旦大学哲学系教授。

贯穿其中的一个普遍的、不可忽视的现象是主体的迷失和价值的错位。

我们这里说的"主体"乃是指二十世纪九十年代的中国人，所谓"主体迷失"则是指主体对自己应有的、客观的立场的误解和错失。不用说，这种主体的迷失必然导致主体的价值观的错位乃至颠倒，从而使主体像浮萍似的飘浮在各种不同的见解之中。

主体的迷失大致表现为以下三种情况：

第一种情况是主体的误置，即主体在探讨各种文化现象和问题时，并没有把自己理解为九十年代的中国人，而是用其他人的立场取代了自己的立场。这里所说的"其他人"当然有种种可能性，然而，最典型和常见的却是以下两种：一是古人，尤其是以孔子为代表的儒学家。这种"是古非今""厚古薄今"的研究立场和态度虽然不像鲁迅先生痛斥过的国粹派那样明目张胆地表现出来，但其隐性表现在当前的文化研究中却随处可见。如对中国文化传统的无分析的赞扬，对《论语》《孟子》《周易》等古代文本的无条件的崇拜，对儒家代表人物的历史局限性的回避和掩饰等等，无不反映出主体立场向古人的误置。二是当代西方人，尤其是西方现代派和后现代主义文化思潮的代表人物。近年来，国内学人对来自西方的新思潮，如非理性主义、存在主义、荒诞派、解构主义、后殖民主义等趋之若鹜，无批判地搬用这些新思潮的立场、态度和方法来描述乃至评论中国的现代化、社会问题和文化问题，他们在很大程度上忽略了下面这一点，即正在追求现代化的当代中国社会与基本上实现了现代化的当代西方社会有着完全不同的生活兴趣和价值取向。因而当主体无批判地把自己的立场误置到像贝克托、加缪、利奥塔、德里达等西方现代派和后现代主义文化思潮的代表人物的立场上去时，不但不能正确地解答当代中国社会面临的种种问题，反而会把这方面的探讨引向误区。

第二种情况是主体的偏失，即主体未能把握作为 90 年代的中国人所应把握的客观的价值导向，而是用纯粹主观的偏颇之见，亦即主观的价值导向取代了客观的价值导向。主体的偏失主要表现为以下两种倾向：一是完全凭个人的好恶去看待、评价各种文化问题和现象，如崇拜老子的，把老子抬到天上去；崇拜孔子和孟子的，则把他们吹捧为完美无缺的圣人，忘记了孔子本人还说过："丘也幸，苟有过，人必知之。"（《论语·述而》)反之，讨厌墨子的，则恨不得把他的思想说得一无是处。这种完全以自己个人的好恶去裁决文化问题的人，颇有点古希腊神话中的普鲁克拉斯提斯的遗风；二是在考察各种文化问题和社会问题时，主体常常和这类问题的实质失之交臂，而是抓住一些局部的、偶然的、暂时的或者细节方面的因素大做文章，这就应了人们通常说的"偏见比无知离真理更远"的话了。总之，从纯粹主观的价值取向出发，去做"六经注我"的文章，看起来是高扬了主体的能动性，实际上乃是主体茫然失措、游骑无归的窘迫状态的变态的表现。

第三种情况是主体的虚化，即主体在探索任何文化现象（如文化人物、文化事件、文本等）时，都力图清除掉主体可能带入的任何价值因素和情感因素，所谓"纯客观地"研究一切对象，或者换一种说法，是只做事实判断，不做价值判断。乍看起来，这种研究态度是十分公正的，甚至可以冠之以"科学研究"的美名，实际上，乃是主体逃避对自己置身于其中的生活世界的艰难探索，逃避对主体应当持有的价值导向的确定的一种胆怯的行为。事实上，从来就不存在与价值判断截然分离的事实判断，即便在自然科学的研究中，我们对研究课题的选择，对其意义的阐发无不体现了我们的价值观。

从上面的分析可以看出，主体的迷失是文化研究中的前提性问题。如果撇开这一前提性问题，一味去扩张文化研究的范围（如妓女文化、茶文化、饮食文化等等）或在某些枝节问题上争论不休，那是不可能把整个文化研究引上健康的轨道的，主体的迷失也是无法通过在文化研究的文本中不断地使用"我认为……""我发现……""我确信……"这样的语句就可以避免的。相反，这样的句子使用得越多，越暴露出主体游谈无根、无家可归的窘境。同时，从上面的分析也可以看出，主体的迷失必然导致其价值观的混乱乃至错位，也必然导致文化批评的阙失，从而把"多元文化状态"变形为纯粹的外观和假象。

二

现在我们要进一步探讨的是：这种主体的迷失和价值错位现象的普

遍存在究竟是什么原因引起的，我认为，主要是由以下两方面的原因引起的。

一是客观方面的原因。随着我国市场经济的发展和社会转型的加剧，各种各样的问题都涌现出来了。为了解决这些问题，人们诉诸于各种文化思潮和文化见解。然而，当形形色色的文化见解纷然杂陈的时候，刚从"文化大革命式的"单纯的意识形态教化中走出来的当代中国学人却像刘姥姥进大观园一样茫然失措了。在纷至沓来的文化思潮的冲击下，他们的立足点动摇了，一元论的价值观动摇了，他们力图通过不断译介新思潮，不断使用半生不熟的新名词来表明他们正在不断地进行认真的思考，然而，这种对新思潮、新名词的不断追逐，主体立场的不断转换（有的人读什么人的书就信奉什么人的思想，仿佛随意的信仰就等于认真的思索）恰恰显示出主体的迷失。当然，平心而论，每当社会的发展处于大转型的时期，上述现象的出现几乎是无法避免的。但是，这种现象却不应当长期地继续下去，因为无思考、无批判的随波逐流正是和当代学人的使命相违背的。

二是主观方面的原因。我把这方面的原因称之为"历史性的剥落"，这种"历史性的剥落"具体表现为以下两种情形：

第一种情形是主体历史性的剥落，这究竟是什么意思呢？如前所述，我在本文中使用的"主体"乃是指称 20 世纪 90 年代的中国人，如果使用一个不怎么严格的概念，那就是当代中国人。那么，当代中国人的历史性是什么，这种历史性又怎么会剥落下来呢？我认为，一般说来，当代中国人的历史性乃是指其已然置身于其中的具体的历史情景。毋庸讳言，这种历史情景是错综复杂的。我们这里说的历史性并不是指这种历史情景的全幅规模和全部细节，而是指其中作为发展的趋向必然展现出来的本质性的东西。对于当代中国人来说，这种历史情景展现为一个十分丰富的、具体的生活世界，而在这一世界内部并不断地推动其向前发展的本质性的东西则是方兴未艾的中国式的市场经济，这也正是我们所说的当代中国人的历史性之所在。中国式的市场经济既具有一般市场经济的共性，又具有在中国这一文化背景下形成起来的特殊性。就其共性而言，市场经济的兴起和发展必然导致以自然血缘关系和地方性的联系为基础的原始伦理精神的解体和以独立人格为基础的，以民主、自由、平等和科学精神为核心特征的新思想的崛起；就其特殊性而言，中国式的市场经济是在以行政指令为根本特征的计划经济的条件下产生并发展起来的，因而行政权力对经济生活的不合理乃至不合法的干预的现象、以权谋私和贪污腐败等现象的存在乃是一个不争的事实，在这种情况下，提倡机会平等和社会公正、建立和健全各种法规，具有特别重要的意义。

要言之，对于当代中国人，尤其是九十年代的中国人来说，其无法回避的历史性正体现在中国式的市场经济中，为使这一市场经济取得健康的发展，即以高于现状的、更合理的形式向前发展，就必须弘扬与这一形式相契合的新的价值体系，而这一价值体系的核心观念也就是我们上面已提到的以独立人格的确立为前提的自由、平等、民主、科学精神和社会公正观念。这正是我们所要强调的当代中国人，特别是90年代的中国人所应有的、客观的价值取向。在我看来，凡能自觉地运用这一价值取向去分析、研究各种文化现象的人，才是真正地理解自己的历史性的人；反之，主体的历史性则处在剥落的状态中。不用说，这种状态自然会导致主体的迷失和价值的错位。比如说，西方现代派和后现代主义的一个基本的主题是反省科学技术的高度发展所带来的社会问题。显然，这种反思正是当代西方人对其历史性的深刻的领悟和把握。但是，我们能不能把当代西方人的这一主题简单地搬用到当代中国社会中来呢？我们的回答是否定的。因为与当代西方人不同，当代中国人正在走向现代化，也就是说，在当代中国社会中，大力发展科学技术，弘扬科学精神仍然具有十分重要的意义，只要看一看我们在管理上的种种混乱状态（比如马路和住房的多次重复性的、破坏性的施工），只要想一想充斥在大众文化，尤其是农村文化中的迷信思想，我们完全有理由重复胡适在七十多年前的那场著名的"科玄论战"中所说的话："我们试睁开眼看看：这遍地的乩坛道院，这遍地的仙方鬼照相，这样不发达的交通，这样不发达的实业，——我们那里配排斥科学？"①

当然，与胡适生活的时期相比，当代中国的科学技术已有了一定的

---

① 《胡适哲学思想资料选》，华东师范大学出版社，1981年，第285页。

发展，然而，谁会怀疑，为了实现现代化，中国还需要发展科学技术和科学精神呢？近年来，一些大陆学人不断地倡导要反对科学主义，弘扬人文精神，从表面上看，似乎是为了使当代中国社会超前地吸取西方社会在实现现代化过程中的经验教训，实际上乃是与中国现代化的历史进程相抗衡的保守心理的曲折反应。诚然，在一定程度上警惕并遏制科学主义的蔓延是有意义的，然而，我们也必须认识到，在当代中国社会中，当务之急是发展科学技术，培育超功利的、敢为真理而献身的科学精神（如西方历史上的哥白尼、伽利略、布鲁诺、哈维、达尔文、赫胥黎等），而不是在反科学主义的借口下来阻止科学技术在中国的普及和发展，不合时宜地、过分地在当代中国社会中倡导对科学主义的遏制，撇开科学精神、片面地弘扬人文精神正是主体历史性剥落的典型表现。这种剥落状态自然而然地会导致主体的迷失和价值的错位。我们或许可以把这种状态称之为"前工业社会的生活现状和后工业社会的文化心态之间的冲突"。

第二种情形是客体历史性的剥落，也就是说，主体在研究文化客体（如文化人物、文化观念、文化事件等）时，未把客体的学理层面和社会历史层面有机地联系起来，从而产生了客体历史性的剥落。比如，当一些学人隐去中国古代社会和当代社会在历史情景上的重大差异，抽象地谈论学理上的传承关系时，他们所谈论的文化客体的历史性就被剥落了；同样地，当学人们隐去中国社会和西方社会的历史情景，抽象地比较东西文化的异同时，他们犯的也正是同样的错误。

举例来说，当代中国的有些学人主张弘扬儒家的人文精神，这从抽象的学理层面上看是无可厚非的。比如儒家倡导"父慈子孝"，谁能说这一人文观念是错误的呢？问题在于，我们不能停留在抽象的学理层面上，而是要透显出儒家人文精神在当时历史情景中的具体的社会历史内涵，亦即是历史性，我们才能澄明对这一精神的正确的态度。孔子说："君子务本，本立而道生，孝弟也者，其为仁之本与！"（《论语·学而》）也就是说，在孔子生活的年代，孔子希望建立的乃是一种以"孝弟"为基础的人文精神。在这种精神中，人首先是作为儿子和兄弟而出现的，换言之，是作为以自然血缘关系为纽带、以父权为中心的宗法家族的一分子而出现的。在孔子看来，非但男女是不平等的，而且父子也是不平等的，所以《论语》也有"子为父隐"的说法。人所共知，现代文明社会意义上的人文精神是以独立人格为基础的，也就是说，人首先不是作为儿子和兄弟，而是作为独立人格而出现的，现代人在家庭生活中也讲"父慈子孝"，但已赋予这样的文化观念以崭新的社会历史内涵，即在以独立人格和人与人之间的平等关系的基础上来谈"慈"和"孝"。因此，脱离开具体的社会历史层面，抽象地谈论儒家的人文精神，必然会抹杀现代人文精神和古代人文精神之间的本质差异，从而导致文化建设中的混乱乃至危机。

再举个西方文化的例子。我国哲学界在探讨以费希特、谢林、黑格尔为代表的"同一哲学"的思潮时，常常限于纯学理的层面上来分析这种哲学，即这种哲学主张思维和存在是具有同一性的，因而在认识上是否认不可知论的等等，而完全忽视了这种哲学的社会历史特征。实际上，同一哲学是在法国启蒙思潮和法国大革命的影响下提出来的，它的社会历史内涵，按黑格尔的表述，就是"依照思想，建筑现实"。[①]换言之，就是要用启蒙思想的普遍原则，重新塑造德国的社会现实。所以，"同一哲学"并不是一种抽象乏味的哲学教条，而是德国哲学家用晦涩曲折的语言表达出来的革命学说，如果在探讨"同一哲学"时，撇开了这种具体的历史意向性，那就等于剥落了这一研究客体的历史性，它同样会导致主体的迷失和价值的错位。

综合上面的分析，不难看出，主体的迷失和价值的错位现象如果从主观方面找原因，主要是由历史性的剥落引起的。这就告诉我们，在任何文化研究中，主体对历史性的先行澄明，从而与主体应当确立的客观的价值取向自觉地进行认同，具有决定性的意义。

三

我们上面的探讨就其主要之点而论，仍然停留在否定和批判的阴影

---

① 黑格尔：《历史哲学》，生活·读书·新知三联书店，1956年，第495页。

中。现在，我们必须从肯定方面来回答这样的问题，那如何在文化研究中避免主体的迷失和价值的错位？换一种提法，即如何在文化研究之前先行地澄明自己的历史性，从而确立主体应有的、客观的价值坐标？我想，在解答这些问题之前，我们仍然需要先做一些解蔽的工作，以清除那些最易把主体引向迷途的先入之见。或许可以说，德国哲学家雅斯贝尔斯提出的"轴心时代"的理论正是这样的先入之见。在他看来，公元前8—前2世纪的时代是孔子、释迦、苏格拉底等人各自创立不同的文化范式的时代。这一时代之所以被称为是"轴心时代"，因为以后时代的文化发展全处在这一时代的文化范式的支配之下，如果仅仅从各种文化范式的传承发展的角度去理解雅斯贝尔斯，那么可以说他并没有什么错误，他的错误在于把那个时代理解为"轴心时代"，这就蕴含着这样的一个结论，即以后时代的文化发展都是围绕着"轴心时代"而旋转的。这种理论正是主体误置的最集中的表现。其实，轴心时代永远不可能在过去，而只可能是当代。当然，当代也是一个相对的概念，然而，不管人类历史发展到哪个年代，唯一活着的只可能是当时被称作当代人的人，只有当代人的生活兴趣才是真正的轴心，人们如何解释古代文化及古代人物，恰恰是以这一轴心为出发点的，所以，克罗齐说："罗马人和希腊人躺在墓室中，直到文艺复兴时期欧洲人的精神有了新出现的成熟，才把它们唤醒。……因此，目前被我们看成编年史的大段大段历史，目前哑然无声的许多文献是会依次被新的生活光辉所扫射，并再度发言的。"[①]

　　也正是基于这样的考虑，克罗齐提出了"一切真正的历史都是当代史"的著名命题，肯定了当代人和当代文化的轴心作用。事实上，按照克罗齐的逻辑推演下去，连"文艺复兴"这样的提法都是不确切的，因为它容易造成这样的误解：近代欧洲人突然复归到古代文明中去了。实际发生的情况正好相反，近代欧洲人不过是借用古代人物的口号和服装来演出新生活的剧目罢了。在这里，克罗齐实际上提出了一种与雅斯贝尔斯根本对立的"新轴心时代"的理论，它告诉我们，要避免主体立场向古代人的误置（即用古代人的立场来替代当代人的立场），重要的是要

---

① 克罗齐：《历史学的理论和实际》，商务印书馆，1982年，第12页。

认识到，轴心始终是在当代，因此，领悟主体置身于其中的当代生活世界的本质意义才是保持主体独立性和自由度的真正的前提性的准备。我们不应当停留在"不了解过去，就不懂得现在"这样浅显的常识中，而是就领悟下面这个深刻得多的真理：不懂得现在，应当不能解释过去。

还有一个对我们影响甚巨，其影响甚至大于我们的无意识心理层面的先入之见是"编年史时间崇拜"。所谓"编年史时间"指的正是目前国际上通行的时间概念，我们前面提到的"20 世纪 90 年代"正属于编年史的时间，无论如何，这种时间对于当代人的生活来说是不可或缺的，也正是由于这样的原因，人们无形中把这样的时间观引入了文化研究，尤其是比较文化研究中，从而引申出错误的"同时代的"观念，这正是导致主体历史性剥落和主体迷失的深层原因之一。

比如，90 年代的中国人通常认为，他们和 90 年代的西方人是同时代的。其实，这里的"同时代的"概念只具有编年史时间意义上的、形式化的含义，如果我们把这种含义扩展为他们在文化心态上也是同时代的，那就大错而特错了，实际上，当代中国人生活在两种不同的时间中，一种就是我们已经在上面提到的编年史的时间，人们根据这种时间来安排生活和各种交往活动（尤其是国际性的交往活动）；另一种我称它为社会形态时间，这种时间是由社会生活中占主导地位的经济关系决定的，这种关系制约着人们的文化心态，对于文化研究，特别是比较文化研究来说，社会形态时间才是根本的前提。根据这种时间观，我们完全可以说，90 年代的中国人和 90 年代的西方人在文化心态上并不是同时代的，易言之，90 年代的西方文化和 90 年代的中国文化也不是同时代的。在这方面的研究上，我们决不能迷惑于这样的外观，即 90 年代的中国也和 90 年代的西方一样，有彩电、激光唱片、霹雳舞、摇滚乐，于是断言当代中国文化和西方文化是同时代的。我们承认，编年史的时间观念也会在一定程度上侵入一个社会发展阶段的文化心态，然而其造成的影响与社会形态时间相比是微乎其微的。也就是说，从根本上判断两种文化心态是否同时代的根据是社会形态时间，迄今为止人类已经历的正在经历的是两种社会形态：前商品经济社会形态和商品经济社会形态。就当代中国的情形而言，正处在商品经济的起步阶段，即使勉强把它纳入商品经济社会形态中的话，和商品经济已取得高度发展的当代西方社会也处在不同的发展阶段上，因而其文化心态也不是同时代的，更不要说，当代中国社会的文化心态仍然带着自然经济和计划经济的很深的烙印。人们常说中国人走路、办事都是慢吞吞的，又不守时，而西方人又守时，办事又快，正因为当代中国社会和当代西方社会处在不同的时间状态中，所以，从社会形态时间上来考察，当代中国社会的文化心态毋宁说与16—18世纪的西方社会文化心态才是更接近的，或者说得更明确一些，才是同时代的。当代中国社会对交通和技术运用的重视，对道德和法权意识的呼吁，对市民社会和社会公正的关注等等，难道不正是16—18世纪的西方社会已经历过的往事吗？

只停留在编年史时间上的文化研究，尤其是比较文化的研究必然会导向主体迷失的死胡同，如我们前面已指出过的，主体把立场误置到西方现代派和后现代主义的代表人物的立场上；抽取各自的历史背景，对中国人和西方人的文化心态进行笼统的比较；或用肤浅的、追求形似的目光去探讨东西方文化人物（如老子和海德格尔、庄子和德里达、朱熹和黑格尔）思想的异同等等，都和时间理论的错失密切相关。实际上，比较文化的研究应当奠立在社会形态时间的基础上，只要人们对这个基础还蔽而不明，这一研究就不具有科学的性质。

在解蔽之后，我们有必要从正面来探讨一下文化研究的哲学前提。我认为，这一前提应当是本体论释义学，这里说的本体论乃是生存论意义上的本体论。这种释义学要求文化研究者在开始自己的研究活动之前，先行地领悟自己的历史性，把握自己置身于其中的生活世界的本质，从而确立起一种应有的、客观的价值坐标。在这样做的时候，研究者应当有勇气清理自己主观的价值取向，走出主体迷失和价值错位的误区。

原载《社会科学战线》1995年第2期

关于李泽厚同志近十年来的某些理论学术观点讨论综述

枣 栗*

最近几年，国内一些报刊，如《光明日报》、《高校社会科学》（现改名为《高校理论战线》）、《当代思潮》、《文学评论》、《文艺理论与批评》、《文艺报》、《哲学研究》等陆续发表一些批评李泽厚同志近十年来的某些理论学术观点的文章。本文主要综述对李泽厚同志的现代思想史方面的两个观点，即"救亡压倒启蒙"和"西体中用"，以及"主体性实践哲学"观点的批评情况。

一、对李泽厚同志的"救亡压倒启蒙"观点的批评

1. "救亡压倒启蒙"与五四新文化运动。蒋茂礼在论文中针对李泽厚的《启蒙与救亡的双重变奏》一文中，为了论证"救亡压倒启蒙"而提出的"'五四'运动包含两个性质不同的运动，一个是新文化运动，一个是学生爱国反帝运动"，新文化运动"主张彻底扔弃固有结论，全盘输入西方文化"，"这时先进的知识者的整个兴奋的焦点不再集中在政治上，而是集中在文化上了"，这可以从"他们是一批职业教授、学者、学生，即纯粹的近代知识分子"，以及陈独秀说的"批评时政，非其旨也"得到证明。只是由于"启蒙的新文化运动不久，就碰上了救亡性的反帝政治运动，二者很快合流在一起了"①等论点，指出李泽厚把五四新文化运动

---

* 枣栗，作者情况不详。

① 李泽厚：《中国现代思想史》，东方出版社，1987年，第7、11、13页。

与爱国反帝运动割裂开来，把五四新文化运动论定为包含两个性质不同的运动，是曲解了五四新文化运动的性质。

蒋茂礼认为，第一，把五四新文化运动论定为全盘输入西方文化，用西方资本主义文化来彻底反对和否定中国传统封建文化的启蒙运动，是把五四新文化运动旧民主主义化了。这不符合新文化运动的历史事实。马列主义在中国传播，产生了大批具有共产主义思想的知识分子，在他们的领导下，爆发了反帝反封建运动。文化运动实现了由旧民主主义向新民主主义的转变。在新文化运动内部，对新文化的理解和宣扬，在阶级倾向、政治方向和启蒙目的上也有以李大钊、陈独秀与胡适等人的根本区别。

第二，把五四新文化运动论定为是与当时爱国反帝、救亡图存的政治运动没有内在本质联系的纯文化运动，是把五四新文化运动非政治化了。这不符合整个五四新文化运动的本质和实际表现。李泽厚抓住陈独秀在《新青年》之初讲过"批评时政，非其旨也"的话，但这话在当时也是错误的，而且陈独秀在事实上也没有这样办，他倡导科学、民主就是证明。李泽厚认为纯文化是其本质，后来与政治扯到一起而走上歧途，根本不符合启蒙运动实际。

第三，把五四新文化运动论定为只是一部分"纯粹知识分子"办杂志、写文章，向人民群众进行启蒙活动，用西方资本主义文化来启封建之蒙，改造中国国民性的纯文化运动，是把五四新文化运动非群众化了。这是对五四新文化运动的严重歪曲。其实，共产主义知识分子从事的新文化运动，力求与人民群众的革命斗争相结合，选择并开拓了新的道路。①

2. 救亡与启蒙的关系。不少文章批评李泽厚把启蒙与救亡割裂开来，对立起来，并且认为"救亡压倒了启蒙"等错误观点。刘奔和张智彦在论文中指出：救亡要求并不在启蒙运动之外，恰恰是启蒙本身的内在要求，不是政治干扰了文化运动，而是文化本身就渗透政治目的。②胡绳指出，所谓启蒙，也就是唤起群众。说启蒙是指反封建，而救亡只是反对帝国主义，是站不住脚的。在半殖民地的中国，从来一切带有启

---

① 蒋茂礼：《李泽厚同志是怎样曲解五四新文化运动的？》，《高校社会科学》1990 年第 5 期。
② 刘奔、张智彦：《历史·现实·历史观》，《哲学研究》1989 年第 5 期。

蒙性的运动都不能不接触到民族存亡的问题,不仅"五四"运动,而且"五四"前的戊戌变法、辛亥革命都如此。救亡运动反对帝国主义的侵略和压迫,同时也反对与帝国主义相勾结、使中国落后的封建主义;不仅求民族的生存,还力争民族的进步,没有进步,是不能生存的。①谢林认为,启蒙与救亡是相互促进的。"五四"前期的启蒙运动的直接后果是促进了马克思主义在中国的传播,客观上为救亡运动及以后党所领导的人民大革命做好了思想、舆论和干部上的准备;反过来,"五四"后期救亡运动为主导,推动了启蒙运动的深入,"外抗强权,内除国贼"的、随后在党领导下的救亡运动,把启蒙思想从城市传播到农村,带来了整个民族心理结构的巨大震荡。启蒙与救亡并行不悖,二者就是一体。②

3. "救亡压倒启蒙"的主要内容及其实质 董学文把李泽厚的"救亡压倒启蒙"的观点概括成四个方面:其一,革命战争挤压了"启蒙思想"和"自由思想",冲淡甚或排斥了反封建主义的斗争,使封建主义延续至今,并且披上"社会主义""集体主义"的外衣。其二,长期进行一场以农民为主体的土地革命战争,其后遗症就是泯灭了个性,丧失了民主意识,忽视了个人利益,让个体充当了历史的"工具和螺丝钉"。其三,中国人接受马克思主义,"并非真正学理上的选择",而"主要都是救亡—革命—战争的现实要求"。③其四,由于"救亡压倒了启蒙",中国"无论在社会的政治经济结构上和人们的文化心理结构上,都并没有经过资本主义的洗礼"。④因此,当前主要反对的还应是封建主义。董学文还指出"救亡压倒启蒙"的命题,并不是单纯地回顾历史,而是旨在唤起对现实社会和政治进行"批判"。⑤

4. "救亡压倒启蒙"与所谓"新启蒙" 李征指出,李泽厚最近一些年一再提出:"'四人帮'倒台后,'人的发现''人的觉醒''人的哲学'的人道主义的呐喊声又声震一时。'五四'的启蒙要求、科学与民主,人权和真理,似乎仍然具有那么大的吸引力量而重新被人们发现和呼吁。

---

① 胡绳:《略读三十年代救亡运动的历史意义》,《求是》1990年第22期。
② 谢林:《也谈"启蒙"与"救亡"》,《西北师大学报》1990年第4期。
③ 李泽厚:《中国现代思想史论》,第32页。
④ 同上书,第38页。
⑤ 董学文:《李泽厚现代思想史研究的若干问题》,《高校社会科学》1990年第3期。

拿来主义甚至'全盘西化'又一次被提出来。这不是悲哀滑稽的历史恶作剧么？绕了一个圈，过了七十年，提出了同样的课题？"[①] 他认为，"这是救亡压倒了启蒙的结果"。他主张，"在思想观念上，我们现在某些方面比'五四'时代还落后，消除农民革命带来的后遗症，的确还需要冲决罗网式的勇敢和自觉"。[②] 这些所谓"救亡压倒了启蒙"的观点，是"新启蒙"论者的一条重要理由。[③]

5. "救亡压倒启蒙"的历史观。杨汉池认为，李泽厚的"启蒙与救亡的双重变奏"模式表达的不是唯物史观。因为这个模式以"启蒙"为核心贯彻始终，而"启蒙"的内容除了一般的民主、自由、平等、人权、博爱等西方历史上的"天赋观念"外，讲得更多的是个性、个人主义、个体尊严，实际上是把它看成某种精神性的"实体"或"本体"；并且这种精神实体始终保持自我完善、纯净不杂、不可熔化、不能变易的本性，有着很高的，甚至最高的价值标准。这种把精神实体作为考察社会历史的根据、出发点和标准，而把作为"物质力量"的人民群众的实践看作异己物，这不能说是一种唯物史观。[④]

刘奔、张智彦认为，"救亡压倒启蒙"的观点是一种观念文化决定论。因为"救亡压倒启蒙"的观点以及由此引申出来的启蒙"中断"论、传统"断裂"论的共同信念，是认为文化的最深刻根源在观念之中，社会危机和民族危机本质上是文化危机，单靠文化学术的改造和文化意识的培育就可造成社会合理化的运动。他们解释历史时，不是从实践出发去解释观念，而是从观念出发去解释实践。所以，从本质上看，这是一种唯心主义的历史观。[⑤]

二、对李泽厚同志的"西体中用"观点的批评

1. "西体中用"与"全盘西化"。对李泽厚的"西体中用"观点与中

---

① 李泽厚：《走我自己的路》，生活・读书・新知三联书店，1986 年，第 267 页。
② 李泽厚：《中国古代思想史论》，人民出版社，1985 年，第 325 页。
③ 李征：《"新启蒙运动"意味着什么》，《光明日报》1990 年 8 月 6 日。
④ 杨汉池：《评李泽厚同志的"启蒙与救亡的双重变奏"》，《高校社会科学》1990 年第 4 期。
⑤ 刘奔、张智彦：《历史・现实・历史观》，《哲学研究》1989 年第 5 期。

国现代思想史上"全盘西化"观点的关系,有两种略有不同的看法。一种观点认为,"西体中用"与"全盘西化"毕竟有所区别。早在1987年,方克立在批评"中体西用"和"西体中用"的文章中就指出,李泽厚提出的作为设计中国未来发展道路的"西体中用"论,其完整表述是认为"未来的道路应是社会存在的本体(生产方式、上层建筑和日常现实生活)和本体意识(科技思想、意识形态)的现代化(它源自西方,如马克思主义)和中国的实际(包括儒家作为中国文化心理的客观存在这个实际)相结合"①。其中"体""用"的含义已和传统的用法不同,有点类似"内容与形式"的关系。李泽厚提出这个命题,似乎为了补充和修正"马克思主义的普遍真理和中国革命的具体实际相结合"的提法,因为他讲的"西体"包括马克思主义而不归结为马克思主义。"中国化的现代化道路"到底是走社会主义还是走资本主义的发展道路,李泽厚没有正面回答这个问题。他讲的源自西方的"个人竞争,优胜劣败"等特征的社会现代化,叫人很容易理解为资本主义的现代化。但是,他也做过这样的概括:"西体者,社会主义现代化是也。而所谓'中用',就是怎样结合实际运用于中国,这也就是马克思主义的现代化。"②可见,这种理论虽有若干混乱和不明晰之处,但同明确主张走资本主义道路的"全盘西化"论毕竟还是有所区别的。③

另一种观点认为,"西体中用"实际上就是"全盘西化"。樊篱指出,李泽厚讲的"西体",最根本的是指西方的资本主义生产方式,而"中用"的含义,一是把"西体""运用在中国的各种实际情况和实际活动中";一是用"西体""来努力改造'中学',转换中国传统的文化心理结构,有意识地改变这个积淀"。这种观点实际上就是"全盘西化"的观点,区别只在于,"全盘西化"论者否定中国传统文化,李泽厚主张用"西学"对中国传统文化进行转换,以适应政治上、经济上实行西化的需要。④凌似认为,李泽厚的所谓"体"指的是"社会本体"和"本体意

---

① 李泽厚:《关于儒家与现代新儒家》,《文汇报》1986年1月28日。
② 李泽厚:《中国思想史杂谈》,《复旦学报》(社会科学版)1985年第5期。
③ 方克立:《评"中体西用"和"西体中用"》,《哲学研究》1987年第9期。
④ 樊篱:《"西体中用"与文艺》,《高校社会科学》1990年第1期。

识"，其中包括"物质生产和日常生活"，包括"生产力、科学、技术以及相应的经济政治理论、科技文化理论以及价值观念"等等。① 这一切都要从西方引进，这一切都要以西方为本位。他的所谓"中用"，就是特别要注意不要使"西体""西学"变样，"被顽固强大的中国传统封建力量给熔化掉"。② 他的"西体中用"的实质，就是要在中国实现资本主义。③

《当代思潮》的社外评论员认为，李泽厚讲的"西体"中"当然包括马克思主义"是为了掩饰，因为他申明"也不只是马克思主义，还有好些别的思想、理论、学说、学派"。即使作为陪衬包括进"西体"的马克思主义，也不是本来意义的马克思主义。李泽厚说过，"我认为马克思主义千条万条最基本的一条还是真理，即人首先要吃要穿，才能谈其他，这一条我到现在还相信，其他的东西，我认为有很多错误，包括《资本论》，也有错误"。这种除了"要吃要穿"之外皆是错误的"主义"，还算得上马克思主义吗？④

2. "西体中用"的概念和逻辑。方克立在 1987 年的文章中指出，李泽厚讲"西体"包括马克思主义，但又说："有人说以马列为体，这也不对，马列主义是学而不是体。"，这显然与把"本体意识"也包括在"体中"的一贯提法自相矛盾。李泽厚笼统地主张以西方的生产方式、生活方式、上层建筑、科技思想、意识形态等等为"体"，而不区别是社会主义的生产方式、上层建筑和意识形态，还是资本主义的生产方式、上层建筑和意识形态；有时讲"西体"包括作为"本体意识"的马克思主义，有时又否定马克思主义是"体"，这种理论至少是混乱的，缺少概念的明确性和前后逻辑的一贯性。⑤

吴慧颖指出，李泽厚对"西体中用"，在诸多文章中解释不尽一致，有些解释在语意上含糊不清，逻辑线索紊乱。什么是"体"？《中国思想史杂谈》《试谈中国的智慧》都说是社会存在的本体和对社会本体的意识。所谓社会存在的本体，《关于儒家与"现代新儒家"》解释为"生

---

① 李泽厚：《走我自己的路》，第 227—228 页。
② 同上书，第 229 页。
③ 凌似：《这是一个什么思想库？》，《当代思潮》1990 年第 3 期。
④ 社外评论员：《"西体中用"纲领简评》，《当代思潮》1990 年第 3 期。
⑤ 方克立：《评"中体西用"和"西体中用"》，《哲学研究》1987 年第 9 期。

产方式、上层建筑和日常现实生活",《中国思想史杂谈》指出是物质文明,《"西体中用"简释》则强调了科学技术。所谓本体意识,《关于儒家与"现代新儒家"》指明是"科技思想、意识形态",《"西体中用"简释》注为"学",但《漫说"西体中用"》又说各种"学","如果追根究底,便都不是'体',都不能作为最后的'体'。它们只是'心理本体'或'本体意识',即一种理论形态和思想体系"。什么是"西体"?李泽厚说:"西体者,社会主义现代化是也。"(《中国思想史杂谈》)很快,社会主义字样就倏忽不见了,"我讲的'西体',实质就是现代化"(《"西体中用"简释》),《漫说"西体中用"》则泄露了天机:"现代化也就是西方化。"①

三、对李泽厚同志的"主体性实践哲学"的批评

1."主体性实践哲学"与思想史观点的关系。董学文指出,李泽厚为了支持和论证自己政治上和思想史上的论点,他还制造了"人类学本体论"或"主体性实践哲学"。李泽厚认为,"从五六十年代东欧、苏联到七八十年代中国的人道主义潮流,共同展示了马克思主义理论传统本身由于强调社会忽视个体所带来的巨大缺陷,但并未真正开辟如何走向未来的理论通道"(《马克思主义在中国》,第103—104页)。于是,他搞起了"人类学本体论",认为"中国社会进入'苏醒的八十年代'的时候,多么必然也多么需要这种恢复人性尊严、重提人的价值的人的哲学"(同上书,第101页)。②

2."主体性实践哲学"与所谓"人的伦理学主体性"。《当代思潮》社外评论员指出,李泽厚认为,"从黑格尔到现代马克思主义,有一种对历史必然性的不恰当的、近乎宿命的强调,忽视了个体、自我的自由选择并随之而来的各种偶然性的巨大历史现实和后果"。因此,马克思主义不能"更深刻地理解强调作为个体的人的伦理学主体性的意义所在"。论者认为,马克思主义的唯物史观丝毫没有忽视有生命的个人的存在,而

---

① 吴慧颖:《"西体中用"论考略》,《高校社会科学》1990年第4期。
② 董学文:《李泽厚现代思想史研究的若干问题》,《高校社会科学》,1990年第3期。

且把这种存在看作人类历史的第一个前提。马克思主义把个人与集体、个人与社会统一起来，并且强调个人总是作为社会成员而存在。李泽厚高扬的却是与集体、与社会相脱离、相对立的"人的个体存在"或"自我"。所谓"强调作为个体的人的伦理学主体性的意义"，实际上就是用哲学理论形态高扬个人主义。①

3. 主体性哲学及其来源。汤龙发在自己的文章中，把李泽厚 1981 年的《康德哲学与建立主体性论纲》一文与康德哲学的主体性作了对比分析，认为李泽厚的主体性哲学是建立在康德唯心主义基础上的。李泽厚按照康德三大批判的方法来建立主体性结构体系，他说："这种主体性人性结构是'理性的内化'（智力结构）、'理性的凝聚'（意志结构）和'理性的积淀'（审美结构）。"②李泽厚发挥了康德唯心主义的"精义"。对康德的《纯粹理性批判》，李泽厚不但肯定了康德的主体认识形式论，而且肯定了康德的先验论，认为"构架说是康德'批判哲学'认识论的关键之一，它是企图联结先验与经验、知性与感性、一般与特殊、本质与现象的中介……有极为重要的意义。"③李泽厚在康德先验论的基础上，提出了他的主体智力结构、心理结构的先验图式，"要求在人类学的基础上来建立认识论，来解释生理–心理结构"④。对康德的《实践理性批判》，李泽厚忠实于康德所创造的人本目的论、主体目的论。他不厌其烦地谈论："'自然向人生成'是个深刻的哲学课题"，"自然好像是为了人的存在才有意义和价值"，"自然界的最终目的是道德文化的人"。⑤在主客体关系上，李泽厚比康德更强调主体绝对支配客体，有不受任何限制的自由和绝对的意志，认为"人不同于机器人……行为是由自己选择，生活是由自己负责，命运是由自己决定，并不是被外在程序所机械地规定好了的"⑥。他把康德的人的主体性发展成个体、自我的主体性，在研究青年毛泽东时，大谈"贵我"的道德律，"个人'无上之价值'……就为了实现

① 社外评论员：《"西体中用"纲领简评》，《当代思潮》1990 年第 3 期。
② 《李泽厚哲学美学文选》，湖南人民出版社，1985 年，第 168 页。
③ 李泽厚：《批判哲学的批判——康德述评》，人民出版社，1984 年，第 134 页。
④ 同上书，第 153 页。
⑤ 同上书，第 406、409 页。
⑥ 《李泽厚哲学美学文选》，第 174 页。

自我"①。对康德的《判断力批判》，李泽厚提出"理性的积淀"的先验审美结构，不但没有吸收康德的合理因素，反而使自己的主体性美学更加唯心化。②

4."主体性实践哲学"的实践观点。袁振保认为，李泽厚的"主体性实践哲学"的实践观点，是一种抽象的实践观，李泽厚在《批判哲学的批判》一书第五章末尾说："法国唯物主义把人从属于自然。德国古典唯心主义把自然从属于人的精神。马克思主义的唯物主义则把自然从属于人对世界的能动的物质改造，这也就是由自然本体论（法国唯物论）到意识本体论（德国古典唯心论）到人类学本体论（马克思主义）。"这里不仅曲解了马克思主义，把马克思主义纳入他的"人类学本体论实践哲学"的范畴里，而且把自然和人、自然的客观规律与人的能动的实践之间的关系颠倒了。李泽厚在《批判哲学的批判》一书中反复强调"要以使用和制造工具来界定实践的基本含义，以统一实践哲学和历史唯物主义"③，这实际上是一种"工具论"哲学。把历史、实践仅仅归结于工具的"使用和制造"，是把社会生产中的一个因素加以夸大，使之超脱于生产关系、社会运动。李泽厚还轻视实践的群体性，强调实践的个体性。他的"主体性实践哲学"的目的就是要创造"现代个体人格"，是一种极端利己主义的个人主义哲学。④

5."主体性实践哲学"与自然的人化。谷方在论文中认为，李泽厚的作为"人类学本体论"理论根据的"自然的人化"观点不是马克思的思想。谷方考察了《手稿》四个不同的中译文版本，认为其中三个版本都译为"人化的自然界"，另一个（何思敬译本）实际也是"人化的自然界"，因此"人化的自然界"是准确的。李泽厚对此加以颠倒拼接，改为"自然的人化"未必合适。"人化的自然界"并不等于"自然的人化"。《手稿》中"人化的自然界"是指人们通过生产实践所创造出来的产品，它与"自然的人化"有以下的区别：一是内涵不同。前者，是指产品，

---

① 李泽厚：《中国现代思想史论》，第 129 页。
② 汤龙发：《试论李泽厚的主体性哲学及其来源》，《高校社会科学》1990 年第 2 期。
③ 李泽厚：《批判哲学的批判——康德述评》，第 362 页。
④ 袁振保：《评李泽厚的实践美学》，《高校社会科学》1990 年第 6 期。

后者的"自然"是指与社会相对的自然界；二是外延不同，前者仅仅是指由人们加工制造的对象，后者则是指自然界的一切对象；三是时间的不同。前者是完成式，有的翻译家译为"人化了的自然"。后者是进行式，表示"人化"是持续的过程。"自然的人化"，在自然界的广大领域是实实在在的未经"人化"，没有实践活动的场所。"自然的人化"这个概念的含混性恰恰便于人们把各种东西附加进去，赋予它与马克思主义实践哲学完全对立的品格。[①]

6. "主体性实践哲学"的归属。有两种不同的看法。第一种看法认为它是人本主义。汤龙发认为，李泽厚说过，"人性便是主体性"，人性"也是今天哲学的课题"。[②]这说明他的主体性哲学是以人、人性为基础的唯人论，是一种人本主义的哲学。他也研究人与物的关系，但不是人受自然和社会现实的制约，不将人当作自然发展的产物；而是相反，自然和社会现实得受人的制约、决定，是"自然向人生成"。[③]

另一种看法认为"主体性实践哲学"应归属于存在主义。凌似指出，在哲学上李泽厚断定，存在主义说存在先于本质，康德说本体高于现象，都具有某种合理的意义。在李泽厚那里，马克思主义应由存在主义和康德主义来改进。[④]严文在报道中说，"人类学本体论"或"主体性实践哲学"实际上在鼓吹一种带有浓厚存在主义色彩的极端个人主义的人生观，在政治上与新启蒙思潮是一致的。[⑤]

原载《哲学动态》1991年第8期

---

① 谷方：《评李泽厚的"自然的人化"美学观》，《文艺理论与批评》1991年第3期。
② 《李泽厚哲学美学文选》，第150、155页。
③ 汤龙发：《试论李泽厚的主体性哲学及其来源》，《高校社会科学》1990年第2期。
④ 凌似：《这是一个什么思想库？》，《当代思潮》1990年第3期。
⑤ 严文：《若干哲学、思想史问题讨论会综述》，《高校社会科学》1990年第2期。

中国传统文化与现代化断想

庞　朴 [*]

《未定稿》记者最近就文化史研究问题，走访联合国教科文组织《人类科学文化发展史》国际编委会委员庞朴教授，作了广泛的交谈，受益不浅。现将谈话要点发表于后。

一、否定之否定：中国文化史研究的历程

问：仿佛最近一段时期内，文化史方面的研究大有开展。您能否向我们的读者提供一点情况，并分析一下其中的原因？

答：的确，文化史的课题越来越受到人们重视了。记得在 1980 年，我们曾做过一个粗略统计：从 1919 年到 1949 年的 30 年里，国内出版的有关文化学和文化史的著作，大概 170 多种；而从 1949 年到 1979 的 30 年里，只出版过一种。固然，解放前的那些著作，有许多是文化史观的，它们以文化演进为历史变化的根本原因，因而文化史的研究得到格外注意；但解放后完全忽视文化史，未免又走入了另一极端。说起来，这种现象也是可以理解的，甚至具有某种必然性。文化史研究上的冷漠，正是对文化史观的一种批判，也是对唯物史观的一种赞同；尽管这种"批判"和这种"赞同"都带着偏激情绪，但总的说来，整个史学研究，正是这样前进了。

目前，文化史研究又重新得到重视。北京、上海两地，率先出版《中国文化》集刊，着手编纂大部头的"中国文化史丛书"和"中国近代

---

* 庞朴，1928—2015，男，《历史研究》主编、山东大学儒学高等研究院教授。

文化史丛书"；西安和武汉重点研究汉唐文化和明清之际文化，其他如区域性的文化——巴蜀文化、荆楚文化，在四川、两湖亦相继引起广泛兴趣。外国文化史和中外文化比较研究的探索工作，正在上海积极进行着。今年3月，北京有中国文化系列讲习班的活动，11月或稍晚一点，上海还将有国际性的中国文化问题讨论会。凡此种种，表明了文化史研究的锣鼓越敲越响了。

这种变化也带有其必然性。这不仅是说，这一方面的发展像一切发展一样，在走着否定之否定的道路；而且，更根本的，还在于社会在自己的发展中，推出了文化的问题，或者说，传统文化与现代化的关系问题，已成了现实生活中随时会碰到的课题。

学术界重视文化史的研究，看来绝不是一个偶然现象。

二、包袱与财富：中国传统文化的估价

问：您说到传统文化与现代化的关系，这是一个非常具有魅力的问题。能不能详细说说其中的奥妙？譬如说，中国传统文化的特征是什么？传统文化如何实现现代化？以及其他可能涉及的有关问题。

答：这可是一个大题目。可以这样说，自从中国进入近代时期以来，就发生了传统文化现代化的问题。清朝晚期的"中体西用"，"五四"时代的"打倒孔家店"与"德赛二先生"，"文化大革命"中的"破四旧""立四新"，都是用来解决传统文化现代化的一些办法。时至今日，我们仍然觉得，问题并没有解决。在我们社会生活的各个领域，都有不少坏的传统在阻碍着前进的脚步；而好的文化传统究竟是什么，在不同的人群之间尤其是两代人之间，又有着颇不相同的看法。这里面，至少有一个对传统文化的估价问题和一个对现代化的理解问题，需要从认识上弄清楚。

问：那么，您是怎样估价我们的传统文化的？

答：说到估价，首先要回答文化需不需要估价的问题。有一种意见认为，文化是人们在改造自然环境中所获得的品格和行为方法以及由此所积聚起来的意识、风俗、礼仪等精神复合体；因此，我们只有描述的任务，没有评价的权利。可是另外一种意见认为，文化是一些事件、成

就，它们以自己的创造性对人类的共同文化遗产作出有深远影响的贡献；因此，首要的是对它作出评价。我觉得这两个定义可以结合起来，既作定量的描述，又作定性的评判。对于中国的传统文化，也应该如此去研究。

有些青年朋友，有感于现实中活中的一些弊端，误认为传统只是一种保守的力量，传统文化只能起阻挠的作用，因而要冲决网罗，抽刀断水，彻底决裂，义无反顾。可是另外一方面，我们也看到一些发达国家的知识分子，特别是它们的汉学家，认为中国的传统文化，有助于弥补工业社会的精神空虚，足以成为后工业社会文化的重要组成部分，因而应该认真发扬，让它光被四宇。

于是，怎样估价我们的传统文化，就成了一个非常现实的问题。

我想，传统固然是一种保守的力量，但同时，传统也是一切前进的基地。从前一个意义上说，传统是一个包袱；从后一个意义上说，传统又是一宗财富。这应该是我们看待传统文化的基本观点。

三、人文主义：中国文化传统的核心

问：包袱和财富，妙极了！这个提法很形象，也富有启发性。可是您能不能具体说说，到底我们的文化传统中，哪些算是包袱，哪些算是财富？

答：我想，情况可能比我们想象的要复杂。有时候，我们很难指认某者为包袱某者为财富，也许包袱就是财富，或者既是包袱又是财富；有时候，公认的包袱忽而会化腐朽为神奇，一变而为财富，反向的例子当然也有。因此，我不想具体列举包袱和财富。我愿意把目光稍微集中一下，指出中国文化传统的核心精神，以便从整体上把握我们的文化。

这件事，一直有人在做。宋儒说的那个十六字心传，"人心惟危，道心惟微，惟精唯一，允执厥中"，就是他们所认为的中国文化传统的核心精神，或者叫道统。"五四"前后，许多人拿中国文化或东方文化与西方文化作对比，说东方文化主静、尚感情、崇虚文，是内向的、因袭的、直觉的、苟安的等等，又是一种看法。

我倾向于用"人文主义"四个字来概括中国文化，或者叫作中国文化传统的核心精神。

问：人文主义不是西方文艺复兴时代的产物吗？

答：是的。西方在文艺复兴时代，强调人的尊严、人的权利，冲破中世纪的神学统治，高扬了人文主义精神。但是在中国，这种重视人的思想，可以说，从春秋以来，一直未曾中断。孔子的"仁"学，正是一种古代的人文主义，它影响到中华文化的各个方面。最有趣的是，中国的宗教，也是人文主义的，而不是神文主义的。我们知道，道教追求成仙，这个仙就是人修炼成的，是人带着自己的肉体飞升而成；儒家把死去的祖宗加以神化，这种神也是人。可见，在这种最不人文的宗教领域里，竟然也有人文主义的气息。此外，大家都知道，中国的科学技术成就中，技术性的成就大于纯科学的成就，这说明我们之注意于"厚生利用"，超过了驰骛于抽象的理论思维，这也是人文之处。我常想，像哥德巴赫猜想这样远离现实的问题，是不会由中国文化背景里产生的。不仅如此，前些年我们在介绍哥德巴赫猜想时，总忘不了要加上一句，说这个问题的研究和解决，将来肯定会有益于实践等等，这种诺言，便是我们的人文主义思维方法的特产。在哲学领域里，中国文化也表现了高度的抽象思维能力，提出过许多形而上的课题。但是，它们无不很快落实到政治伦理命题上去，以应付人世间的种种难题。

因此，我想，"人文主义"四个字，可以概括出中国文化的本质特点。

问：是否可以认为，这也是中国文化传统的优点所在呢？

答：人文主义用之于说明文化传统，只能说是一个认识判断，而不好认为是价值判断。今天看起来，许多保守的因素，正和人文主义有关。譬如，中世纪的西方，神学统治一切意识；古代的中国，政治伦理思想统治一切意识。相比之下，中国是人文主义的。但是，神学的樊篱比较容易冲破，因为它终究是虚的，学术一旦从神学统治下解放出来，便无所顾忌地发展了。而我们的人文主义传统，倒成了学术自由发展的障碍。

当然，我们也不能由此得出结论，说人文主义传统是一个坏传统，这是不言而喻的。

其实，用发展的眼光看问题，我们最好不要津津于传统本身的好和坏上，而是更多地关心这个传统作为我们前进的起点和基地、财富和包袱，如何使之现代化的问题上。

四、东方式的现代化：中国传统文化与现代化

问：照您这么说来，我们是否应该在工业、农业、科技、国防的四个现代化之旁，再提一下文化现代化呢？

答：不是这个意思。广义地说，四个现代化也是文化现代化。我们不能把四个现代化仅仅理解为技术和设备问题。当然，除了工业、农业、科技、国防以外，社会生活的方面还有许许多多，都有一个如何现代化的问题。我想，所谓现代化，首先当然是区别于古代化（中世纪化）而言的；其次，对我们中国来说，还要学会区别现代化和西化。这后一个区别，往往为人们所忽视。“五四”以来，不少提倡新文化和反对新文化的人，都未能把中国文化的现代化与西化区别开来。主张新文化的，所主张的往往是西化，因而成效其微。拿汉字拼音化作例来说，这就是使汉字西化的方案，它似乎未考虑汉字的形、音、义三位一体的特点，简单地用西化的办法来削足，几十年过去了，收效不大。汉字要想现代化，大概只有简化之一途。

问：您提出的这个现代化和西化的区别，倒很有意思。能不能请您详细谈谈这个区别呢？

答：现代化是相对于古代化而起的。西方世界先走了一步，于是在我们看来，现代的与西方的，有时就搅在一起了。我们必须仔细区别开哪些是纯西方的，哪些是现代的而发生在西方的。譬如用叉吃饭，这大概是纯西方的；民主与科学，这是区别于中世纪的现代化，但发生在西方的。对于纯西方的文化，我们自不必一概“拿来”；对于像民主与科学那样的现代化，我们也应该知道它们是成长于西方文化背景上的，就是说，它们有其“西方的”属性，很难简单地来一个移花接木，直接接到我们的文化大树上。我们知道，西方的天赋人权观念，虽然是反对中世纪的教权统治的，却是从基督教的教义里引申出来的。西方的科学，也

是以确信宇宙为上帝的杰作这个信念为潜意识的。这就是民主与科学二先生的西方性。"五四"以来，我们对这一点注意不够，没有区别西化与现代化，尤其没有区别那些现代化文化里面潜藏着的西方成分。因而，在我们这样一个有着浓重的自己文化传统的大国里，现代化的成绩不那样显著，就并不奇怪了。

看起来，我们应该独立考虑自己的文化现代化问题，一切外国的观念和经验，都只具有参考性的意义，无法生搬硬套。这根本的是因为，我们的"财富"太多了，或者说，我们的"包袱"太重了。

在现代世界上，随着东方国家的勃起和欧洲中心主义的破灭，越来越多的人倾向于承认文化的多元论，不仅承认文化起源上的多元论，而且承认在文化的现代化上，也是多元的。根据我们的经验，应该相信这种理论是正确的。因此，我们更得注意把现代化和西化区别开来。我们相信，有朝一日，东方式的现代化，会使人们耳目一新的。

问：您以为，为使中国文化现代化，首先要做的是什么？

答：首要的当然是政治变革。这一点我们已经做到了。现在我们已经有了一个现代化的社会。有人根据经济是基础，政治是经济的集中表现，文化是经济、政治的观念表现的理论，认为文化的事，不妨慢慢来，现在抓经济要紧。这种想法有点绝对化了。其实文化的地位和作用，绝非仅仅是第二位的。"五四"以来的社会风暴，可以说是先从文化开始的；目前，我们也深感许多经济改革上的困难，正是由于文化积习所致。因此，文化现代化的事，也是刻不容缓的。

文化如何现代化，同文化之怎样被古代化对着看，便可抓到要领。我想，是否可以这样说，中国文化古代化的要害，在于政治伦理控制了一切，一切文化要素都过度地政治化伦理化了。伦理、政治不过是文化诸要素中的两个要素，它们在某些时代成为核心或占统治地位，固有其必然，而它们之从这种历史宝座上退下来，成为文化大家庭中普通一员，大概也是现代化发展的趋势。这一点如果受到广泛注意，文化现代化的前景，便近在眼前了。

原载中国社会科学杂志社《未定稿》1985 年第 11 期

"文化热"与"国学热"

汤一介 *

　　"五四"的反传统重点是几千年形成的旧传统，而20世纪80年代的反传统重点则是几十年来形成的极左思潮。不加分析地批评"五四"和"文化热"是有害的。20世纪90年代的"国学研究"热可能有两种走向，一是把中国传统文化放在世界文化发展的总趋势中来考察，另一种可能就是传统文化的研究离开了学术的轨道而意识形态化。

　　20世纪80年代中期在中国发生的"文化热"，在北京地区首先是由21世纪研究院推动的，接着有"中国文化书院"、《文化：中国与世界》杂志等学术团体的参与。但到1992年"国学热"却悄然兴起，这可以"国学在燕园悄然兴起"和《国学研究》等刊物的出版为标志。

　　这两年来，有些学者写文章提出要对20世纪80年代的"文化热"进行"反思"。我认为，对20世纪80年代的"文化热"作合乎实际的理性反思无疑是必要的，不过其中有些看法不符合实际。有的学者认为"文化热"的"反传统"是激进的、轻率的和不负责任的；有的学者认为"文化热"有一种"泛文化倾向"。我认为，这些看法或者是由于对20世纪80年代文化讨论的不了解，或者是出于某种偏见。因此，我作为当时文化问题讨论的参与者，不得不作些说明。

　　为什么20世纪80年代会发生文化问题的讨论？我认为，有两个原因应受到重视。第一个原因是"四个现代化"的提出，使一些学者担心中国有可能走上只重"科学技术"（主要是技术）的道路。我记得1985

---

* 　汤一介，1927—2014，男，北京大学《儒藏》编纂与研究中心主任、哲学系教授。

年 5 月曾在深圳召开过一次有北京、上海、武汉、西安、深圳五地学者参加的小型"文化问题讨论会"，这次会议还有两位美国朋友参加。会后，我们写了一份会议纪要，现抄录一段，请大家参考："五四"运动以来，现代化的口号提出了半个世纪，而现代化的进程却一次又一次被打断，这是什么原因？看来，有一个问题没有很好地解决。现代化不只限于科学技术层面，更重要的是应该有文化深层的现代化相配合，其中包括价值观念、思维方式以及对我国新旧传统的历史反思等等。现代化是一个很复杂的问题，提出要实现现代化就说明我们仍然处在"非现代化"的历史时期。那么，首先就有一个"现代化"与"传统"的关系问题，其中包含着深刻的价值观念上的冲突，这个问题不能不和传统文化息息相关。

从上面一段文字看，当时已关注中国社会发展的走向，希望"现代化"不要仅仅限于"科学技术"层面，而应有"文化"的层面相配合。也就是说我们希望我们的国家有一个"全面的现代化"，不仅科学技术要现代化，而且政治、文化也应现代化。我们希望的是科学技术、经济、政治、文化能同步从前现代进入现代，并没有想要"跳过"物质文明，直接涉入体制，而紧接着便落实到文化层面；更没到希望文化可以医治"百病"的地步。可是没有文化的现代化相配合，我们的"现代化"难道能说是一完整意义的现代化吗？

当时，我们提出了"现代"与"传统"的关系问题，而且特别强调"现代"与"新传统"的关系问题。我们知道，"五四"运动的"反传统"的重点可以说是反对几千年形成的旧传统；而 20 世纪 80 年代的"反传统"的重点，则是几十年来形成的极左的教条主义的新传统。而且，反对极左教条主义新传统，也正是为了保护几千年来中国文化中有意义、有价值的东西。这是一个问题的两面。我们难道会忘记此前发生的"文化大革命"中的一些情景吗？那时一方面在疯狂地破坏着中国文化中有意义、有价值的部分；另一方面对中国文化中的糟粕大加颂扬。因此，我们无可否认这几十年来形成的极左教条主义新传统和几千年的旧传统之间的联系。我们还应该看到，当时参与文化讨论的至少有不同的三派（或者更多的不同学派），有的激进些，有的保守些，有的采取了自由主义的态度。这三派虽然路向不同，但却能比较理智地讨论问题，并在批评几十年来形成的极左教条主义上有着共识。因此，形成了前所未有的推动中国文化发展的合作关系。我认为这应是中国学术界非常可贵的经验。

现在有一些学者不加分析地批评"五四"新文化运动，批评它的"反传统"，我认为这是很不公正的。我们试想，如果没有对中国传统文化中的那套维护专制统治的旧传统、旧道德，如"夷夏之防""三纲六纪""三从四德""八股取士"等猛烈地冲击一下，我们的社会能前进吗？当然，"五四"的"反传统"是有缺点的，有它的片面性。可是"五四"的精神在今天仍有它正面的积极意义。而且也正是"五四"新文化运动批判了专制、腐朽的东西，才可以使中国文化的真精神显现出来。"五四"新文化运动的"反传统"之所以发生问题，我认为主要是由于政治的原因，致使中国文化屈从于政治，而没能使文化较为合理地发展。

反观 20 世纪 80 年代的"文化热"，在当时的条件下，确实比较难以系统地、深入地讨论一些比较具体的问题，如书籍的考订、文献的整理、字句的阐释等等，因为面对的是如何打破多年来教条主义极左思潮独领风骚的局面，推动中国文化朝着有利促进中国社会的发展并和当代世界文化发展的总趋势接轨。因此，对 20 世纪 80 年代"文化热"所取得的成果的否定不仅是错误的，而且是有害的。

20 世纪 90 年代在中国悄然兴起的"国学热"如何走向，还得有一段时间才能看清。就现在情况看，对 20 世纪 80 年代"文化热"作理性的反思，在肯定它当时的正面价值和意义的同时，指出其某些不足之处，更加深入地讨论和研究一些问题，当然是必要而且有意义的。我们知道，事物的发展总是波浪式的，不会是完全的直线，在对阻碍中国社会走向现代化的新旧传统作过一段较为激烈的批评之后，特别是在对独断的教条主义有力地冲击之后，学者们才比较有可能更为深入地研究一些问题，才有可能对几千年的传统文化作比较细致的梳理。但是，即使这样，我认为中国的学者也不能不关注现实中国文化的走向和如何与世界文化发展的总趋势接轨的问题，同时仍然不能忽视阻碍中国社会前进的极左教条主义的影响。照我看，"国学研究"可能有两种不同的走向，一是真正把中国传统文化放在整个世界文化发展的总趋势中来考察，使中国文化的真精神和现时代的时代要求接轨，这将是中国文化走出困境，得以复兴的唯一出路。如果不使我们的传统文化"苟日新，日日新，又日新"而只是抱残守缺，哪怕是把古人非常有意义的话一而再、再而三地重复，我想也很难使中国文化复兴，更不可能使中国文化对现时代做出贡献，搞不好甚至会陷入"国粹主义"或"狭隘的民族主义"之中。但从历史的经验和目前某种发展趋势看，也有另一种可能，这就是中国传统文化的研究离开了学术的轨道而意识形态化，从而背离了某些学者热心"国学"的初衷。目前已有人提出："不排除有人企图以'国学'这一可疑的概念，来达到摒社会主义新文化于中国文化之外的目的。"①这一论点倒是企图人为地把社会主义新文化与"国学"（即中国传统文化）对立起来，并有企图把学术研究又重新纳入意识形态之中的嫌疑，这无疑是违背"百家争鸣"的方针的。

当然对中国传统文化（不仅是中国传统文化，而且应是一切学术研究）作学术上的研究应该有一些规范，例如引用别人的研究成果应该说明，引文应有出处，标点要合乎通常规则，论点要有根据等等，这些是不言而喻的。但是，有一些所谓"学术规范"却超出了一般"学术规范"的要求，认为只有像乾嘉学派或者某西方学派那样才符合学术规范。这里我无意否定乾嘉学派或任何某一西方学派所取的"规范"模式，而且对乾嘉学派或西方的某一有价值的学派的"规范"我都尊重。但是要用某一家某一派"规范"作普遍的"学术规范"大概是不妥当的。我认为这样的要求过分了。我们知道，胡适、陈寅恪、熊十力的学术风格很不相同，但是哪一种算"学术规范"呢？我认为，都是各自的规范。强立一种所谓的"规范"是不可能的，只会有害于学术的自由发展。现在有一种说法："20世纪80年代中期'文化热'时是有思想无学术，现在则是有学术无思想。"我认为，这个看法不仅不合乎实际，而且把"学术"与"思想"割裂开来也是站不住脚的。无论20世纪80年代或90年代的文化研究，我认为，许多学者都是努力朝着通过学术文化的研究来为中

① 罗卜：《国粹·复古·文化——评一种值得注意的思想倾向》，《哲学研究》1994年6月号。

国文化的复兴和走向世界寻找可行之路。在这过程中可能有这样那样的缺点，但这都是推动中国社会走向现代的问题，它将会在大家的努力下不断克服。

我认为，我们这些从事学术文化工作的学者，尽管学术观点不同，学术风格不同，所采用的方法不同，但只要大家有一个复兴中国文化，并使中国文化与现时代世界文化发展的总趋势接轨，以及不是浮泛地而是认真地吸收西方的和东方其他民族的文化的愿望，且具有一种宽大的胸怀，那么中国文化将对世界文化做出有价值、有意义的贡献。

原载《二十一世纪》1995 年 10 月号

儒家创新的契机（《现代精神与儒家传统·代序》）

杜维明 *

准备飞往德国参加由台湾"中研院"中国文学及哲学研究所和莱比锡大学主办的当代新儒家国际学术研讨会前夕，接获北京三联书店编辑部的电传，欣闻根据 1988 年夏天在台湾大学授课录音而整理出来的讲稿——《现代精神与儒家传统》（台北：联经出版事业公司，1996）即将在大陆出版。

在莱比锡宣读的论文，是从儒家人文精神的视角，对主导现代西方价值取向的启蒙心态进行反思。这项"劳心"的知性工作，是以探索现代精神与儒家传统的复杂关系为起点的。匆匆九年，回顾当时在台大哲学系和历史系合办的"浓缩"课中所涉及的论域，如以韦伯、帕森斯及哈贝马斯一脉相承所构建的理性化过程为现代性的本质特色，使我深深地感到发掘儒家传统的人文资源，不仅有助于中国现代精神的发展，也可构建全球伦理这个设想。1985 年春季在北京大学开设"儒家哲学"讲座时，曾受到各种责难，但近来海峡两岸暨香港、澳门、新马一带，及至散布全球各处的华人社会（特别是马来西亚），主动自觉地认同儒家人文精神的知识分子已大有人在；积极参与儒学创新的学人，在文化中国也屡见不鲜。放眼将来，具有儒家特色的现代性在东亚出现的可能性极大。其实，"东亚现代性"深受西欧和美国的影响，但却不只是西方制度模式的翻版而已。那么不论工业或社会主义东亚（当然社会主义东亚正

---

* 　杜维明，1940—　，男，北京大学高等人文研究院院长，哈佛大学教授。

在工业化,而东亚如新加坡,以经济和政治层面的异选择也有明显的社会主义的倾向),都和传统有血肉相连的关系。在塑造东亚传统起过决定性作用长达数世纪的儒家,可发挥积极的作用。

然而,我们如何确认当今东亚社会中的儒家因素呢?一般学者多半从政治文化的侧面来理解儒家在东亚现代性中仍起作用的正面和负面因素。我想,还必须把以下几个侧面也列入考虑才有一窥全貌的可能:一、知识分子自我认同的精神资源;二、企业伦理;三、民间社会的"心灵积习";四、生命形态的价值取向。

1988 年在探讨现代精神这一议题时,我从韦伯有关资本主义兴起的命题切入,介绍了现代西方以动力横决天下的文化理由、帕森斯的现代化理论和以美国社会为典范的西方现代性,并特别摆出哈贝马斯有关理性的观点。当时,我认为全球化和根源性之间的紧张,使得西方现代主义面临危机。若想从根源着手来探讨解决核战威胁、生态破坏、贫富不均、人口爆炸和社会解体种种问题的人类长久共生之道,就必须改变人类社会以"启蒙心态"为基础的游戏规则,建立全球伦理。

目前,我更清楚地意识到,现代化中的传统问题以及现代化可以拥有多种文化形态的可能和必要。从最近主持的科研项目"东亚现代性中的儒家传统",可以窥得几分消息。儒家传统在塑造东亚现代性中所起的作用,已显而易见。固然,我们尚不能定义东亚现代性与儒家传统的现代转化,但东亚的市场经济、民主政治、民间社会和价值体系,却都和儒家结了不解之缘。这种现象,在比较研究的背景中特别显豁。由"网络资本主义""软性权威主义""信赖社会""社群伦理"及"国际精神"所构成的东亚现代性,当然和儒家传统有千丝万缕的联系。

儒家命题,即儒家伦理和东亚现代性之间有选择的亲和性,并没有反证新教伦理和西方资本主义精神兴起的韦伯命题,但却迫使韦伯命题只通用于现代西方。也就是说,西方的现代化虽在历史上引发了东亚的现代化,但没有在结构上规定东亚现代性的内容。因此,东亚现代性是西化和包括儒家在内的东亚传统互动的结果。由此顺推,伊斯兰教之于东南亚,印度教之于南亚,佛教之于亚太,天主教之于拉美,东正教之于俄罗斯,乃至本土宗教之于非洲,都可以发挥塑造现代性的作用。现代化的多元倾向，乃至非西方的现代文化的创生，皆可不言而喻。

　　然而，具有儒家特定的东亚现代性和突出西方现代精神的启蒙心态，不仅有历史因缘（譬如伏尔泰和莱布尼茨都有"儒家情结"，即使康德，也曾被解读为有中国情怀的哲人），而且在结构上也有不约而同的相似之处。在这一复杂的关系网络中，儒家本身的现代转化，即与启蒙心态难分难解，因而呈现出曲折多样的景观。近来我从儒家人文精神的论域对启蒙心态进行反思和批判，可以说是"言之成理、持之有故"的发展。

　　既然，在目前具有儒家特色的东亚现代性是现代化倾向多元最有说服力的个案，那么我以韦伯、帕森斯及哈贝马斯一脉相承所构建的理性化过程为现代精神的本质特色的提法，便会导致如此熟悉又如此生疏的双重错觉。说熟悉，启蒙心态所标志的"利益领域"（包括市场经济、民主政治和公民社会）以及"核心价值"（如自由、平等、人权、理性、法治和私有财权），都已成为海内外中国知识分子耳熟能详的观点。说生疏，正因为东亚社会所体现发展模式并非欧美资本主义精神的翻版，启蒙心态所标志的"利益领域"以及"核心价值"又都和工业及社会主义东亚的实际经验格格不入。固然，西方已渗透东亚的经济、政治、社会和文化中的各领域、各层面，但深受欧美影响又和现代西方大不相同的东亚现代性的出现，表示中央政府的宏观调控、知识精英的政治参与和民间社会的宗教活力，可以为东亚的利益领域开拓在欧美未必不可能但的确不多见的空间。同时，仁、义、礼、智、信的核心价值，也可以为东亚构建一套凸显义务、同情、辞让、正义和公德、从小康趋向大同的社会理念。

　　儒家创新必须培养自我批判的智慧和能力，以充分吸取西方现代精神为发展的渠道。"植根儒家传统"（一条有源有本而且与日俱新的思想长河）、面对现代人存在条件、提出有哲学意义的洞见，正是落实这一策略的设想。表面上，植根儒家传统和充分吸取西方现代精神是自相矛盾的命题，但通过三代知识分子的共同奋斗，当代儒学确然已有高瞻远瞩的视野、勇猛精进的动力、广结善缘的胸襟和己立立人的志趣。这种以掘井及泉的自我意识，使认同感深化。以多元开放的全球伦理，使适应力加强的共业已为儒家传统的现代转化创造了契机，而且正为现代精神提供具有儒家特色的人文价值。

原载《现代精神与儒家传统》，生活·读书·新知三联书店，1997 年

《中国传统的创造性转化》自序（节选）

林毓生 *

　　基本上，本书所提出的是一些有关中国思想现代化的意见。这项工作在于引进有用的西方理念与思想方式而不被其所蔽。我肯定了"五四运动"所揭橥的自由、理性、法治与民主的目标。但，我却对"五四"思想的实质内容与思想方式的许多方面做了严格的批评。我在本书探讨了作为"五四"思想基调的全盘性反传统主义①的历史渊源，指出许多"五四"人物虽然主观上自觉地极力要攻击中国的传统，但事实上，他们却未能从传统一元论的思想方式的影响中解放出来，以致犯了许多形式主义的谬误。我们从历史的观点知道，许多"五四"人物的内在限制有客观的因素在，他们思想的肤浅与错误，虽然不能完全化约或归咎到客观的环境或时代的影响——因为我不是一个绝对的历史主义者（absolute historicist），但了解了客观的因素可使我们对"五四"人物不必深责。不过，我们站在关怀未来思想与文化发展的立场，却需对"五四"思想中某些至今仍占势力的部分加以严格的批评，以免重复其错误，以便使它们不再在中国发生恶劣的影响。我一方面主张对"五四"人物不必过分深责，另一方面又主张对之做严格的批评，这两个立场看来似很矛盾，实际上并不矛盾，而且都是必要的。因为两者的层次不同，前者是历史的层次，后者是思想的层次。从历史的层次来看，我们可以对"五四"

---

* 林毓生，1934—2022，男，第20届"中研院"院士。

① Totalistic antitraditionalism or totalistic iconoclasm 我在以前的文字中有时直译为"整体性反传统主义"或意译为"全盘性反传统主义"。现在看来以意译的方式在中文中表达我的原意比直译为佳。这个名词在本书各文中，未能划一，谨此致歉。今后读者如需引用，盼能一律使用我意译的名词。

人物内在的限制与受了"五四"的影响到现在仍然呈现在文化界与思想界的许多混淆加以说明。这样可以对我们的处境有一些客观的了解。但，另一方面，站在关怀未来中国思想发展的立场来说：当我们对"五四"思想的实际内容做了合理的批评以后，我们才易不受其影响，然后才能自由地为继续作为我们的理想的"五四"目标而奋斗。

所以，本书采取的观点是：迈出"五四"以光大"五四"。在这方面的工作，我们除了对"五四"思潮需做一番历史的了解与分析的批评以外，更需超越"五四"时代对自由、理性、法治与民主的口号式的了解的层次，进而掌握这些理念的实质内容与它们之间的相互关系。本书对这些现代国民均应明了的基本理念曾尽力加以切实的说明。另外，我们必须重新界定中国人文传统的优美质素的现代意义，在这方面，我做得很不够，只在论述钟理和先生一生所表现的中国人文精神的那篇文字中，做了一些简要的说明。（我曾在一篇英文论文中根据"仁"的哲学，对儒家道德自主性的观念做了一些阐释，可惜此文中译，尚未完成。）希望今后能够在这方面多做努力，也希望关心中国文化未来的朋友们一起努力。

从纯正自由主义的观点来看，维持社会与文化的稳定而又同时促进社会与文化的进步（易言之，维护与滋养自由的）最重要的条件之一是一个丰富而有生机的传统。怀海德（A.N. Whitehead）曾说："生命有要求原创的冲动，但社会与文化必须稳定到能够使追求原创的冒险得到滋养；如此，这种冒险才能开花结果而不至于变成没有导向的混乱。"有生机的传统对于维护自由与促导进步的重要性是怀海德、博兰霓、海耶克——这三位二十世纪杰出而深刻的思想家——共同的识见，也是历代纯正自由主义思想家所公认的。可是，20世纪中国思潮的主流却偏偏是：一方面企盼与要求自由、理性、法治与民主的实现与发展，另一方面则是激烈反传统主义的兴起与泛滥。（这两方面当然都有强有力的客观因素在；只就反传统的激烈性而言，我们的传统在西潮东渐之时，已经相当僵固，其僵固性促进了后来反传统运动的激烈性。）这是中国近代与现代思想发展的最大矛盾之一，也是过去中国自由主义内在的最大困扰之一。从本书所提出的分析的观点来看，我们知道：自由、理性、法治与民主不能经由打倒传统而获得，只能在传统经由创造的转化而逐渐建立起一个新的、有生机的传统的时候才能逐渐获得。这是中国知识分子当前最重大的课题，这也是本书不厌其烦地多次提出这个目标，并试着探讨其进行步骤的主因。这项艰巨的工作是急不来的，必须以深思与笃实的态度进行才能奏效。这也是我多次提倡"比慢精神"的主因。（比慢不是比懒，是在心情不受外界干扰的情况下，用适合自己的速度，走自己所要走的路。）

原载《中国传统的创造性转化》，生活·读书·新知三联书店，1988 年